PINTAR
RETRATOS
LUMINOSOS

STEVE FORSTER

PINTAR RETRATOS LUMINOSOS

Guía completa para representar rasgos
faciales, tonos de piel, la luz y la forma

PRÓLOGO DE STEPHEN BAUMAN

Librero

Título original: *Painting Luminous Portraits for Artists*

© 2026 Librero b.v. (edición española)
Hambakenwetering 8B
5231 DC 's-Hertogenbosch
Países Bajos
www.librero.nl

© 2025 Quarto Publishing Group USA Inc.
Texto e imágenes © 2025 Steve Forster

Publicado originalmente en 2025 por Rockport Publishers,
un sello editorial de The Quarto Group.

Diseño y maquetación: Megan Jones Design
Imagen de la portada: Steve Forster, *Junyi*,
óleo en aluminio, 15,2 cm × 15,2 cm

Producción de la edición española:
Traducción: Judith Raigal Aran para Delivering iBooks & Design
Redacción y maquetación: Delivering iBooks & Design, Barcelona

Distribución exclusiva de la edición española:
Librero IBP S. L.
C/ Paseo de los Olmos, n.º 20
Planta 1.ª, oficina 7
28005 Madrid, España
www.librero-ibp.es

Printed in Shenzhen, China SDP012026
ISBN: 978-94-6499-230-4

Para mi madre, sin quien nada de esto habría sido posible. Dibujar contigo de niño cambió mi vida para siempre. Gracias por todos los pequeños sacrificios que hiciste a lo largo de tantos años para ayudarme en mi camino.

ÍNDICE

PRIMERA PARTE

EL DIBUJO COMO BASE PARA EL COLOR

SEGUNDA PARTE

COLOR CARNE DINÁMICO

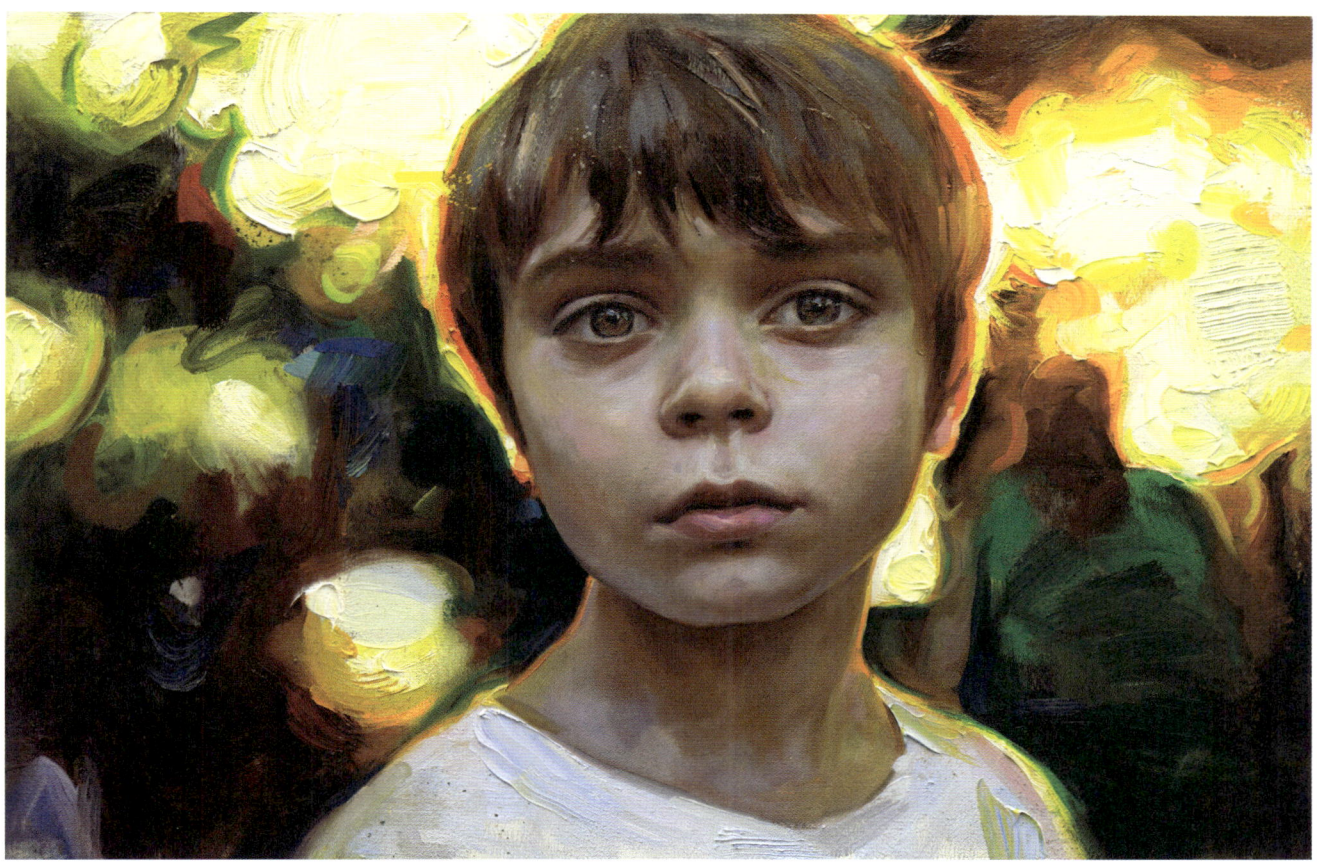

Steve Forster, *Detail of Elijah (Detalle de Elijah)*, óleo y carboncillo en aluminio, 30,5 cm × 45,7 cm

PRÓLOGO

Durante más de veinte años, Steve Forster se ha dedicado al arte del retrato, dominando no solo las exigencias técnicas de esta disciplina, sino también el desafío más profundo: contar historias humanas a través de cada obra. He tenido el privilegio de acompañarlo a lo largo de este camino, y puedo afirmar sin reservas que es el profesor más reflexivo y detallista que podría recomendar.

Conocí a Steve en 2002, cuando ambos estudiábamos en una escuela de arte en nuestro estado natal, Florida, Estados Unidos. Mientras muchos compañeros se dedicaban a crear obras experimentales, a menudo incompletas, él se concentraba en las técnicas clásicas del dibujo —como el tamaño real y la perspectiva—, completamente al margen del plan de estudios. Tras completar su formación universitaria, Steve cursó un programa intensivo de dos años en la Academia de Arte de Florencia, siguiendo de cerca las tradiciones figurativas del siglo XIX en dibujo y pintura. Consciente de la importancia de situar el arte figurativo en un contexto contemporáneo, en 2010 cursó un máster en la Academia de Arte de Nueva York, completando así su trayectoria académica con una perspectiva moderna y actualizada.

En este libro, Forster destila su vasta experiencia en una guía práctica para artistas que quieren llevar sus retratos al siguiente nivel. Aborda los retos comunes de todos los pintores, desde desarrollar un proceso pictórico coherente hasta capturar los matices de la expresión de un modelo, y ofrece soluciones claras y aplicables para superarlos. Estas lecciones, fruto de años de experimentación, pruebas y perfeccionamiento, proporcionan una visión de gran valor para artistas en cualquier etapa de su desarrollo.

Lo que distingue a este libro de otros manuales técnicos es su enfoque en el poder narrativo del retrato. Para Forster, el arte no consiste únicamente en dominar la forma o el color, sino en usar estas habilidades para revelar el carácter, el estado de ánimo y la esencia de una persona. Todas las técnicas y conceptos aquí presentados son herramientas para capturar la profundidad y la singularidad de cada

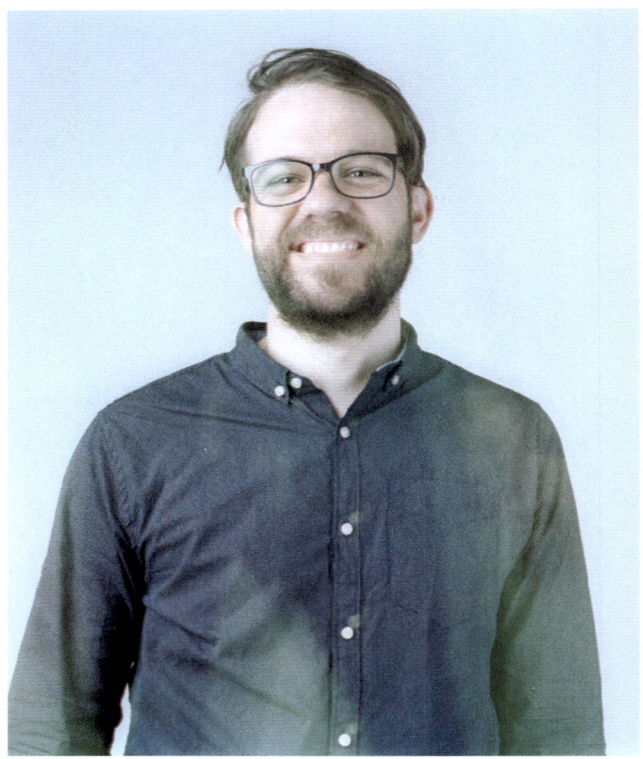

individuo. Esta obra es una invitación a llevar su trabajo a un nivel superior, empleando los fundamentos de la pintura al óleo para capturar la humanidad en cada rostro que retrate.

Aunque sin duda aprenderá a crear retratos excepcionales, este libro le ofrece mucho más: se trata de comprender la oportunidad que tienen los artistas de dar vida a sus sujetos mediante el lenguaje de la pintura al óleo. Guiados por Steve Forster, los lectores no solo desarrollarán habilidades técnicas, sino que también encontrarán la inspiración necesaria para contar historias con claridad, sensibilidad y, sobre todo, con corazón.

Stephen Bauman

▶ Stephen Bauman, *Ghost on the Highway (Fantasma en la carretera)*, grafito sobre papel, 45,7 × 61 cm

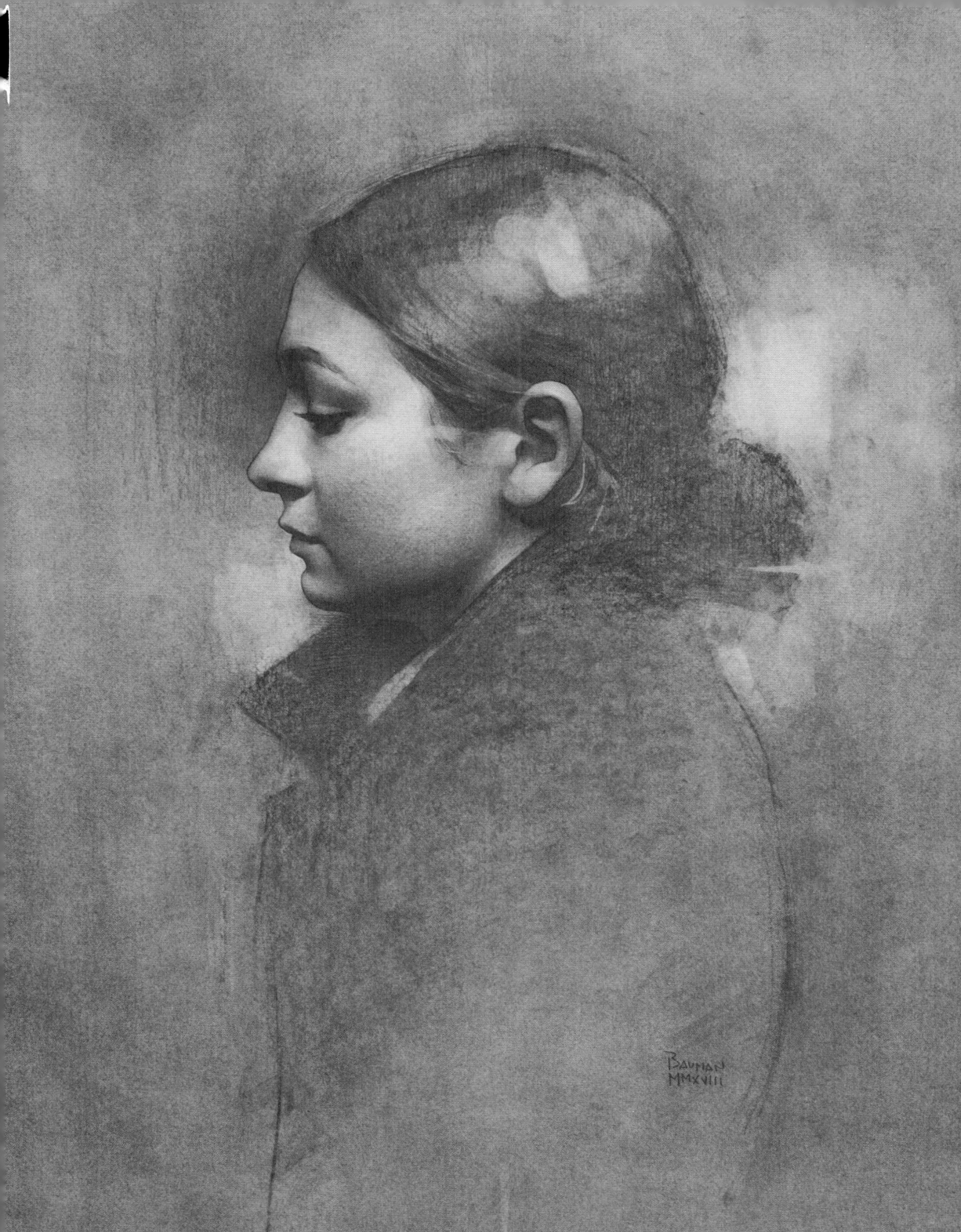

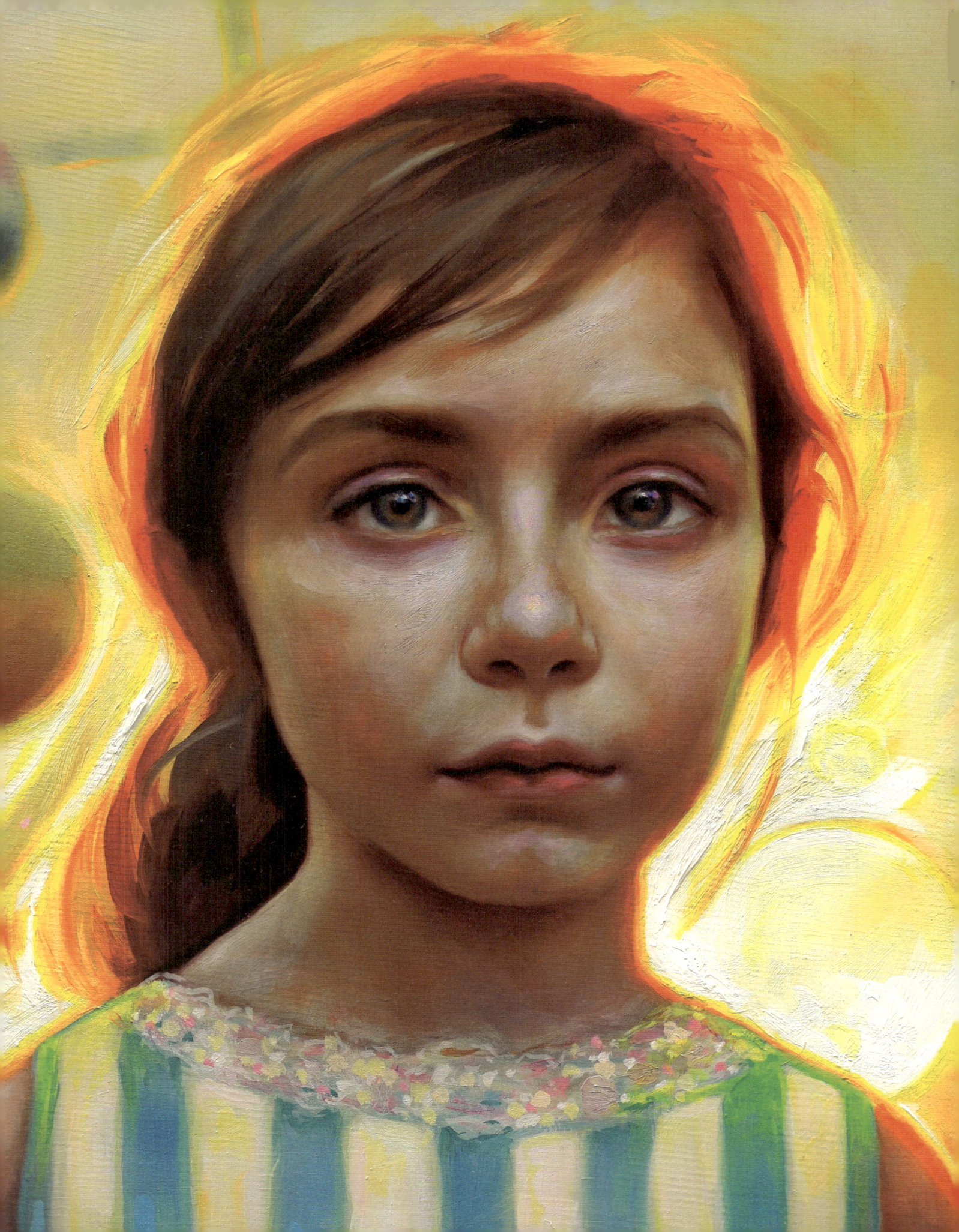

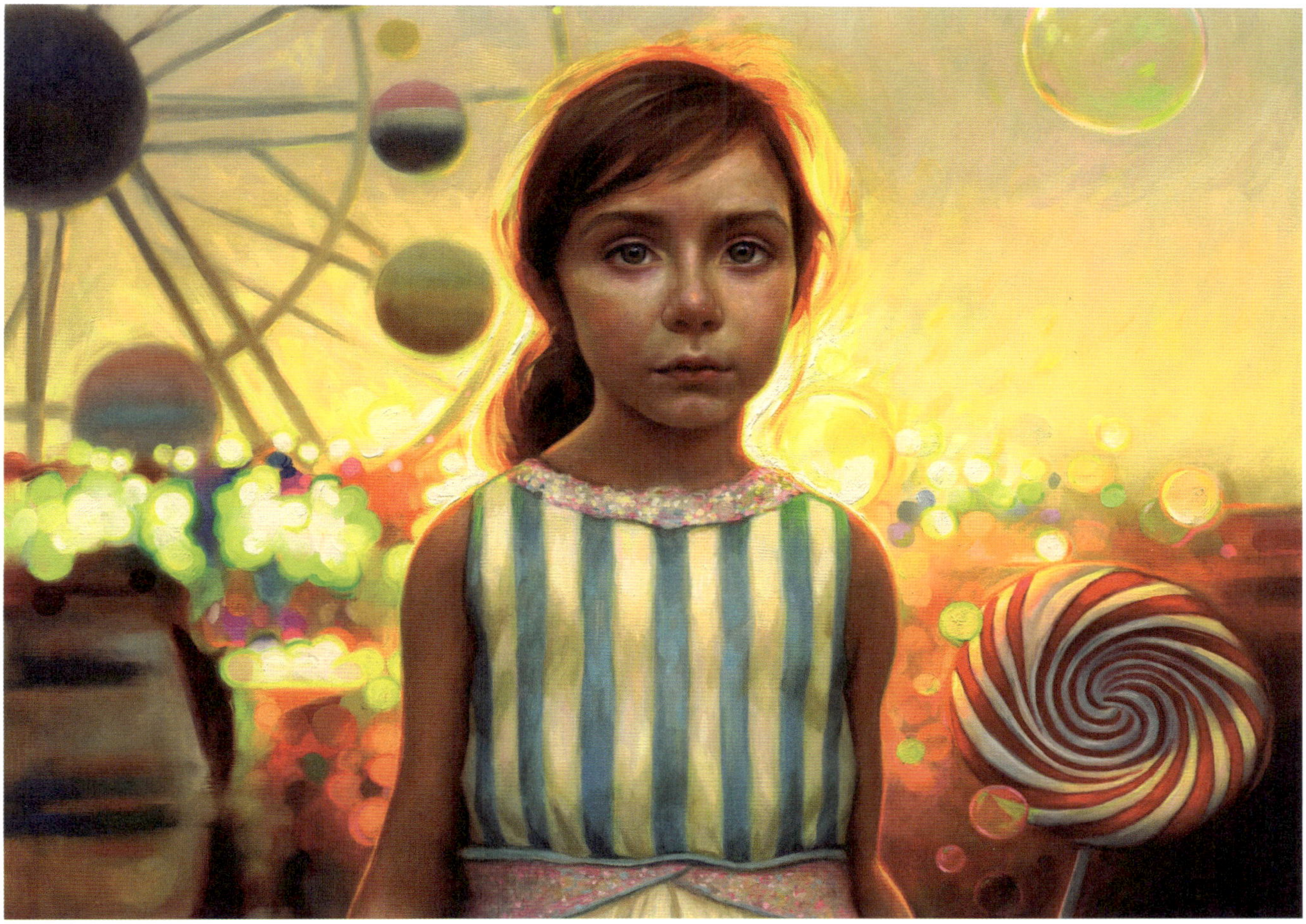

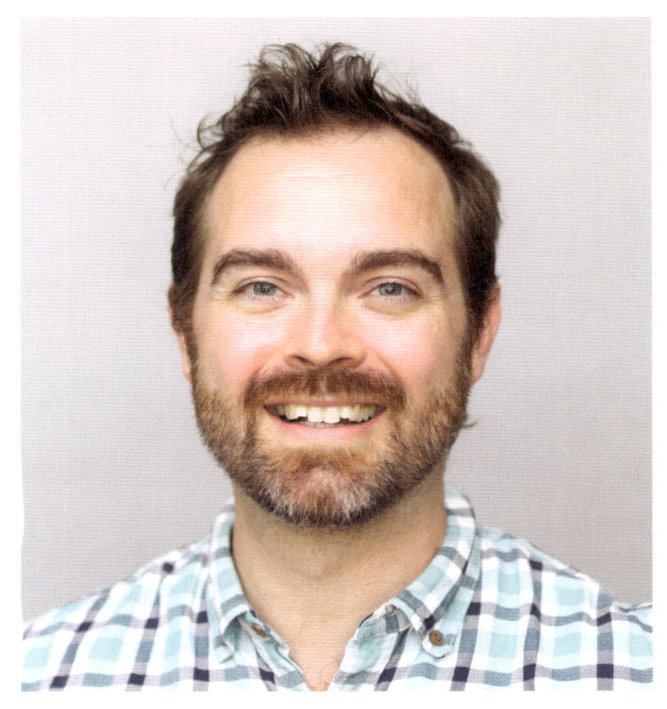

STEVE FORSTER nació en Boston, Massachusetts (Estados Unidos), y creció en el centro de Florida. Obtuvo un máster en Bellas Artes en pintura en la Academia de Arte de Nueva York (NYAA) y amplió su formación en la Academia de Arte de Florencia, donde conoció a su esposa, Rebecca. Desde 2014, Steve y Rebecca son codirectores de la Academia de Bellas Artes de Long Island (LIAFA), ubicada en Glen Cove, Nueva York. Actualmente, Steve enseña pintura en la LIAFA y, durante casi quince años, también impartió clases en la NYAA. Combina la pintura digital con su pasión por los medios tradicionales para crear retratos contemporáneos únicos. Sus obras se exhiben en exposiciones individuales y colectivas a nivel nacional. Steve y Rebecca tienen tres hijos: Elijah, Evie y William.

◀ Steve Forster, *Detail of Evie at San Rocco's (Detalle de Evie en San Rocco)*, óleo y carboncillo en aluminio, 61 cm × 81,2 cm

INTRODUCCIÓN

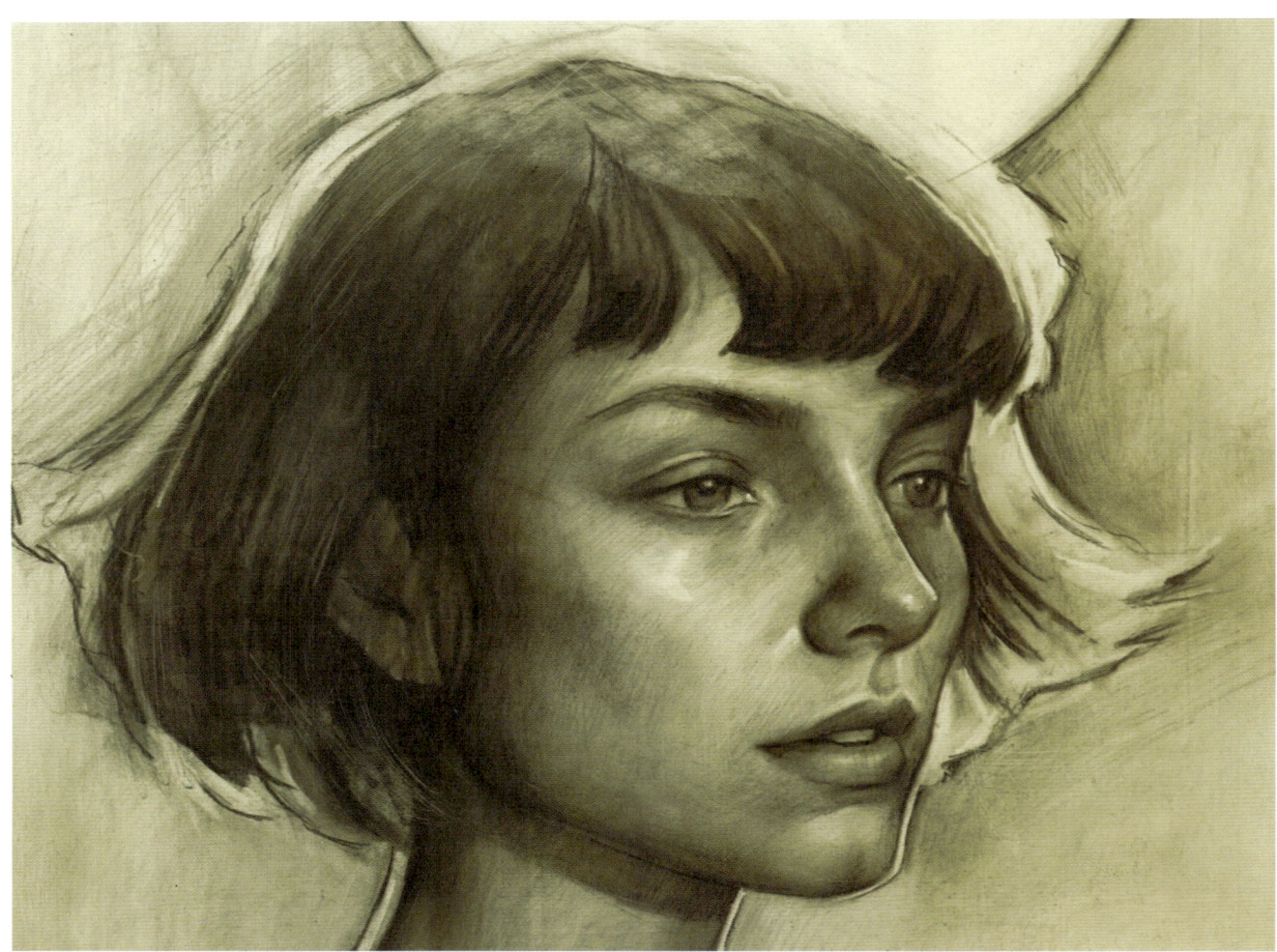

SEPARAR LOS PROBLEMAS DE DIBUJO DE LOS DE COLOR

Al hacer un retrato, hay numerosos conceptos con los que lidiar, y a menudo el proceso se vuelve tan complicado que todas las ideas con las que trabajamos parecen desvanecerse.

Uno de los principales objetivos de este libro es establecer un proceso en el que se puedan separar los problemas del dibujo de los problemas de la pintura (el color). Al abordar una tarea tan compleja como crear un retrato, me resulta útil separar los problemas en fases distintas, de modo que puedo avanzar de un concepto al siguiente de manera constante y ordenada. La lista de tareas a realizar es larga, y si logra ir cumpliéndolas, con cada fase sucesiva, su retrato irá acumulando capas de éxito.

El método central que se presenta en este libro es singular: el dibujo se completa en aproximadamente un 80 % antes de iniciar la pintura en sí. Esto no significa que la pintura no pueda volver a dibujarse en algún momento, ni que el dibujo pierda su papel fundamental en la obra, pero sí permite contar con un parecido logrado y con las bases necesarias para abordar el color y la alquimia de la pintura por separado.

He descubierto que este enfoque me permite relajarme y experimentar con mayor libertad, sabiendo que, con el dibujo ya asentado debajo, si surge algún problema, siempre puedo limpiar la pintura para recuperar el dibujo si lo he perdido demasiado rápido. Del mismo modo, este procedimiento favorece el desarrollo de las habilidades de dibujo, cuya

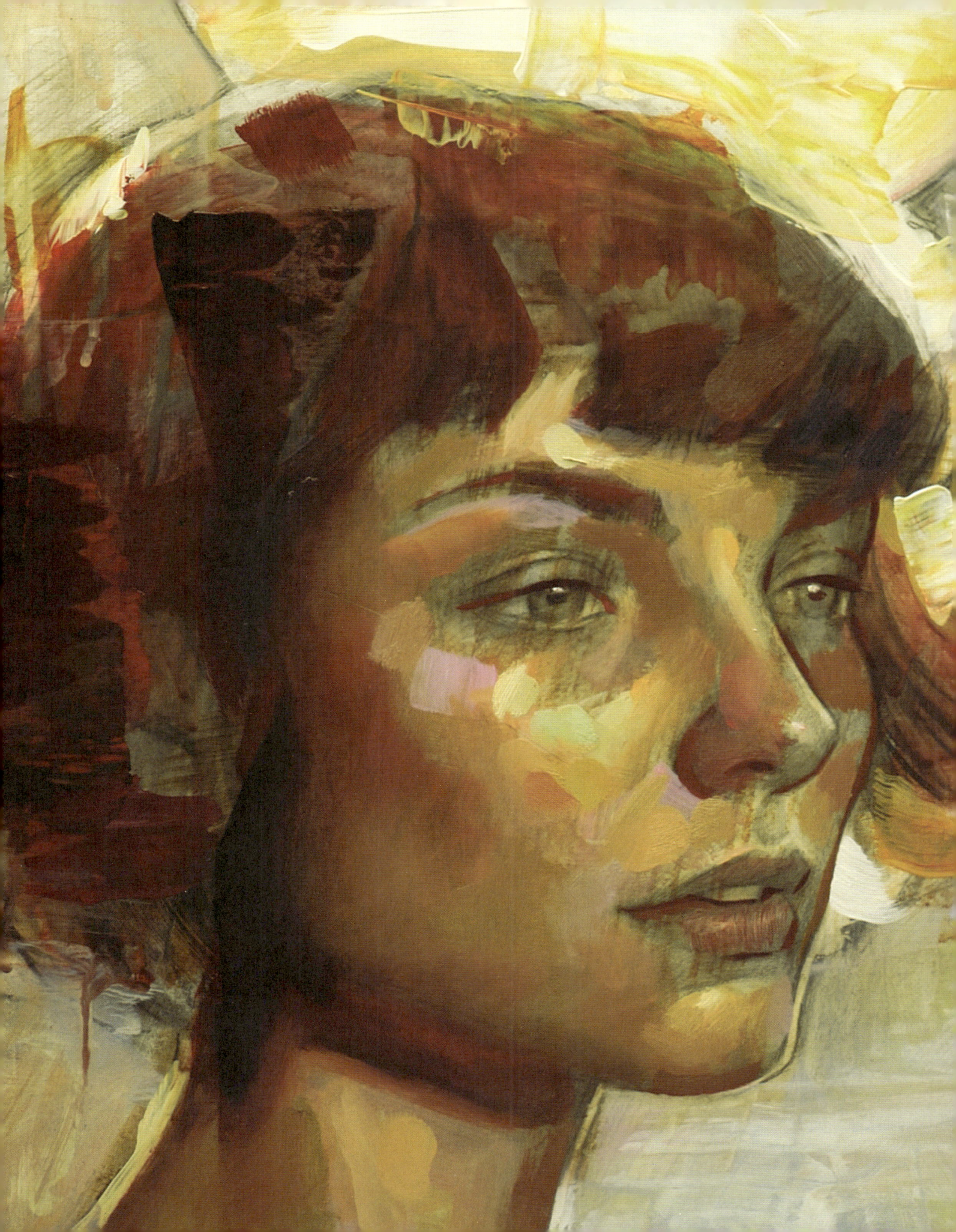

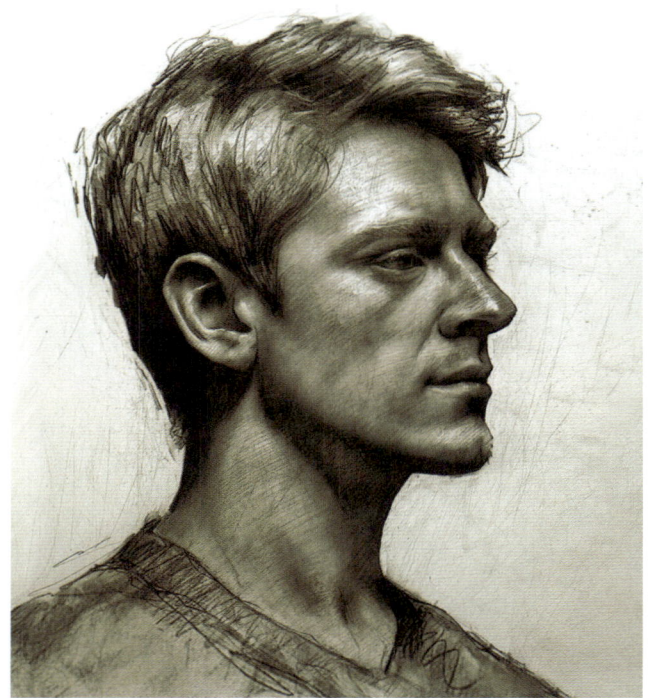

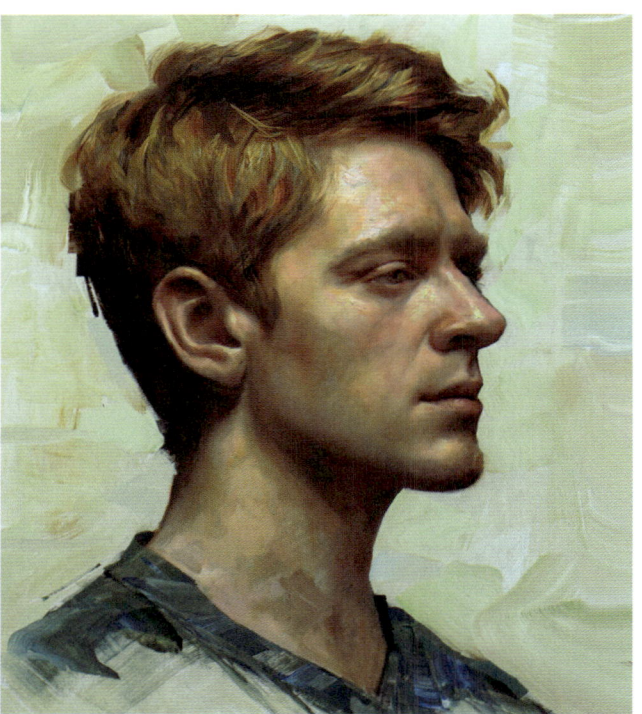

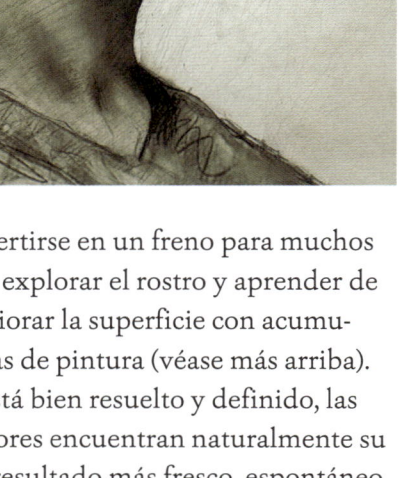

carencia suele convertirse en un freno para muchos artistas, y posibilita explorar el rostro y aprender de los errores sin deteriorar la superficie con acumulaciones innecesarias de pintura (véase más arriba). Cuando el dibujo está bien resuelto y definido, las pinceladas y los colores encuentran naturalmente su lugar, logrando un resultado más fresco, espontáneo y menos forzado.

Como método de enseñanza, considero que resulta sumamente eficaz, pues brinda a los alumnos la oportunidad de afianzar primero el dibujo y luego capitalizar ese logro al pintar sobre él. Si alguien está empezando y quiere pintar retratos, y le das un pincel y un lienzo en blanco, normalmente no le sale bien porque no tiene una base de valores y dibujo que sustente la pintura. O bien falla el dibujo, la aplicación de los valores cromáticos o la técnica pictórica en sí, o, en el peor de los casos, fallan los tres a la vez. Esto suele resultar frustrante para quienes comienzan con la ilusión de crear una obra hermosa, sobre todo al comparar su experiencia con la destreza de un maestro que, en apenas unas horas y con la técnica alla prima, es capaz de dar vida a un retrato. La acumulación de habilidad y experiencia es lo que sienta las bases para una ejecución tan aparentemente improvisada que un experto puede hacer parecer sencilla.

En este libro se ofrece una estructura clara para abordar ese proceso, con explicaciones detalladas sobre el razonamiento que subyace al dibujo y con métodos alternativos que aportan variedad y enriquecen la experiencia pictórica. Existen múltiples enfoques —desde la técnica alla prima hasta la pintura en base marrón con veladuras posteriores—, pero considero que este método de «dibujo preliminar» resulta especialmente eficaz para ayudar a los artistas a conectar sus habilidades de dibujo con las de pintura.

Creo firmemente en el valor de mostrar una idea más que simplemente explicarla, por lo que he incluido diagramas amplios que ilustran con claridad lo que pretendo comunicar. Todos compartimos una inclinación visual en este medio, y sé que muchos artistas prefieren observar imágenes antes que leer largos párrafos. Por ello, el texto se ofrece como un acompañamiento que enriquece a los diagramas visuales, que son, en esencia, el corazón de este libro.

Mi deseo es que los pintores descubran, a través de este enfoque, una forma de disfrutar plenamente del acto de pintar, sin sentirse limitados por las dificultades del dibujo. Y, al mismo tiempo, confío en que quienes ya dominan el dibujo encuentren aquí una guía que les permita dar el salto con naturalidad hacia la pintura al óleo, con un método que sirva de puente entre estas dos esferas del arte visual.

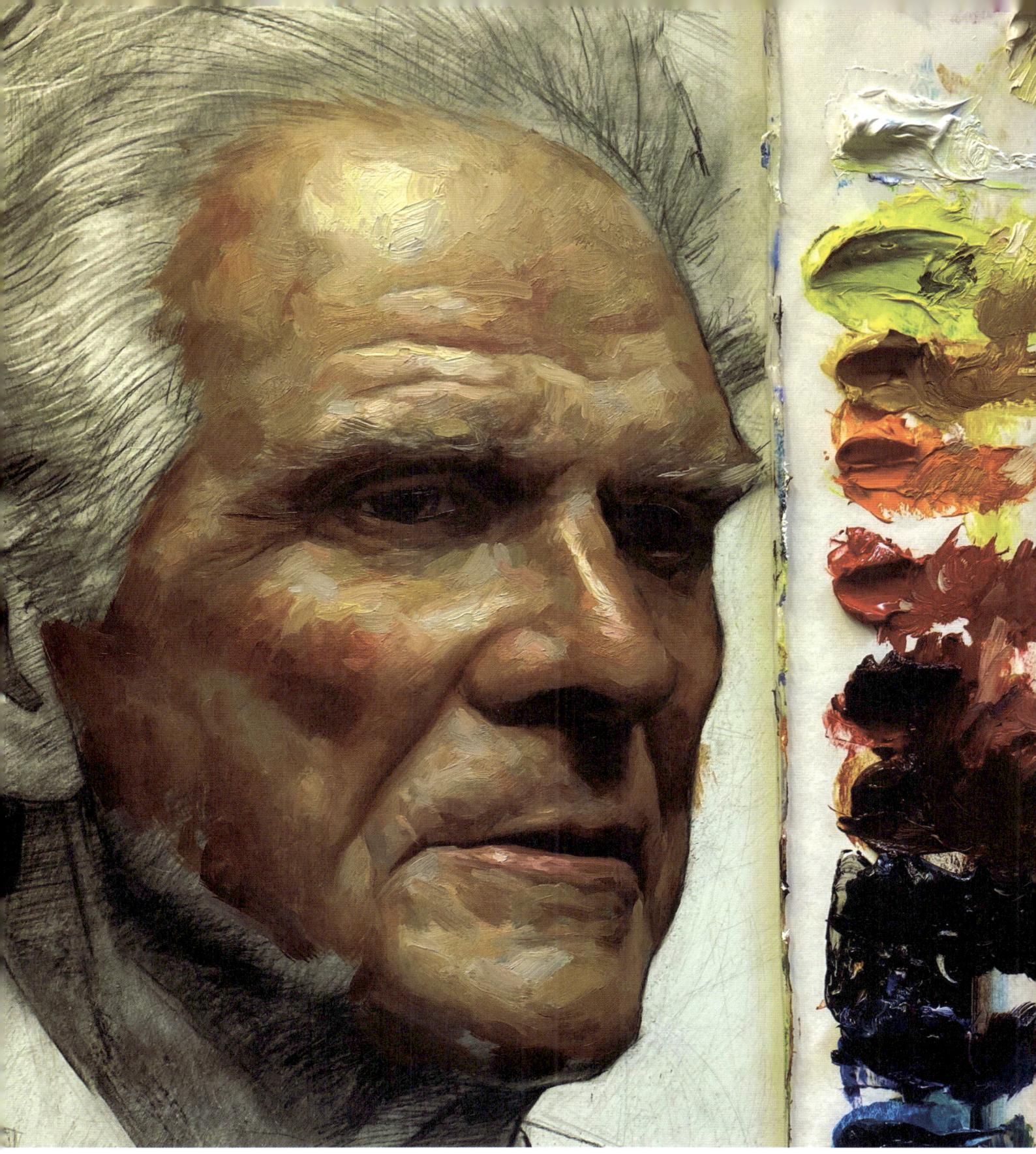

(páginas 16–19)
Steve Forster, *Kevin*, óleo en aluminio, 35,6 cm × 45,7 cm
Steve Forster, *Jean*, óleo y carboncillo en aluminio, 30,5 cm × 30,5 cm
Steve Forster, *Detail of Thais (Waiting for the Sun)*, óleo y carboncillo en aluminio, 91,4 cm × 91,4 cm
Steve Forster, *Junyi*, óleo en aluminio, 15,2 cm × 15,2 cm

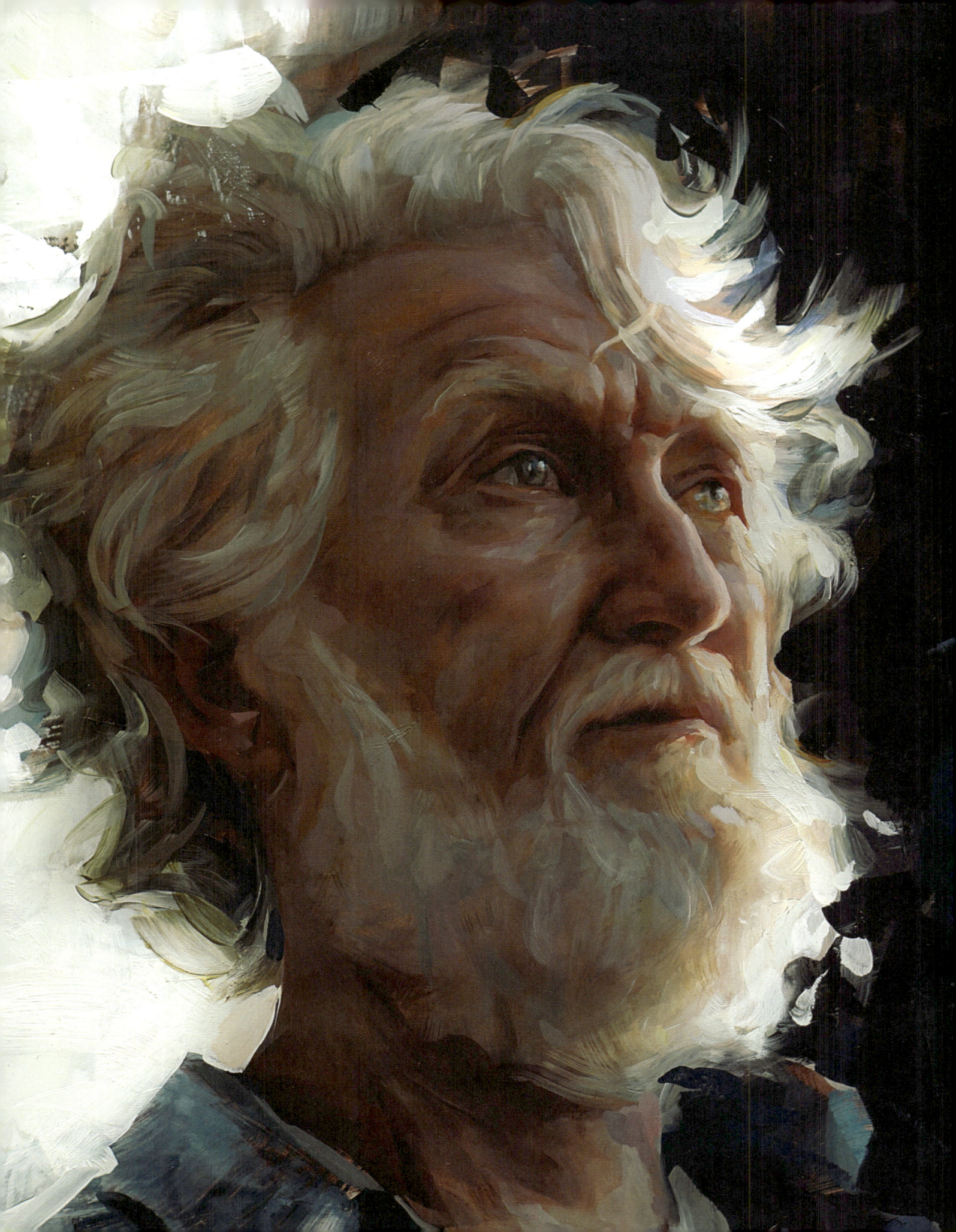

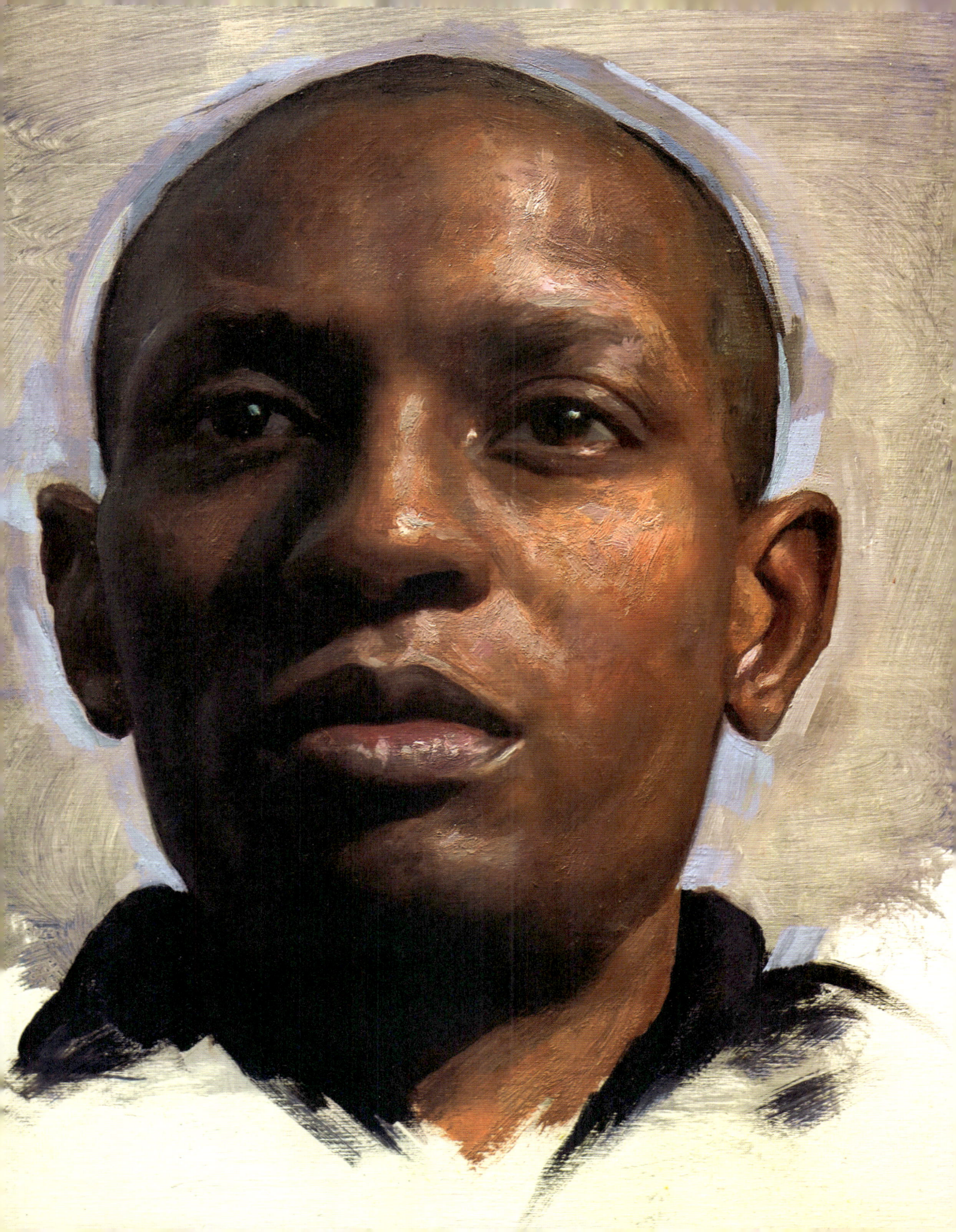

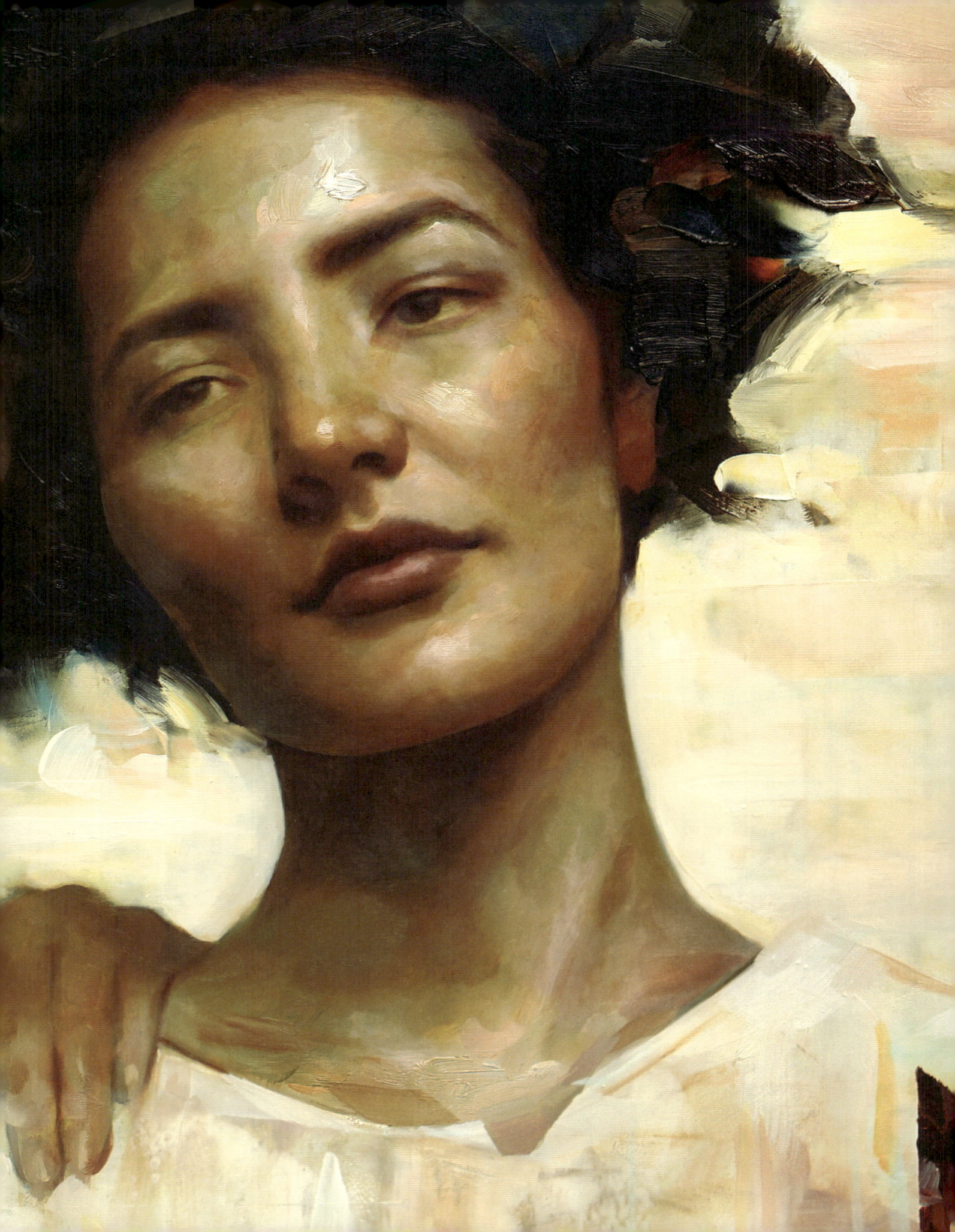

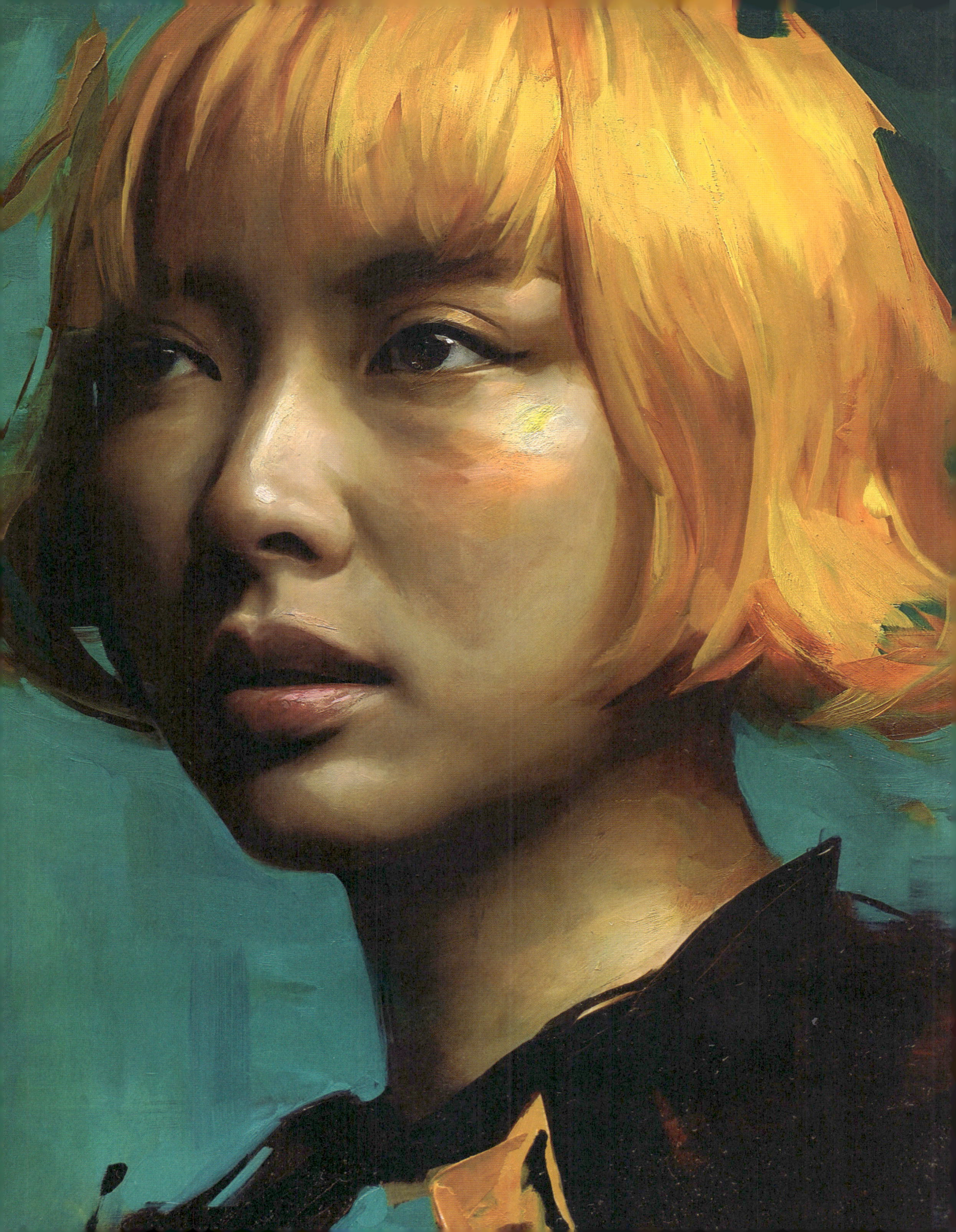

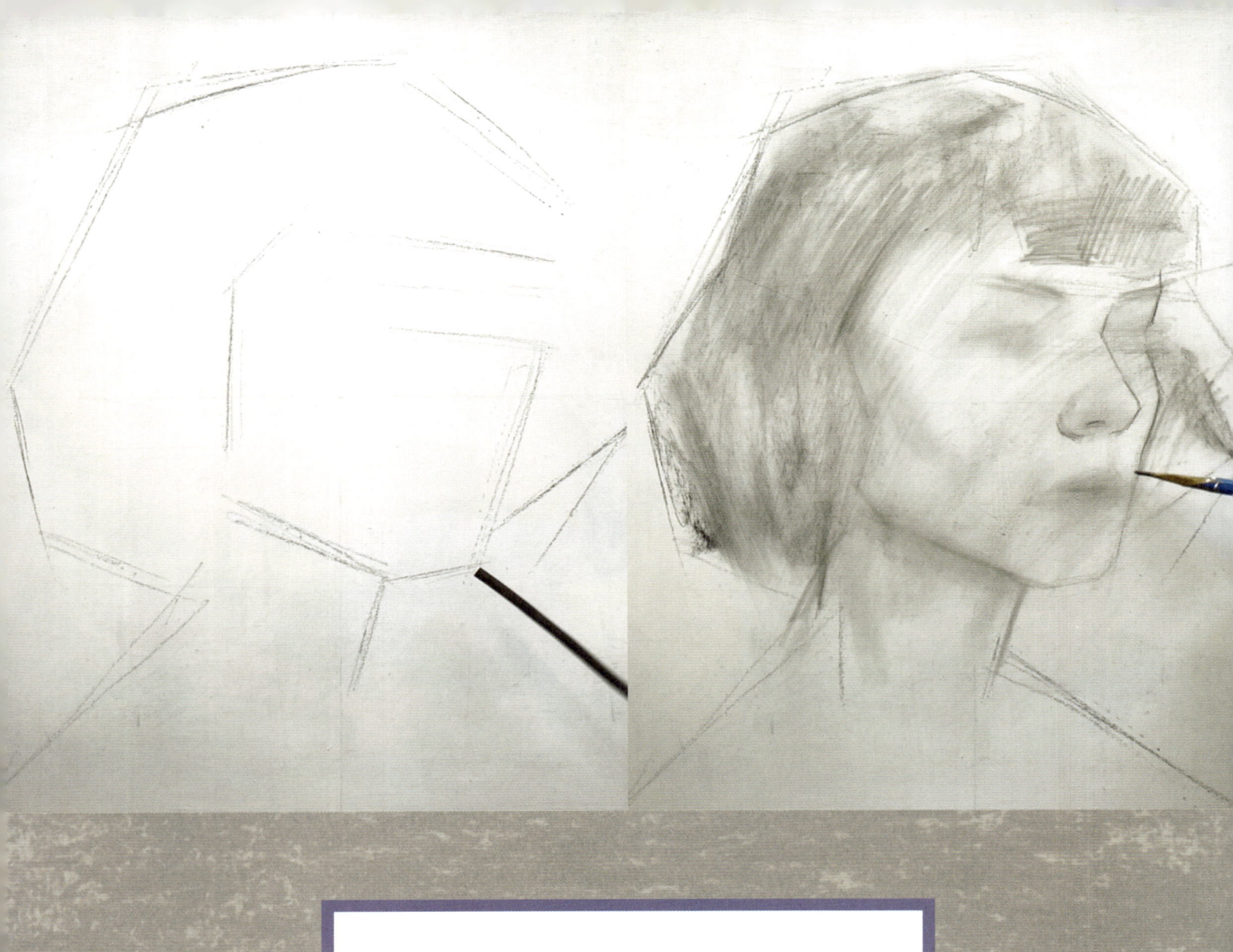

PRIMERA PARTE

EL DIBUJO COMO BASE PARA EL COLOR

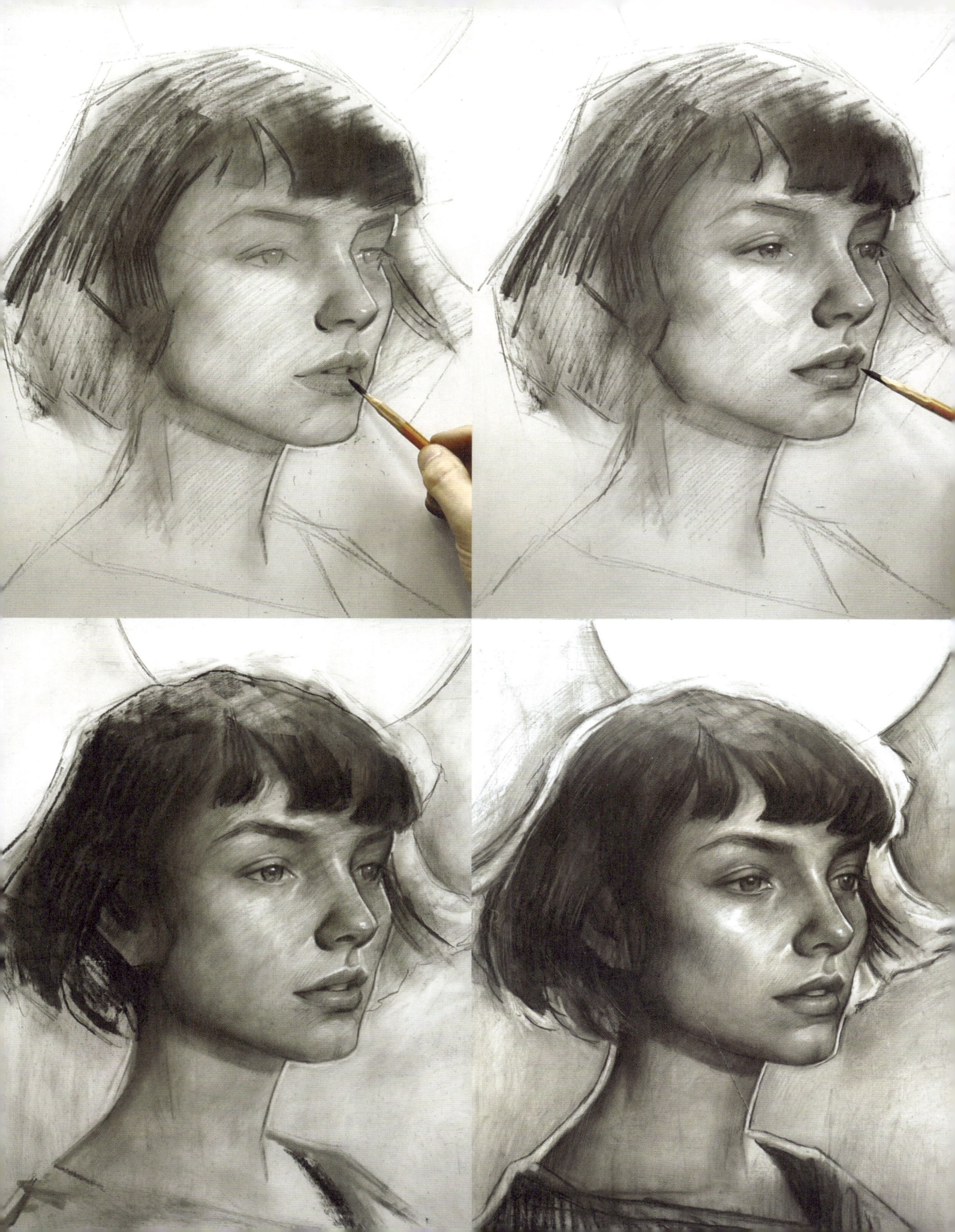

1 | INTRODUCCIÓN AL DIBUJO

Antes de empezar un dibujo que más adelante se convertirá en pintura, es fundamental no solo conocer bien los materiales, sino también hacer un mínimo trabajo de edición fotográfica. Esto puede consistir en recortar y cuadricular la imagen, o incluso en algo más creativo si se utilizan programas digitales. En las páginas siguientes se repasan los conceptos básicos, con un apartado dedicado a los materiales pictóricos, ya que en el apartado «Visualización de los conceptos del color» (pág. 90) nos adentraremos en la pintura.

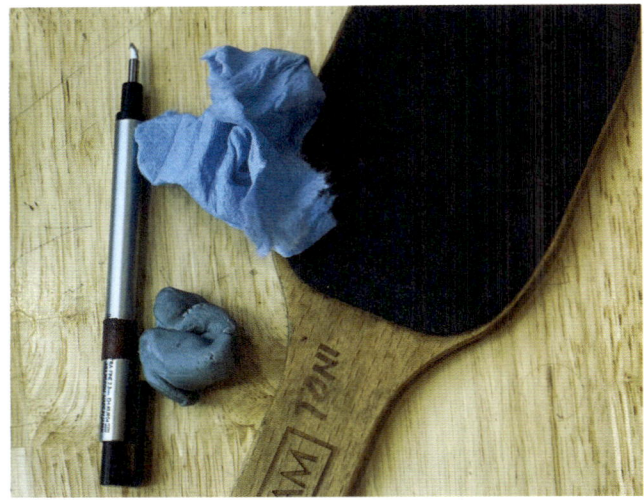

MATERIALES PARA DIBUJAR

Cuando empecé a dibujar me dieron un lápiz n.º 2 y una goma rosa que manchaba el papel. Desde entonces, mi comprensión de los materiales ha avanzado mucho. Cuantas más herramientas y utensilios incorporo, más posibilidades tengo de comunicar una amplia gama de texturas y efectos. Esta exploración también me ha enseñado a aplicar la herramienta adecuada en cada situación. Aunque mi primer amor en el arte es la pintura, el dibujo se ha ido acercando cada vez más a ella gracias a la diversidad y expresividad de los materiales disponibles. Entre estos se incluyen una gran variedad de pinceles, distintos tipos de difuminadores y modificadores, grafito en polvo, agua, gomas eléctricas, papel de lija y, básicamente, cualquier cosa que pueda considerarse poco tradicional. Parte de la diversión reside en probar nuevos instrumentos para ampliar la propia gama de capacidades expresivas. Dicho esto, suelo agrupar todas las herramientas en cuatro categorías: lápiz, goma, polvo y modificador.

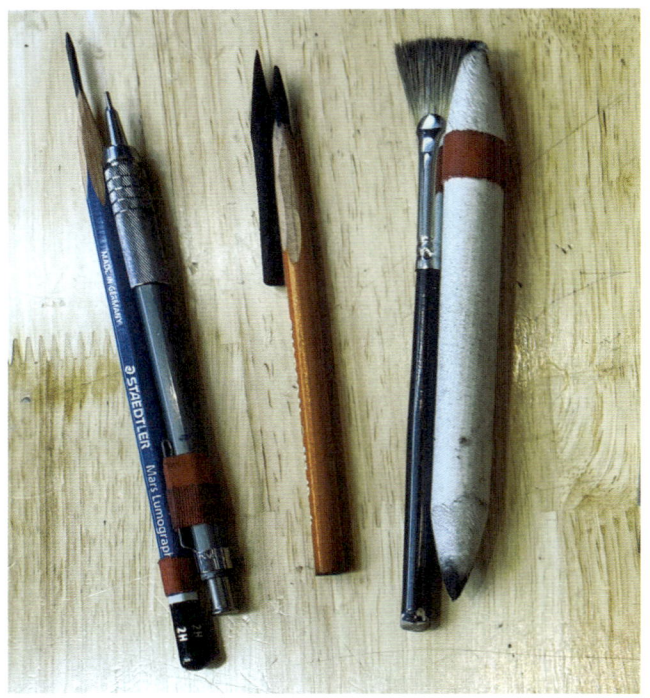

PUNTA BLANDA O AFILADA

Cada una de estas categorías ofrece un rango dinámico de bordes. Por ejemplo, suelo comenzar con un lápiz con poca punta cuando busco trazos suaves y ligeros, en lugar de un portaminas bien afilado, que es más adecuado para refinar los detalles y lograr precisión en las fases finales. Lo mismo ocurre con el grafito en polvo, que aplicado con un pincel produce bordes más suaves en zonas como el rostro, mientras que un difuminador más pequeño ofrece un acabado más definido. De igual manera, se puede usar un papel absorbente o una goma moldeable para eliminar suavemente el grafito, o bien un portagomas, como la Tombow MONO Zero, para generar marcas de borrado nítidas que, aunque sean trazos, mantienen una gran precisión. En la imagen superior, se muestra una interpretación nítida frente a otra más suave. Esta distinción puede ayudarle a interpretar mejor los bordes y a elegir la herramienta adecuada en cada situación al desarrollar un dibujo.

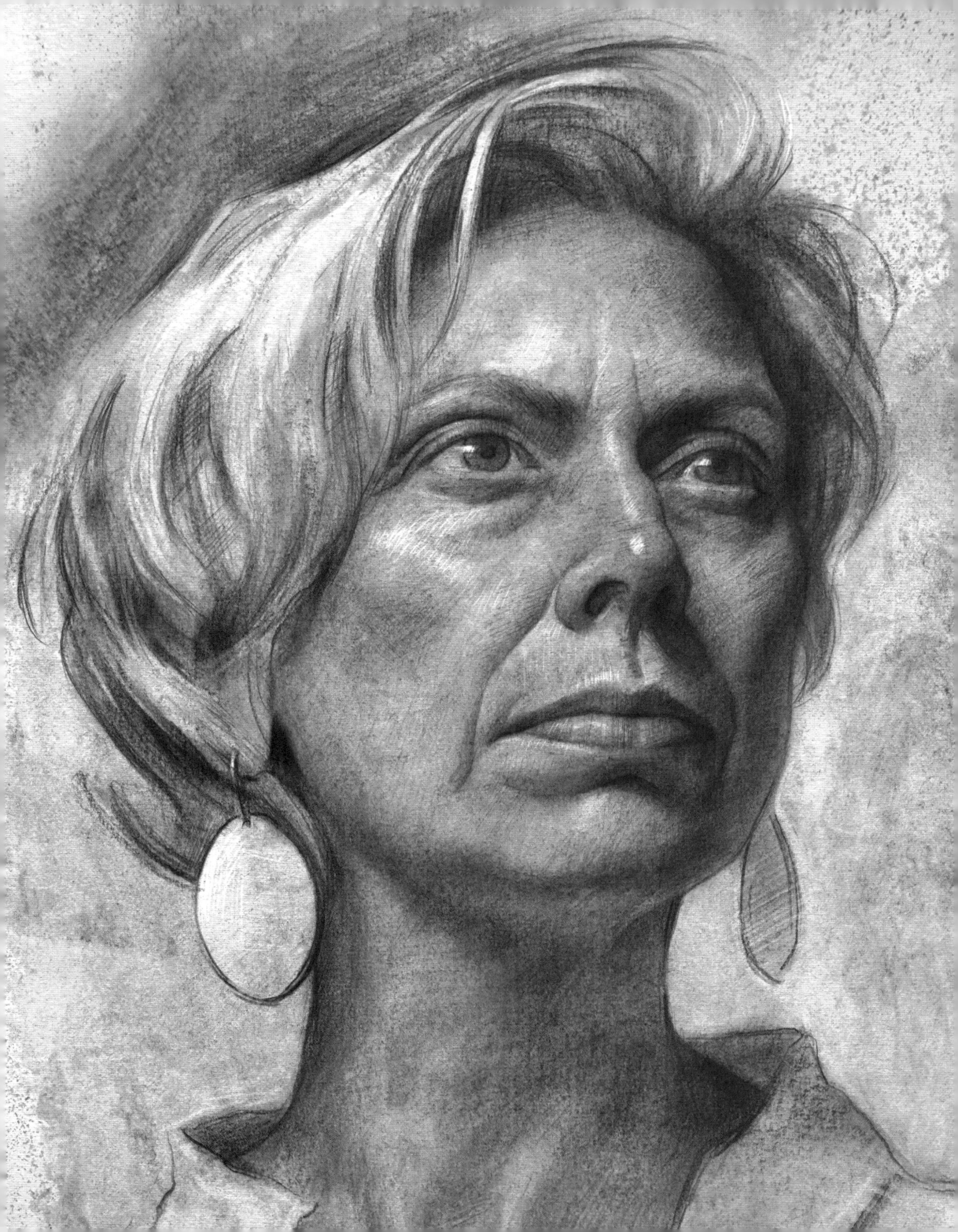

LÁPICES Y CARBONCILLOS

Los lápices y carboncillos principales que empleo para el encaje del dibujo son un lápiz 2H sin punta para el encaje inicial, seguido de un portaminas de 0,9 mm con mina 2B para desarrollar los detalles y oscurecer ligeramente. Cuando realmente me pongo a dibujar, añado un lápiz de carboncillo extra blando General's 6B. Este último está fabricado con carboncillo vegetal de sauce, y suelo utilizarlo para producir diferentes efectos de textura que son difíciles de conseguir de otra manera. El carboncillo de sauce resulta también ideal para aplicar un tono uniforme que puede borrarse con facilidad para crear reflejos.

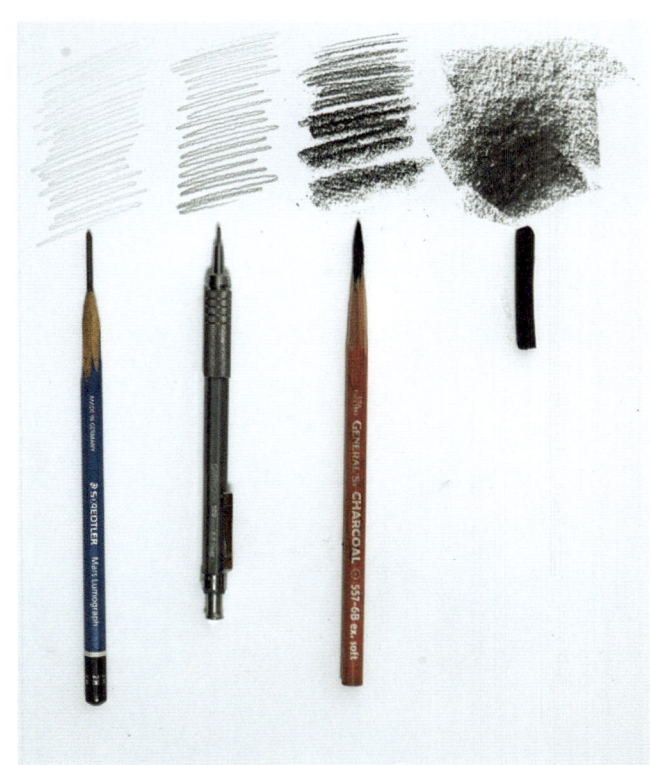

GOMAS DE BORRAR

Hay una gran variedad de gomas en el mercado. Normalmente utilizo tres o cuatro tipos diferentes. La forma más suave de borrar es con una toalla de papel, seguida de una goma moldeable, luego quizás una goma de lápiz que se pueda afilar y, por último, una Tombow MONO Zero o goma eléctrica, que son las más afiladas.

Cada una de estas gomas de borrar posee una cualidad única. Puede parecer excesivo contar con tantas, pero las utilizo todas para diferentes aplicaciones. Si tuviera que elegir solo dos, serían la goma moldeable y la goma Tombow MONO Zero.

Página anterior: Steve Forster, *Detail of Joni (Detalle de Joni)*, grafito y carboncillo sobre papel, 45,7 cm × 61 cm

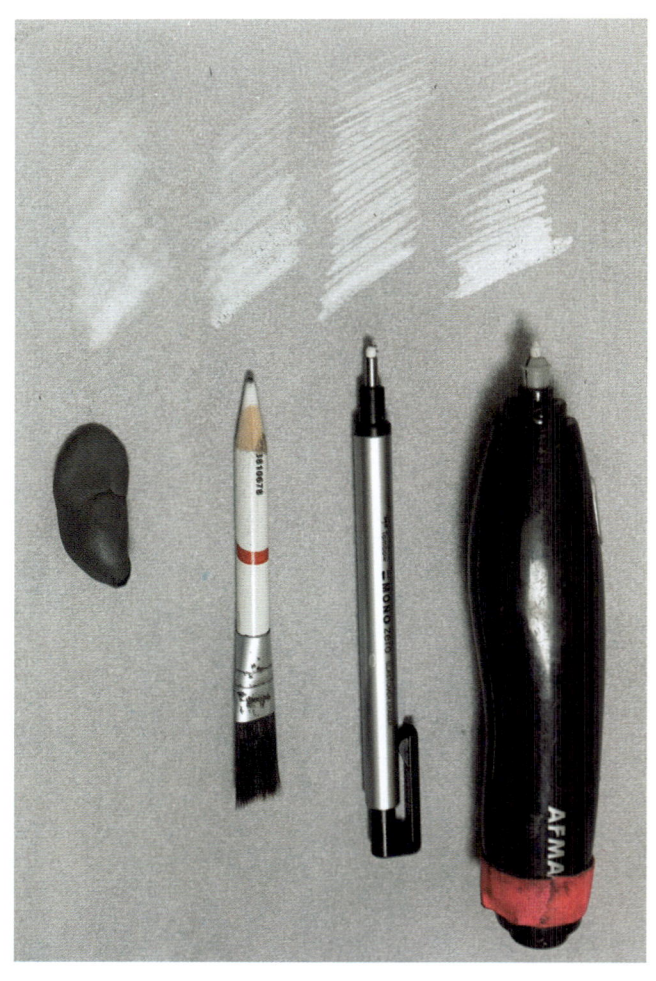

MODIFICADORES

En esta categoría incluiría difuminadores, pinceles, gamuzas y papeles absorbentes. Son mis herramientas preferidas para modificar el material que ya está en el dibujo o para aplicar polvo.

Suelo utilizar pinceles de cerdas como mi principal tipo de pincel modificador, aunque también he experimentado con espátulas con recubrimiento de esponja y uso con frecuencia un trozo de papel absorbente cortado en forma cuadrada.

Sin embargo, esta lista no es en absoluto exhaustiva. A menudo empleo papel de lija, cuchillas de afeitar, pulverizadores, etc. en definitiva, cualquier cosa que pueda modificar o aportar una textura diferente al dibujo. Estos elementos son más para divertirme y experimentar, ya que no los necesito todos para dibujar una cabeza como base para un cuadro. Son solo formas interesantes de conseguir efectos únicos y aportar variedad a los bordes del dibujo.

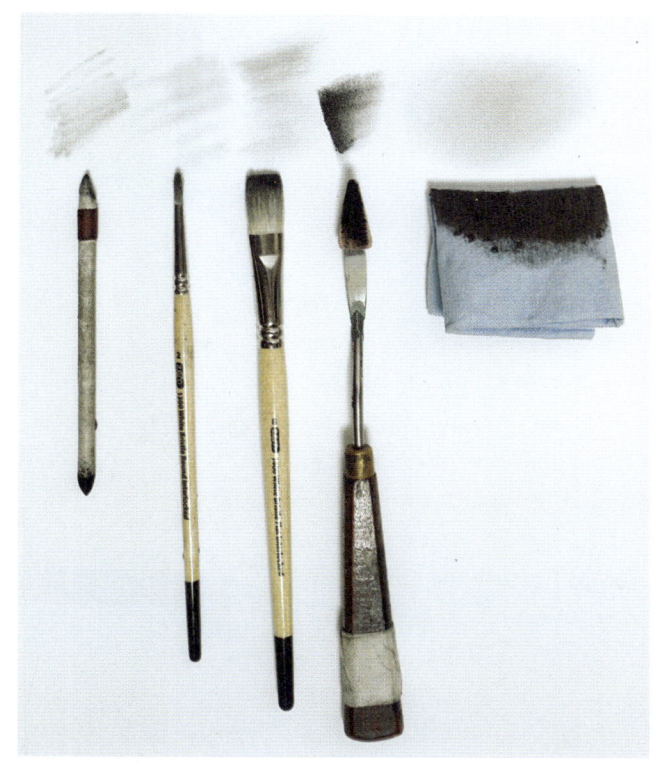

POLVOS

El grafito y el carboncillo en polvo confieren al dibujo un carácter mucho más pictórico. Aunque si se utilizan en exceso, pueden oscurecer rápidamente el dibujo, cuando se emplean correctamente ayudan a acelerar el proceso de tonificar el papel. Además, ofrecen herramientas más expresivas, con aplicaciones mucho más diversas de las que permite un lápiz por sí solo.

Normalmente, utilizo el polvo de grafito vertiéndolo sobre una hoja de papel de prueba, que se convierte en mi paleta de grafito. A continuación, mojo un pincel seco o un difuminador en el grafito y lo pruebo sobre esa hoja para evaluar la intensidad del trazo.

En contadas ocasiones, puede que mezcle estos polvos con un poco de agua para crear diferentes texturas expresivas, pero eso no es lo habitual.

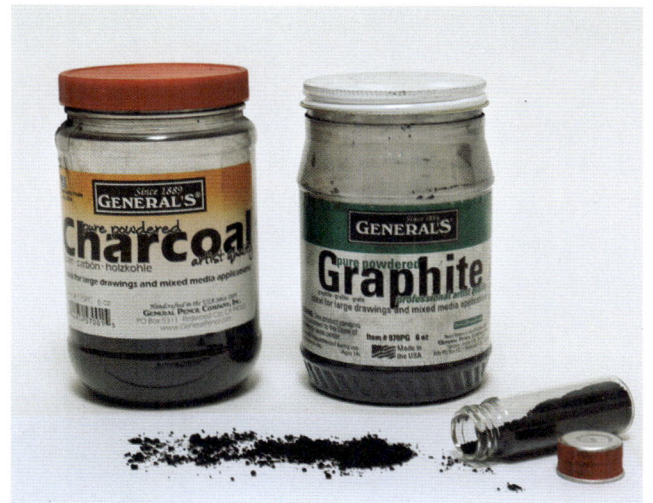

EDICIÓN FOTOGRÁFICA

RECORTAR AL TAMAÑO DEL LIENZO

Al editar sus fotos, recorte la imagen al mismo tamaño que su lienzo, eliminando cualquier espacio sobrante que pueda restar protagonismo a su modelo. También es muy recomendable que la proporción del lienzo coincida exactamente con la del sujeto; de lo contrario, tendrá que ampliar, reducir o estirar la imagen para ajustarla a un formato que no funciona bien. Si trabaja con una foto impresa, puede delimitarla con cinta adhesiva

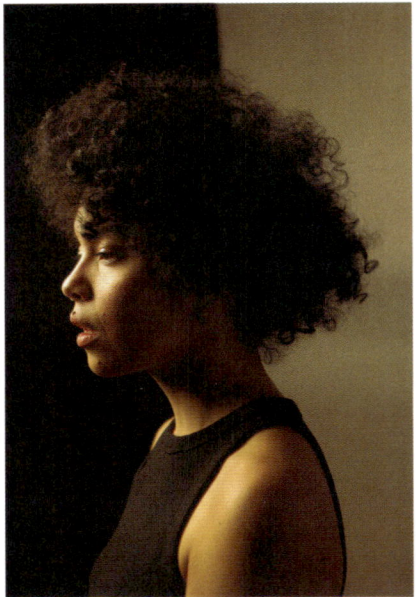

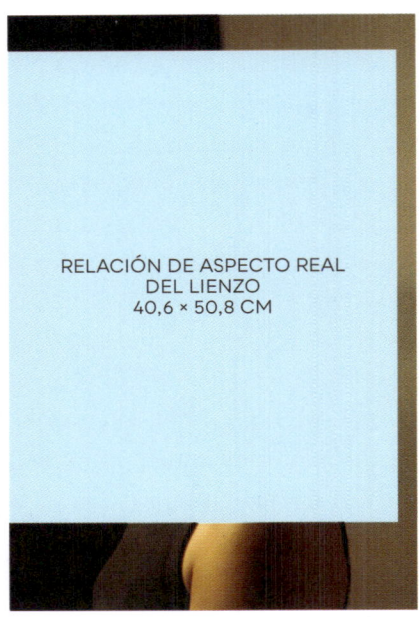

RELACIÓN DE ASPECTO REAL DEL LIENZO
40,6 × 50,8 CM

para mantener la misma proporción; y si pinta a partir de una pantalla, basta con recortarla digitalmente. Sea cual sea el método que utilice, es una buena idea asegurarse desde el principio de que tanto la imagen como el lienzo tengan la misma proporción.

CUADRÍCULA SIMPLE

Una vez que haya definido el recorte adecuado y hecho coincidir la relación de aspecto con el lienzo elegido, trazar una cuadrícula sencilla le ayudará a colocar los elementos principales en su sitio. En su referencia y en el lienzo, localice el centro exacto en horizontal y márquelo; haga lo mismo con el centro vertical. Yo suelo hacerlo con un lápiz 2H, lo bastante claro para que no oscurezca demasiado la superficie. Con esto establecerá puntos de referencia básicos que facilitarán un buen encaje, en proporción con su fotografía de referencia.

Este paso le simplificará mucho el trabajo, sobre todo si la imagen es grande o si necesita ampliarla o reducirla respecto al tamaño original.

Por ejemplo, imagine que su foto mide 10 × 12,7 cm y quiere pintarla en un lienzo cuya medida es de 40,6 × 50,8 cm. La diferencia de escala entre su material de referencia y su pintura será todo un reto, pero si lo cuadricula, le resultará algo más fácil ver las relaciones. Procuro evitar cuadrículas demasiado complejas, con muchas líneas, porque le restan frescura al dibujo y lo vuelven excesivamente mecánico.

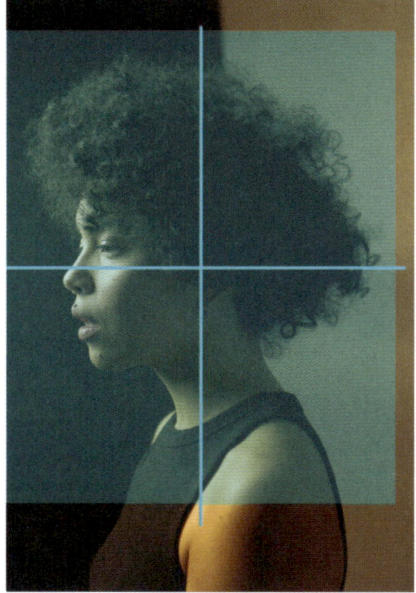

ESPACIOS NEGATIVOS

No importa lo complejo que sea su retrato: siempre tendrá una gran oportunidad si consigue identificar algunas formas negativas importantes que le ayuden a que el dibujo resulte más objetivo. No es necesario utilizar una cuadrícula para aplicar este método intuitivo de copiar formas negativas, pero sin duda la hace más evidente y aumenta la probabilidad de lograr proporciones correctas.

Como puede observar en los diagramas de la derecha, existe una forma negativa clara (en rojo) que guarda cierta relación con el cuadrante inferior. Al situarla dentro de una cuadrícula, resulta mucho más fácil dibujarla.

Si intentara representar el hombro, la camisa, el pelo y el cuello sin recurrir a esa forma negativa, probablemente acabaría perdiéndose entre los detalles. Al principio, ignore todos los pequeños detalles de cada rizo rebelde o de la particularidad de cada curva, para poder centrarse en la forma general y más amplia.

Al observar el cabello de la modelo en la imagen original (pág. 26), puede parecer difícil

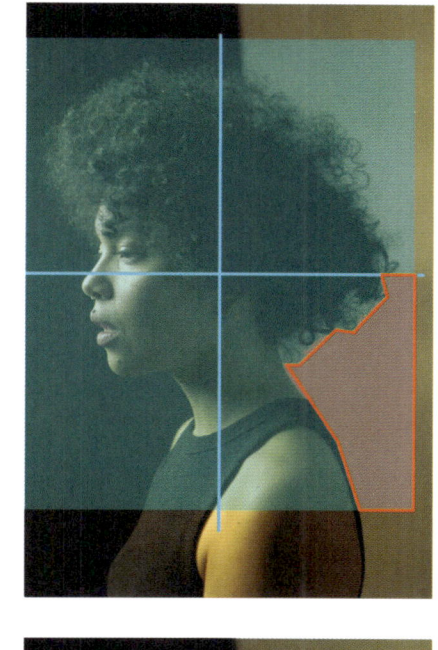 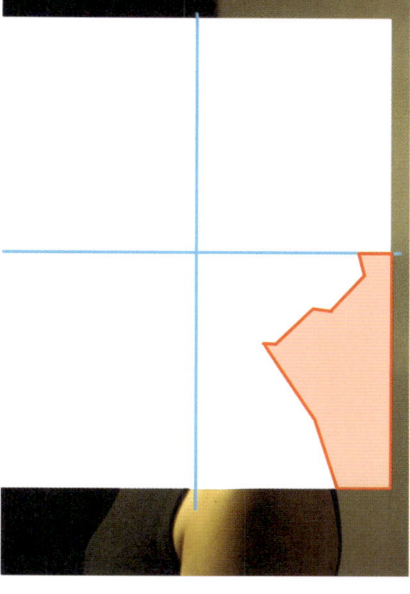

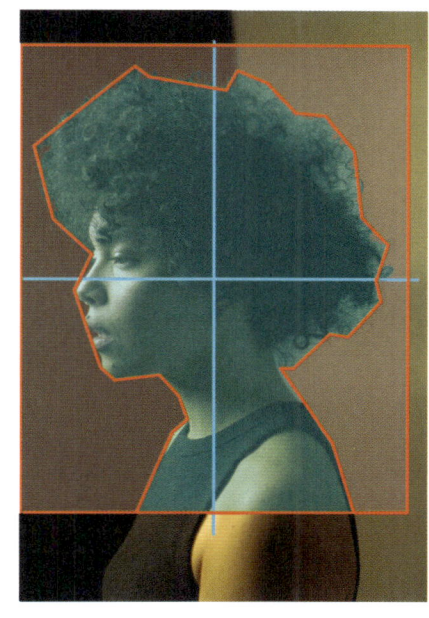 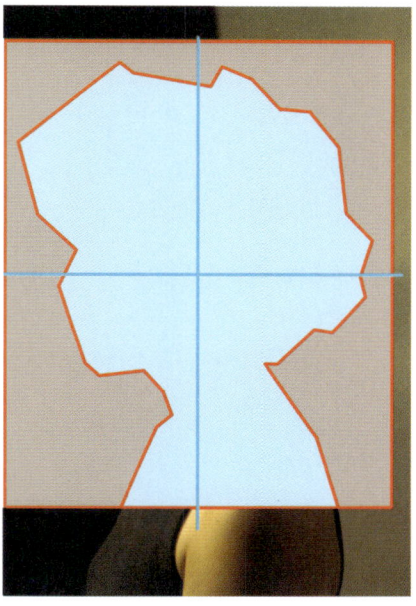

distinguir una forma concreta, pero ese suele ser precisamente el reto. A veces los bordes son muy difusos, o bien hay un exceso de detalles que ocultan las formas. En un retrato, lo primero que suele captar nuestra atención son los rasgos únicos del modelo; pero inicialmente debemos alejarnos y obtener una visión general para captar la estructura y las formas generales (imagen inferior derecha), de modo que cuando se expresen los detalles más pequeños, no estén en el lugar equivocado.

Recortar al tamaño del lienzo y utilizar una cuadrícula sencilla, junto con la observación de los espacios negativos, permite conseguir precisión y una buena composición para su retrato. Estas técnicas le ayudarán a evitar dos errores muy comunes: hacer el dibujo demasiado grande y salirse del papel, o bien hacerlo demasiado pequeño. El uso adecuado de estos recursos maximiza el efecto general de cómo queda enmarcado el rostro dentro del lienzo.

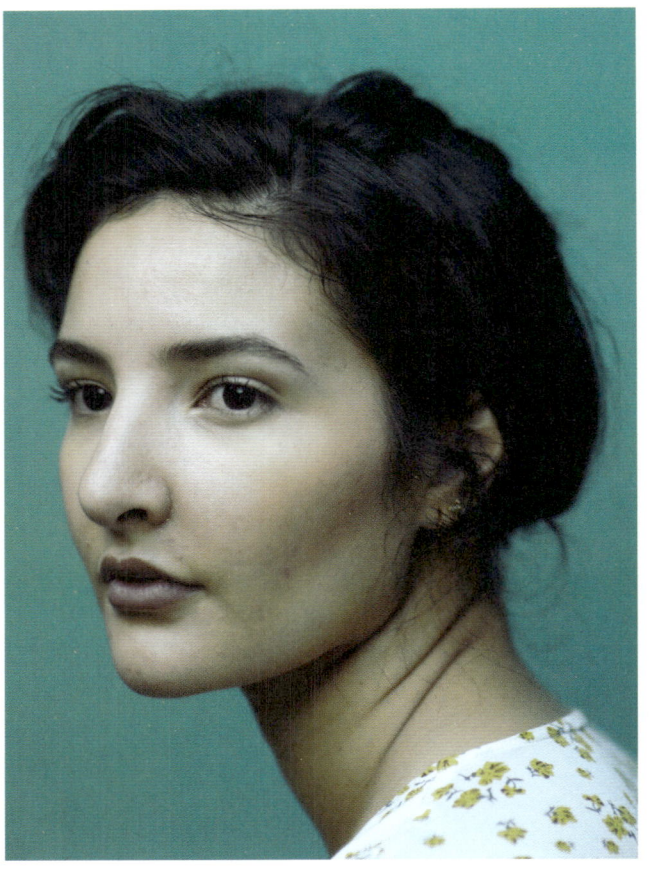

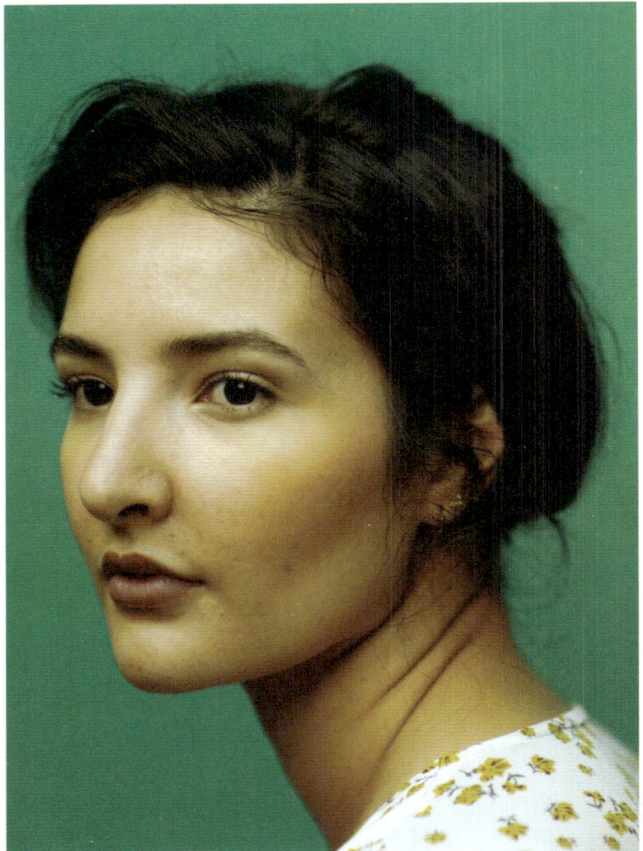

VIBRACIÓN Y COLOR

Al hacer sus propias fotos, es posible que surjan varios inconvenientes relacionados con el color. El objetivo de una cámara y su forma digital de procesar el color, por muy avanzada que sea, a veces pueden fallar y distorsionar la imagen de manera indeseada.

Puede encontrarse con que los colores parecen apagados y demasiado uniformes. Por ejemplo, en la imagen superior izquierda, el balance de color de la cámara no estaba configurado para resaltar las diferencias entre el fondo, la luz y el tono de piel.

Con un programa básico de edición en su teléfono u ordenador, puede añadir más calidez y ajustar el matiz. Si le atraen las imágenes más vibrantes, también puede incrementar la intensidad: es una corrección más eficaz que limitarse a subir demasiado la saturación general. Experimente con el balance de color, los niveles y las funciones de intensidad/saturación de cualquier programa de edición que utilice y comprobará la gran ventaja que puede aportar este paso.

Esta es una de las razones por las que suelo pintar a partir de pantalla. Personalmente, trabajo en un iPad y hago mis ajustes digitales con un programa llamado Artstudio Pro. Si trabaja con una imagen impresa, debe tener en cuenta que se añade otra capa de distorsión cromática, además de la propia de la cámara: tal vez la impresora tenga un déficit de cian, quizá imprima demasiado claro y desvanezca la imagen, o sencillamente interprete los colores de forma distinta. Todos estos problemas se evitan pintando desde un medio digital.

EXPOSICIÓN PARA MODELAR CON LA LUZ

La exposición puede ser uno de los aspectos más frustrantes de la fotografía. En mi opinión, las cámaras suelen exponer bien la luz o la sombra, pero rara vez ambas a la vez de forma equilibrada. Esto significa que, en ocasiones, se obtiene un resultado con gran dramatismo y contraste (como en el ejemplo superior), y en otras ocasiones se obtiene más definición y detalle en los ojos, el cabello y la expresión general del rostro cuando las sombras son más claras (ejemplo inferior). Ambas versiones son útiles para modelar luces y sombras, pero quizá necesite

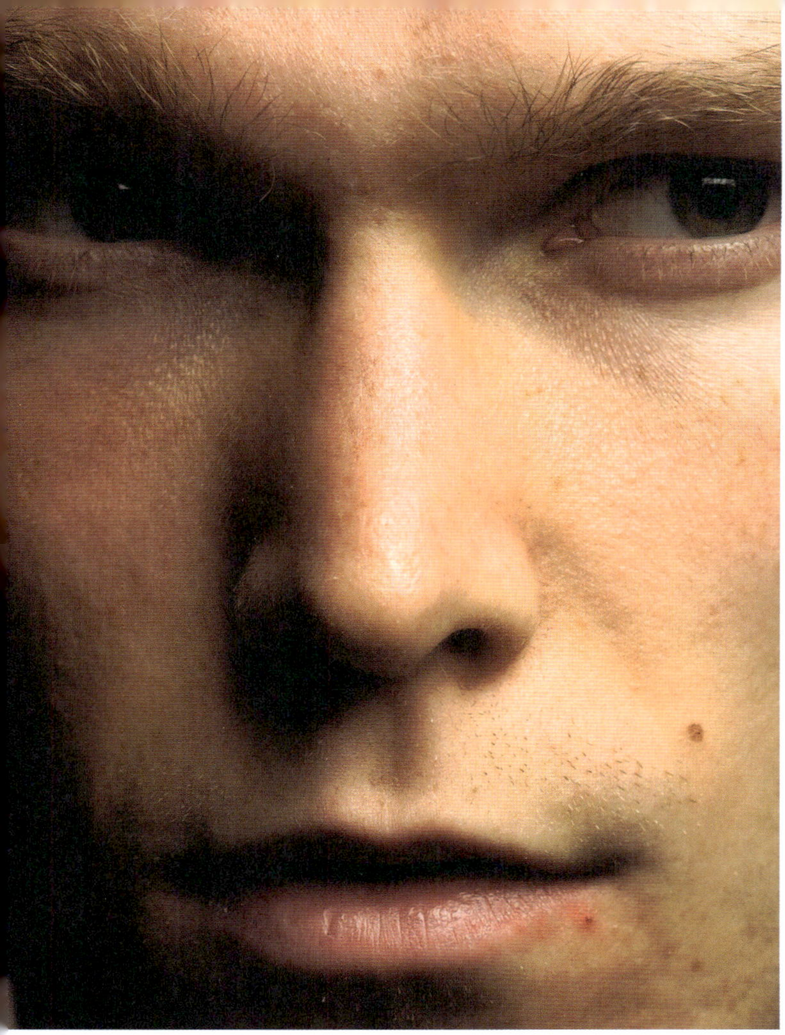

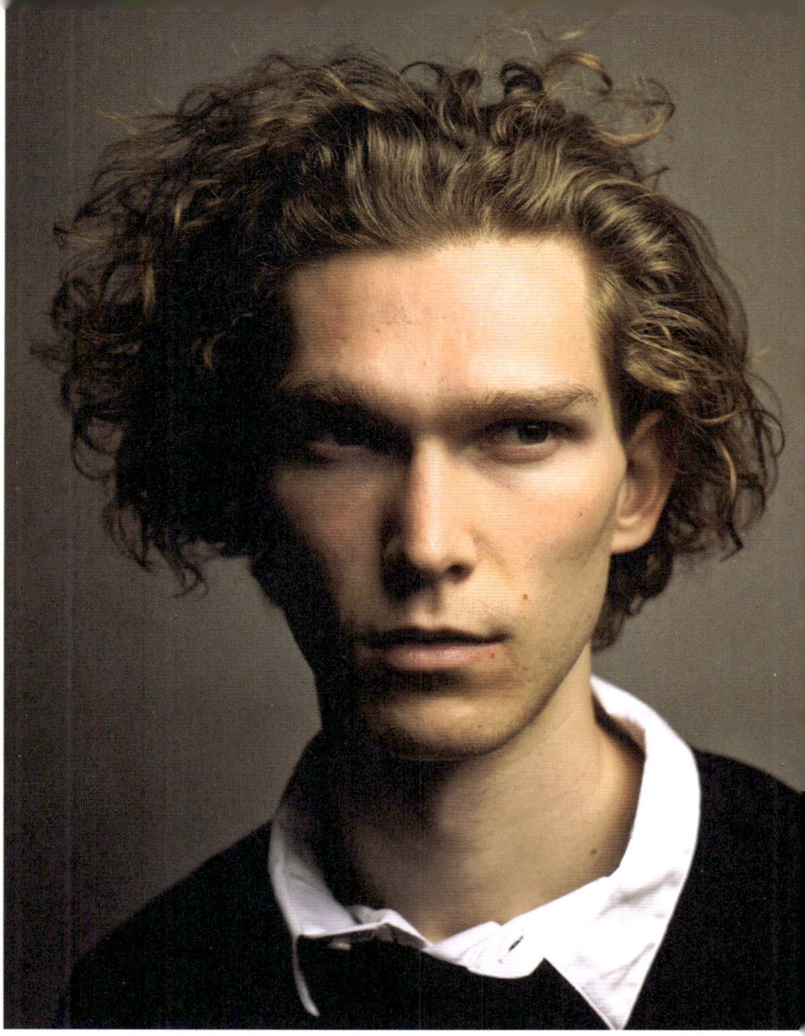

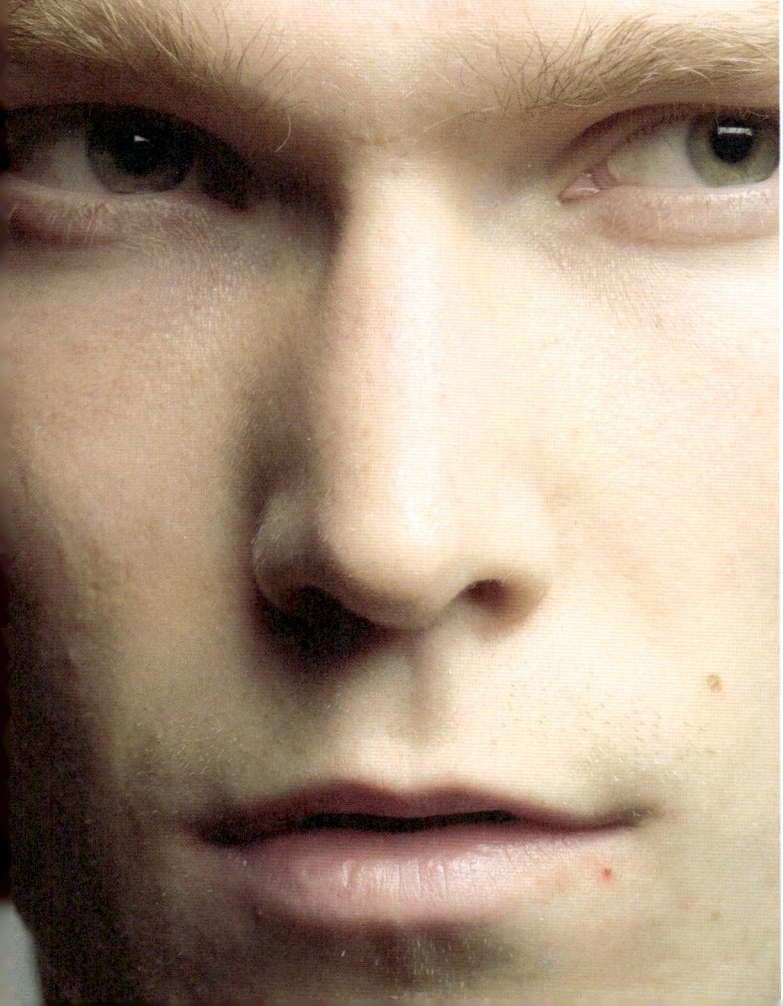
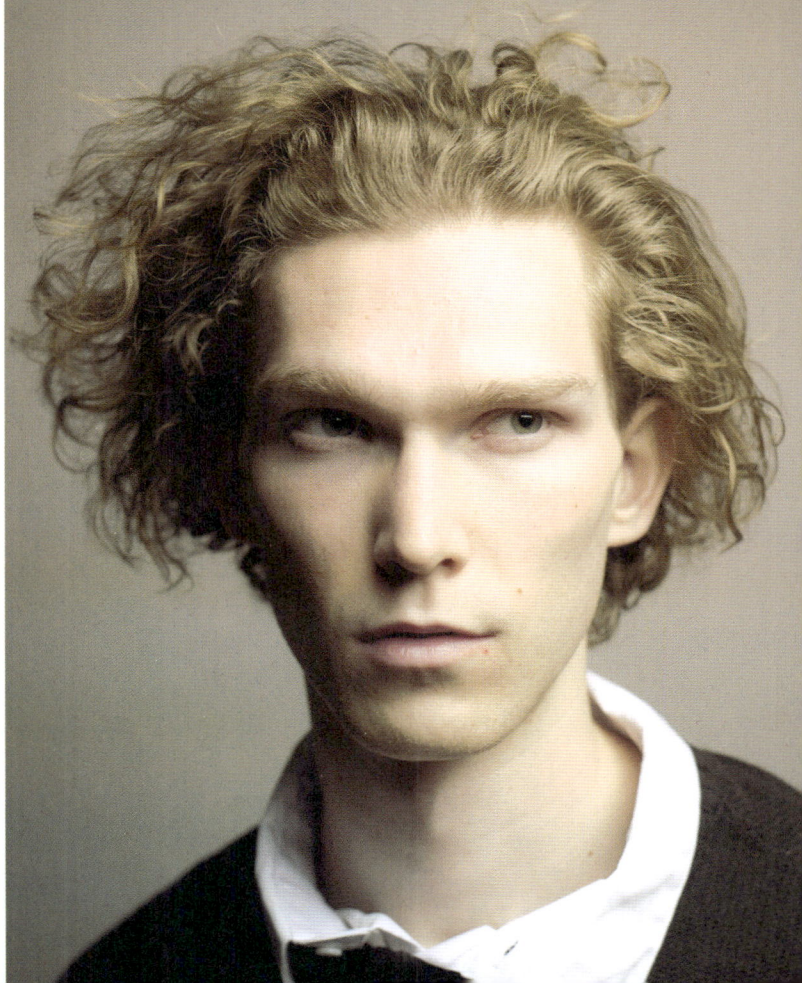

disponer de dos variantes de la misma fotografía, ya que es difícil percibir al mismo tiempo las formas en las luces y en las sombras dentro de una sola imagen.

Exponer la imagen tiene varias ventajas, ya que facilita el modelado de las formas en la luz. Una de ellas es que normalmente se consiguen sombras más dramáticas y oscuras que parecen vacías y hacen que sea más fácil agruparlas en formas visuales para dibujar. Como pintor, las formas son tu mejor aliado. Crean una expresión gráfica simplificada del sujeto que resulta impactante desde cualquier punto de la sala. En estas áreas, puede «pintar con un pincel más amplio», dando espacio a su pincel para que se mueva, de modo que no tenga que perseguir detalles interminables. Otra ventaja es que proporciona un rango bastante dinámico de claro a oscuro en todo sujeto, creando la oportunidad de describir la redondez de la forma del rostro y esculpir la luz.

Al exponer la imagen prestando atención a la información de modelado en las luces (como en el ejemplo de la página 29, abajo), las luces altas son bastante brillantes y las luces más oscuras son bastante oscuras. Esto crea profundidad y proporciona información que, de otro modo, podría perderse si toda la imagen fuera demasiado brillante. Por supuesto, si una imagen está sobreexpuesta y no hay información debido a la configuración de exposición de la cámara, no se puede recuperar esta información con un simple ajuste de edición: dicha información simplemente no existe. En cambio, con una imagen correctamente expuesta, podrá ajustar luces y sombras en su programa de edición para revelar formas adicionales en las zonas claras, algo extremadamente útil al pintar desde una fotografía.

EXPOSICIÓN PARA MODELAR EN LA SOMBRA

Para lograr un efecto artístico, esta versión más oscura de nuestra imagen (descrita en la p. 29, arriba) puede resultar impactante y elegante por sí sola. Sin embargo, en este ejemplo más oscuro puede observarse que una de las fosas nasales desaparece por completo entre las sombras. Para restituir ese detalle, así como otros en áreas como el cabello, quizá deba recurrirse a una edición fotográfica más minuciosa. Si utiliza Photoshop, el ajuste «Niveles» es la forma más rápida de corregir la intensidad de las sombras.

Si se ajusta la exposición para modelar en la sombra, como se aprecia en el ejemplo más claro, se recupera buena parte de la información estructural perdida en las zonas de sombra profunda, lo que permite añadir detalles que antes faltaban. Es cierto que hemos sacrificado buena parte de la información en las luces, pero a cambio podemos apreciar lo que ocurre en las sombras, algo que de otro modo resultaría invisible. Recuperamos la mandíbula, así como la oreja y la información sobre el pelo, ganamos claridad en los ojos y el cuello, etc.

Una buena edición fotográfica puede, en ocasiones, combinar estas dos experiencias en paralelo y ofrecer lo mejor de ambos mundos. Sin embargo, la mayoría de las imágenes con las que trabajará probablemente no contarán con esta sensibilidad, por lo que alternar entre dos tipos distintos de exposición puede darle la información necesaria. Aunque quizá no sea lo ideal trabajar con dos imágenes de referencia, en ocasiones lo considero útil e incluso necesario cuando busco algo que la fotografía por sí sola no puede ofrecerme; así me aseguro de tener lo mejor de ambos mundos en mis imágenes de referencia.

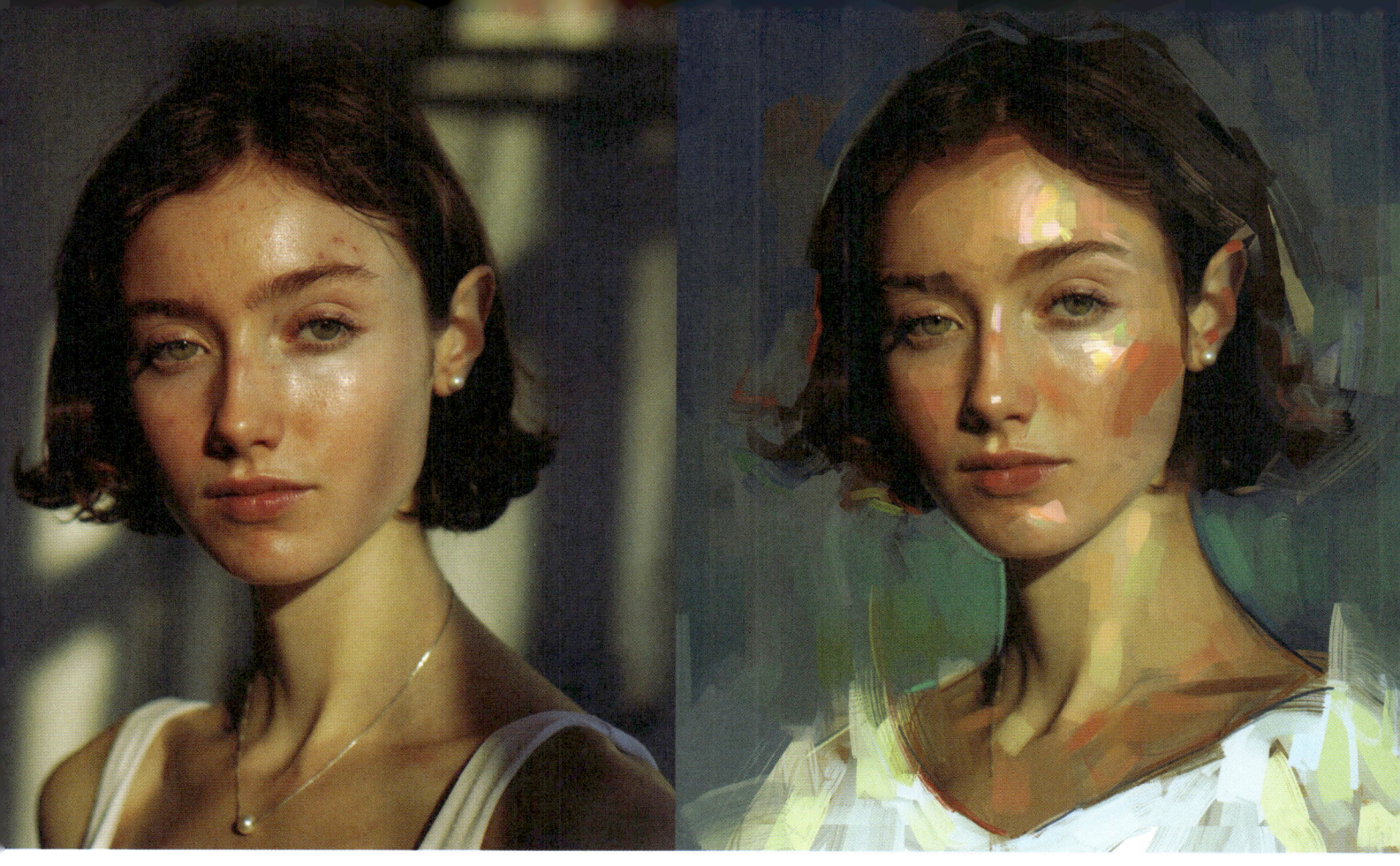

IMÁGENES RETOCADAS DIGITALMENTE

PINTURA DIGITAL PARA EXPLORAR EL COLOR

En mi búsqueda personal por comprender el estilo en relación con la pintura, he explorado muchas posibilidades para retocar imágenes con el fin de ayudar a mi visión creativa, como editar imágenes con Photoshop, el collage, la pintura digital, el photobashing, etc., cualquier cosa que me libere de la tiranía de trabajar solo a partir de una fotografía. Quizás haya tantas formas de abordarlo que escribir una breve nota sobre retocar imágenes en un libro de retratos que privilegia el color de la piel parezca casi innecesario. Sin embargo, creo que vale la pena señalar que muchas de las imágenes con las que trabajo ya se han retocado antes de que yo empiece a pintarlas. En ocasiones recurro a un programa para intensificar el color o para experimentar con pinceladas y texturas; este paso puede integrarse en el proceso creativo como una manera de acercarme más fácilmente al propio ejercicio de traducción pictórica. En una época en la que estamos expuestos a un incesante bombardeo de imágenes, detenerse a pintar un cuadro puede convertirse tanto en un acto de resistencia frente a esa saturación visual como en un intento de reproducirla con absoluta fidelidad.

Me fascina la idea de contemplar un retrato a través de múltiples lentes estilísticas, sobre todo a la luz de las innovaciones que están surgiendo hoy en el campo de la inteligencia artificial (IA) y de las innumerables posibilidades que se abrirán en el futuro. Las opciones para reproducir un estilo con relativa facilidad resultan abrumadoras. Las dos imágenes anteriores ilustran mi forma habitual de trabajar. Suele haber, por un lado, una imagen de referencia sin alterar y, por otro, una imagen «de ambiente» modificada digitalmente que se aparta del original, en la cual experimento con el color, distintas pinceladas o efectos de borde. La imagen de la derecha corresponde a una fotografía procesada con una variedad de pinceles digitales, que generan una perspectiva cromática única que me resulta particularmente sugestiva.

Exploro diversos estilos, pero por lo general me apoyo en estos dos tipos de imágenes para nutrir mi creatividad y, al mismo tiempo, orientar mi manera de percibir la realidad.

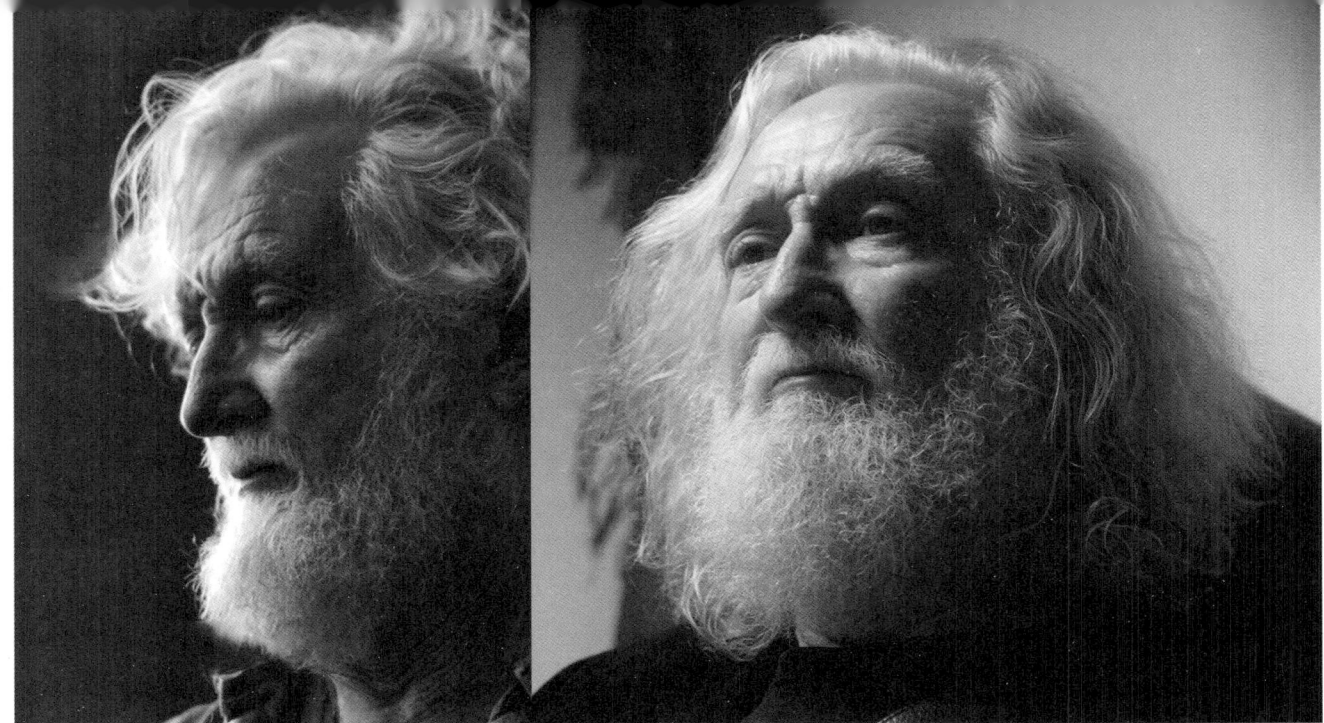

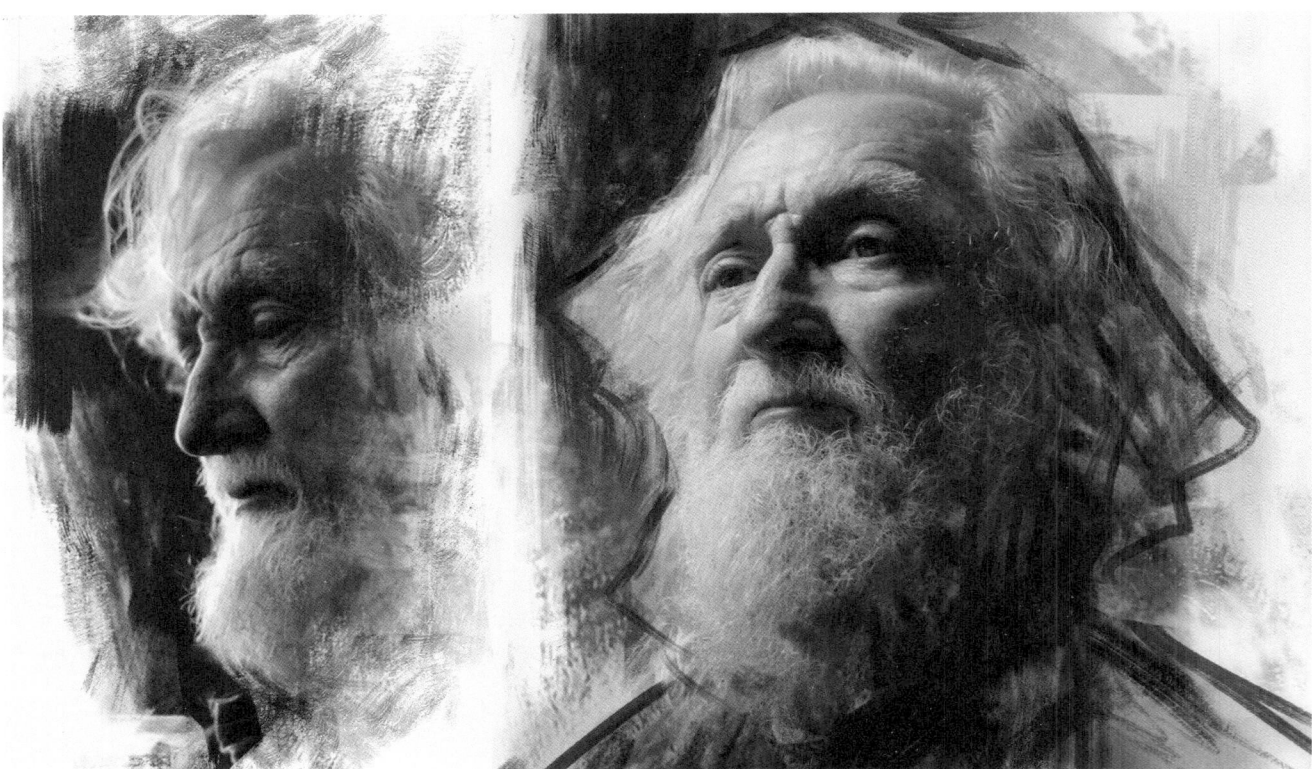

AÑADIR TEXTURAS

Con imágenes alteradas digitalmente es posible estudiar el estilo de muchas maneras, y una de mis favoritas consiste en explorar la textura. En la imagen superior he tomado dos fotografías de retratos y las he transformado para experimentar cómo podrían empezar a parecerse a dibujos al carboncillo. A menudo recurro a este procedimiento como una vía para crear viñetas que simplifican el retrato y abstraen el entorno. Este enfoque me libera de la obligación de pintar cada detalle y me ofrece una especie de hoja de ruta visual, que me orienta a la hora de decidir dónde detener el trazo y fundirlo con las texturas del medio. Con frecuencia, además, recopilo fotografías de distintas texturas o de elementos que me resultan atractivos desde un punto de vista estilístico, y las superpongo en un programa de edición digital como Photoshop, utilizando diferentes modos de fusión, como Aclarar, Oscurecer, Multiplicar, Superponer, Luz suave o Luz fuerte.

PALETA DIGITAL PARA EXPLORAR EL COLOR

Una de las funciones más interesantes de cualquier programa de pintura digital es la posibilidad de tomar muestras de los colores de una imagen y trabajar directamente con ellos. Este proceso permite establecer una paleta cromática inicial. En el ejemplo de la derecha, partimos de una serie de tonos que van de claros a oscuros, a los que luego incorporamos algunos de los azules del fondo. Reducir todas las opciones a una decena de colores aproximados facilita la creación de una paleta para los tonos de piel y otorga una base sólida para comprender el color del sujeto.

A partir de esa cadena principal, es posible introducir variaciones y ampliar la diversidad de la paleta. Sea una paleta digital simple o compleja, este método ayuda a extraer los colores del contexto difuso de la imagen y a percibirlos como muestras puras y definidas.

PUNTOS DE COLOR PARA EXPLORAR EL COLOR

Dar un paso más y utilizar puntos de color para observar todos los matices de su sujeto en contexto —pero sin mezclarlos— puede ayudarle a liberarse de la realidad cromática difusa del mundo natural.

Como verá más adelante, una de las formas más eficaces de aprender a mezclar y aplicar el color es, precisamente, eliminar la mezcla de la ecuación. Creo que liberarse de la idea de que una imagen tiene que tener necesariamente un aspecto suave y creíble, y atreverse a explorar el color en sí misma a través de muestras, resulta una herramienta muy valiosa para los estudiantes. Especialmente si cuentan con un programa de pintura digital que les permita tomar cada color individual de un punto de la imagen y convertirlo en una muestra de color puro. Al eliminar la suavidad, lo que se percibe es el color tal cual, sin todas las transiciones que lo rodean. A veces, cuando trabajo de este modo, también tiendo a desplazar ligeramente el color hacia un registro más saturado, procurando que no se aleje demasiado del original.

Es más fácil percibir el color en este contexto, fuera de su estado mezclado y más suave. Mezclar pintura al óleo es muy adictivo, pero tiende a suavizar todos nuestros colores más hermosos. Esta homogeneización puede frustrar a los artistas, por lo que conviene explorar cada color individualmente, sin la presión añadida de lograr un resultado estrictamente realista.

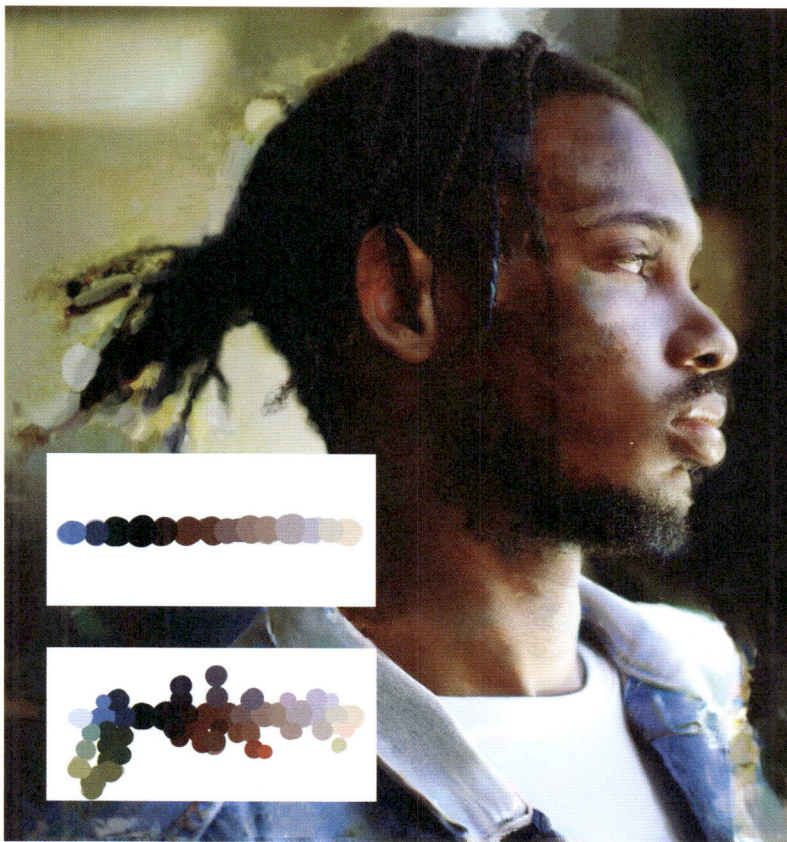

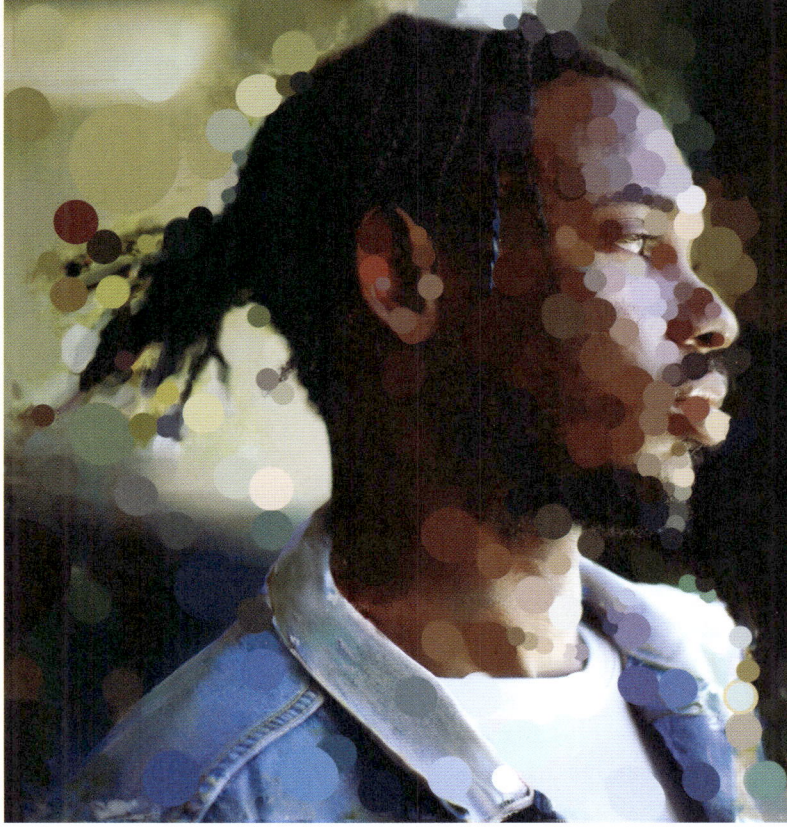

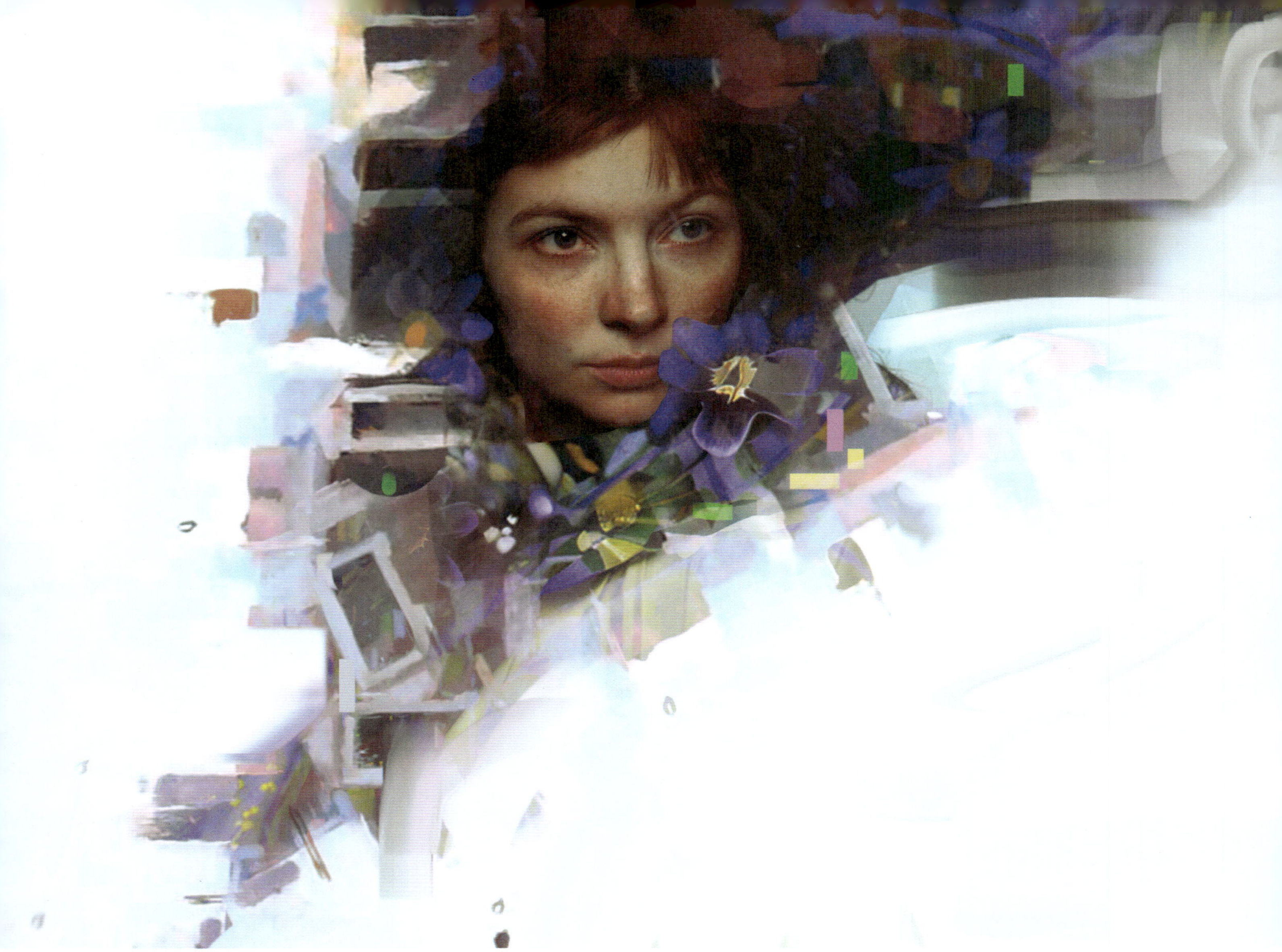

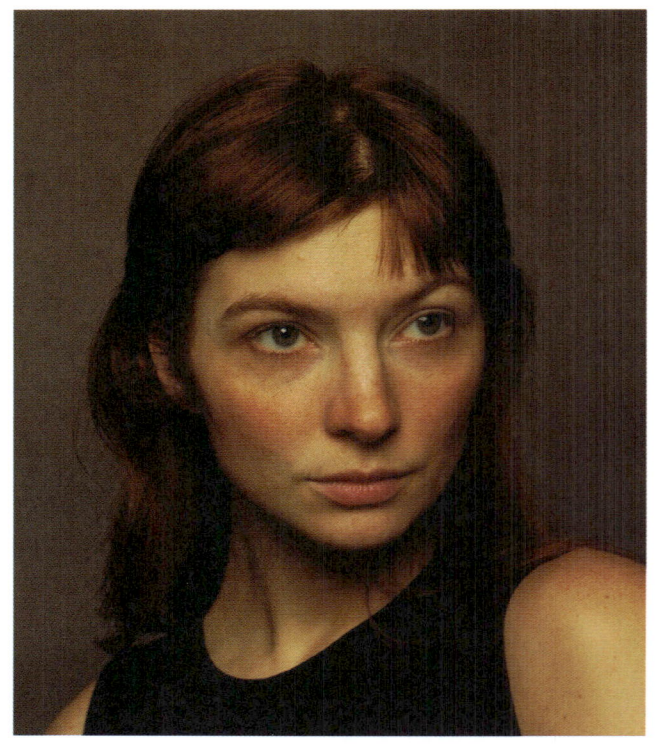

FONDOS, IA Y ESTILO

Cambiar el fondo o añadir algún tipo de entorno artístico a un retrato es, sin duda, parte de nuestra responsabilidad como retratistas. Existen numerosos programas que permiten hacer estas modificaciones, ya sea a mano, de forma digital o mediante la creación de un collage con un fondo distinto, como se muestra en la imagen superior. Todos estos métodos ofrecen una valiosa oportunidad para combinar cierto grado de realismo con formas de expresión artística. También existen otras posibilidades, como el uso de programas basados en IA.

La IA en la comunidad artística es algo relativamente nuevo y bastante controvertido, y aún no ha sido explorada en profundidad. Mientras escribo esto, tengo la sensación de estar en el salvaje Oeste del mundo del arte. Se trata de una herramienta con un alto potencial que puede materializar ideas increíbles, pero cuya seducción puede, al mismo tiempo, restarle cierto grado de propiedad y autoría a su obra.

Dedicar años a construir una estética personal es un proceso fundamental que requiere tiempo, exploración y errores. La IA puede dar la sensación de ofrecer un atajo para acortar ese periodo de desarrollo; sin embargo, un verdadero artista se guía por sus propios pensamientos, emociones y percepciones del mundo artístico, no por un algoritmo ni por un simple clic.

Dicho esto, la IA puede emplearse de manera productiva para explorar y complementar los vacíos de su propia visión estética, siempre como herramienta y no como sustituto del proceso creativo personal. En general, considero que es algo positivo, o al menos así lo percibo. Utilizo la IA para explorar distintas posibilidades compositivas, así como ideas de color y forma.

En la imagen de la parte superior derecha, he modificado el cabello para darle una forma más interesante de pintar y he realzado el color con el fin de reflejar la sensación de brillo de ese ambiente cálido al aire libre. Tras muchos años fotografiando modelos, sé lo difícil que resulta encontrar un peluquero o maquillador que comparta mi estética exacta del color, y casi imposible captar a la modelo en el momento preciso del día, con el sol filtrándose entre los árboles y creando ese halo de luz perfecto. Por ello, la IA puede ser una herramienta excelente para generar situaciones más imaginativas que expresen plenamente lo que realmente «quería» ver.

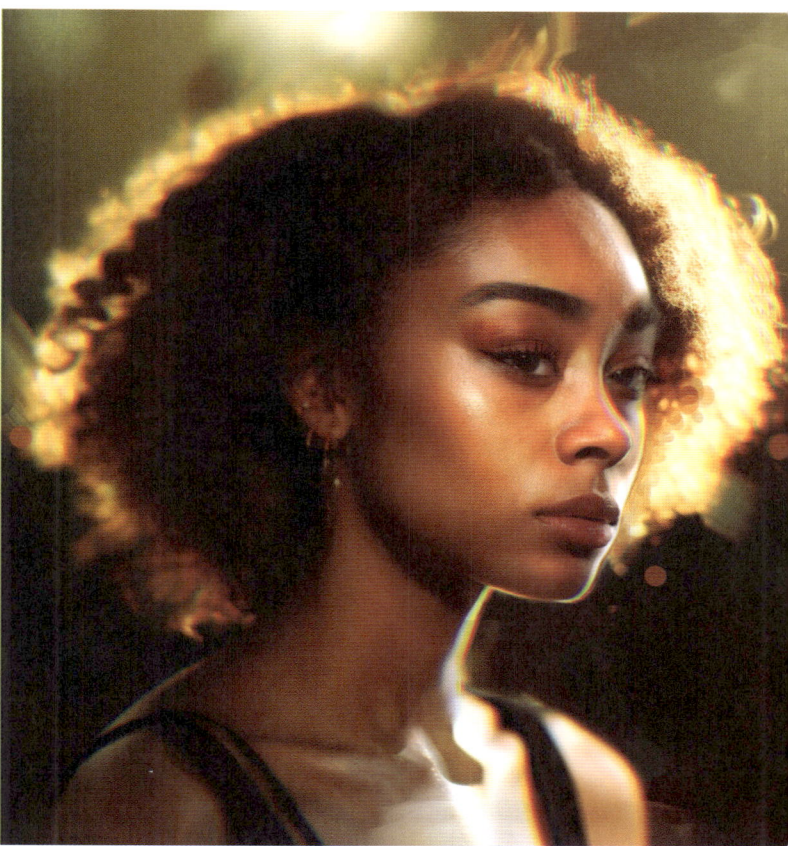

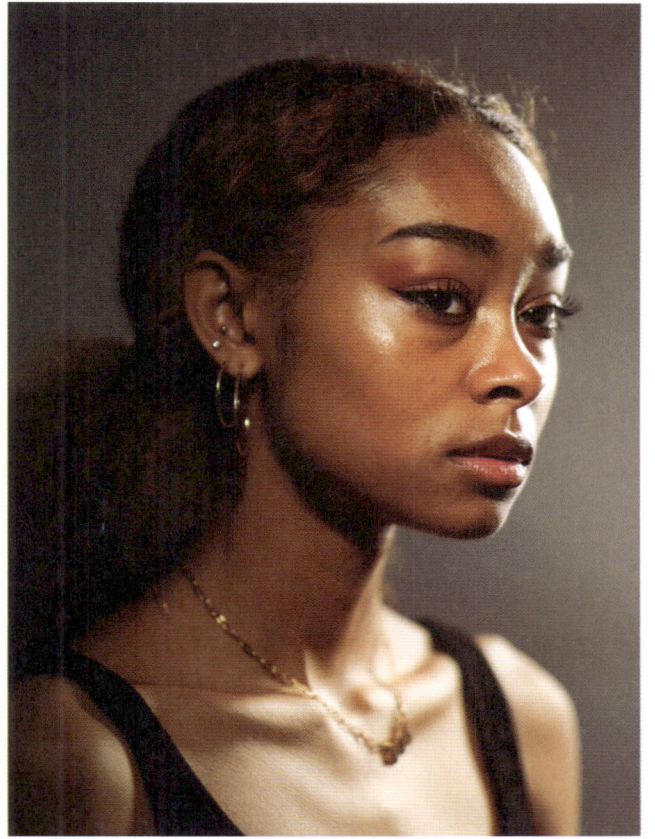

2 | CONCEPTOS DE DIBUJO DE RETRATOS: QUÉ DIBUJAR

Dibujar un retrato es una tarea compleja. Para que quede bien y se parezca al modelo, es necesario trabajar distintos ámbitos de conocimiento, mejorándolos poco a poco mediante la práctica.

En las páginas siguientes se presentan algunas categorías generales de pensamiento que le ayudarán a construir un retrato. Se tratarán con mayor profundidad en los apartados siguientes, pero aquí encontrará todos los conceptos principales reunidos en un solo lugar, para observar cómo pueden comenzar a relacionarse entre sí. Los veo como un sistema de controles y contrapesos. Por ejemplo, la proporción es esencial, pero si no se tiene una estructura amplia en la que aplicarla, podemos quedar atrapados en un «purgatorio de la proporción», midiendo y trazando puntos hasta la saciedad sin que se conecten o tengan relación entre sí. Otro ejemplo es si sus formas y proporciones son precisas, pero la estructura interna de la estructura facial es totalmente incorrecta, de modo que cuando dibuja los rasgos, todo queda torcido, desalineado y fuera de lugar.

Por supuesto, hay muchos enfoques válidos para dibujar un retrato, pero esta es una descripción general básica de los elementos esenciales para que podamos hacer un dibujo decente y luego seguir con la pintura.

ESTRUCTURA FACIAL

FORMA ENVOLVENTE Y OTRAS FORMAS PRINCIPALES

La forma envolvente en la figura **(A)** es quizás el concepto más intuitivo para dibujar un retrato. No es complicado: basta con rodear todo lo que constituye el sujeto con una serie de líneas rectas para hacerse una idea aproximada de la disposición de la cabeza. Si se logra minimizar el número de líneas, mucho mejor. Este encaje en forma envolvente le permitirá percibir los ángulos y la simplicidad de la pose, y será mucho más fácil corregir cualquier error si primero lo representa con líneas rectas sencillas.

Simplificar el sujeto de este modo es todo un arte. Cuando éramos estudiantes, nuestros profesores nos retaban a crear esta forma envolvente con menos de doce líneas, obligándonos a entender el tema en su forma más esencial. Una vez dibujada esta sencilla forma envolvente, de un paso atrás y verifique que los ángulos sean correctos. Por lo general, no lo son, y será necesario ajustarlos antes de continuar con el encaje.

El siguiente paso consiste en identificar otras formas principales (líneas gris-azuladas dentro de la forma envolvente en rojo) para dividir la estructura en partes.

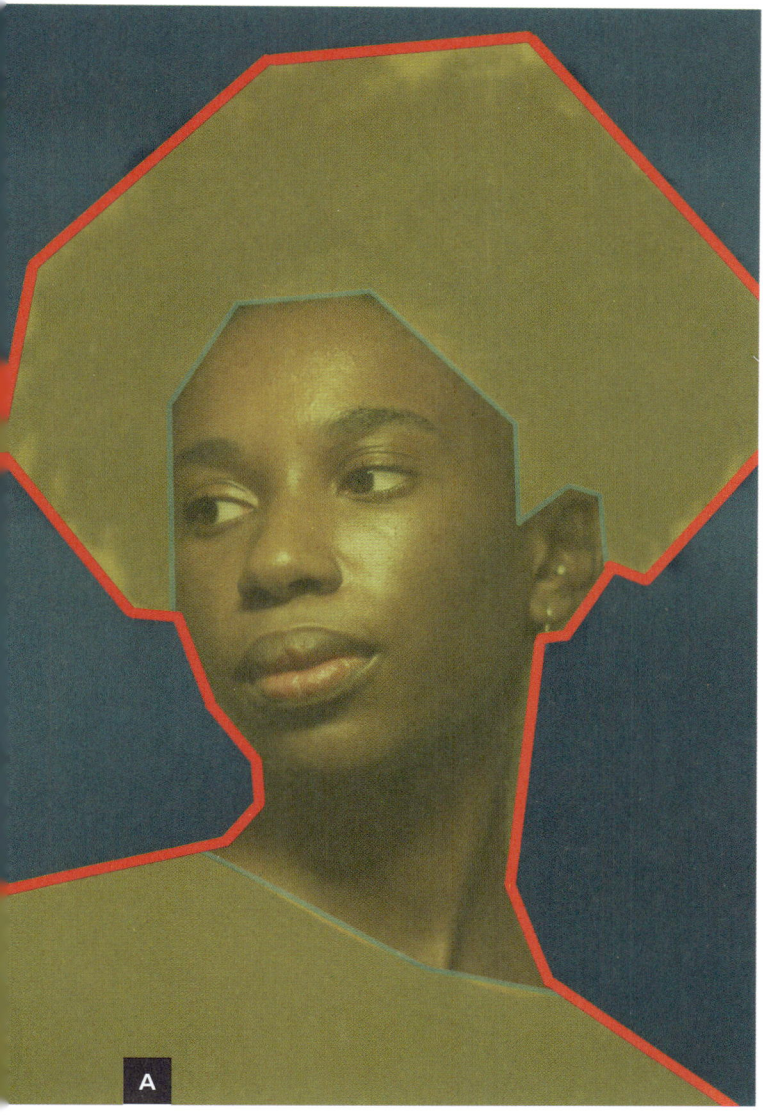

A

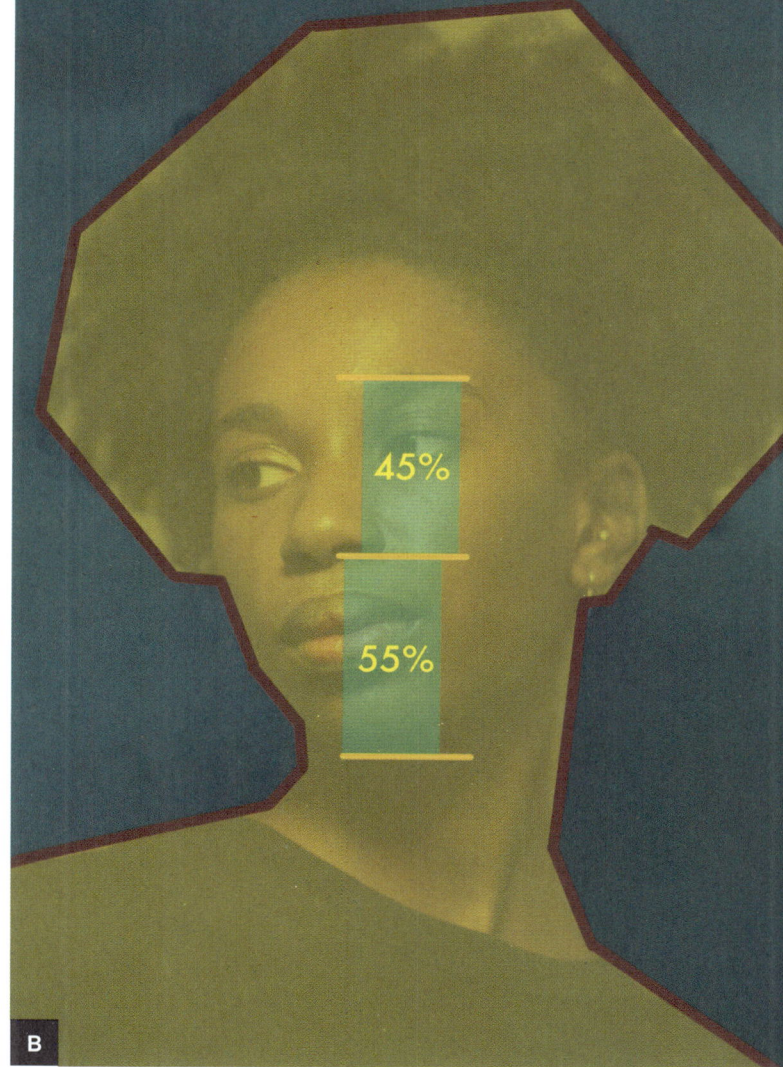

B

45%

55%

A medida que trabaje en el encaje, no pierda de vista la importancia de las formas negativas. En la figura **(B)**, si observamos el fondo junto a la cabeza como una forma negativa e intentamos dibujarlo, y luego centramos nuestra atención en la misma línea divisoria que marca el contorno del cabello (forma positiva), se genera un juego mental de ida y vuelta entre positivo y negativo, en el que nuestro cerebro puede ir refinando continuamente la línea que separa la cabeza del fondo. De este modo, estamos trabajando sobre la misma línea, pero viéndola en dos contextos distintos, lo que aporta más controles y equilibrios para mejorar la precisión de nuestro dibujo.

PROPORCIÓN

La proporción es una herramienta que le permite ajustar las relaciones espaciales y así conseguir un parecido más convincente. Muchas personas se preocupan por lograr semejanza, pero a menudo no lo consiguen y no saben exactamente por qué. Aunque dibujar formas puede ser intuitivo y muy liberador, es importante empezar a incorporar la medición y asegurarse de que las relaciones que establece sean correctas, en lugar de conformarse únicamente con lo que percibe a simple vista.

LÍNEA CENTRAL Y ESTRUCTURA FACIAL

La línea central de la cabeza y su distancia proporcional a los lados de la cabeza, marcada con líneas rojas más gruesas **(C)** establecen el ángulo adecuado en el que se inclina la cabeza y también comunican rápidamente qué lado de la cara vemos más que el otro. Por supuesto, en una vista de tres cuartos, esto adquiere especial importancia: si la línea central es incorrecta o no está proporcionada con respecto a los lados de la cara, todo lo demás también será incorrecto.

La línea central es más fácil de intuir cuando el modelo nos mira de frente; naturalmente tendemos a colocarla en el centro de nuestro dibujo. Sin embargo, debe dibujarse siempre, ya que nos permite medir lo que hay a los lados. Su relevancia y efecto se acentúan en la vista de tres cuartos, y, en ese sentido, casi siempre queremos que la cara parezca más recta. Al dibujar, tendemos de manera natural a enderezar diagonales o a hacer más simétrico aquello que es asimétrico. Incluso cuando el modelo adopta una posición de tres cuartos, a menudo sentimos la necesidad de «enderezarlo». Dibujar la línea central y establecer su proporción con respecto a lo que la rodea nos permite orientar el rostro antes de trazar los rasgos y mantener un control preciso sobre la composición.

La mayoría de los rasgos se disponen perpendiculares a esta línea central, estableciendo un orden de lado a lado. Digo «la mayoría» porque a veces la línea central tiene una ligera curva, generando una desviación de la perpendicularidad perfecta. Estas líneas, que suelen seguir la perspectiva de la cabeza, envuelven la cara con una sutil curvatura. Por lo general, se colocan en una cuadrícula, y es muy útil dibujar el eje central y construir una cuadrícula a partir de él, de modo que haya una simetría estructural general en la forma en que trazamos dónde estarán finalmente los rasgos.

A todas estas líneas que funcionan en paralelo las denomino «estructura facial». La estructura facial constituye la base sobre la que se tomarán todas las decisiones posteriores relacionadas con los rasgos y sus proporciones dentro de la cabeza.

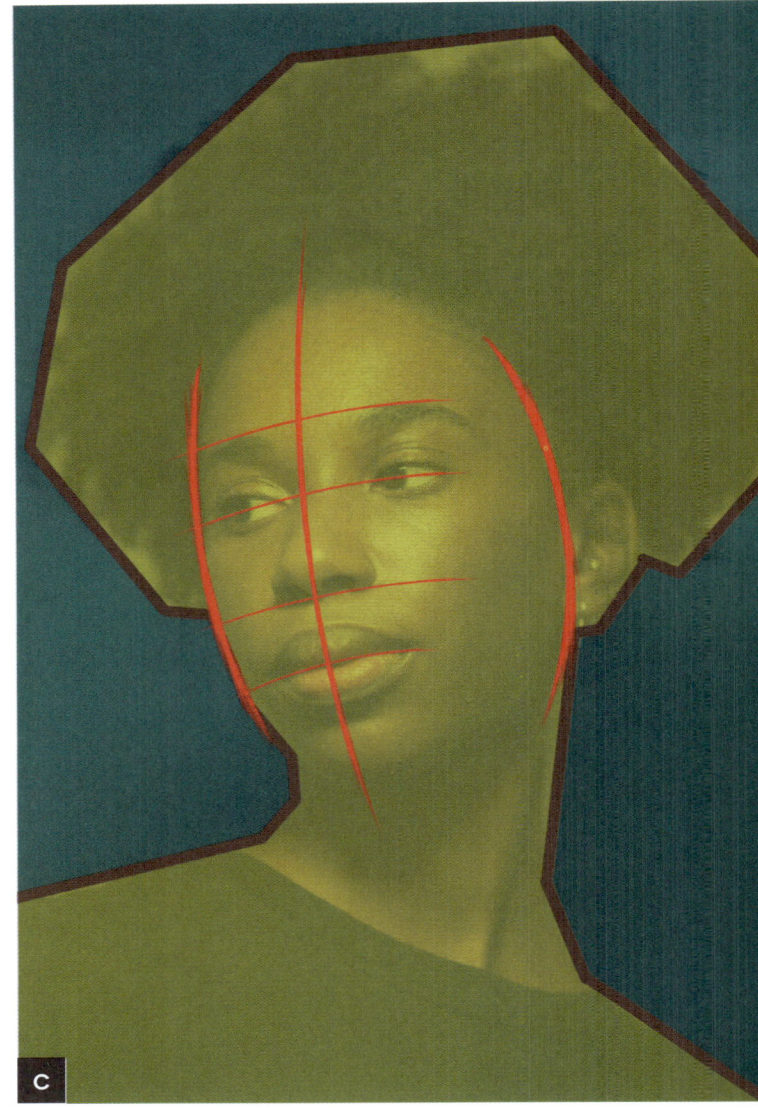

C

CONECTAR CON EL CENTRO

En la figura **(D)**, hemos reducido la presencia de la estructura facial, y se puede observar cómo los distintos puntos de los rasgos se alinean sobre estas líneas. Al configurar la estructura facial, se empiezan a anticipar las simetrías que se distribuyen a lo largo de estas líneas, de modo que, aunque esté dibujando un ojo con gran detalle, ya puede prever su contraparte simétrica al otro lado de la línea central.

Esto resulta especialmente evidente en la parte inferior de la línea central, donde se aprecia una conexión suave desde la punta de la nariz hasta el mentón. El hecho de tener la boca y la parte inferior de la nariz bien definidas es un rasgo característico de este tipo de rostros.

A medida que avanzamos hacia la frente y la zona de las cejas, la simetría deja de ser tan exacta, debido a que el ángulo de la nariz se inclina justo debajo de la ceja, y la línea central se desvía en esa hendidura. Recuerde que la línea central se forma realmente como un arco suave que pasa por el centro de la frente y el centro de la barbilla, sin unirse con la hendidura de debajo de la ceja. Esto se debe a que la línea central constituye una aproximación al centro, y no el centro exacto que bifurca el rostro perfectamente, siguiendo las formas onduladas.

Si todo esto le ha parecido demasiado técnico, basta con recordar lo esencial: lo importante es establecer un centro y construir a partir de él. Este núcleo central será el eje a partir del cual se desarrollarán todas las características y estas se relacionarán entre sí.

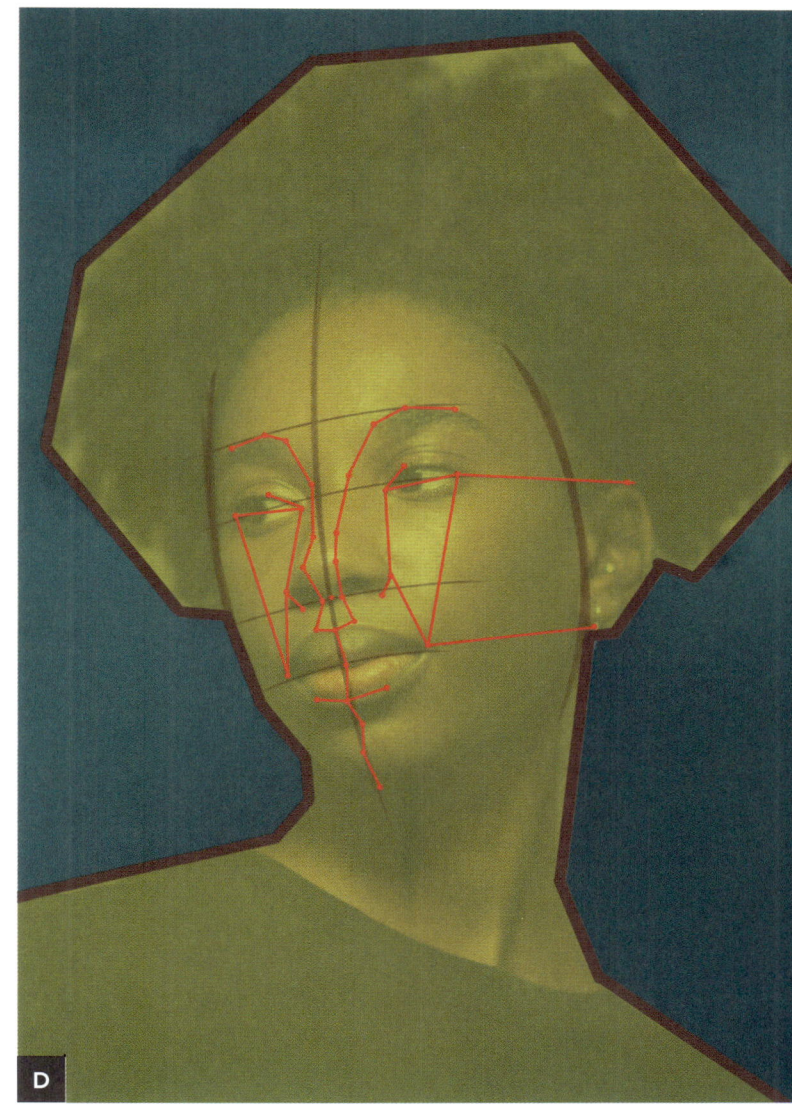

D

MEDICIÓN Y PROPORCIÓN

La medición y la proporción son los pasos más ignorados en el dibujo. Cada vez que lo intento explicar a mis alumnos, veo cómo sus ojos se nublan y un gran aburrimiento se apodera de ellos. Es algo que todos saben que deben hacer, pero quizá no cuentan con un sistema claro para hacerlo. Además, conviene aclarar a qué tipo de proporción me refiero.

La mayoría de los estudiantes que llegan a clase piensan que la proporción está predeterminada o que existe un libro de reglas que contiene todas las proporciones correctas. Estos criterios escritos se denominan «canon de proporción», o también podrían llamarse «proporciones medias». Son proporciones consideradas ideales o generalmente correctas, basadas en medidas promedio del cuerpo humano. Este conocimiento se remonta a la antigüedad y probablemente se codificó con las esculturas griegas de la antigüedad.

Lo que me preocupa específicamente en este libro en concreto son las proporciones medidas del modelo específico que estamos viendo. Y, básicamente, con esto quiero decir que hay que medir una determinada distancia en el modelo, compararla con otra distancia del mismo modelo y ver la relación entre las dos mediciones. Para enseñar la proporción, me baso principalmente en dos métodos: la proporción por encuadre y la proporción por envergadura.

PROPORCIÓN POR ENCUADRE

Para medir la proporción por encajado de la cabeza, suelo crear un cuadro rectangular imaginaria que la rodee, incluyendo la forma del cabello (en rojo). En la figura **(A)**, es fácil ver los puntos más extremos de la cabeza (en amarillo), ya que estos definen los bordes del cuadro. Cuando se conectan estos puntos en paralelo, se forma el cuadro. Nuestra siguiente tarea es medir la proporción de este cuadro. Para hacerlo, tomo el lado más corto del cuadro y compruebo cuántas veces cabe en el lado más largo. En el caso de la figura **(B)**, la medida es de uno a uno y cuarto.

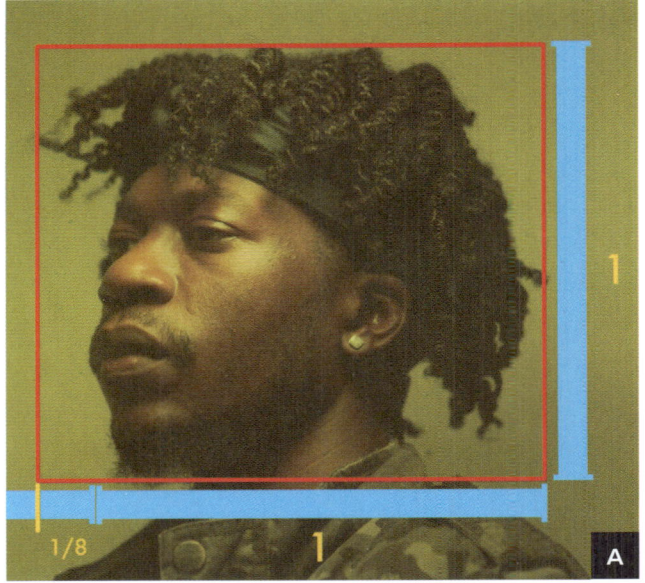

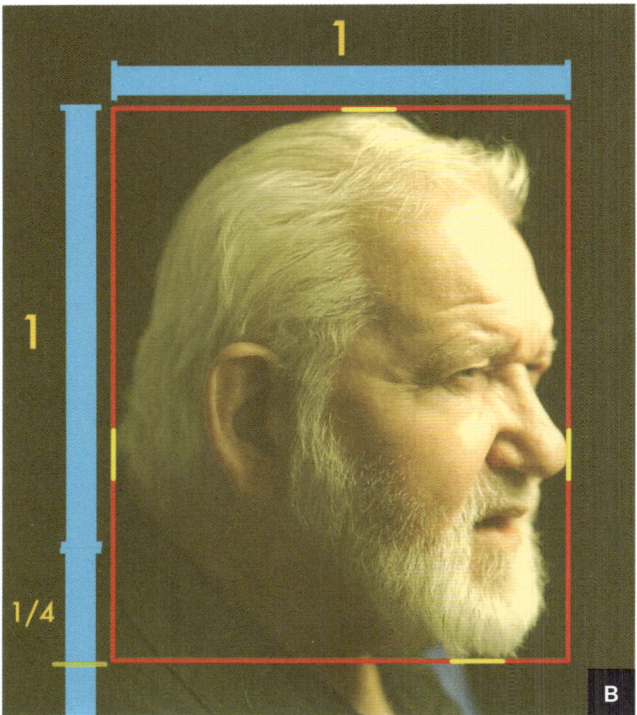

Como ya he mencionado, no todas las cabezas tendrán la misma medida vistas de perfil. No se trata de una regla de proporciones estricta. Algunas personas tienen más cabello o una cara más ancha. Cada persona es diferente, por lo que este método de medición permite entender las proporciones únicas de la cabeza de cada una, con sus distintas formas y perspectivas.

Definir el cuadro, a veces puede ser un poco complicado. El cabello o la barba pueden moverse, y puede ser difícil determinar dónde comienza o termina. Lo mejor es elegir puntos de referencia que sean fácilmente visibles y que no se muevan. Si consigue definir este encuadre, la medición proporcional de la cabeza será mucho más sencilla.

PROPORCIÓN POR ENVERGADURA Y «A OJO»

La proporción por envergadura es una forma distinta de medir un punto específico dentro de una longitud total. Por ejemplo, si tomamos la longitud total desde la parte superior de la cabeza hasta la barbilla, la proporción por envergadura es el método adecuado para entender la relación entre la parte superior de la cabeza y la frente, y entre la frente y la barbilla. Con esta técnica, intentamos entender la relación entre dos distancias que forman parte de la misma longitud.

De nuevo, la forma más sencilla de entender y medir una proporción es tomar la parte más corta y ver cuántas veces cabe en la más larga. Como se muestra en la figura (C), la distancia desde la parte superior de la cabeza hasta la frente es una longitud, y desde la frente hasta la barbilla es esa misma longitud más un cuarto. Esto establece una relación de uno a uno y cuarto entre ambos segmentos. Estas mediciones pueden parecer demasiado complejas para quienes prefieren calcularlas «a ojo», una técnica que yo también suelo usar. Cuando decido trabajar a ojo, me baso en unas pocas proporciones sencillas que me ayudan a entender mejor lo que estoy viendo.

La tabla de la figura (D) muestra las medidas habituales que suelo utilizar, ya sea cuando lo hago a ojo o con la precisión de una regla. Estas mediciones me parecen dentro del margen de error humano. A menudo, recurro a una medida visual de 50/50, 45/55 o 1/3 a 2/3, lo que me proporciona una forma sencilla y estructurada de pensar en las proporciones.

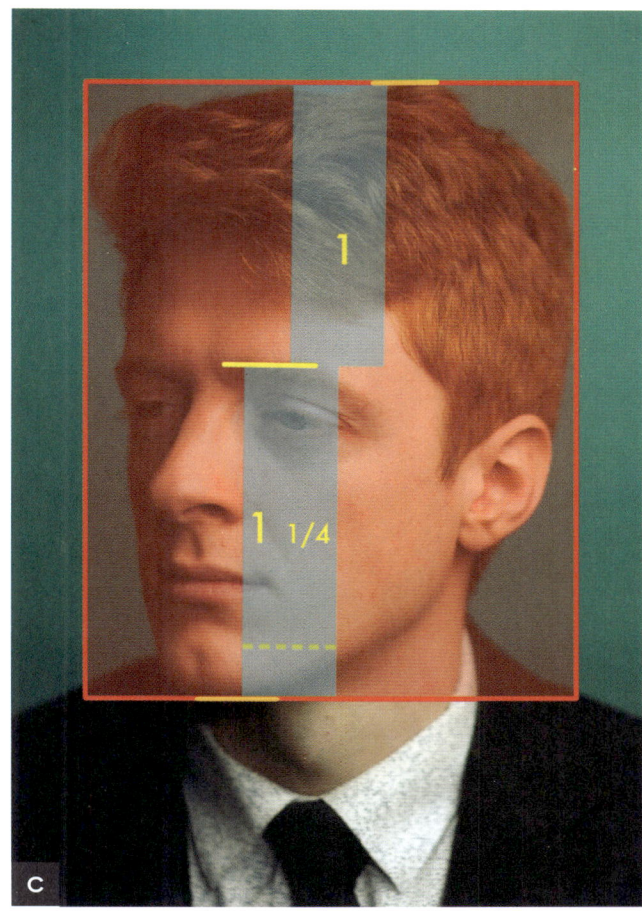

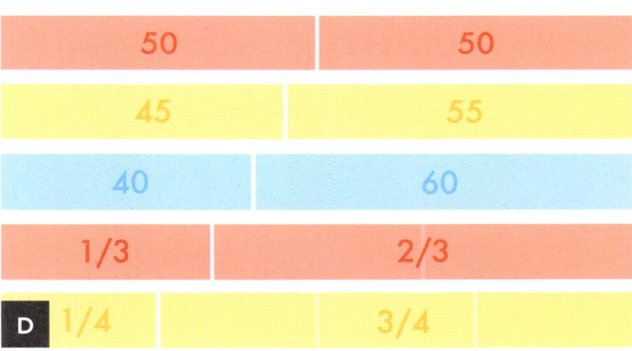

Aquí le muestro algunos ejemplos de proporciones sencillas que utilizo a menudo.

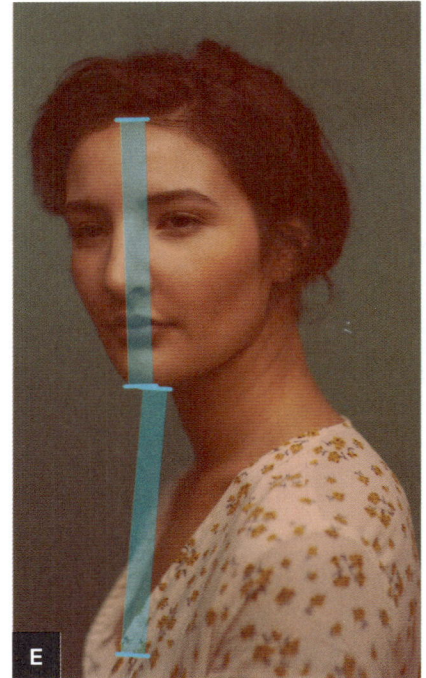 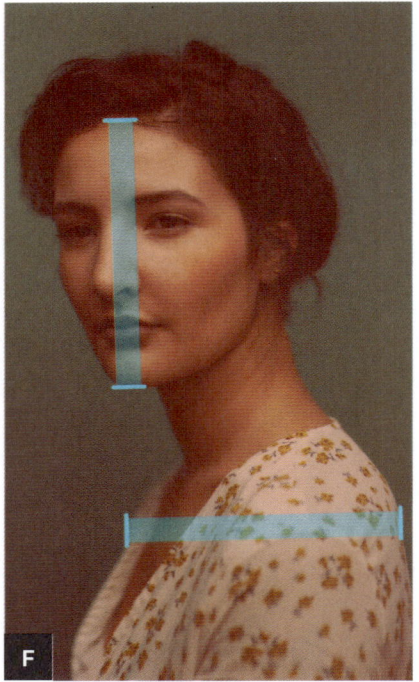 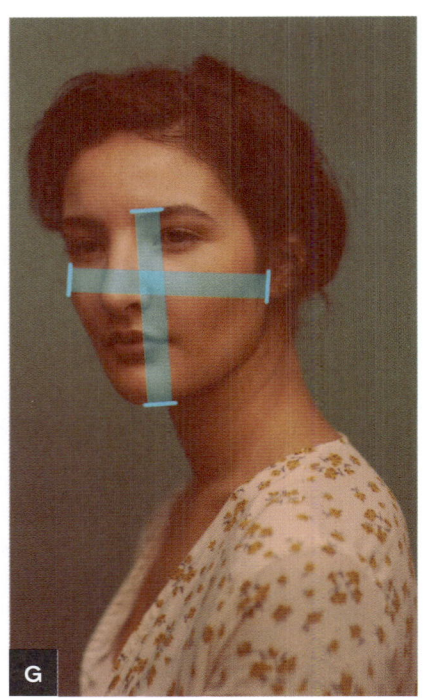

USO DE UNA UNIDAD DE MEDIDA: LA BÚSQUEDA DE COINCIDENCIAS

Al medir o buscar las proporciones, es probable que descubra «coincidencias» en el proceso. Estas coinciden-cias suelen ser los elementos más útiles y fáciles de medir que se pueden observar. Por ejemplo, al buscar una buena proporción entre la cabeza y el extremo del cuello de la camisa, me di cuenta de que la distancia total desde la línea del cabello hasta la barbilla era exactamente la misma que la que hay desde la barbilla hasta el borde del cuello **(E)**. Estas coincidencias establecen relaciones sencillas de uno a uno, sin fracciones compli-cadas. Son comparaciones fáciles que hacen que la proporción sea mucho más manejable, especialmente si se está pintando del natural.

Esta distancia, desde la línea del cabello hasta la barbilla, podría considerarse una «unidad de medida» y usarse para comparar otras longitudes. Por ejemplo, otra coincidencia que encontré fue que la distancia desde la línea del cabello hasta la barbilla era exactamente igual a la anchura de los hombros **(F)**.

Una coincidencia más, pero utilizando una unidad de medida diferente, fue que la distancia entre la frente y la barbilla era la misma que la distancia entre la oreja y la mejilla **(G)**. Estas coincidencias son mucho más comunes de lo que podría pensar. Esté atento a ellas en sus retratos para aprovecharlas y medir las proporcio-nes de la forma más sencilla.

LAS CUATRO PROPORCIONES MÁS IMPORTANTES

Una cosa que veo a menudo es que, a pesar de que se ha explicado la proporción y el artista se esfuerza por utilizarla, el resultado sigue sin ser correcto. Con frecuencia, escucho: «¡Pero si lo he medido!».

No creo que deba medirse todo. De hecho, a menudo primero dibujo y mido después, solo cuando me encuentro con dificultades. El arte tiene un espíritu y una belleza que no se pueden medir, y me parece absurdo ser tan estricto con las proporciones cuando el objetivo es crear. Eso sí, cuando se necesita, es absolutamente indispensable. A continuación, es importante definir cuáles son las proporciones más cruciales para poder dejar de medir y empezar a pintar.

He resumido las que, en mi opinión, son las cuatro proporciones más importantes de un rostro. Estas proporciones se pueden calcular cuando se trabaja con modelos reales. La mayoría de las medidas que sean más pequeñas que estas distancias no vale la pena medirlas. Es fundamental saber qué es medible, asegurarse de fijar las cosas más importantes y dejar que el resto fluya por sí mismo.

EL ENCUADRE

Ya hemos hablado de la proporción por encuadre, pero en esta página quiero que la vea como la base de todas las demás decisiones que se tomarán.

Hay decisiones que deben tomarse antes que otras, y esta es una de ellas. Establecer la ubicación del encuadre en el modelo y en el lienzo le permitirá encajar correctamente la figura y le dará un marco de referencia para las siguientes proporciones más importantes **(A)**.

Al optar por configurar su imagen utilizando este cuadro, lo que hace es establecer un eje X y un eje Y para hacer las mediciones. Esto elimina la confusión de medir en ángulo, que es subjetivo y propenso a errores significativos. A partir de este encuadre general, medir el resto de las áreas importantes se vuelve mucho más sencillo. Es como tener un pequeño bloque de mármol que puede medir y cortar para darle forma a la cabeza **(B)**. Creo que esto funciona mejor que solo colocar un óvalo para la cabeza con una línea central. La forma de óvalo, que se usa a menudo

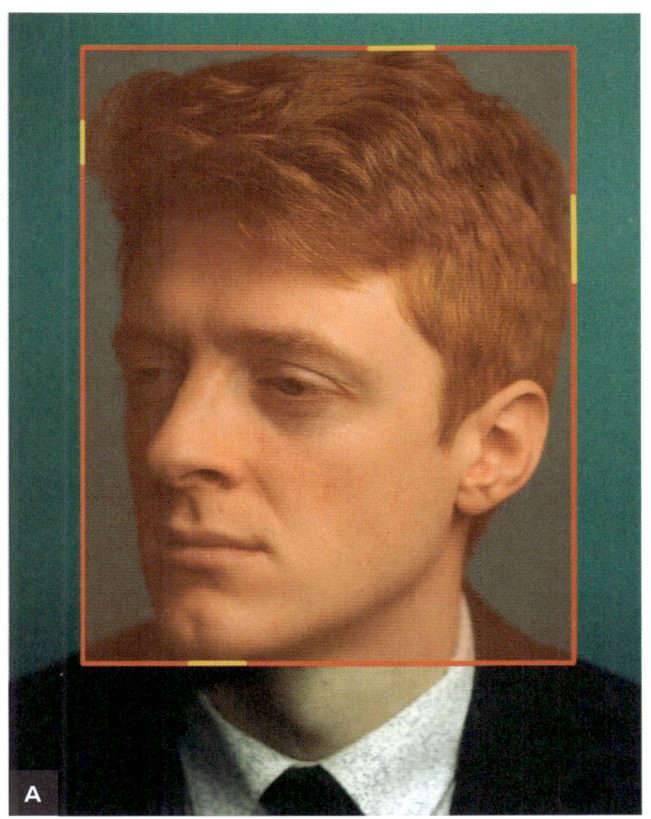

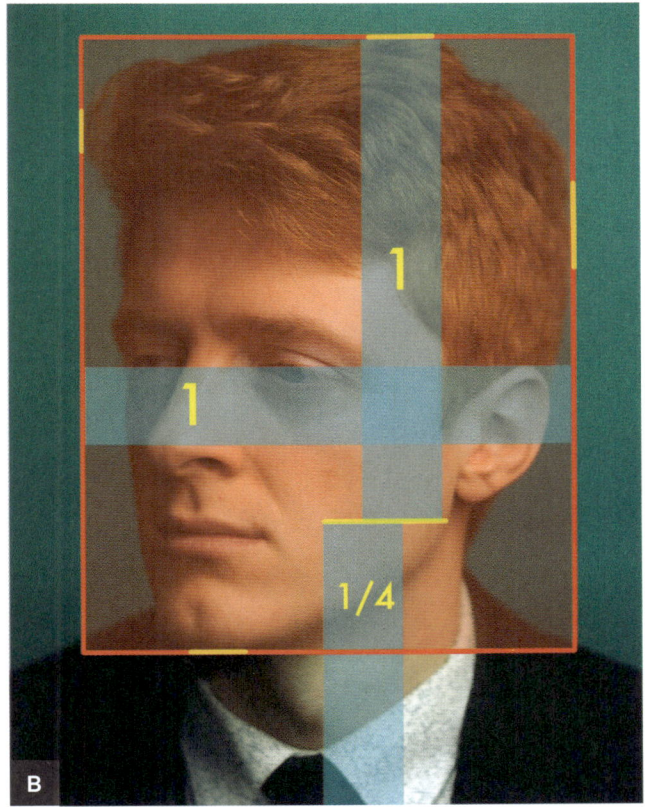

para encuadrar una cabeza, no se basa en las proporciones únicas del modelo.

El cuadro le ayuda a visualizar y tener en cuenta la forma general de la cabeza. Así la tiene controlada.

PARTE SUPERIOR DE LA CABEZA, FRENTE Y MENTÓN

Una vez que haya establecido el encuadre, la siguiente medida más importante es usar la proporción por envergadura para encontrar la relación entre la parte superior de la cabeza, la frente y el mentón **(C)**. Esta medida, que va de la parte superior de la cabeza a la frente y de la frente al mentón, también influirá en la relación entre la nariz y la boca. La frente funciona como un punto de anclaje que se relaciona con la caja y sirve para establecer medidas adicionales.

Normalmente, esta relación es de 45/55 o 40/60, aunque puede variar dependiendo de la altura del cabello del modelo y otros factores.

Yo elijo la frente como punto de referencia porque es mucho más fácil de definir que el ojo, que es un punto central del rostro. Mucha gente sabe que el ojo suele estar en el centro de la cabeza, pero usarlo como referencia plantea la pregunta de dónde está exactamente el centro del ojo. Esto genera demasiada ambigüedad para considerarlo un punto de referencia claro y fiable.

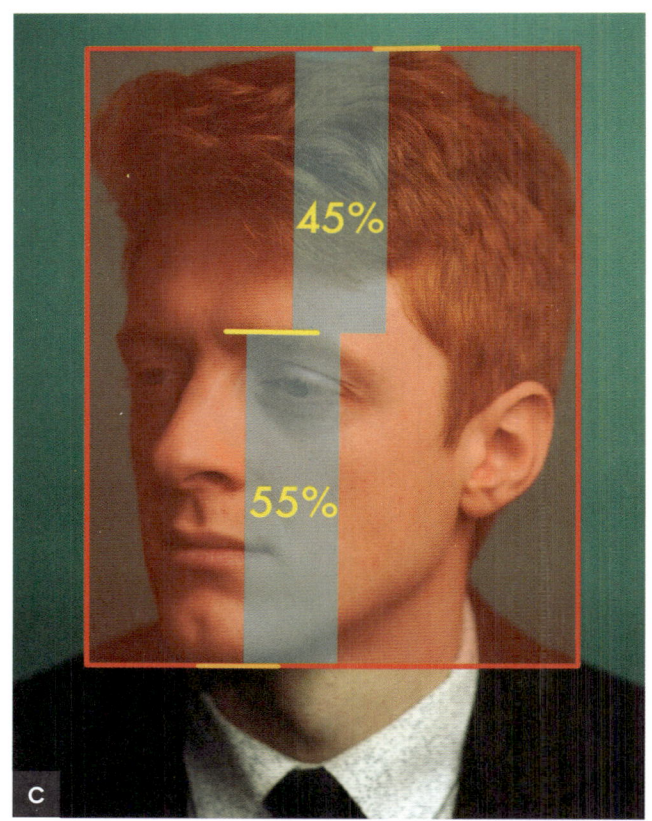

FRENTE, NARIZ Y MENTÓN

Una vez determinadas la frente y el mentón en el cuadro, medimos la proporción entre la frente, la nariz y el mentón **(D)**. Por lo general, diría que esta relación es de 50/50 o 45/55, y en algunos casos puede ser incluso más pronunciada, dependiendo de las proporciones del modelo.

Esta proporción es fundamental para colocar la boca correctamente y evitar tener que volver a dibujar todos los rasgos más tarde. No le sabría decir cuántas veces me he encontrado con una nariz demasiado larga o una boca demasiado grande, y luego he tenido que intentar reducirlas o ampliarlas para que encajaran en los espacios que había determinado incorrectamente.

De hecho, rara vez dibujo la boca hasta haber revisado esta proporción muchas veces. Por lo general, dibujo la boca de manera suave hasta asegurar la proporción y sentirme conforme con ella. Normalmente, tampoco defino los ojos hasta que la proporción me parece correcta. En una primera fase, represento los ojos como formas suaves y desenfocadas, evitando detallar rasgos concretos hasta comprobar que las proporciones son correctas.

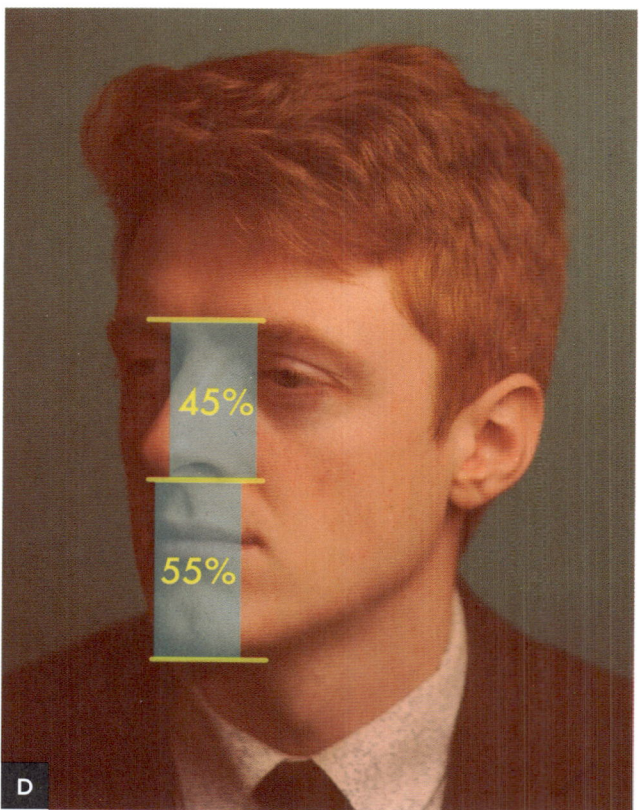

FRENTE, PERFIL Y PARTE POSTERIOR DE LA CABEZA

La última proporción inicial que hay que establecer es la relación entre la parte frontal, los laterales y la parte posterior de la cabeza **(E)**. Estas proporciones están directamente relacionadas con la orientación lateral del rostro. La línea central de la cabeza es también una proporción especialmente importante que interactúa con estos factores y que abordaremos a continuación.

Las proporciones espaciales que definen las vistas laterales del rostro parecen más difíciles de capturar que las verticales. Los puntos de referencia que ayudan a determinar las medidas de lado a lado son difíciles de definir.

La proporción entre la parte frontal, los laterales y la parte posterior de la cabeza se define por el borde de la cuenca del ojo o la hendidura del hueso cigomático. Por muy imprecisa que pueda parecer esta proporción, si se dibuja en el lugar equivocado, se terminaría teniendo que estirar o contraer los ojos para que encajen.

Cambio los puntos de referencia que utilizo para esta proporción si el retrato es de perfil, o según el ángulo de la cabeza. Para un perfil, suelo usar las patillas o el inicio de la oreja como punto de referencia. La clave es hallar un punto de referencia hacia el centro de la cara, dependiendo de su orientación.

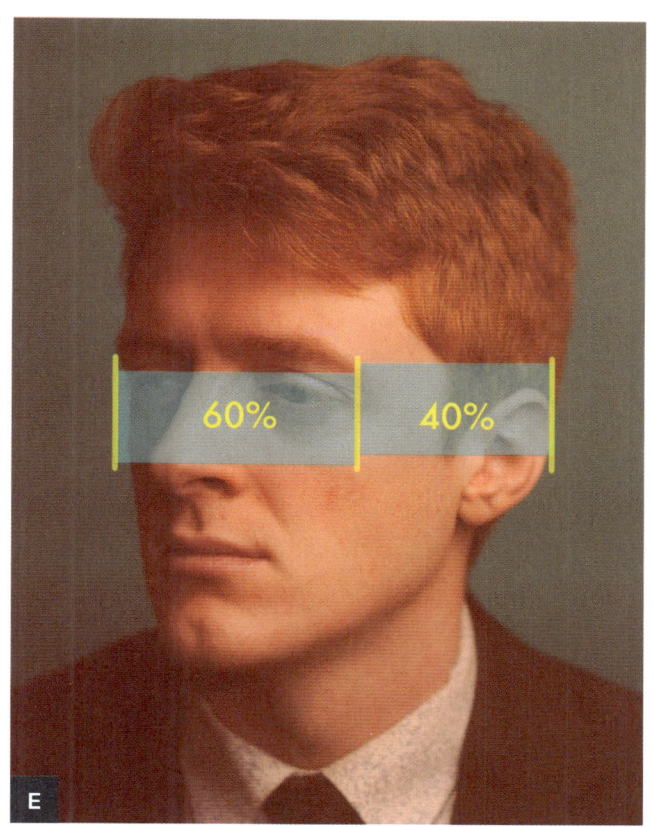

LÍNEA CENTRAL DE LA CABEZA

En este apartado, se explican principalmente conceptos que le ayudarán en cualquier situación a la hora de dibujar la cabeza. No se trata de un manual de instrucciones lineal que le enseñe a dibujar la cabeza paso a paso. En estas páginas se presentan teorías que funcionan como herramientas para que usted elija y seleccione la mejor opción para cada situación. Encontrar la línea central es una de esas opciones.

CONCEPTOS COMBINADOS

A veces, el encuadre y las proporciones se ajustan fácilmente a la línea central, y otras no. Como puede ver en estas poses dinámicas de nuestra modelo, es posible que el encuadre no funcione, mientras que el contorno del rostro sí lo haga. En cualquier caso, el objetivo de estas poses es definir la línea central de la cabeza (rojo) y su relación con el marco general del rostro (amarillo).

Esto es un buen recordatorio de que algunos conceptos de dibujo son muy rígidos, claros y lógicos; yo los llamo conceptos apolíneos. Otros conceptos del dibujo son dionisíacos y, en su expresión, son solo un poco más intuitivos, ideas que se sienten.

Siempre me ha resultado difícil entender la singularidad de los conceptos apolíneo y dionisíaco y cómo pueden coexistir en la creación artística. La línea central de la cabeza es una de esas ideas únicas en las que se unen estos dos tipos de pensamiento, lo que, en mi experiencia, la convierte en una de las cosas más difíciles de enseñar con precisión.

A menudo ocurre en mis clases de retrato que un alumno dibuja la cabeza completa y, aunque cada parte pueda parecer bien lograda, una línea central mal trazada hace imposible alcanzar un verdadero parecido. Para un profesor, tener que mostrar esto a un alumno resulta profundamente desagradable, porque todos sabemos el esfuerzo que requiere pintar un retrato, y es desmoralizador que un simple error en la línea central implique rehacer la obra completa. Si se asegura de hacerlo bien antes de seguir desarrollando el retrato, se ahorrará muchos dolores de cabeza más adelante.

ENCONTRAR EL CENTRO

Puede definir esta línea central de una forma más libre e intuitiva, en lugar de solo medirla. Una buena manera de empezar es simplemente intentarlo. Como en la mayoría de los casos, al probar algo en

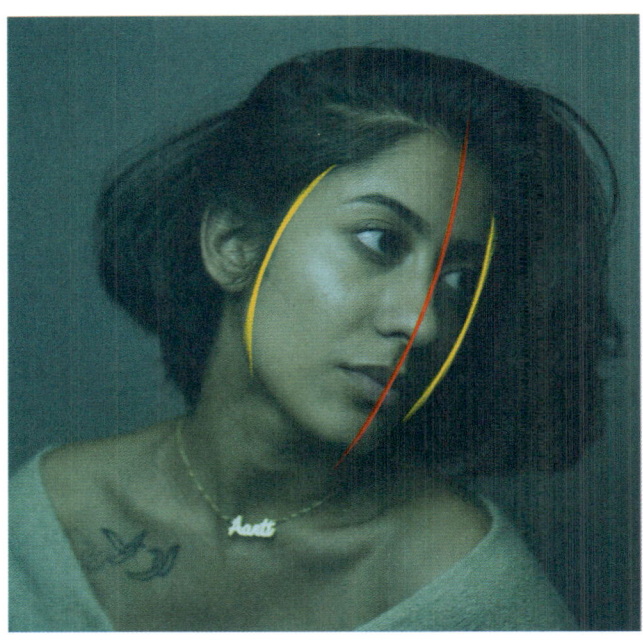

El objetivo es definir la línea central de la cabeza (rojo) y su relación con el marco general del rostro (amarillo).

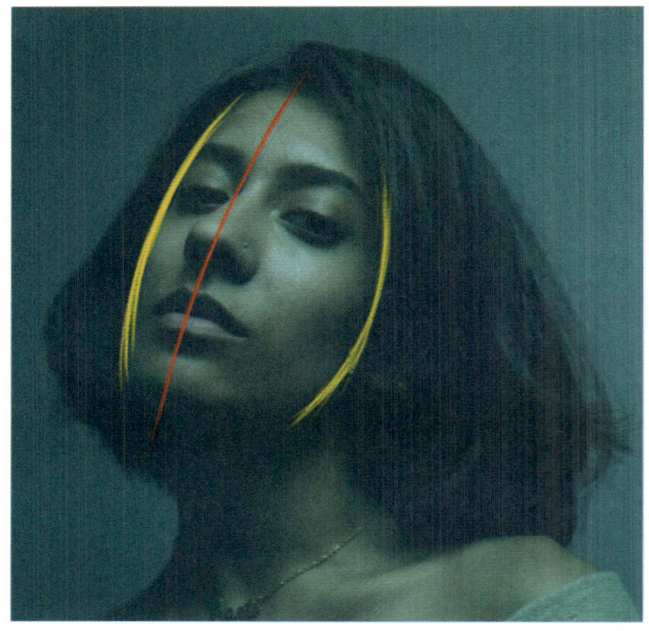

Parece una proporción de 80/20.

dibujo, debe hacerlo de forma ligera y esquemática para tener varias opciones en la página. La esencia de esta línea central (rojo) es que va desde el centro de la frente hasta el centro del mentón, y su curva suave define la redondez de la cabeza. En el retrato, este ángulo refleja la actitud y el gesto de la pose general de la modelo.

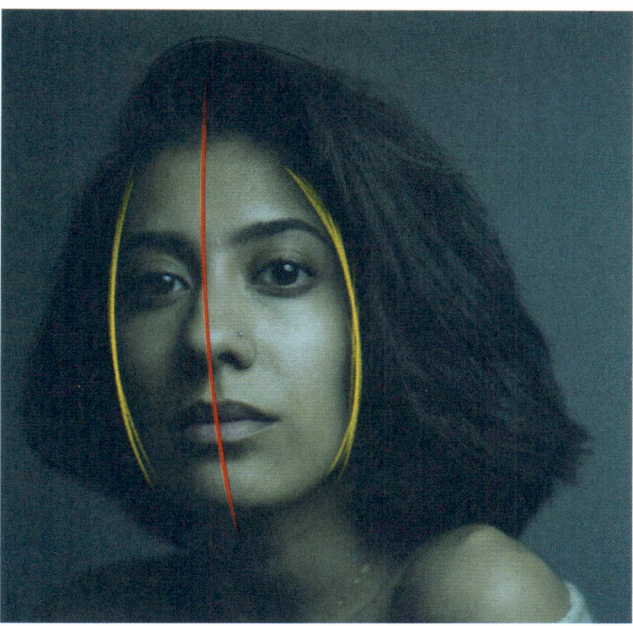

Quizás una proporción de 40/60.

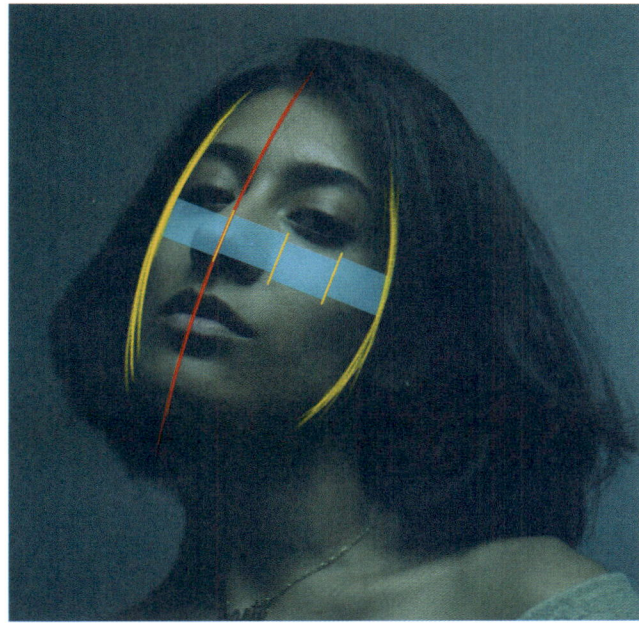

Medida con más cuidado, se trata de una proporción de ¼ a ¾.

En la mayoría de las poses dinámicas, este ángulo es bastante sesgado. Cuanto más diagonal sea esta línea, más actitud y sensación de dinamismo transmitirá. Por el contrario, cuanto más recta sea de arriba abajo, más estática y tranquila será la pose.

La posición de esta línea central rara vez está en el centro perfecto del rostro Sin embargo, inconscientemente sentimos la necesidad de trazarla en el centro de la cabeza, lo que probablemente no represente con exactitud la imagen en la que estamos trabajando.

PROPORCIÓN DE LA LÍNEA CENTRAL

Aquí reside la combinación de los enfoques de dibujo dionisíaco y apolíneo. A veces, el proceso de solo «sentir» y dibujar la línea de forma intuitiva da un resultado incorrecto, así que, después de hacer un boceto rápido y ligero de la cabeza, es recomendable cambiar de estrategia e incorporar la medición.

Es mejor esbozar el retrato ligeramente primero y medir después, para no quedar bloqueados por el miedo a cometer errores. El arte consiste en resolver problemas, y a veces primero se necesita un problema (un boceto ligero y enérgico) y, después, un método para resolverlo (la medición).

Cada una de estas poses tiene una proporción diferente entre la línea central (rojo) y el espacio que queda a los lados (amarillo). Y, una vez más, puedo medir esto de forma muy estricta, o puedo utilizar la tabla de proporciones que aparece al principio de este apartado.

Dibujar un boceto y medir puede resultar incómodo, pero son conceptos fundamentales que me permiten definir las proporciones de los rasgos sin tener que corregirlos más tarde. Si no hago este trabajo preliminar, que parece tan abstracto y técnico, tendré problemas más adelante en mi dibujo.

La mayoría de las ideas que se explican al principio de este apartado tratan de sentar las bases para la ubicación de los elementos antes de dibujarlos, intentando que queden alineados de la forma correcta para no tener que moverlos más tarde. Luego, podemos dejar estas ideas a un lado y conectar con nuestro sujeto. Si algo sale mal, siempre podemos volver a este proceso para diagnosticar el problema y solucionarlo.

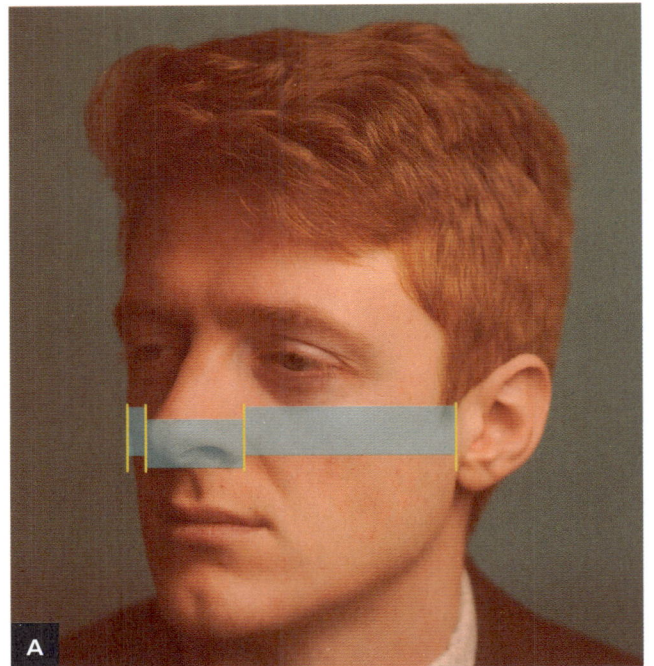

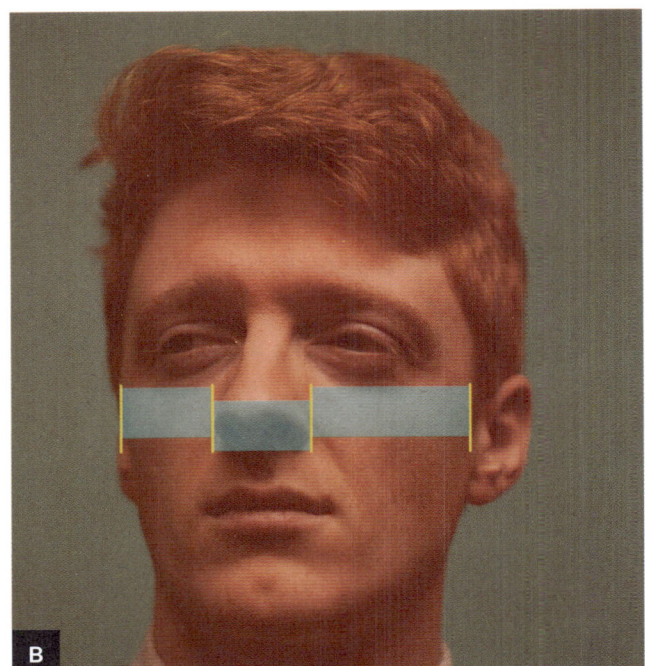

CONECTAR CON EL CENTRO

AJUSTAR LA NARIZ

Una vez situadas las partes principales o esbozada la línea central, el siguiente paso más importante es asegurarse de que la nariz quede bien colocada dentro de este marco. Es muy fácil que la nariz quede desalineada con respecto a la posición general de la cabeza, por lo que es crucial prestar mucha atención a su proporción y a su relación con la parte más corta del rostro. En la figura **(A)**, el lado más corto del rostro es tan pequeño que apenas vale la pena medirlo. Quizás la proporción más importante es la anchura total desde la nariz hasta el extremo de la cara, en comparación con la que va desde la nariz hasta las patillas.

En la figura **(B)**, lo que mide el rostro de lado es solo un poco más que el ancho de la nariz, y lo que mide de largo es casi el doble.

En la figura **(C)**, el lado más corto del rostro mide aproximadamente la mitad del ancho de la nariz, y cuando se suman estas dos anchuras, forman aproximadamente el 40 % del resto del rostro.

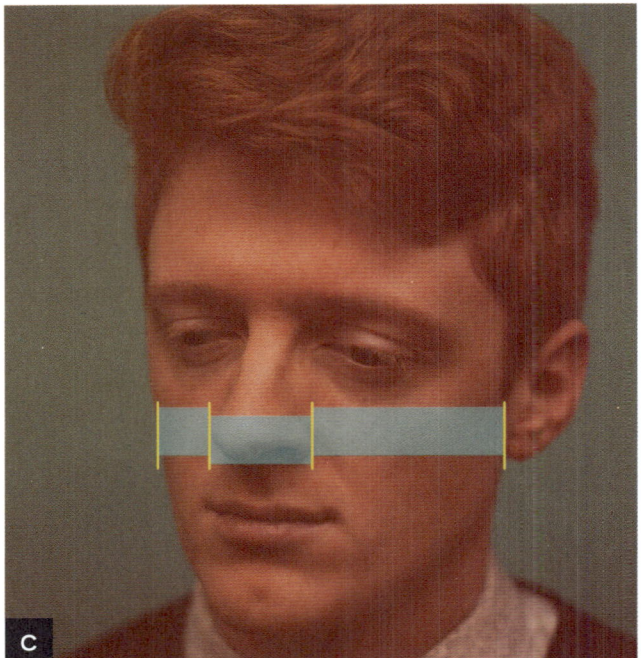

Algunos de estos conceptos de dibujo pueden volverse bastante técnicos, pero no todo tiene que medirse con un calibre y un sistema de medición proporcional avanzado. Sin embargo, es útil familiarizarse con la idea de cómo encajan estas medidas y de crear las distancias correctas entre los rasgos para lograr la postura adecuada.

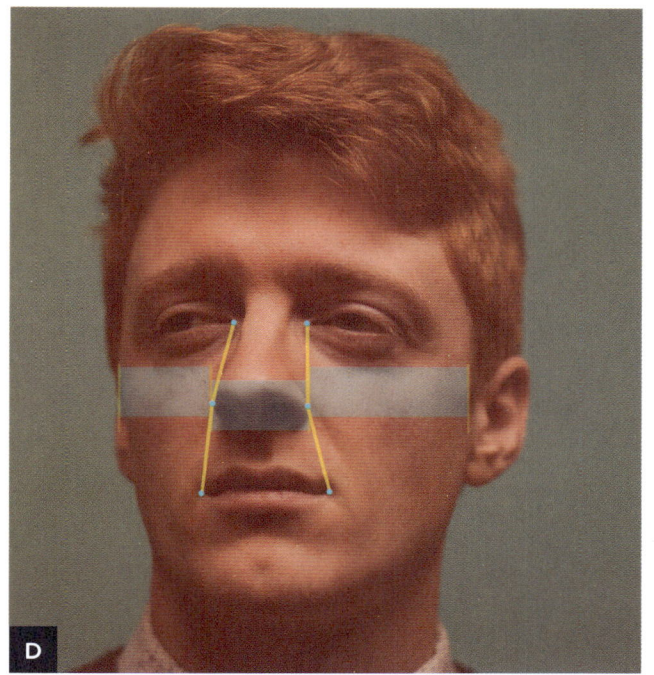

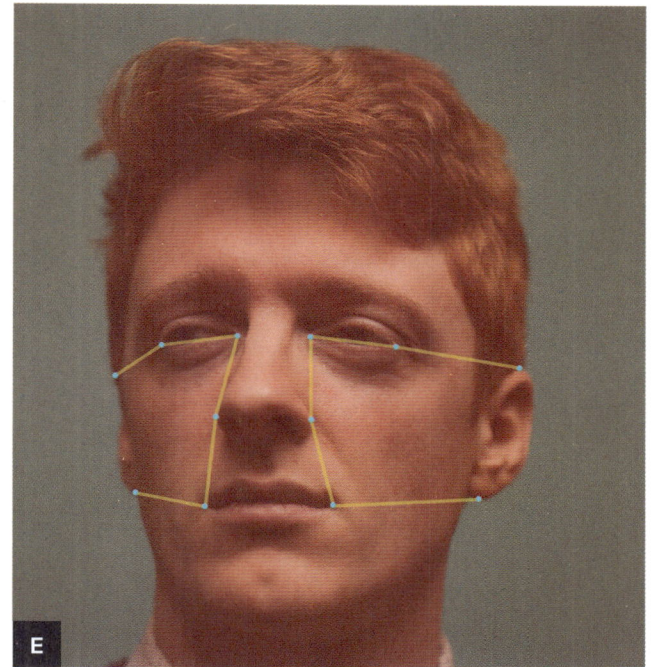

TRABAJAR DESDE EL CENTRO

Si la nariz ya está definida, continúo trabajando a partir de esta zona central para trazar los principales puntos estructurales de los rasgos. Me refiero a la nariz como el centro del rostro, de la misma forma que el centro de una rueda de bicicleta del que parten los radios. Si establezco la nariz y luego construyo los puntos de referencia estructurales a partir de ella, siento que hay menos subjetividad y puedo empezar a construir los rasgos del retrato.

En la figura **(D)**, lo primero que hago es relacionar el borde de la nariz con los conductos lagrimales y las comisuras de la boca. Por lo general, estos puntos se encuentran en un determinado ángulo, y comprenderlo se convierte en una herramienta fundamental.

En la figura **(E)**, nos extendemos desde el núcleo central y empezamos a pensar en cómo las comisuras de la boca podrían relacionarse con la parte inferior de las orejas. También podemos trazar una línea desde las comisuras laterales de los ojos hasta la parte superior de las orejas, encontrando la relación entre estos puntos.

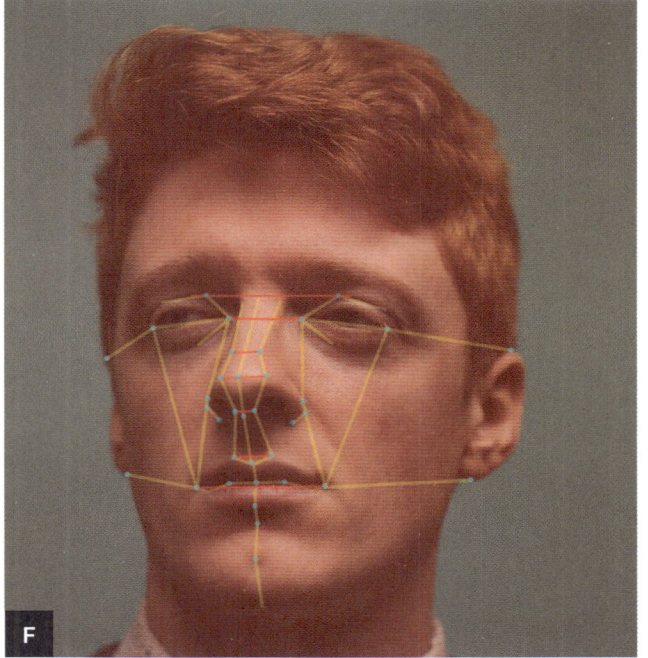

En la figura **(F)**, podemos ver cómo crear toda una serie de puntos de conexión basados en esta sencilla estructura y triangular los puntos para fijar las relaciones estructurales. También se puede apreciar la línea central que divide el rostro, baja hasta la nariz y se extiende a través de los labios y el mentón. Esto realmente ayuda a visualizar un sistema de simetría estructural que anticipa que una acción en un lado de esta línea se verá contrarrestada por una acción opuesta similar en el otro lado.

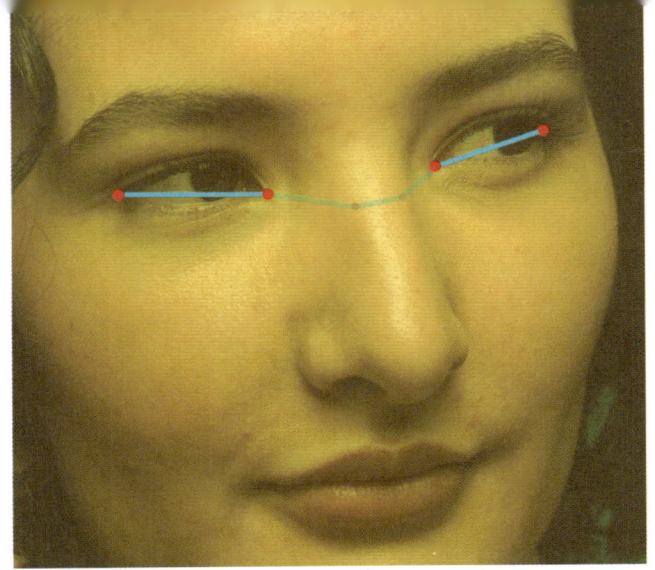
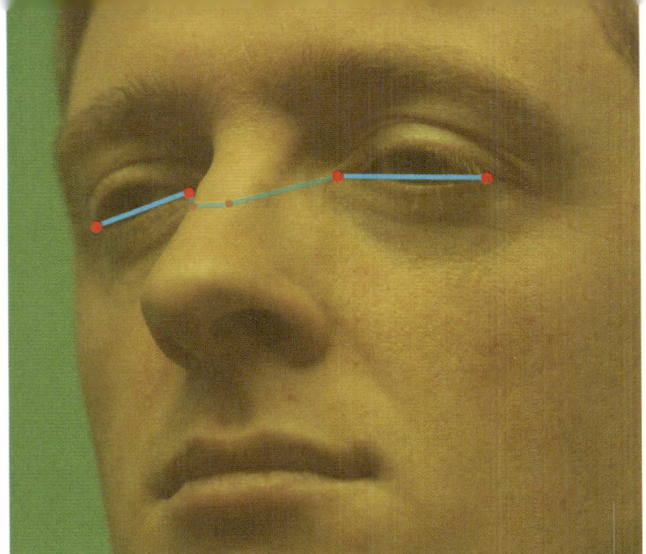

CENTROS DE LOS RASGOS

LA SIMETRÍA ESTRUCTURAL DE LOS OJOS

Uno de nuestros conceptos básicos para dibujar el rostro es la idea de conectar con su centro estructural y construir hacia afuera, como las venas de una hoja. Cuando se trata de dibujar ojos, es muy tentador lanzarse a dibujar uno y esperar que salga bien, y luego dibujar el otro, rezando para que queden alineados. Permítame presentar una forma mejor de hacerlo. Desde el principio, fíjese la relación de los ojos en el rostro. A menudo pienso en esta relación como en la búsqueda de los «manillares de los ojos». Esto permite ver la conexión y la simetría estructural que obligan a considerarlos como una unidad, en lugar de dos objetos separados.

CANTO INTERNO Y EXTERNO

Para evaluar correctamente la analogía con los manillares, debe fijarse también en los ángulos que se forman entre el canto interno (el conducto lagrimal) y el canto externo (la esquina exterior) de los ojos del modelo.

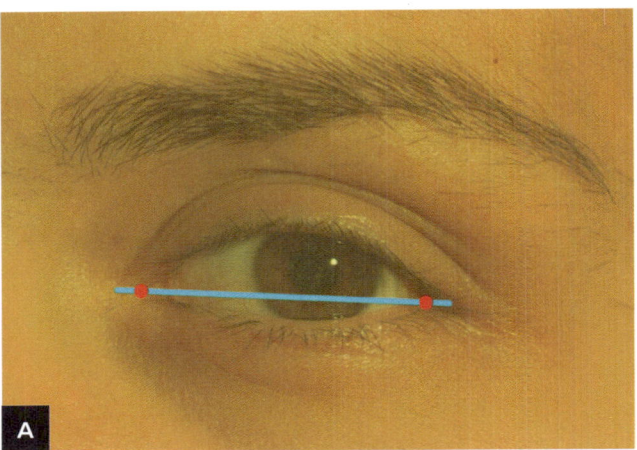

A

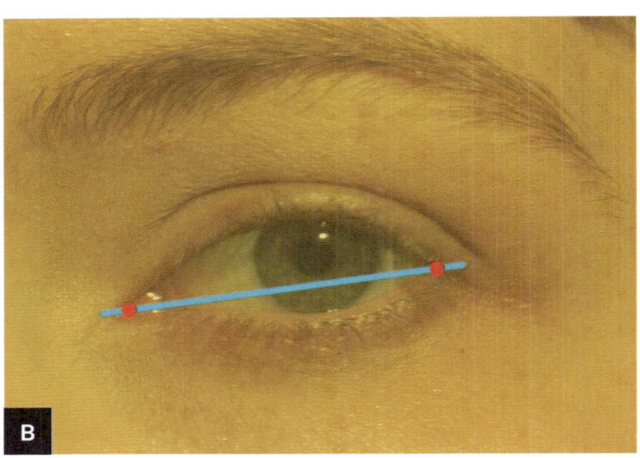

B

Dependiendo del modelo y del ángulo de la pose, este ángulo puede inclinarse hacia arriba o hacia abajo. En la figura (A) y la figura (B), tenemos dos ojos izquierdos, pero son de dos modelos diferentes. Observe que los ojos están en ángulos distintos. Estos ángulos también pueden cambiar si mira al modelo desde abajo o desde arriba, pero serán imágenes especulares entre sí cuando mire al otro ojo al otro lado de la cabeza, como se muestra en los diagramas anteriores. Fíjese si su modelo tiene un ángulo en el canto interno y externo de los ojos, aunque podría ser recto.

MONTAÑA ARRIBA, MONTAÑA ABAJO

Supongamos que ya tiene la configuración básica de la simetría estructural, como la analogía de los manillares, y también otras herramientas de medición de proporciones, como el concepto del centro para marcar las esquinas de los rasgos. Ahora es el momento de empezar a dar forma a la abertura del ojo, que suele tener forma de hoja.

Una de las ideas que utilizo para dar forma a esta «hoja» es que suele haber un arco suave que define el párpado superior y que se dispara desde el conducto lagrimal hasta un punto que será la cima de la montaña, por así decirlo. Entender dónde se encuentra este punto en relación con el iris, la pupila u otros puntos del rostro, le dará un punto de referencia para fijar esta curva superior.

Del mismo modo, en el párpado inferior se aplica la misma idea, pero a la inversa: descenderá por la montaña hacia un valle hasta el punto más bajo, y luego comenzará a arquearse hacia arriba. Este punto tiene una relación específica con otras partes del ojo que ya ha dibujado.

Entender que, al dibujar las curvas de esta hoja, hay un pico de la montaña y un valle, le ayuda a ser más preciso y a discernir exactamente lo que ocurre con estas líneas **(C)**.

CENTROS DEL OJO

De la figura **(D)** a la figura **(F)** nos e centramos en una propiedad única relacionada con la pupila y el iris.

En la figura **(D)**, vemos una línea amarilla que conecta los cantos interno y externo. Se puede observar que la mayor parte de la abertura del ojo se encuentra por encima de esta línea angular. Esto es así, independientemente del ángulo de los cantos interno y externo. Esta línea que conecta estos dos puntos también es una forma estupenda de ver dónde está la pupila en relación con ellos, al triangularlos.

La figura **(E)** muestra cómo el párpado superior suele cubrir un tercio del círculo del iris. Por lo general, el párpado superior cubre aproximadamente un tercio del iris. Cuando empezamos a ver más de la parte superior del iris, el efecto es que el modelo tiene un aspecto intenso, asustado o sorprendido, y

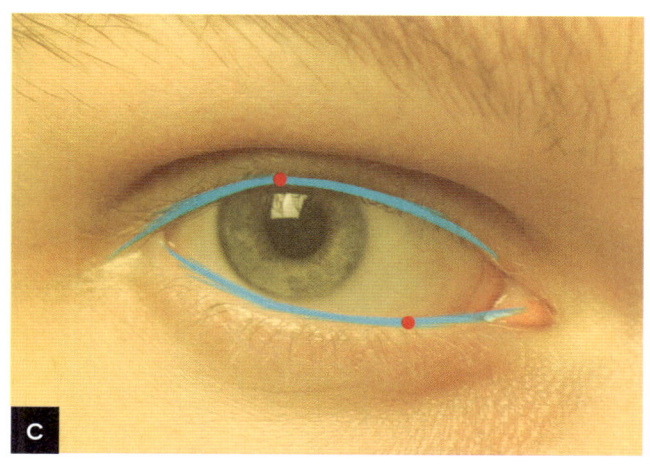

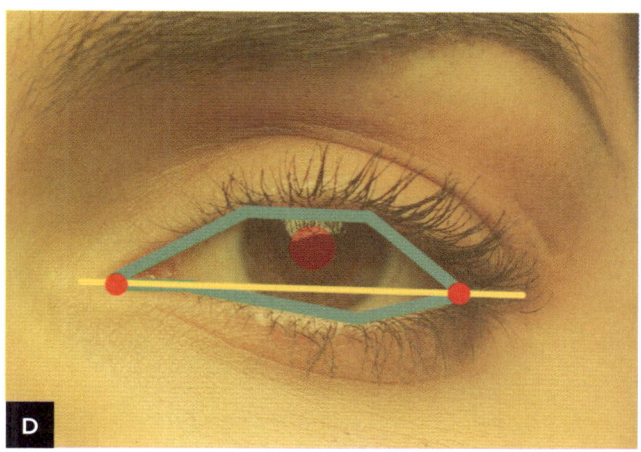

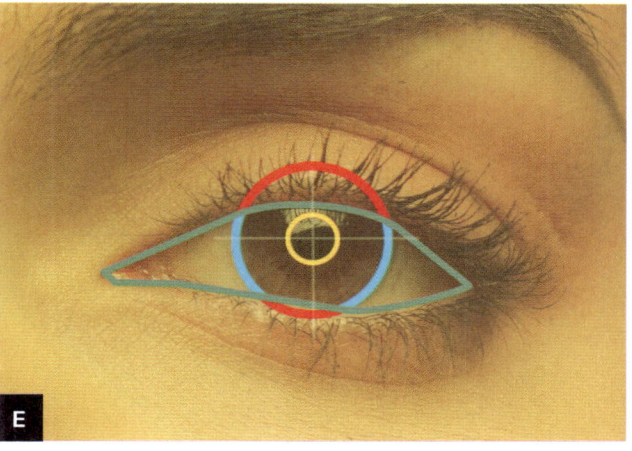

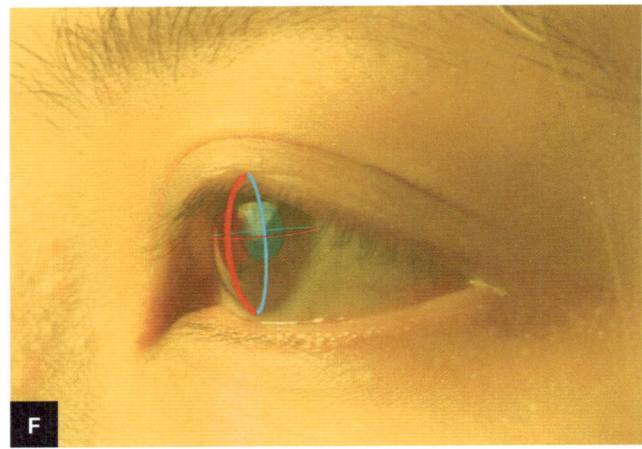

F

es posible que el retrato no transmita la expresión deseada de un ojo en reposo. El párpado superior cubre gran parte del iris, lo que dificulta percibir su naturaleza circular, así como dónde situar la pupila en su interior. La pupila siempre estará directamente en el centro del iris cuando se ve de frente.

A menudo, cuando estoy trabajando, intento plasmar toda esta información, pero luego suavizo y vuelvo a trazar estas marcas con mayor precisión a medida que avanza la pintura o el dibujo. Dado que es bastante difícil colocar todos estos puntos en su posición exacta, es importante mantenerse flexible.

En la figura **(F)** mostramos lo que ocurre realmente a nivel anatómico con la pupila cuando se observa el ojo. La pupila no se encuentra en la parte superior del cristalino, sino que, en realidad, está significativamente incrustada en el ojo y crea una forma cóncava. Las líneas azules muestran la profundidad más allá de la parte frontal, siguiendo el interior del ojo. La forma de la capa frontal del ojo, orientada hacia el exterior, se representa aquí con las líneas rojas. Por lo general, esto no es algo que deba tenerse en cuenta, a menos que los ojos estén de perfil.

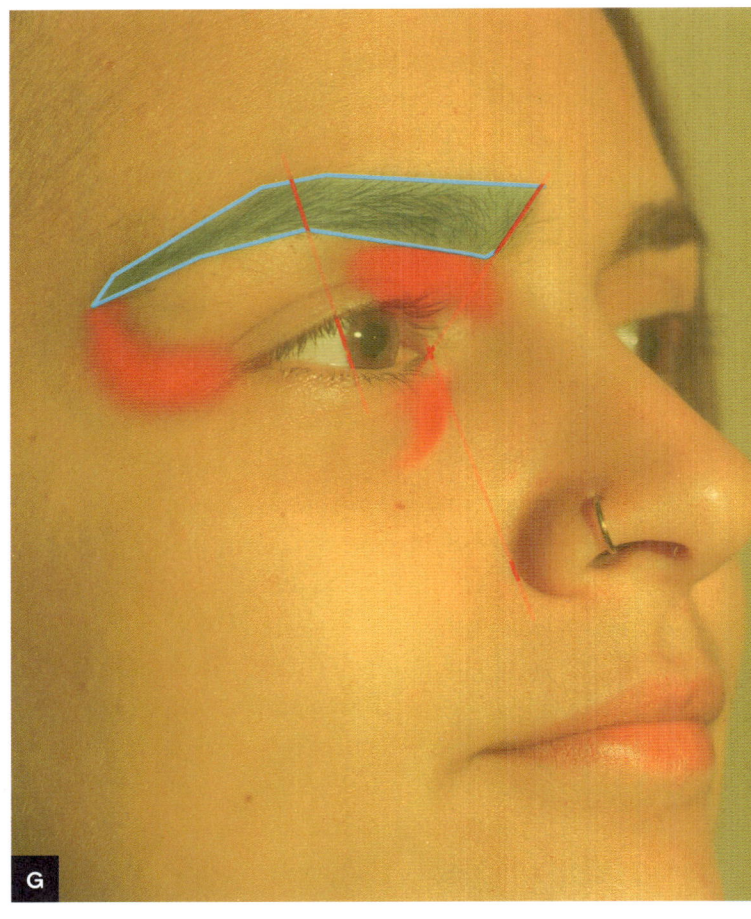

G

CONEXIÓN CON LAS ZONAS CIRCUNDANTES

Cuando el ojo se ha colocado de forma simétrica y proporcionada en el centro del rostro, y se han tenido en cuenta todos estos otros aspectos, suele quedar el problema de hacer que parezca conectado con su entorno. A menudo encuentro que hay tonos suaves (representados por las zonas rojas amplias) que nos ayudan a conectar con la cuenca del ojo e incluso con la ceja **(G)**.

También intento encontrar puntos en los ojos que puedan conectar con otros rasgos significativos, como el arco de la ceja, relacionado con la unión entre el lagrimal y el borde de la nariz, y el inicio de la ceja.

CENTROS DE LA BOCA

«Un retrato es la pintura de una persona en la que siempre hay algo que no encaja en la boca», dijo John Singer Sargent. Entre los muchos aspectos difíciles de la pintura, destaca la expresión de la boca. Para prepararse para el éxito, a menudo debe localizar el centro de la boca y comprender su proporción con respecto a cada lado de la línea central.

Como se ve en la figura **(H)**, la vista puede ser bastante extrema, ya que puede aparecer una gran parte de un lado de la boca y muy poco del otro. Por supuesto, esto es evidente en un diagrama, pero a menudo, al dibujar, es posible que no nos demos cuenta de lo dispares que son los lados.

En la figura **(I)**, se ve cómo esta línea central tiene un contorno ondulado, lo que refleja la línea que divide todo el rostro. Todos estos puntos rojos ayudan a planificar la expresión única de nuestra modelo. Observe cómo el centro de la división de los labios está situado más hacia el interior que el punto central de la parte superior del labio. También vemos que ambas comisuras de la boca se reducen desde el punto central en medio de la división de los labios. Utilice estos puntos a su favor, ya sea para comprender qué ha fallado en su dibujo o para planificar de antemano cómo debe quedar.

En la figura **(J)** se muestra que las comisuras de la boca también pueden estar por encima del punto central de la división de los labios, de forma muy similar al canto interno y externo del ojo, dependiendo del ángulo y del modelo en particular. El hecho de que las comisuras de la boca estén por debajo o por encima del punto central le ayuda a lograr la expresión correcta del modelo sin tener que perseguir las líneas de contorno.

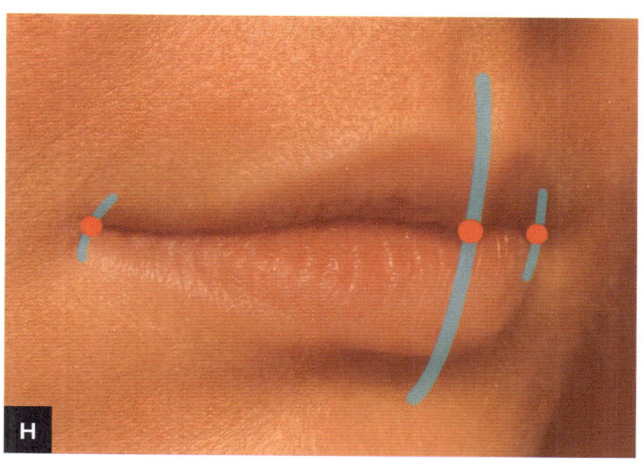

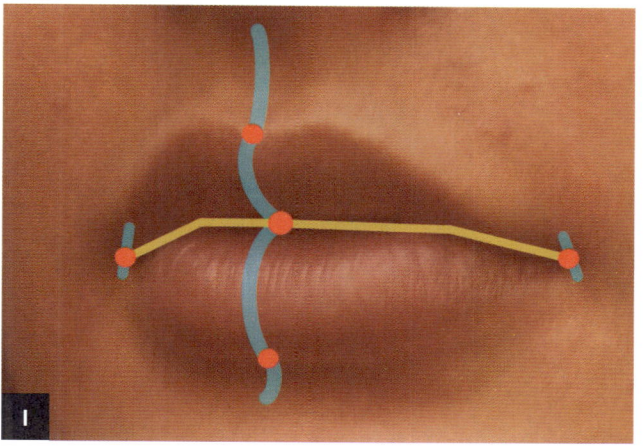

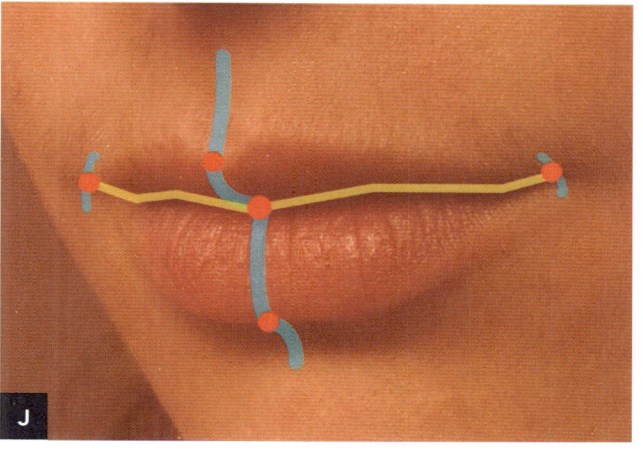

ÁREA PROBLEMÁTICA: LAS COMISURAS DE LA BOCA

Gran parte de la expresión del modelo se capta en las relaciones que se establecen en las comisuras de la boca. En muchos retratos se busca una expresión neutra. Algo que he notado es que, para capturar esta expresión, las comisuras de la boca deben acortarse y levantarse.

En primer lugar, la línea de división de los labios debe levantarse en el último momento para evitar una expresión de disgusto. Sin embargo, la suave hendidura de la piel alrededor de la comisura de la boca se inclina ligeramente hacia abajo, lo que acorta el movimiento ascendente. Esto se indica mediante las líneas azules y los puntos rojos de la figura **(K)**. Normalmente, hay un tono suave y oscuro alrededor de esta comisura que debe difuminarse en la hendidura. Esta sombra también va hacia abajo y crea un hoyuelo suave en la comisura de la boca, uniendo visualmente la boca con la piel que la rodea **(L)**.

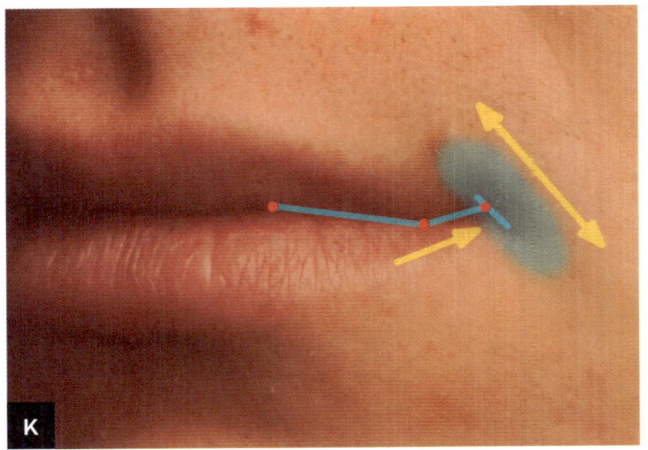

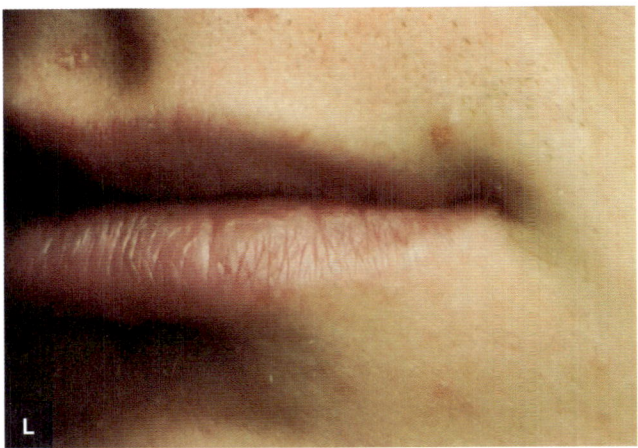

CENTROS DE LA NARIZ

La nariz es la piedra angular del rostro, desde la cual todos los demás rasgos y formas se relacionan. Yo la utilizo como punto central desde el que trabajar.

Los puntos rojos en las imágenes de la derecha indican los puntos de origen de las fosas nasales y el tabique. Al igual que la boca, la nariz también tiene un centro estructural que debemos encontrar para captar su carácter. Como se muestra en la figura **(M)**, la nariz puede parecer que se inclina hacia abajo porque el tabique o el punto central de la nariz es más bajo que las fosas nasales a los lados. O bien, la nariz puede parecer que se inclina hacia arriba si el tabique está por encima de los dos puntos de origen de las alas, como se ve en la figura **(N)**.

ÁREA PROBLEMÁTICA: LAS FOSAS NASALES

Es fácil dibujar las fosas nasales de un modo que haga que el rostro se vea poco natural. Mi consejo general es ignorarlas al principio. Intente establecer el tono suave que suele haber a su alrededor, modele las formas de la nariz y haga que la nariz sea una bola redonda creando una forma de sombra suave. Esto también evitará que se bloquee demasiado pronto. Recuerde que, cuando ponemos demasiados detalles antes de tiempo, nos encariñamos fácilmente con la posición de la nariz o con cualquier otra característica en la que estemos trabajando, lo que no nos permite cambiarla o modificarla según la información actualizada. Una vez que la nariz está modelada y parece estar en la posición correcta, puede empezar a colocar la fosa nasal sobre este tono suave.

Cuando la coloque, hágalo con cuidado. Dibuje un degradado, no una forma sólida y oscura. El borde superior de la fosa nasal será la línea más nítida y el tono más oscuro. A continuación, se va difuminando suavemente hacia la zona clara inferior a medida que se reduce.

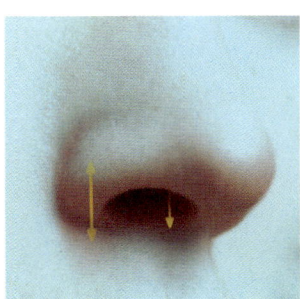
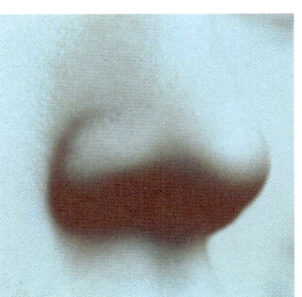

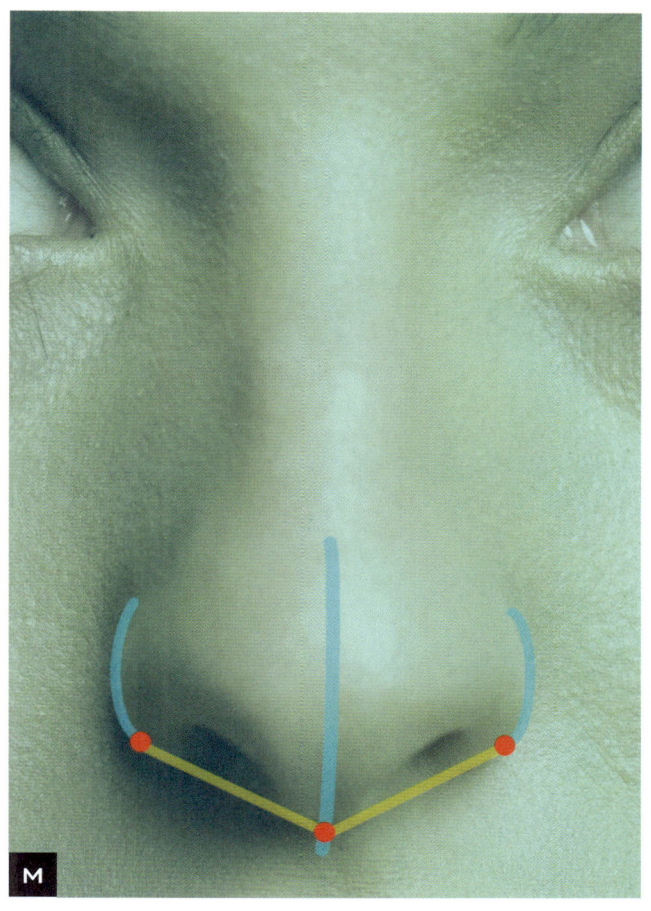

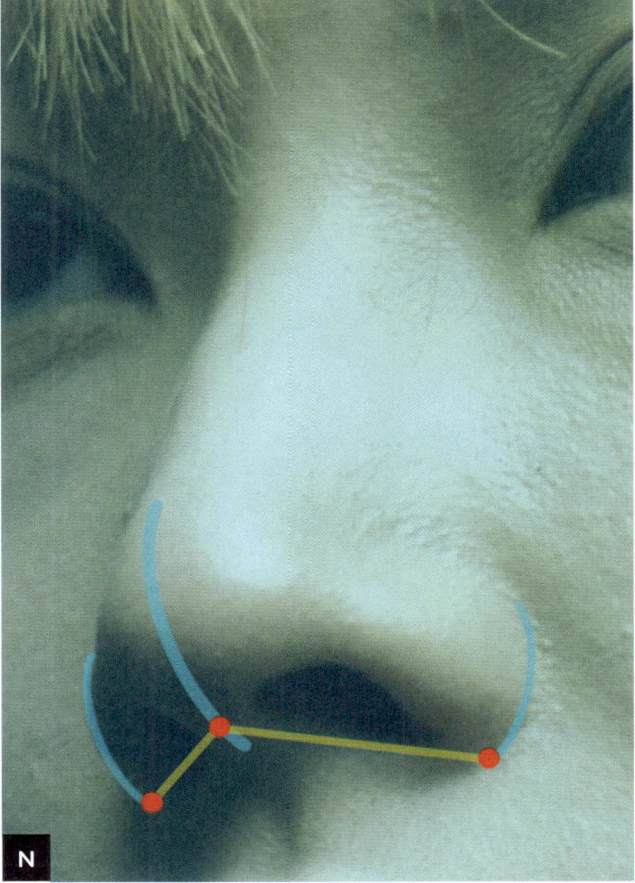

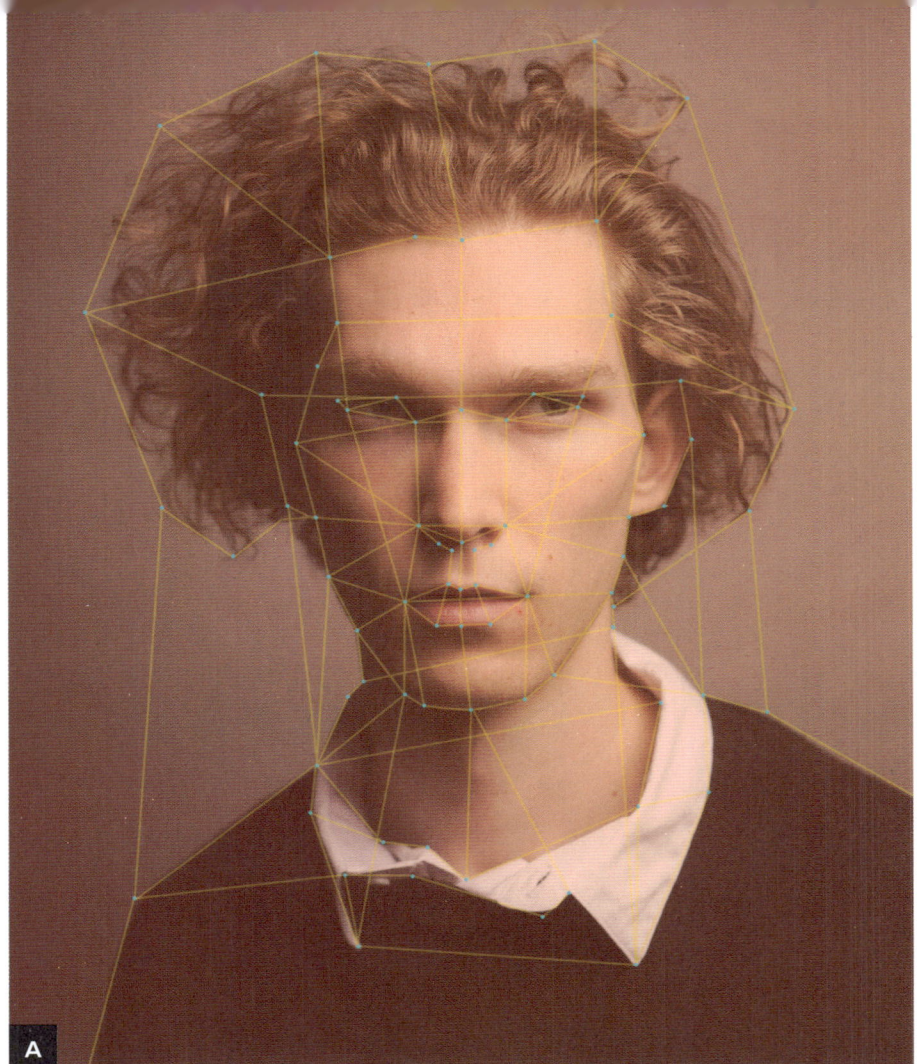

A

TRIANGULACIÓN CON ESTRUCTURA DE ALAMBRE: UNA HOJA DE RUTA INVISIBLE

Me resulta fácil explicar la importancia de la triangulación con estructura de alambre, pero es bastante difícil ilustrarla con un diagrama. Incluso al crear la figura (A), que parece absolutamente un sinsentido, percibo que podría intimidar y que su importancia podría pasarse por alto. Sin embargo, este es probablemente el concepto más importante que utilizo para dibujar la cabeza, ya que crea una red de puntos interconectados que tienden a autocorregir el dibujo. Esta red representa una forma visual de lograr precisión sin tener que medir constantemente, al permitir ver los ángulos entre muchos puntos.

Empecemos por el principio. Primero marqué un punto al lado de la nariz y seguí esta línea hasta el conducto lagrimal, lo que resultó ser casi una línea vertical perfecta. Luego, dibujé un ángulo desde el conducto lagrimal hasta el párpado superior, luego hasta la esquina exterior del ojo y de vuelta al conducto lagrimal. Esta relación triangular, basada en ese punto de origen en la nariz, crea una sensación de armonía y relación que sería bastante precisa, incluso sin tener que dibujar ningún otro rasgo. Si solo se utilizara la triangulación, probablemente se obtendría uno de los retratos más horrorosos que se puedan imaginar. Sin embargo, en términos de estructura de dibujo y de comprensión de la relación entre las diferentes partes y proporciones del rostro, este método ilustra de manera muy eficaz cómo se pueden crear estas relaciones. A esto lo llamo «pensamiento estructural», ya que no se depende de una única forma de sombra para trazar al sujeto.

La verdadera pregunta es: ¿se dibujan estas líneas o solo se piensan? Por lo general, estas líneas amarillas son solo líneas que mi ojo recorre, buscando los ángulos en la relación entre los elementos de mis sujetos. Si dibuja con un lápiz claro, puede trazar líneas suaves que indiquen estos ángulos, y algunos dibujantes lo hacen. Pero no es necesario y puede convertirse en un obstáculo si las dibuja demasiado oscuras.

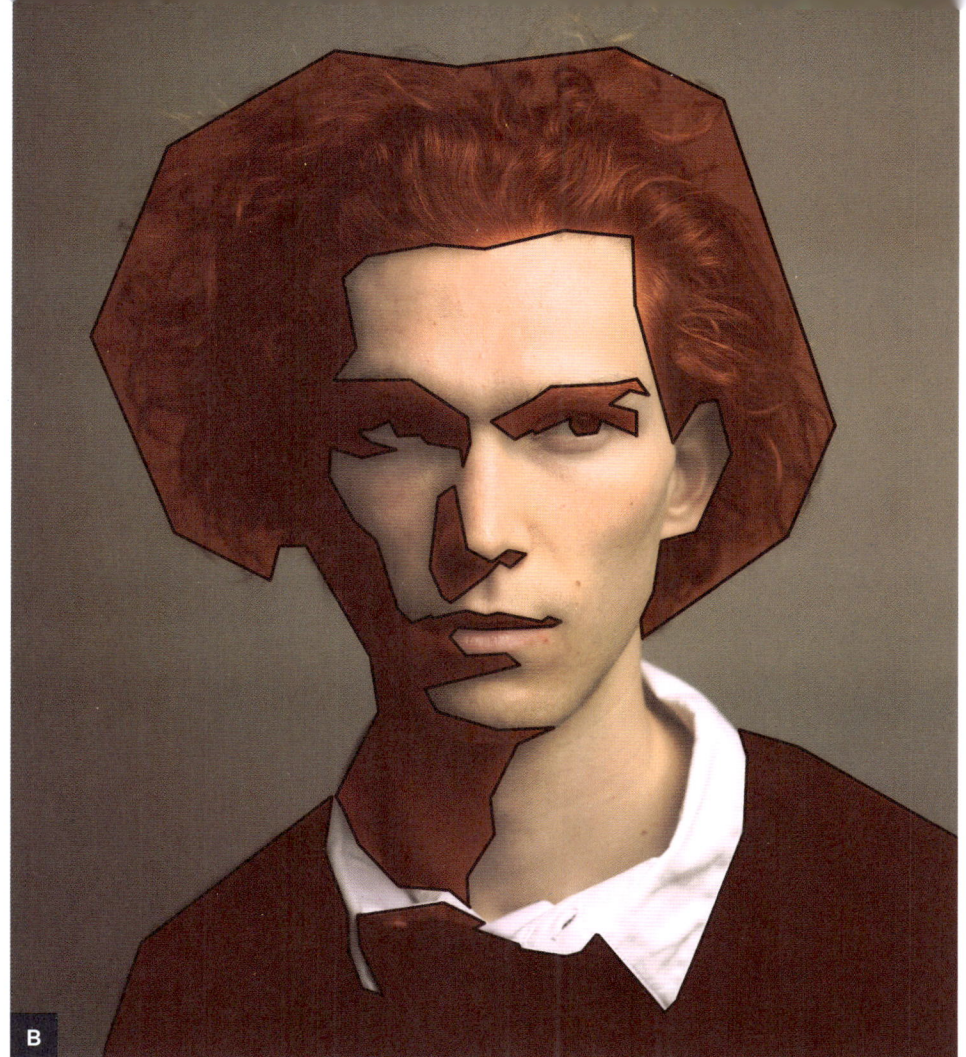

B

DISEÑO DE LA FORMA: UNA IMPRESIÓN INTUITIVA

Un enfoque más obvio e intuitivo es dibujar las formas principales del sujeto. Diseñe cada forma de manera que tenga carácter y que haya relaciones proporcionales entre los espacios claros y oscuros. Yo lo veo como diseñar dos tipos diferentes de piezas de rompecabezas, claras y oscuras, que se entrelazan de una manera especial y única para formar un rostro.

Aunque creo que es intuitivo dibujar y marcar formas, puede que no lo sea tanto lograr las proporciones y el espaciado correctos entre ellas. Por ejemplo, si traza todo el dibujo **(B)**, y no presta atención a la relación proporcional entre la altura de la frente y la altura del cabello, que probablemente sea de uno a uno, habrá omitido una parte importante del diseño. Otro ejemplo es que la anchura de la forma oscura de la nariz es, en un punto, igual a la anchura de la forma clara de la mejilla que está a la izquierda. Por lo tanto, cuando diseñe una forma, la siguiente debe ser proporcional y diseñarse teniendo en cuenta la forma anterior. Por supuesto, no todas las imágenes tienen un fuerte sentido de la forma, y es posible que tenga que trabajar en sus habilidades de diseño para amplificar este efecto y lograr un mayor impacto.

3 | TÉCNICAS DE DIBUJO DE RETRATOS: CÓMO DIBUJAR

USO COMBINADO DE GRAFITO Y CARBONCILLO

Este apartado del libro nos acerca a la etapa de la pintura. Según el método que se describe, se empieza con un dibujo preliminar, el cual se fija para poder aplicar la pintura encima sin alterarlo. Cuando utilizo este método, casi siempre combino el grafito con el carboncillo. En la página 59 encontrará una representación digital de mi proceso de dibujo, que le mostrará cómo puede desarrollar progresivamente su obra. En la primera fila de imágenes se muestra un boceto a lápiz de grafito que va desde un inicio aproximado, ligero y enérgico, hasta un segundo borrador, más oscuro y definido. Se espera haber aprendido de los errores del borrador anterior y haber realizado correcciones Luego, continúo con un borrador pseudofinal usando un lápiz 2B afilado para perfeccionar el dibujo y oscurecer las áreas que necesitan más claridad.

En la segunda fila de imágenes se muestra el desarrollo de los valores a través del trazo fantasma, el redibujo, el trazo fantasma de nuevo y el borrado de luces. La primera imagen se ha frotado con un papel absorbente para atenuar el tono general del área, borrando parte del dibujo para suavizarlo y matizarlo. La segunda imagen muestra un refuerzo de nuestras decisiones y un oscurecimiento gradual de las áreas que lo necesitan, lo que da como resultado un boceto más definido y pronunciado. La última imagen muestra todo esto suavizado de nuevo con un pincel, pero de forma menos agresiva, y luego se resaltan las luces con una goma.

En la última fila de imágenes se muestra el paso al carboncillo. En términos generales, el dibujo está completo y es bastante preciso. A continuación, se utiliza carboncillo para acentuar los valores y la forma de la oreja. He usado lápices de carboncillo Extra Soft General 6B para añadir acentos oscuros en los lugares adecuados. No queremos que todo tenga un tono oscuro. Lo que intentamos hacer es nutrir las áreas más oscuras a partir de las cuales eliminaremos el tono oscuro para crear una transición suave y aterciopelada. Después de aplicar el carboncillo, el pincel también lo aclarará un poco para que no quede tan negro. En la última imagen se muestra la repetición de este proceso tantas veces como sea necesario hasta que se resuelva la forma.

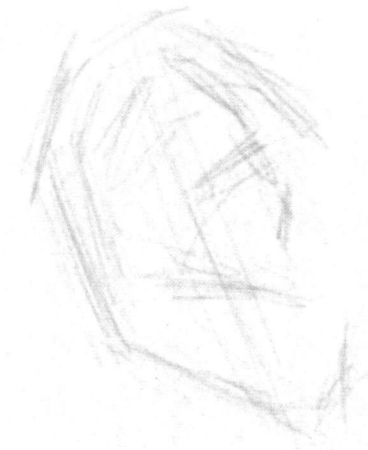

Grafito, primer boceto, ligero

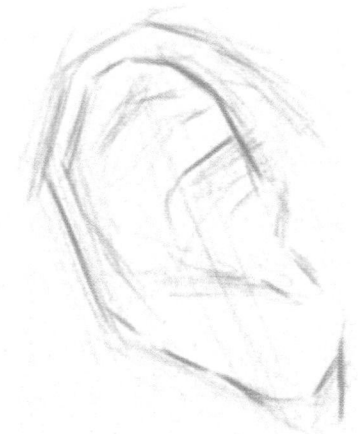

Grafito, segundo boceto, medio

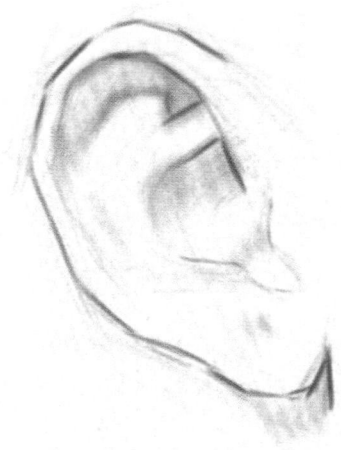

Grafito, boceto final, oscuro

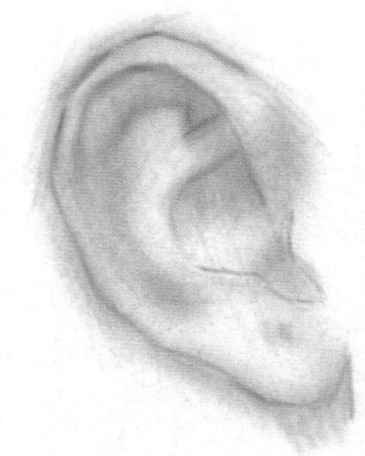

Grafito, trazos preliminares

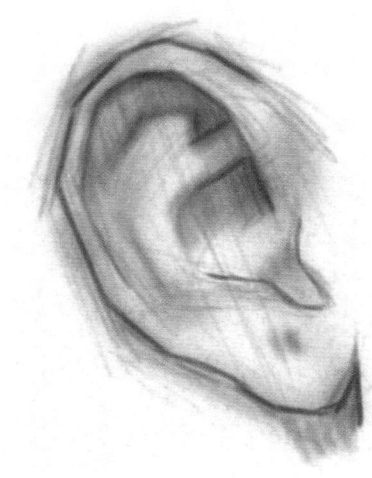

Grafito, dibujo lineal

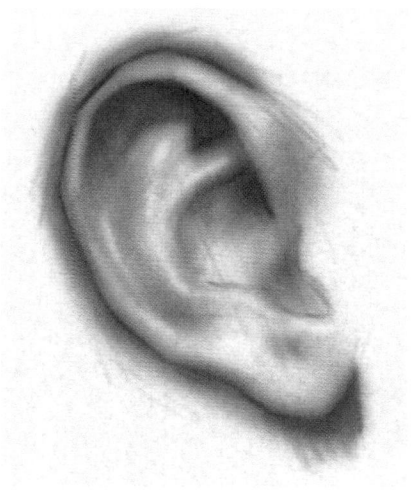

Grafito, borrado y oscurecimiento

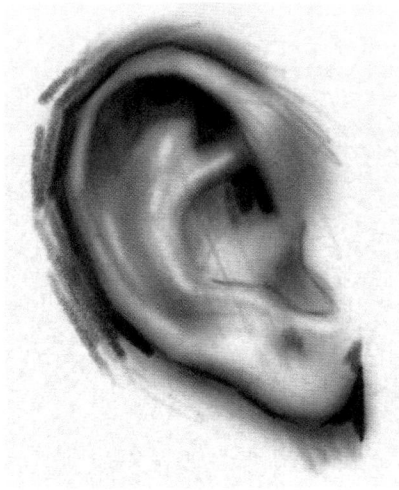

Carboncillo, acentos oscuros

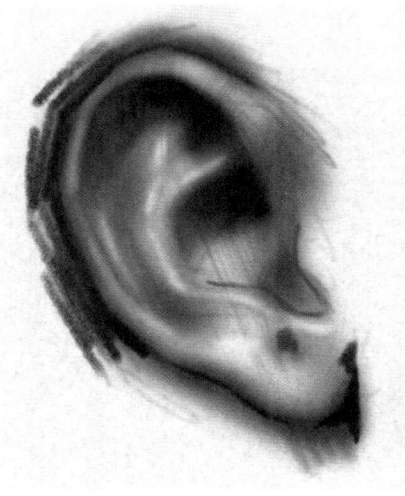

Carboncillo, modelado con pincel

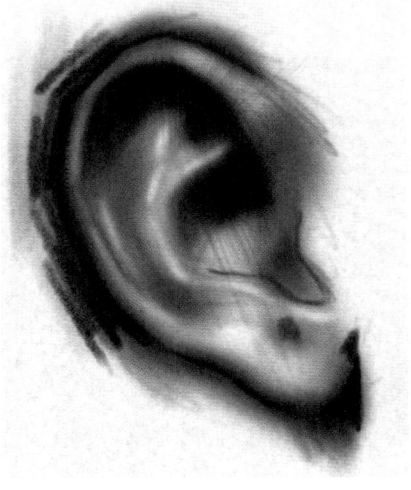

Carboncillo, modelado con pincel

TÉCNICA DEL CARBONCILLO

La siguiente progresión es para aquellos que deseen evitar el uso del lápiz y utilizar solo carboncillo. He decidido añadir el diagrama de la derecha para mostrar la forma más rápida que conozco de modelar cualquier cosa y crear algo desde cero con una gran profundidad y claridad.

1. Estructura ligera: formas de sombra.
Normalmente, antes de aplicar cualquier pintura o carboncillo, intento trazar un esquema de dónde irá el material. A menudo surge la pregunta: ¿qué viene primero, el boceto o el relleno? En cualquier caso, casi siempre utilizo algún tipo de esquema para previsualizar dónde voy a colocar el material, lo que me da unos límites relativamente flexibles. Rellenar con carboncillo o pintura implica un compromiso. Por ello, elabore al menos un plan, aunque no sea perfecto; le servirá como punto de partida y no implica ningún riesgo.

A veces, es difícil visualizar las formas de las sombras sin rellenarlas, pero creo que es una buena práctica tener al menos un boceto aproximado de dónde irán las formas antes de rellenarlas.

Para este contorno se puede usar un trozo de carboncillo comprimido duro o un pequeño fragmento afilado de carboncillo de sauce.

2. Rellenar la forma de sombra en 2D: plana y nítida. Con un trozo de carboncillo suave, relleno las formas de las sombras de forma plana, oscura y audaz, pensando en la imagen como si fuera un logotipo gráfico. O está en la oscuridad o está en la luz; no hay término medio. Esto me ayuda a detectar la forma y me obliga a tomar decisiones importantes sobre dónde se encuentra esa sombra.

Este nivel de oscuridad puede generar dudas, y podría preguntarse: «¿Estoy lo suficientemente seguro de las formas como para oscurecerlas tanto?». Sin embargo, el carboncillo de sauce es muy poco resistente y no se adhiere bien. Su mayor virtud radica en ser flexible y móvil. Siéntase libre de comprometerse y oscurecerlo, pero hágalo de forma clara e interesante. No lo convierta en una mancha

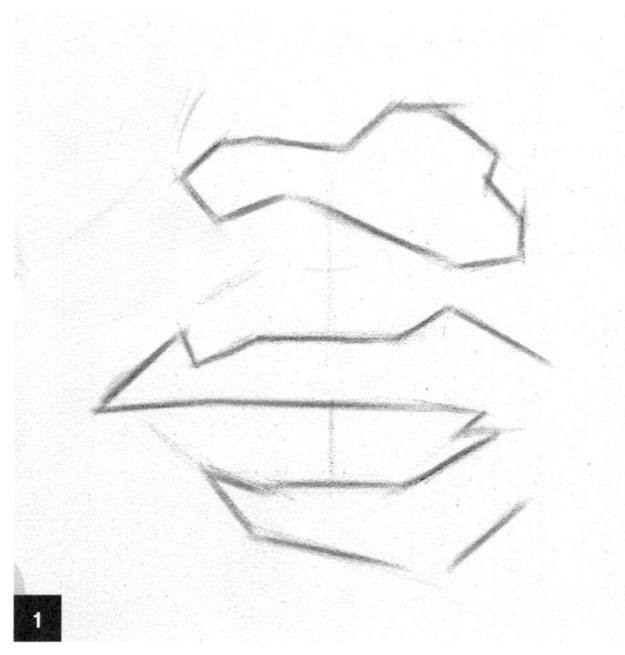

1

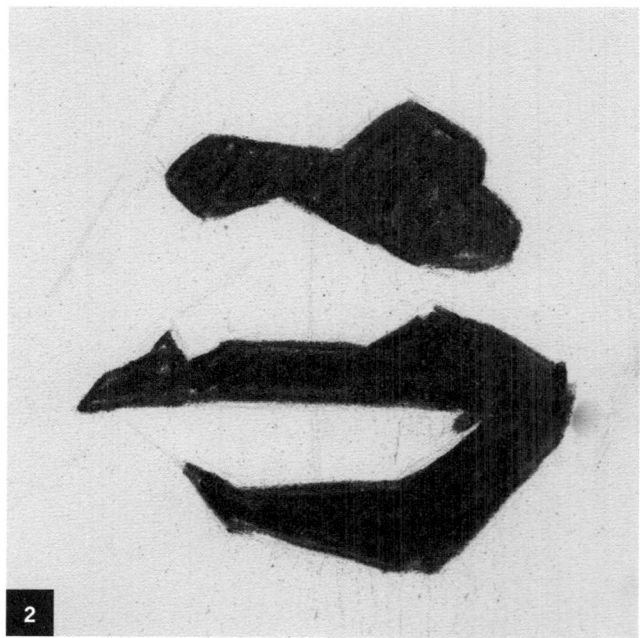

2

difusa. Hágala tan particular como pueda imaginar. A menudo, solo intento que tenga una forma bonita e interesante, a la vez que pienso en el espaciado y las proporciones entre las formas oscuras y las claras.

3. Crear volumen en 3D con un pincel: dirección de la luz. Esta es mi parte favorita de todo el proceso: la transición de una forma bidimensional (2D) a una tridimensional (3D) mediante la acción de arrastrar con un pincel de cerdas. Utilizo un pincel para empezar a arrastrar desde el borde de la forma de la sombra hacia el origen de la luz, que es la fuente de luz, de donde sea que provenga.

Al arrastrar el borde de la forma de la sombra hacia esta fuente de luz, se suaviza rápidamente y se «destruye» uno de los bordes más cercanos a la fuente, dejando un borde más nítido en el resto de la forma. Sé que es complicado de explicar con palabras, pero esto es importante: hay que suavizar un lado de la forma de la sombra mucho más que el otro. Esto da una sensación de redondez a sus formas, resaltando su tridimensionalidad.

Este borde más suave de la forma se suele llamar «el giro». El borde más definido se forma a través de una sombra proyectada o simplemente por la propia definición de la forma.

Con este proceso de tres pasos, su boceto ya refleja de manera rápida movimiento, profundidad y una diversidad de bordes.

3

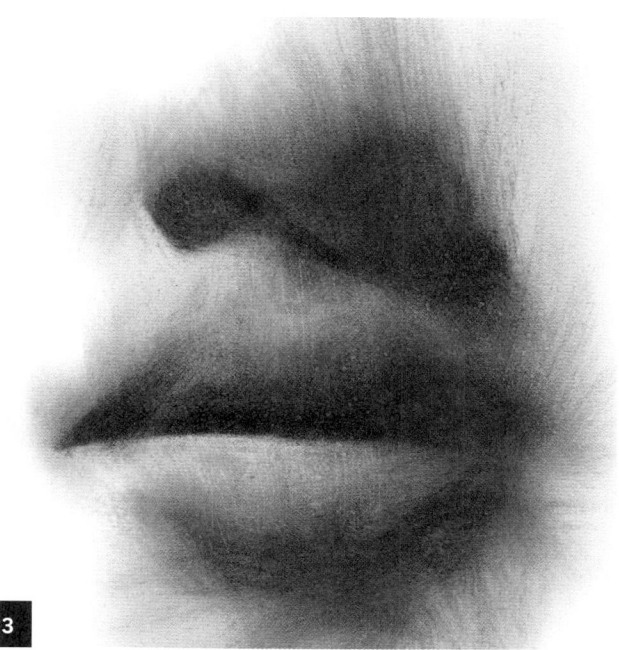

4. Realzar las luces: distintos tipos de gomas de borrar.

La técnica de difuminar los bordes con el pincel puede resultar intimidante, ya que si se hace con demasiada agresividad, podría arruinar todo el dibujo. Sin embargo, con algo de práctica, el resultado es muy atractivo y eficaz El siguiente paso es utilizar la goma para recuperar, con trazos suaves, algunos de los contornos que se han perdido.

Hasta ahora hemos trabajado solo con tonos oscuros, pero una vez que el dibujo se ha difuminado, el uso de tonos claros se convierte en una herramienta excelente. Más que con contornos oscuros, muchos de los rasgos que dibujamos se definen con «contornos» claros. Estos, como el reflejo blanco sobre el labio superior, los puntos de luz en la nariz y los bordes de los labios, son los que realmente nos permiten describir al modelo con mayor detalle.

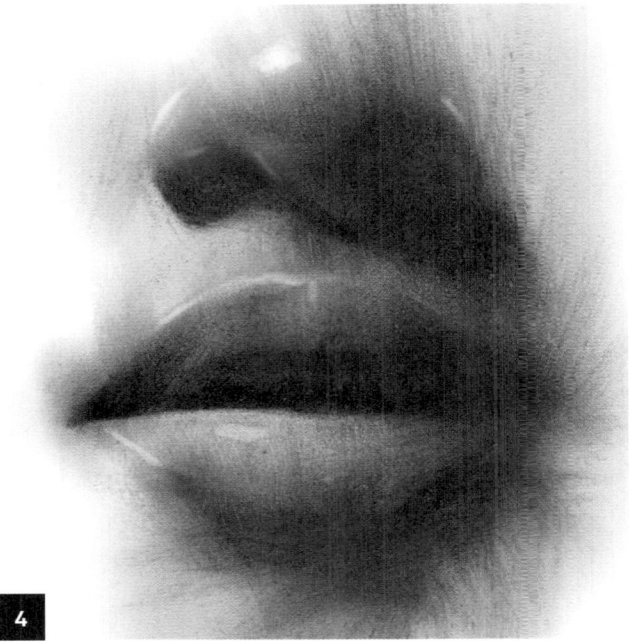

4

5. Sombra de oclusión: líneas dentro de la forma.

Se aplica el mismo concepto de forma inversa: se trata de dibujar acentos con líneas oscuras sobre la suave «niebla» de carboncillo de sauce. Para ello, suelo utilizar lápices de carboncillo General's para los tonos más oscuros, aunque a veces el propio carboncillo de sauce es suficiente para conseguir esos efectos suaves y difuminados que lo caracterizan.

Lo que se puede observar es que, después de suavizar el carboncillo con un pincel y recuperar las luces, cuando volvemos a aplicar marcas oscuras, estas se ven más pronunciadas porque el tono plano y oscuro que aplicamos originalmente se ha aclarado al suavizarlo. Como pintor, debe tener en cuenta este fenómeno: al aplicar un acento oscuro o una luz, su intensidad se atenúa después de suavizarla. Este proceso rítmico de aplicar una marca y suavizarla, una y otra vez, es fundamental para conseguir sutileza en su obra.

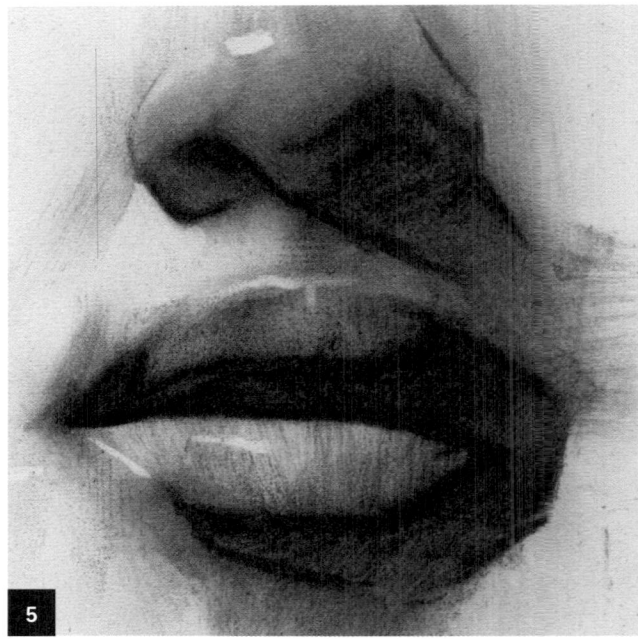

5

6. Crear transiciones suaves y oscuras que emanen de estas líneas. A menudo, la etapa final de un dibujo se vuelve deficiente y confusa debido a la acumulación de pequeñas decisiones. Puede ser emocionante ver el comienzo de una demostración, pero el final a veces parece carecer de un progreso visible. Para pulir la obra, nuestro objetivo es crear transiciones suaves que hagan desaparecer las líneas. Cualquier acento oscuro o reflejo claro que apliquemos en el área que rodea a estas líneas debe suavizarse de manera significativa para lograr un efecto tridimensional.

Recuerde que una línea y una forma son conceptos bidimensionales; al suavizarlas, se convierten en gradaciones o transiciones. Para que el retrato resulte más creíble y realista, se necesitan muchas transiciones y suavizados. No profundizaremos en esos matices sutiles aquí, ya que estos dibujos son la base que posteriormente pintaremos.

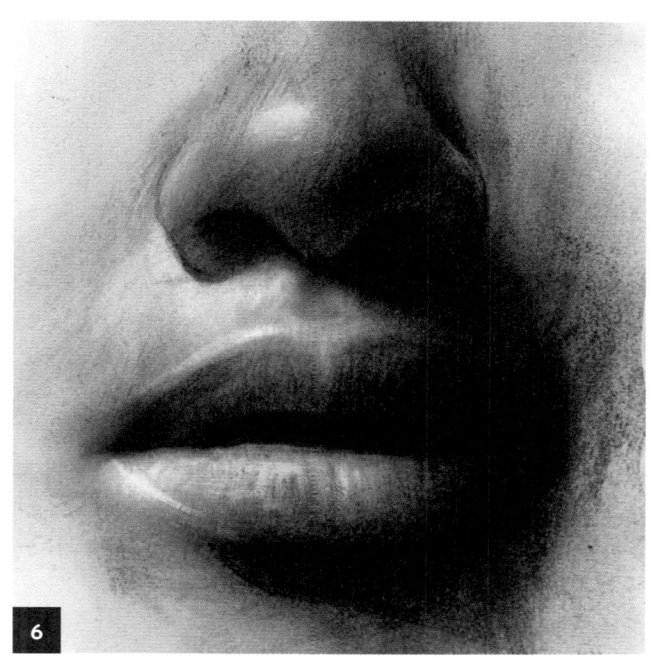

6

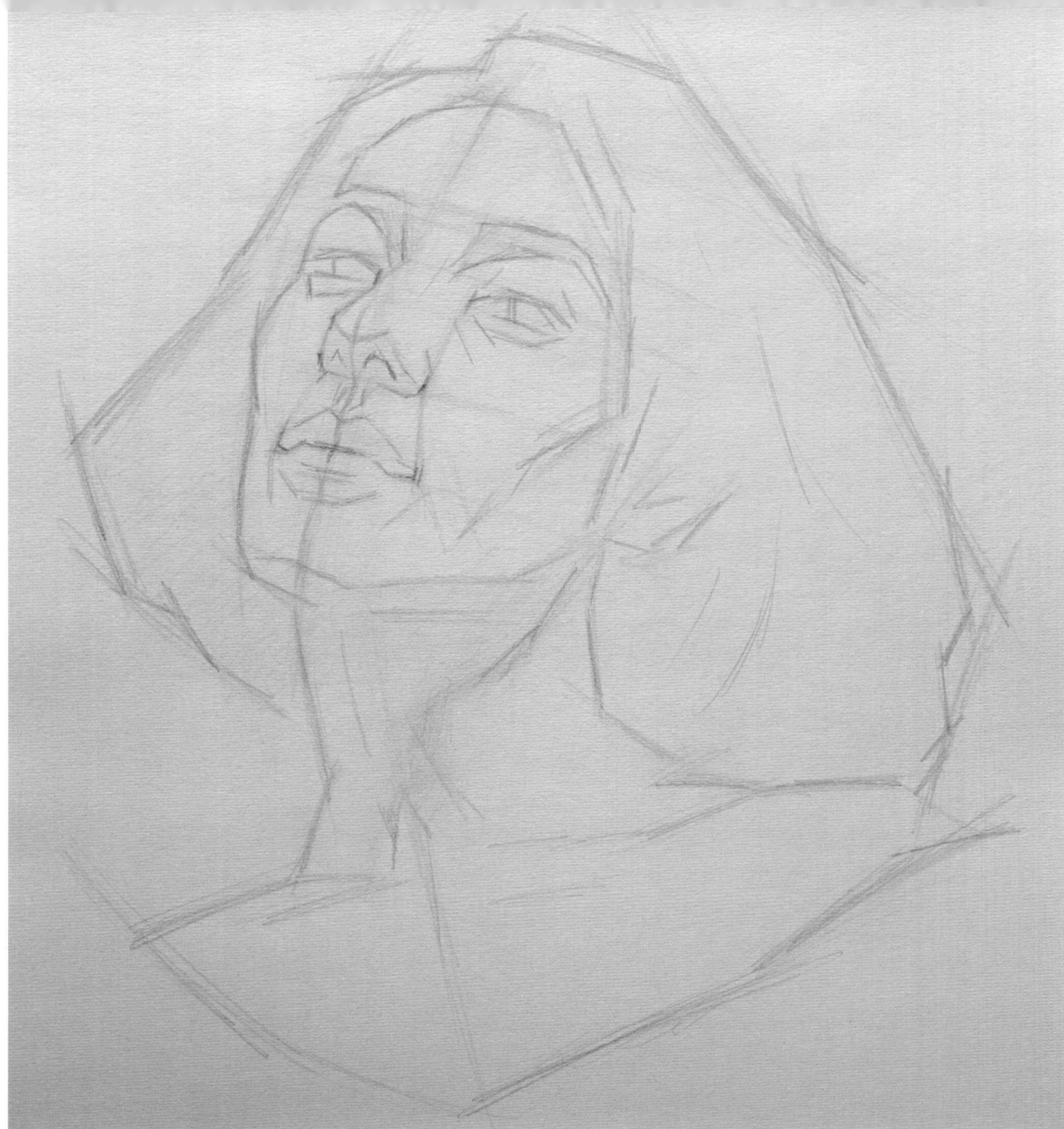

ETAPAS INICIALES DEL DIBUJO

ESTRUCTURA LINEAL

En las primeras etapas de un dibujo, me muevo entre dibujar la estructura lineal de la cabeza y construir la impresión visual. En mi opinión, lo más importante es capturar la estructura correcta, aunque es un hábito más difícil de desarrollar. Los artistas deben aprender a interpretar todo lo que ven con líneas. Además, creo que es más importante dibujar la estructura lineal del rostro de la misma forma que un arquitecto planifica un edificio: empezando por una cabeza sin rasgos, sin personalidad ni parecido. Esto significa que la línea central que se reduce en la mitad del rostro debe colocarse en el lugar correcto, y los rasgos perpendiculares a esa línea deben disponerse simétricamente, dándole un marco sobre el que construir. Hay innumerables libros que tratan este proceso en detalle, y dado que ese no es el objetivo de este libro, lo dejaré aquí.

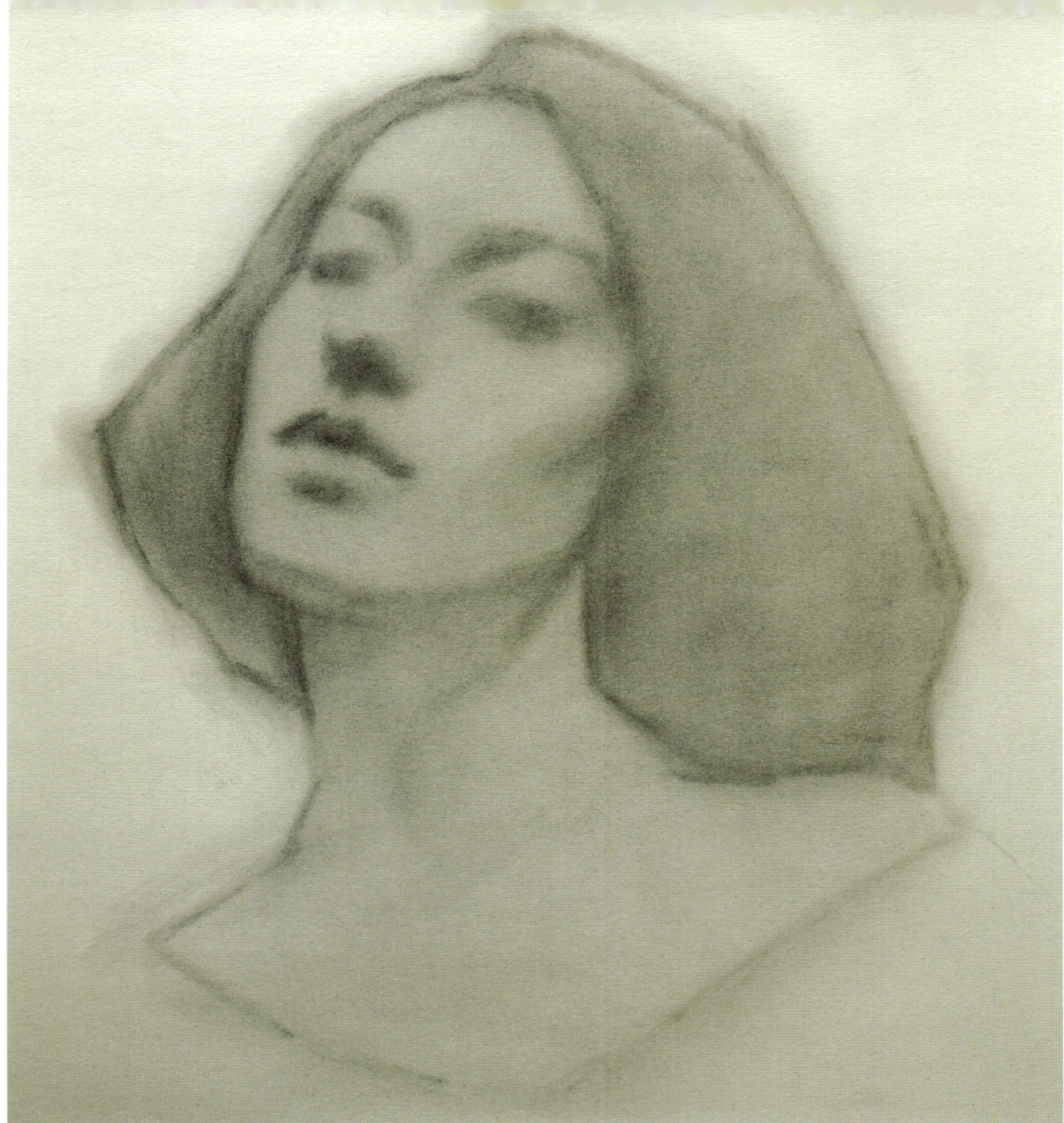

IMPRESIÓN VISUAL

La estructura lineal tiene una gran importancia, pero si el proceso se basa únicamente en ella, se sacrifica la fluidez que hace que todo encaje. Alternar entre estos dos extremos al construir un retrato puede ser muy beneficioso para lograr el parecido. A menudo, al empezar a dibujar retratos, nos comprometemos demasiado pronto y no conseguimos el parecido. Nuestras líneas son tan duras y definitivas que nos resistimos a cambiarlas, y si lo hacemos, el dibujo se daña tanto que a veces parece irrecuperable.

Para evitar esto, mi recomendación es no comprometerse tanto al principio para poder hacer cambios. Si desde el inicio respeta tanto la impresión visual como la estructura lineal de la cabeza, podrá modificar y mejorar el retrato poco a poco a medida que lo observa con más detalle. Las siguientes páginas describen, con ejemplos prácticos, cómo el trazo fantasma y el redibujado pueden ayudarle a mantener ambos conceptos presentes simultáneamente mientras trabaja.

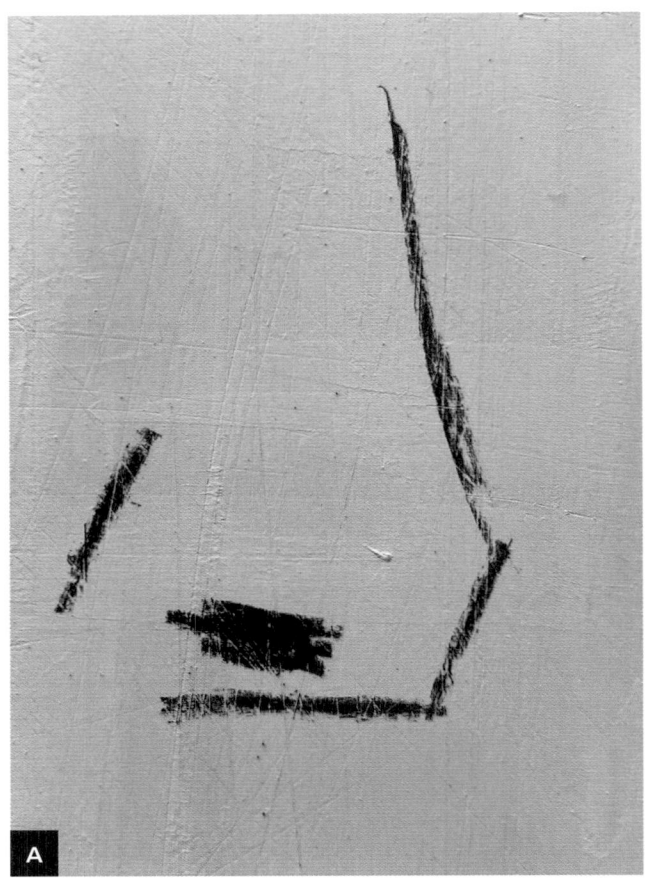

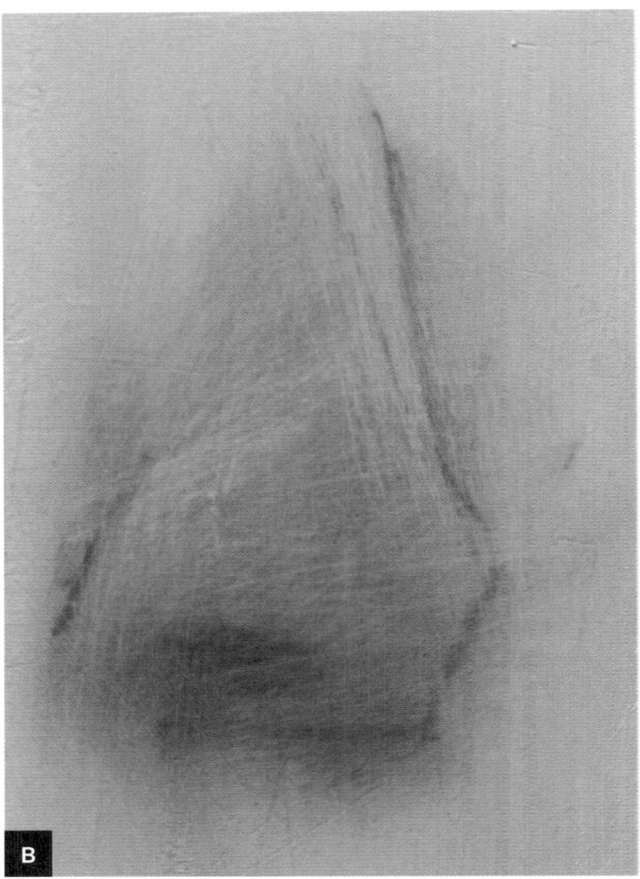

TRAZO FANTASMA

UNA SOLUCIÓN ELEGANTE PARA LOS PROBLEMAS DE DIBUJO

No importa quién sea ni cuánta experiencia tenga, siempre habrá accidentes. Si no contamos con formas elegantes de solucionarlos, progresar con un dibujo parece imposible. Una de mis soluciones para corregir errores en un dibujo es el «ghosting» o trazo fantasma. Esto consiste en reducir el contraste del área en la que estoy trabajando (frotando, lijando, cepillando o difuminando) para disminuir la visibilidad del error. Este método me permite seguir viendo dónde está el error, a la vez que me da posibilidades para corregirla.

En la figura **(A)**, dibujé una nariz deliberadamente con un estilo de principiante. En mis muchos años como profesor de retrato, he visto muchas narices dibujadas como la de arriba. Antes de aprender a dibujar una nariz, y a pesar de que es inevitable cometer errores, debemos aprender a corregirlos. En mi enseñanza, defiendo la importancia de aprender tanto el «cómo» como el «qué» dibujar. El trazo

fantasma se convierte en un elemento del «cómo» corregir, no del «qué» corregir

Una vez hecho el trazo fantasma, lo mejor es encontrar los bordes de las formas con líneas más duras, para empezar a tomar decisiones claras que disipen la niebla de esta técnica **(B)**. Empezaré con un tono, como las luces, y solo trabajaré donde sea necesario colocar la luz **(C)**. Luego, también empezaré a añadir los tonos oscuros de nuevo para encontrar los bordes de sus formas **(D)**.

El trazo fantasma es un concepto que puede trascender muchos medios, desde el dibujo hasta la pintura al óleo, la acrílica, la acuarela, etc. Es la técnica que suelo usar en el dibujo preliminar de mis óleos. Además de ser un método para solucionar grandes problemas, también es una forma de construir el dibujo poco a poco. Al trabajar la estructura y luego desdibujarla con la técnica del trazo fantasma, se alterna entre la estructura lineal y la impresión visual.

Debe experimentar con sus materiales para comprender realmente cómo su técnica puede aprovechar el trazo fantasma. Al dibujar sobre papel, lo más

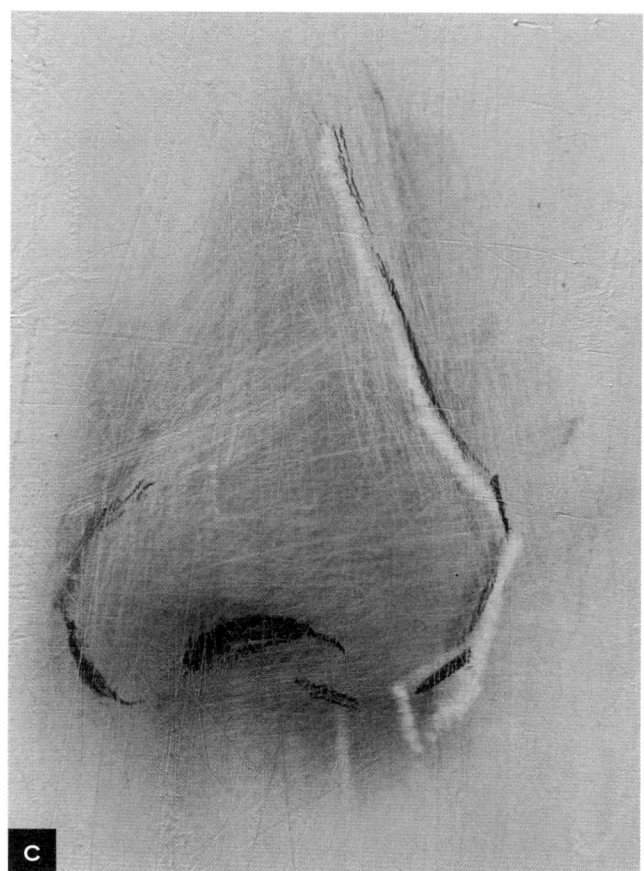

C

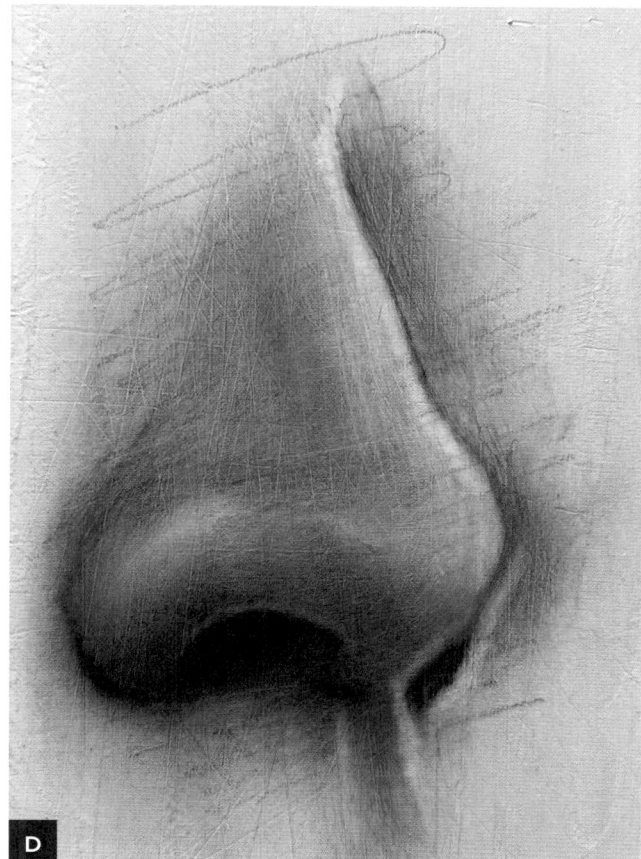

D

fácil es usar una almohadilla plana hecha con papel absorbente, usando una parte nueva cada vez que sea necesario. A veces, al difuminar, el tono puede volverse demasiado oscuro, y usar un trozo nuevo de papel de cocina aclarará parte del grafito, unificando el contraste entre la luz y la oscuridad.

Cuando se trabaja con carboncillo, puede ser más adecuado usar un pincel para difuminar, dependiendo de la superficie. A menudo, hago los bocetos preliminares en un panel de madera como preparación para la pintura, y en este caso, el trazo fantasma se hace mejor con papel de lija de grano 400 o 600 y un papel absorbente. Las imágenes de la derecha muestran las diferentes formas en que algunos de estos materiales pueden difuminar una imagen. A veces, incluso sus dedos pueden ser una herramienta eficaz para difuminar con la técnica del trazo fantasma.

La técnica del trazo fantasma en pintura al óleo es muy sencilla, pero debe aplicarse con cautela sobre la pintura húmeda, ya que es fácil excederse. La clave es usar un pincel suave y ser lo más delicado y gentil posible.

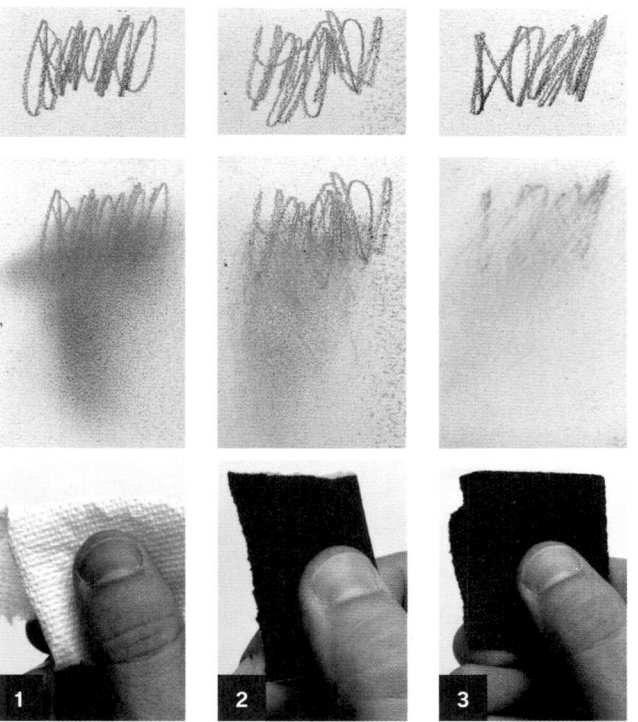

1. Papel absorbente: unifica el tono y difumina el material, pero también aclara la imagen al levantar el pigmento. 2. Papel de lija de grano 400: elimina algo de grafito o carboncillo y crea una textura uniforme. 3. Papel de lija de grano 80: es el más agresivo. Borra el material y deja una superficie rugosa, ideal para empezar de nuevo.

DEMOSTRACIÓN: DIBUJO PARA UNA PINTURA
(GRAFITO Y CARBONCILLO)

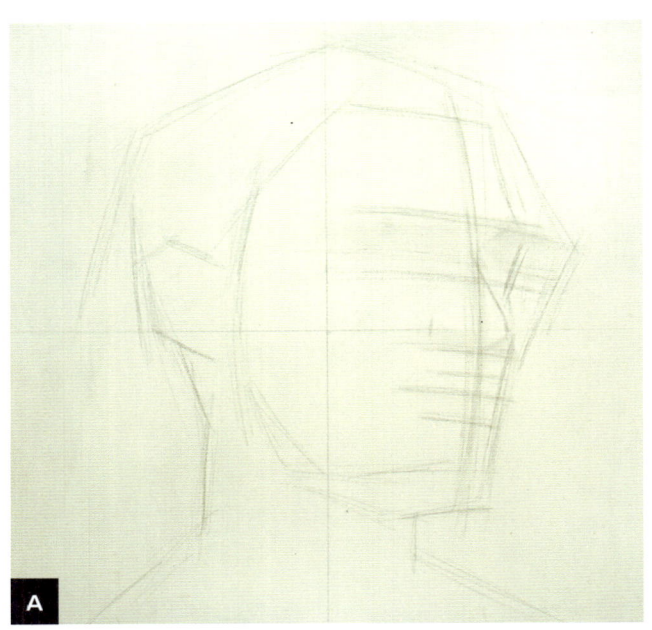

A

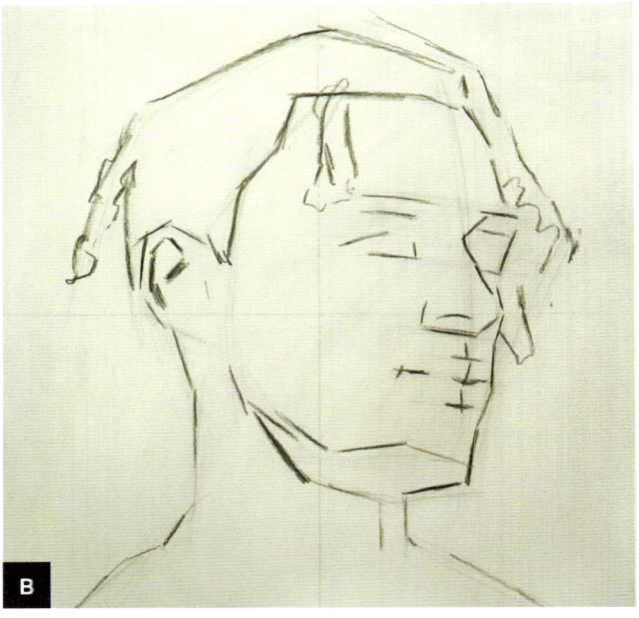

B

ESTRUCTURA DE ALAMBRE (A)

LÁPIZ

Mantenga un trazo ligero y suave con el lápiz, evitando líneas que no puedan borrarse o atenuarse con facilidad. Para este proceso, suelo utilizar un lápiz 2H con muy poca punta. Este método de dibujo ligero tiene varios objetivos principales:

1. La colocación de la cabeza de una manera estéticamente agradable. Aunque es subjetivo, esto evita que la figura se salga del lienzo o que un rasgo principal (como la nariz) quede demasiado cerca del borde.

2. Las cuatro proporciones principales de la cabeza: la altura respecto a la anchura; la parte superior respecto a la frente y la barbilla; la parte posterior respecto a lo que se ve de perfil; y la frente respecto a la nariz y la barbilla.

3. La estructura facial, que comienza con la línea central del rostro y continúa con una cuadrícula de líneas paralelas que empiezan a definir dónde se ubicarán los rasgos.

4. La forma envolvente de la silueta del retrato. Esta forma incluye los ángulos que crean la forma de la cabeza y su orientación.

CONTORNO DE LA FORMA PRINCIPAL (B)

CARBONCILLO DE SAUCE

El proceso de perfeccionamiento de los cuatro objetivos principales continúa dibujando con un trozo afilado de carboncillo de sauce, a medida que gana confianza en la ubicación de los elementos. Otro aspecto importante de esta etapa es comenzar a esbozar las formas principales de las sombras y las zonas más oscuras del retrato. Esto se hace para prepararse y poder aplicar trazos oscuros y sólidos de carboncillo de forma contundente y así comenzar el proceso de construcción de la forma.

Siempre que sea posible, siga utilizando líneas rectas y nítidas; cuando las líneas son demasiado redondeadas, suelen perder estructura y carácter. Además, está desarrollando puntos de referencia que le ayudan a juzgar si su dibujo está capturando el carácter correcto de los ángulos principales.

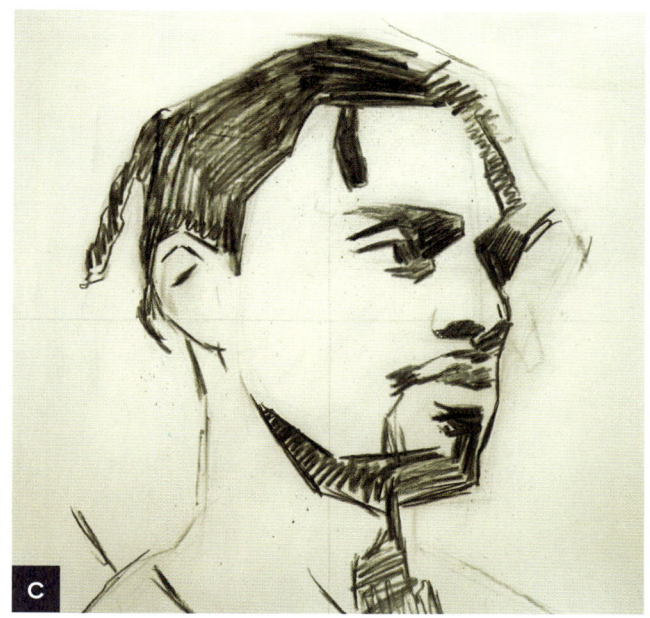

C

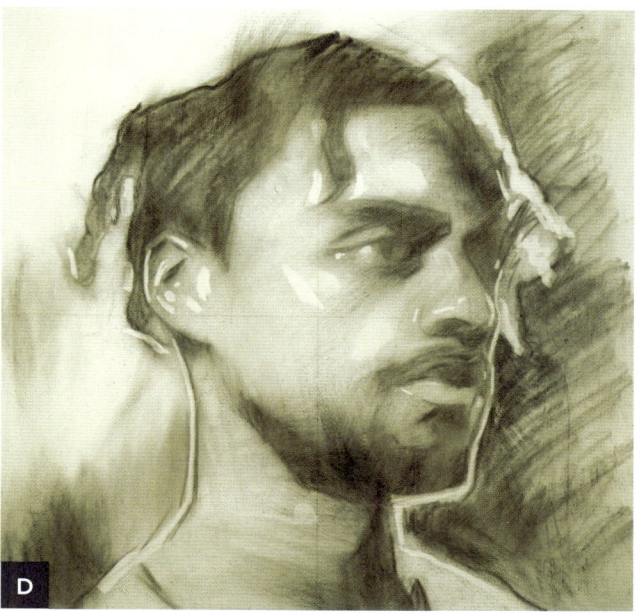

D

RELLENO DE FORMA DE SOMBRA NEGRA (C)

CARBONCILLO DE SAUCE

Puede parecer demasiado pronto para aplicar trazos oscuros y sólidos de carboncillo en esta fase, ya que apenas ha comenzado a definir el dibujo. Sin embargo, utilizar carboncillo de sauce le ayudará enormemente a sentar las bases para la impresión general del retrato.

He notado que muchos estudiantes quieren pasar rápidamente a la «parte del sombreado», ya que les ayuda a visualizar lo que están dibujando. Esta etapa es crucial, pues saca el dibujo del ámbito abstracto de los contornos y lo lleva a un enfoque más sólido, basado en las masas, donde empieza a ver el impacto de sus decisiones. Le recomiendo encarecidamente no crear semitonos ni tonos grises en este punto. Manténgase estrictamente entre claro y oscuro, concentrándose en crear las formas y en colocarlas correctamente para sacarles el máximo partido.

TÉCNICA DE TRAZO FANTASMA Y EXTRACCIÓN DE FORMAS (D)

PINCEL DE CERDAS

Una vez que haya construido la estructura y el tono, es el momento de difuminar el dibujo y retirar el carboncillo para lograr una sensación de tridimensionalidad. Hasta este punto, solo ha trabajado con líneas y formas; ahora, a medida que los bordes se suavizan, el dibujo se vuelve menos definido, pero mucho más dimensional. Este es un excelente borrador que continuará perfeccionando en las próximas etapas.

Aquí tiene algunas notas rápidas sobre cómo suavizar el tono: Es recomendable empezar a arrastrar o suavizar los bordes de las formas con el pincel, dirigiéndose hacia la fuente de luz. Si esto no le queda claro, observe dónde deben suavizarse los bordes de la forma y empiece a arrastrar el carboncillo con el pincel de cerdas en esa dirección. Una vez más, es mejor hacerlo lentamente y con cuidado, posiblemente sugiriendo movimiento en el dibujo. Una vez hecho esto, obtendrá un tono general en el dibujo y podrá empezar a realzar los puntos más destacados para establecer puntos de referencia de luz que serán útiles en las siguientes etapas.

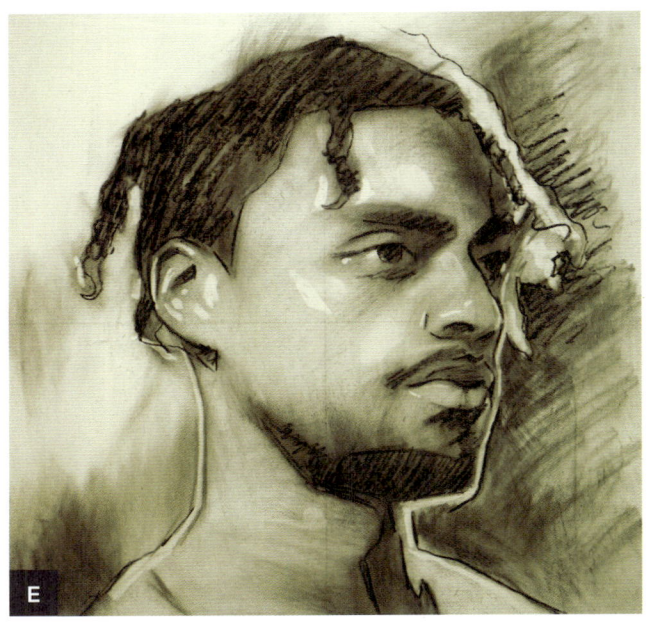

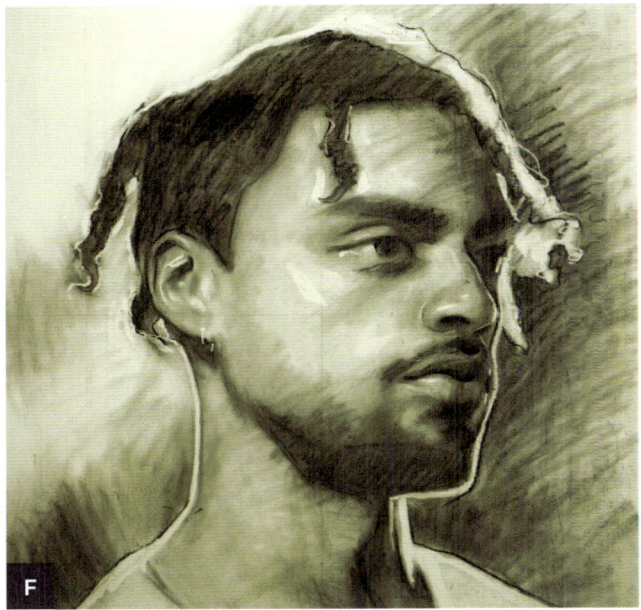

DESARROLLO DE LAS FACCIONES (E)

CARBONCILLO COMPRIMIDO

Los pasos anteriores se pueden repetir varias veces hasta que empiece a sentirse a gusto con la proporción general y el aspecto del dibujo. El uso del carboncillo de sauce de esta manera le permite cometer errores y corregirlos con facilidad, ya que no se adhiere bien a la superficie. Es un material fácil de manipular.

Una vez que tengo un buen borrador o una buena idea visual del dibujo, empiezo a cambiar al carboncillo comprimido. Utilizo lápices de carboncillo Extra Soft General's 6B, que me permiten conseguir tonos oscuros suaves que también se difuminan de forma similar al carboncillo de sauce. Sin embargo, el carboncillo comprimido se adhiere a la superficie y no se va con el viento como el de sauce.

Esto hace que el carboncillo comprimido sea más definitivo, que es precisamente lo que se busca al empezar a desarrollar la estructura y la individualidad de los rasgos del modelo.

ARRASTRAR Y APLICAR LA TÉCNICA DEL TRAZO FANTASMA (F)

EL CICLO

Siempre hemos pasado por este ciclo, seamos conscientes de ello o no. Este ciclo consiste en trazar líneas y estructuras, luego rellenar las formas y, finalmente, arrastrar y suavizar para crear una sensación de tridimensionalidad. A menudo, a este proceso lo llamo «delinear, rellenar, arrastrar» o, en el caso de la pintura, «dibujar, pintar, suavizar».

- **Delinear:** trazar líneas ayuda a crear nuevos límites y le obliga a tomar esas decisiones estructurales difíciles que realmente pueden hacer avanzar el dibujo.
- **Rellenar:** rellenar las formas creadas por estos límites lineales aporta contraste y material con el que trabajar.
- **Arrastrar:** arrastrar, o suavizar, le permite crear una sensación de tridimensionalidad y también difuminar la imagen ligeramente para que tenga flexibilidad y el ciclo pueda repetirse de nuevo.

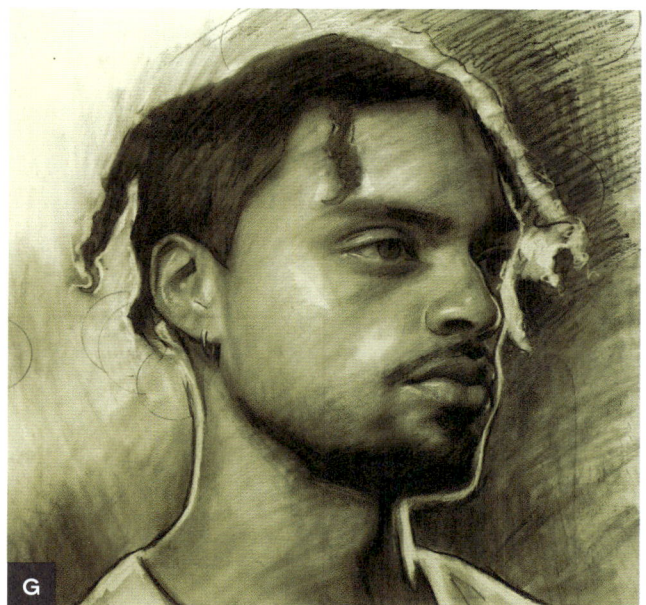

G

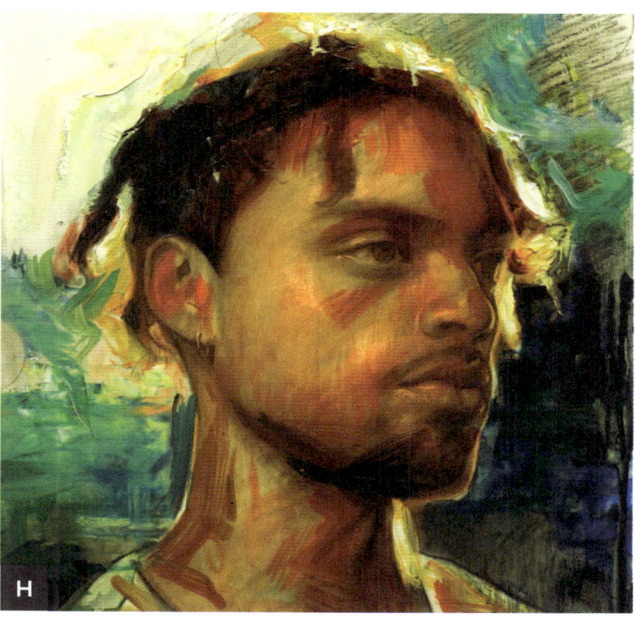

H

AJUSTES (G)

CONTORNO

Es gratificante ver cómo, después de toda esta estructuración y difuminación a través de la técnica del trazo fantasma, la obra finalmente empieza a tomar forma y a parecerse al modelo. Creo firmemente en este proceso de ir y venir, ya que no solo permite cometer errores, sino que también posibilita que el parecido se desarrolle lentamente a través de un perfeccionamiento gradual, en lugar de intentar trazar un contorno perfecto desde el principio. En este punto, el dibujo aún conserva cierta indefinición, resultado de haber sido corregido y redefinido en repetidas ocasiones.

En la última ronda de este dibujo, mi objetivo es delinear realmente las formas principales para que resalten con un contraste adicional, en previsión de la futura capa de pintura. Acentuar el contraste en estas áreas asegurará que el dibujo sobreviva y destaque. De esta forma, cuando aplique una capa de pintura, aún podrá ver los contornos de los rasgos y los puntos clave del dibujo, y así no se perderán en el ímpetu de la pintura que viene a continuación.

Para hacer estas líneas nítidas, utilizo carboncillo comprimido afilado y también una goma de punta fina, como la goma Tombow MONO Zero.

ÉBAUCHE (H)

SELLADO DEL DIBUJO CON PINTURA AL ÓLEO

Puede parecer una locura que, después de todo ese trabajo, salpiquemos nuestro dibujo de color de la manera que se muestra arriba. Sin embargo, es un lujo contar con un dibujo bien definido, pues nos permite centrarnos en el color y la luz sin el estrés añadido de tener que lograr el parecido.

El dibujo se sella con algún tipo de fijador que no se disuelve con aguarrás mineral, como el espray fijador SpectraFix Degas o la laca transparente en espray. Esto es crucial, ya que si lava la pintura con aguarrás mineral, podría disolver el fijador y, por lo tanto, disolver el dibujo. Es recomendable que pruebe esto en un dibujo de prueba antes de aplicarlo a un retrato terminado.

El siguiente paso en la técnica del ébauche es aplicar color de forma transparente sobre un dibujo sellado. Por lo general, buscamos cubrir nuestro dibujo con colores transparentes e intensos.

La única regla aquí es evitar destruir el dibujo. ¿Cómo lo evitamos? Utilizando colores transparentes. Todos los colores que se muestran se utilizan de forma transparente. Necesitamos usar la pintura de forma transparente para que el dibujo se vea a través de ella. Si la pintura se vuelve demasiado opaca, siempre se puede retirar o aclarar.

LA ESENCIA DE LA TÉCNICA DEL ÉBAUCHE

Es posible que este sea el apartado más importante de todo el libro. Aquí podrá ver de forma detallada qué ganamos y qué sacrificamos al trabajar con la técnica del ébauche (término que viene del francés y significa «primera pasada» o «boceto rápido»). Hay tres elementos clave que debe tener en cuenta al comparar estas dos imágenes: En primer lugar, las áreas importantes del dibujo están delineadas con un alto contraste. Así, al obtener el primer borrador, las formas principales no se pierden. En segundo lugar, el dibujo está tan bien sellado que la estructura de la cabeza no se ha alterado de manera significativa al añadir una pintura tan húmeda. Y, en tercer lugar, este dibujo bien sellado le permite experimentar e improvisar con el color y las pinceladas, algo que no sería posible si tuviera que preocuparse por dibujar el retrato y lograr el parecido al mismo tiempo que aplica la pintura.

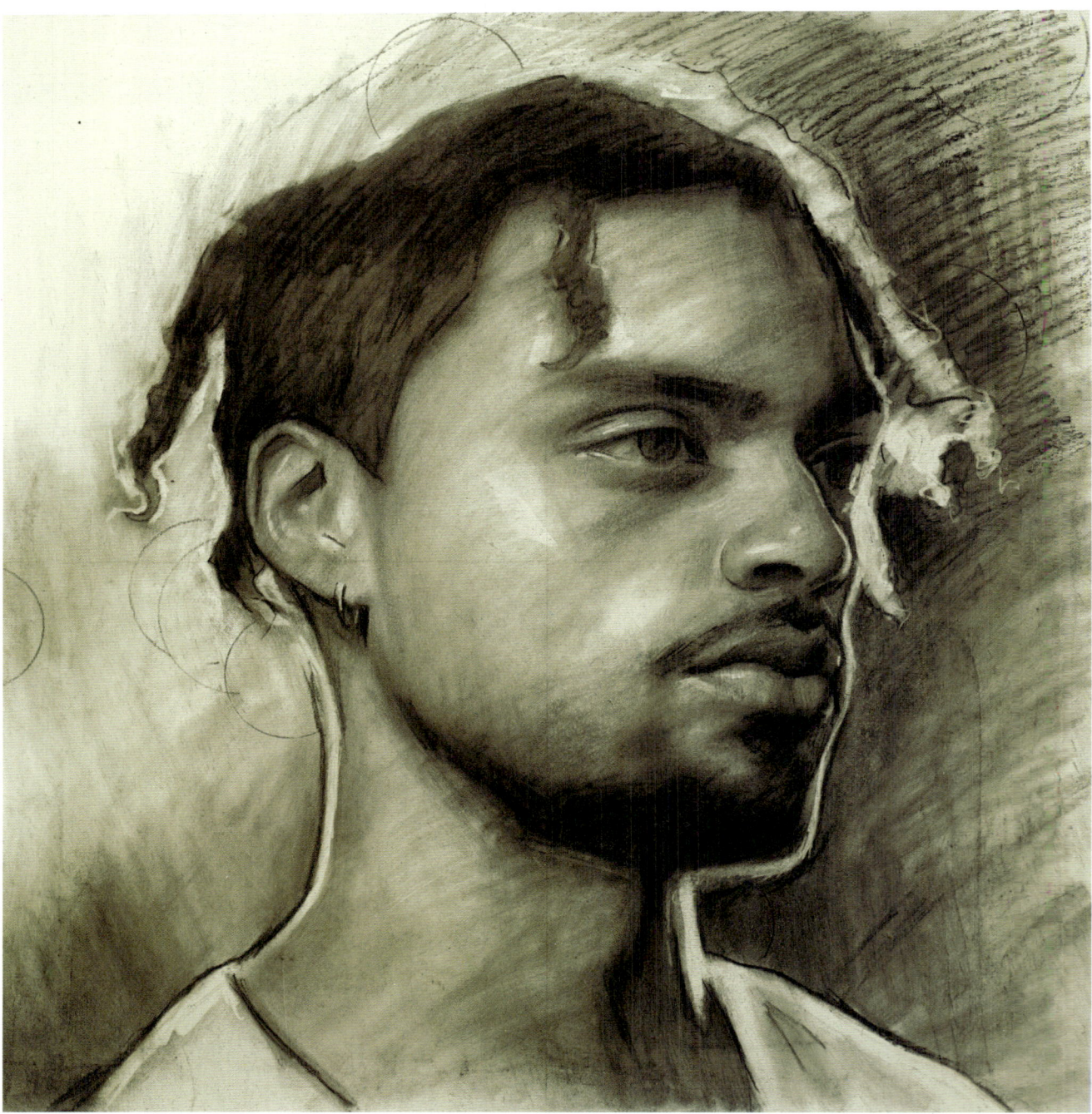

Este enfoque improvisado de la capa del ébauche es toda una revelación. En mis años como profesor, he visto que, una vez que un artista tiene un dibujo decente, tiende a volverse conservador al pintar, ya que, comprensiblemente, no quiere perder lo que ha logrado. Para mí, uno de los propósitos de dibujar el retrato primero es poder soltarme y ser más libre y experimental con la aplicación de la pintura, sin tener que preocuparme en absoluto por el parecido en esta fase. Es casi como si utilizara dos partes muy distintas del cerebro para crear una tensión dinámica en el retrato. Recomiendo encarecidamente usar pintura que sea transparente para el ébauche. Hay áreas como el cabello y algunas partes del fondo donde ya estoy usando una espátula, creando con audacia un interés visual en zonas donde sé que puedo experimentar con confianza.

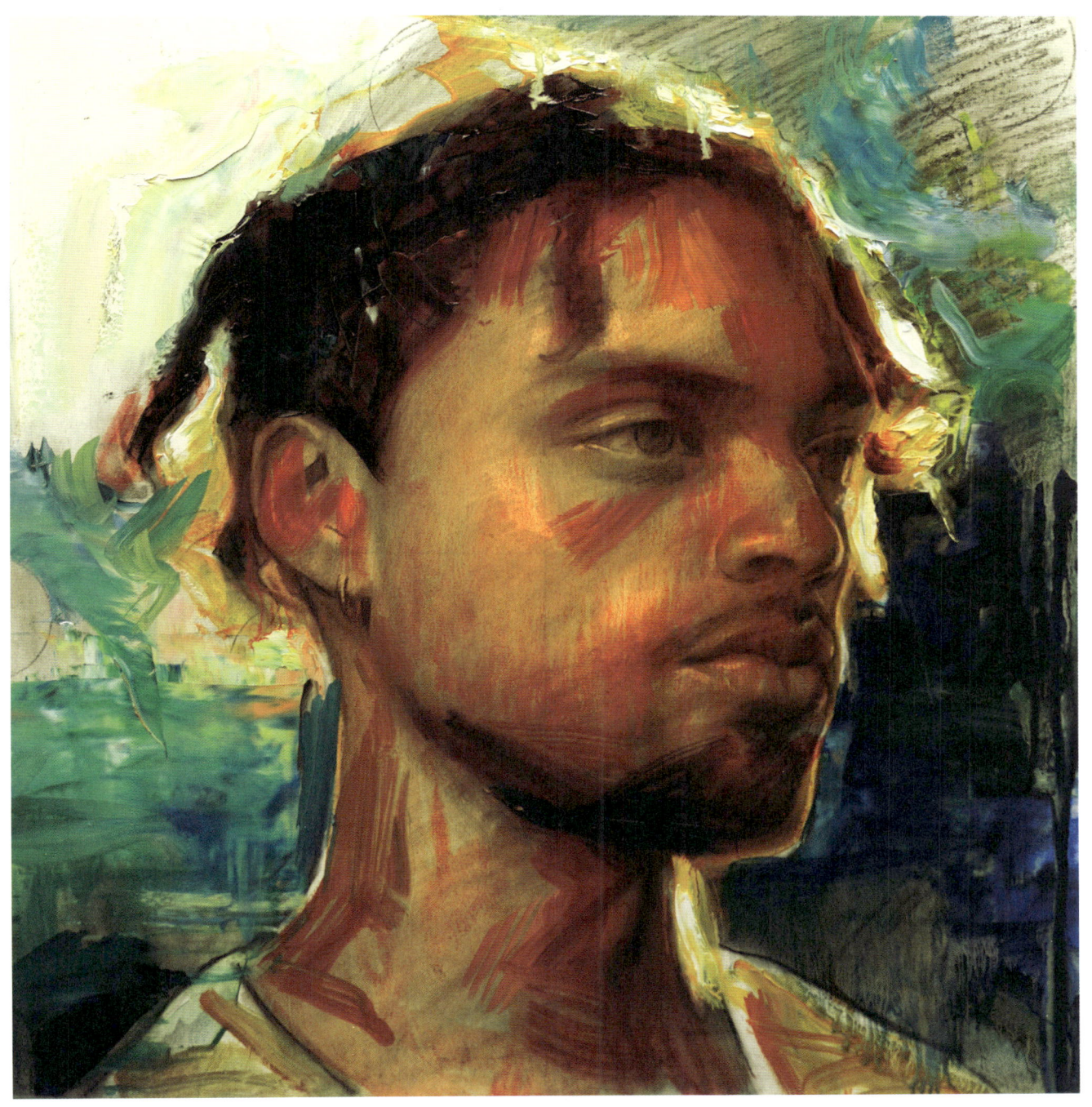

En estas páginas se muestra el proceso restante: la pintura y la lenta desaparición de todo rastro del dibujo. Intento disfrutar de cada fase de la pintura y hacer que resulte interesante. Esto no siempre ocurre. A veces el resultado puede parecer poco atractivo, pero incluso eso tiene su valor. En la imagen de abajo, fíjese en que los puntos principales de las facciones se han repasado con un pincel fino y se han conservado desde la fase de dibujo. A pesar de la capa aplicada para obtener el ébauche, húmedo y salvaje, el dibujo vuelve a aflorar para no desaparecer, lo que permite aprovechar plenamente el trabajo previo de la fase de dibujo. Esto también incluye los reflejos del retrato. Se pueden apreciar las cualidades estructurales de la luz, que son líneas en la oreja y también en zonas de la nariz y los ojos.

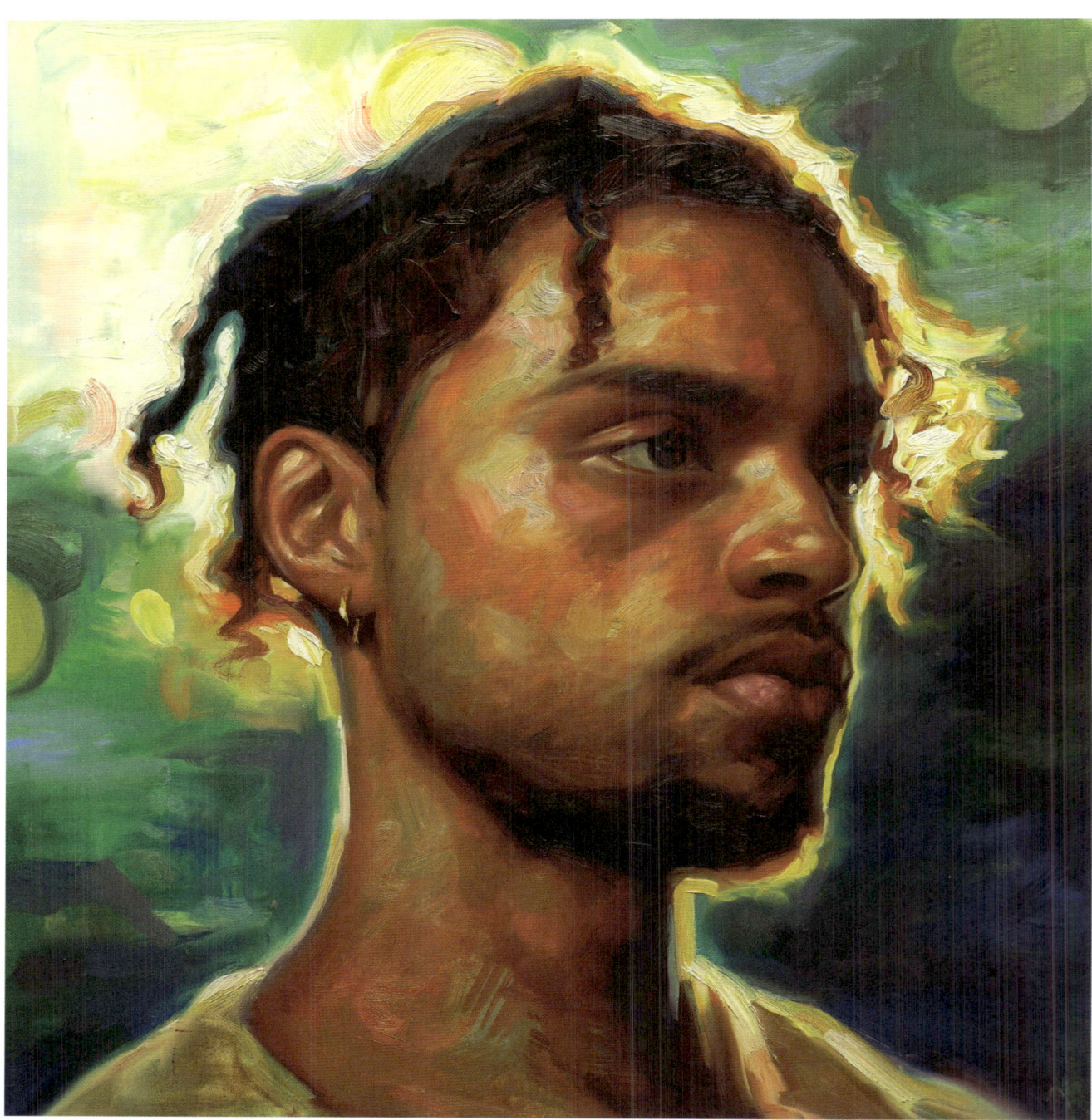

La obra se completa en esta imagen, donde las capas de pintura cubren por completo el dibujo a lápiz o carboncillo. A menudo, cuando alguien me pregunta por esta técnica, se cuestiona si el lápiz o el carboncillo pueden traspasar la pintura y estropearla. Esto ocurría antiguamente, cuando los artistas transferían los dibujos con papel carbón y usaban tintas especiales que transparentaban con facilidad. Si su dibujo está bien sellado con lápiz o carboncillo y pinta con suficiente grosor, el dibujo no se verá a menos que usted quiera que se vea. En ocasiones, el gris o los contornos del dibujo que se insinúan a través de la pintura pueden dar un encanto especial al retrato.

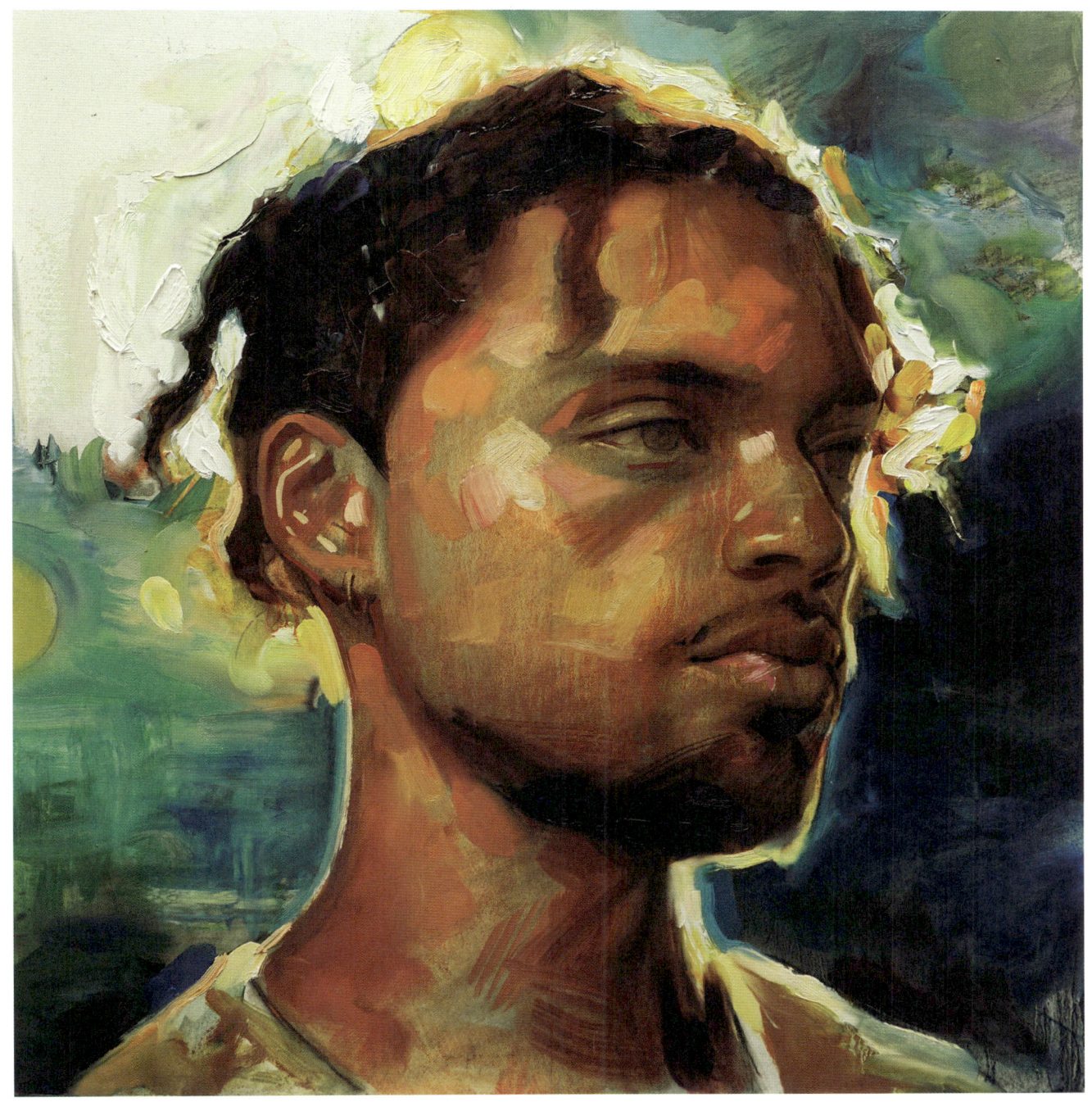

Segunda parte

—

COLOR
CARNE
DINÁMICO

▶ Steve Forster, *Detail of Avie (Present Tense) (Detalle de Avie [tiempo presente])*, óleo y carboncillo en aluminio, 116,8 cm × 101,6 cm

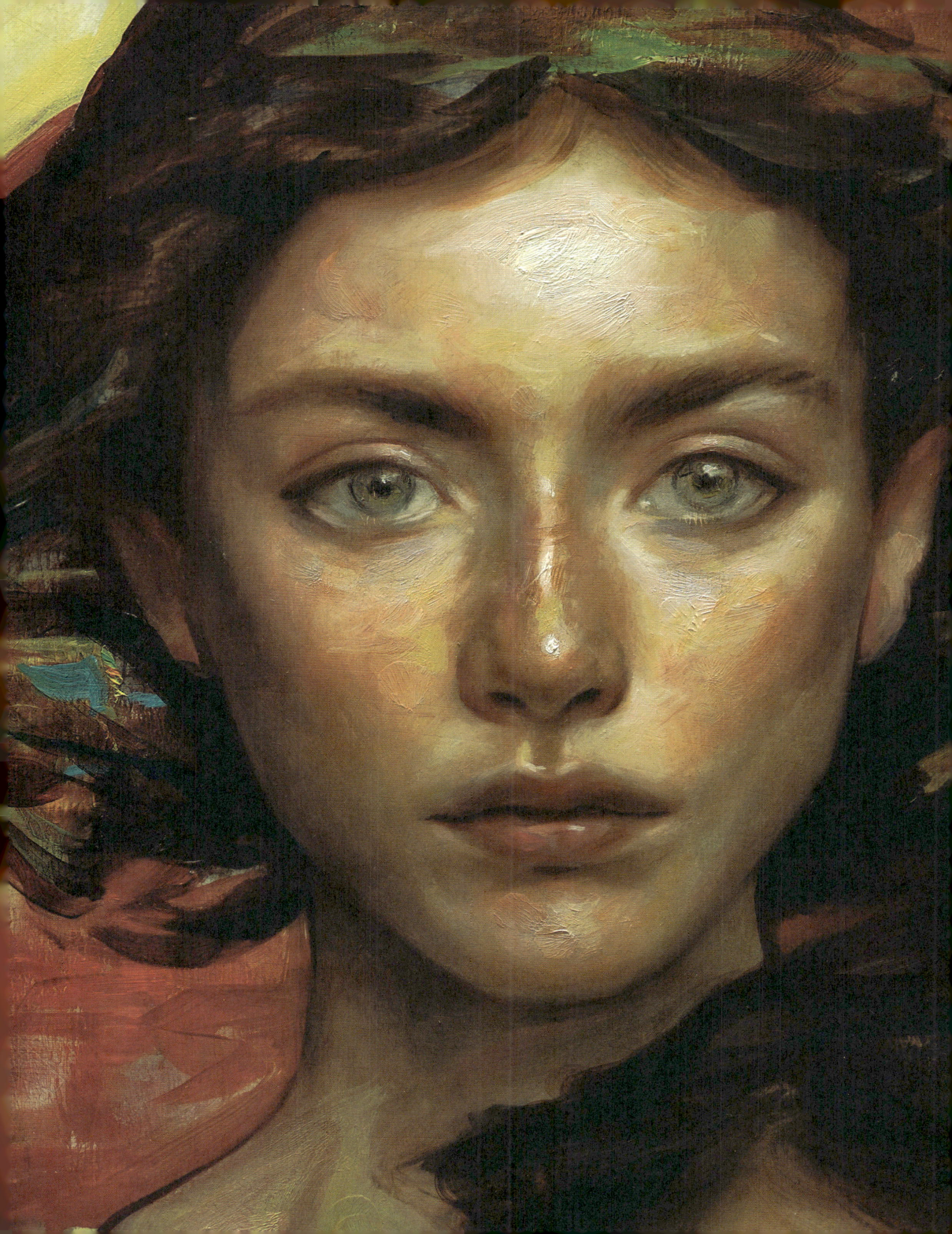

4 | EMPEZAR A PINTAR

MATERIALES PARA PINTAR

TIPOS DE PINCELES

Me gusta tener una gran variedad de pinceles diferentes. Creo que es bueno experimentar con tantos tipos de pinceles como sea posible, ya que así su conocimiento de lo que se puede hacer con un pincel aumentará.

Un kit básico de pintura de retratos para principiantes debe incluir una variedad de pinceles filbert de diferentes tamaños, algunos pinceles redondos pequeños y baratos para dibujar y, al menos, un pincel suave de pelo de marta o uno largo de cerdas secas para difuminar.

Esto le permitirá comenzar, aunque es recomendable ir ampliando la colección para contar con una gama más completa de recursos. La meta es poder experimentar e interpretar las posibilidades que le ofrecen, sin aburrirse nunca de sus elecciones.

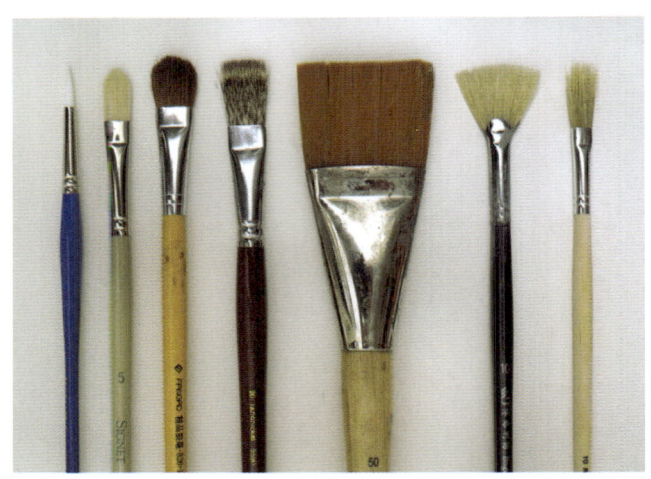

FORMAS DE LOS PINCELES

Es importante destacar algunos detalles sobre la forma y la longitud de los pinceles, que muchas veces se pasan por alto. En la segunda imagen de la derecha, hay uno plano, uno filbert y uno redondo. Los pinceles planos hacen marcas cuadradas y son ideales para encajar y pintar elementos arquitectónicos, como ventanas. La forma del pincel debe coincidir con el tipo de forma que se va a representar; por lo tanto, muchos pintores de retratos suelen optar por un pincel filbert, ya que tiene un borde ancho y redondeado que se asemeja a la forma humana. Un pincel redondo es ideal para dibujar y añadir detalles más pequeños. Hay muchas variaciones de estas formas básicas, como el brillante (una versión más corta del plano), la lengua de gato (una versión más puntiaguda del filbert) y algunos redondos más romos o más puntiagudos. Es natural tener preferencias propias, y a través de la experimentación irá descubriendo las suyas.

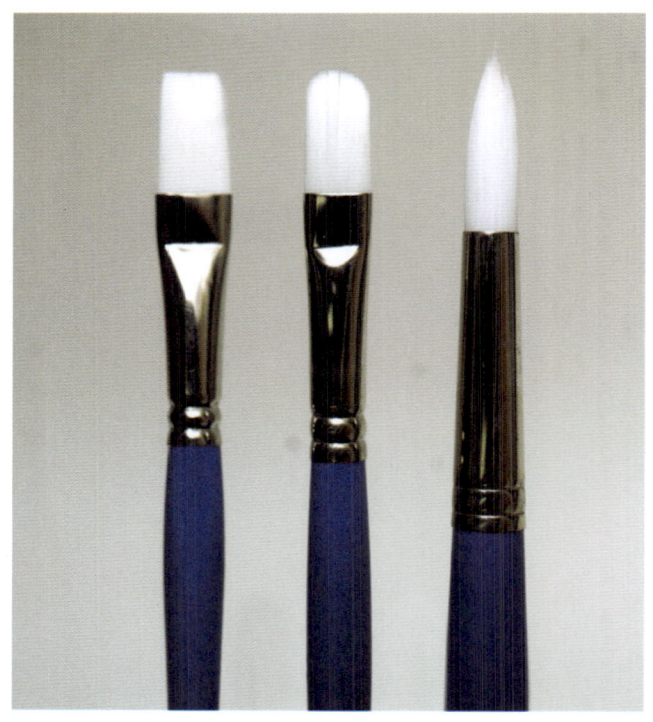

LONGITUD DE LOS PINCELES

La longitud del pincel es importante, pero a menudo se pasa por alto. A medida que usamos los pinceles, se van acortando y pierden su capacidad para depositar la pintura. Da pena tirarlos, por lo que a los artistas nos encanta guardar los pinceles viejos y gastados, con la esperanza de que nos sirvan para algo. Debe tener en cuenta que un pincel más largo es generalmente más resistente, permite depositar más pintura y aporta mayor expresividad a la pincelada. Por eso suelo preferir los pinceles planos a los brillantes, ya que un pincel plano es una versión más larga de uno brillante y, con el tiempo, se acortará. Deshágase de sus pinceles secos y desgastados que ya no le permiten crear obras hermosas.

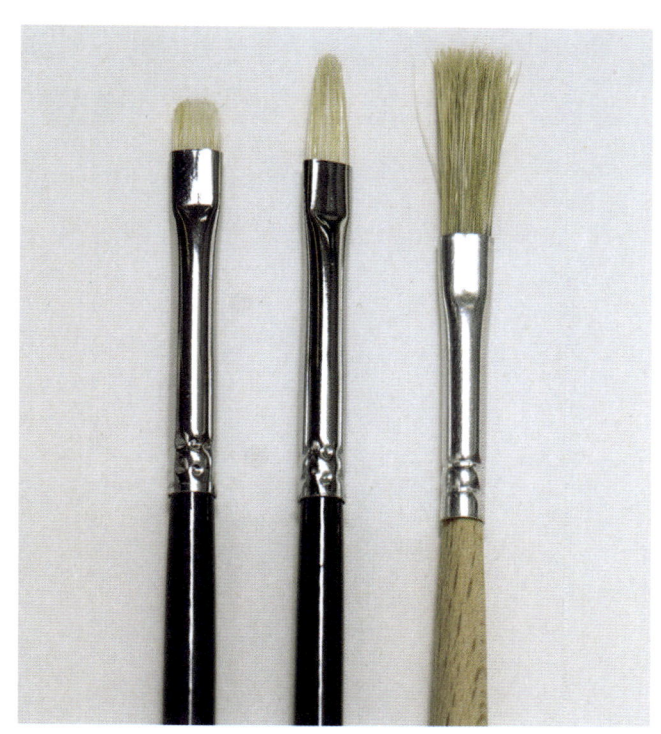

PINTURAS

No es necesario gastarse una fortuna en pintura, pero sí es imprescindible no comprar la pintura al óleo más barata que encuentre. La pintura para estudiantes de Winsor & Newton es una buena opción para empezar y es una marca de buena calidad. A medida que vaya adquiriendo más colores, es posible que desee cambiar a las versiones de calidad profesional. Si busca la mejor pintura disponible, marcas como Michael Harding y Old Holland, entre otras, ofrecen productos de calidad excepcional.

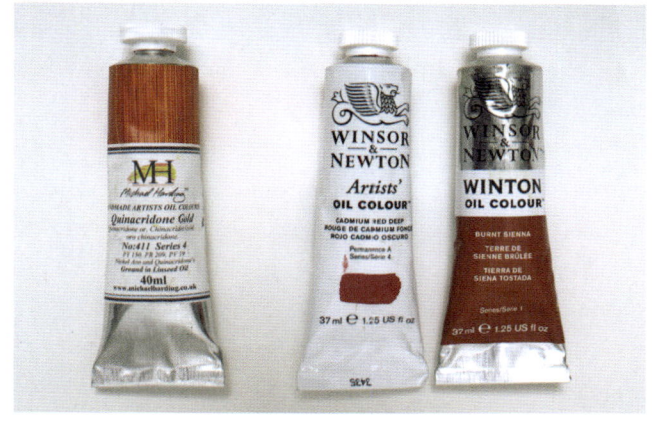

Lo que recomiendo evitar son los kits básicos de tiendas de manualidades sin marca. Hacen que el proceso de pintar sea más difícil de lo necesario y, al final, no sabrá si el problema es usted o los materiales. Pintar con pintura de calidad cuestionable es complicado para cualquiera.

También creo que es una buena idea tener una buena mezcla entre pigmentos terrosos (ocres, umbras, sienas) y colores prismáticos (cadmio, ftalo) para conseguir un arcoíris cromático completo.

ÓLEO, DISOLVENTE Y MEDIO

Necesitará aceite, algún tipo de disolvente y probablemente también un medio. Los tres diluyen la pintura de formas distintas.

El aceite ya está mezclado con la pintura, por lo que la extiende de forma natural. Sin embargo, utilizar solo aceite para extender la pintura suele dar como resultado una superficie pegajosa y viscosa que tarda mucho tiempo en secarse.

El disolvente descompone el aceite y es lo que usamos para limpiar un pincel con pintura. También se mezcla con aceite para crear lo que se denomina un

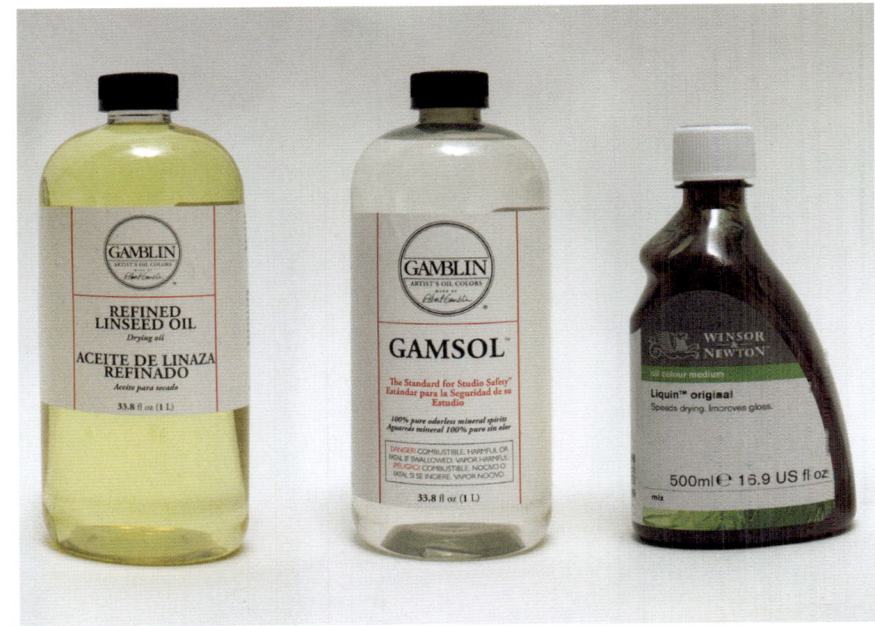

«medio», que se mezcla en una proporción precisa para diluir la pintura de la forma deseada. La mezcla de aceite y disolvente crea lo mejor de ambos mundos: el disolvente reduce el aceite lo suficiente para que la pintura se seque de forma más uniforme y rápida, y sea menos pegajosa. El uso de más disolvente también puede evitar que la superficie de la pintura forme gotas. Cuando empiezo una pintura, a veces solo uso disolvente y añado un medio progresivamente a medida que la obra avanza hacia la versión final.

Hay quienes prefieren trabajar en un estudio sin disolventes, ya que, cuando surgen problemas de salud relacionados con la pintura al óleo, normalmente se deben a ellos. Sin embargo, con una buena ventilación y un producto como Gamsol, que se evapora lentamente y minimiza así los vapores, se puede usar con moderación.

Tras una larga búsqueda del medio perfecto, que puede elaborarse a partir de numerosos aceites exóticos y proporciones, he descubierto que el mejor medio para mí es una mezcla de 50 % Liquin, 25 % aceite de linaza y 25 % de Gamsol. A veces, las proporciones de esta mezcla cambian un poco, como cuando el calor seca la pintura más rápido. Lo que busco en un medio es que esté húmedo durante todo el día y se seque al día siguiente, y esta mezcla lo hace posible.

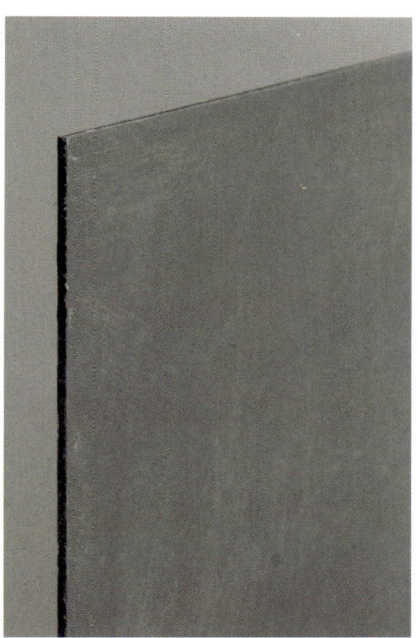 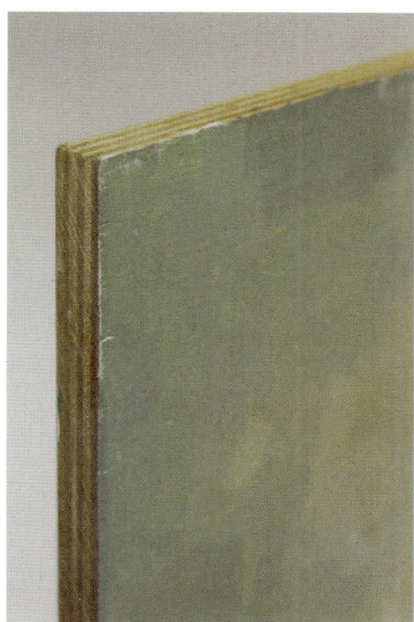 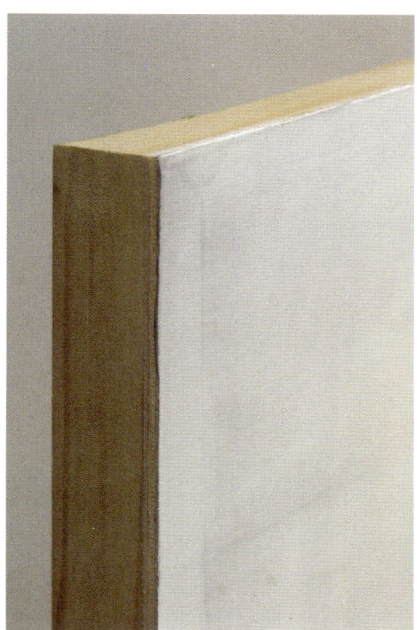

TABLAS

Las tablas son mi superficie preferida para pintar. Son rígidas y resistentes, y son ideales para dibujar. Suelo pintar sobre una tabla de aluminio llamada DIBOND, que se puede comprar en tiendas de rotulación o, incluso, en algunas tiendas de arte. La segunda mejor opción es una tabla de madera, que he usado durante años; prefiero las tablas de abedul báltico, que son de mayor calidad. También hay tablas de madera con bastidor disponibles en la mayoría de las tiendas de arte. Algunas tienen una variedad de texturas, desde extra lisas hasta otras con algo de grano. La mayoría de la gente prefiere las tablas que tienen cierta rugosidad. Siempre se pueden lijar hasta obtener la textura deseada si prefiere que sean más lisas. La pintura no siempre se adhiere bien a las tablas extra lisas, por lo que recomiendo una tabla con un poco de textura.

LIENZO Y LINO

La mayoría de la gente pinta sobre lienzo, un material fácil de conseguir y bastante económico. Sin embargo, el lino es una opción superior, aunque su desventaja es que puede ser difícil de estirar. El lienzo y el lino tienden a combarse con el tiempo. Para evitarlo, puede optar por lienzos o lino previamente montados sobre un panel, combinando lo mejor de ambos mundos, aunque con un coste más elevado.

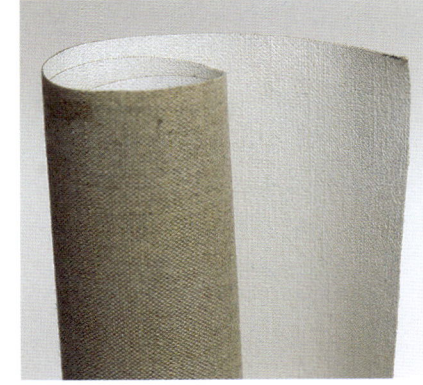 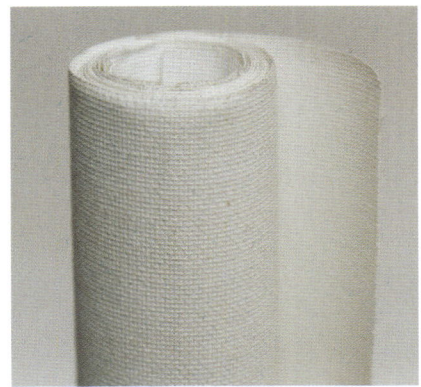 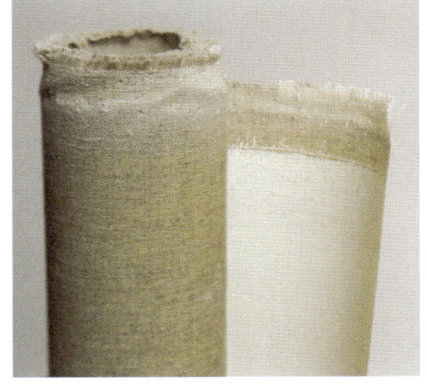

PALETA DE COLORES

Utilizo una paleta de papel blanco por comodidad.
En el pasado, he usado tanto paletas de vidrio como
de madera. Si tiene tiempo y paciencia, es agradable
tener una paleta bien hecha y estéticamente atractiva
que le haga sentir bien cuando pinta con ella. Para
mayor comodidad y rapidez, una paleta de papel se
limpia simplemente doblándola y se puede desechar.
Las paletas de papel también permiten mezclar colores recién hechos, (algo que recomiendo). Una paleta
permanente requiere un mantenimiento diario; hay
que limpiarla con aceite y disolvente con cuidado.

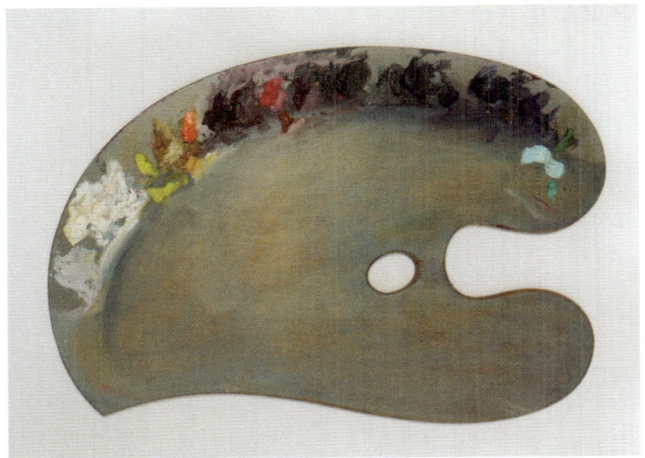

Lo más importante para mí es el tono de la paleta,
ya sea de madera, papel o vidrio. Adapte el tono de
su paleta al tono típico del lienzo sobre el que pinta.
Si suele pintar sobre lienzos blancos, es recomendable tener una paleta blanca. Si suele pintar sobre un
panel de tonos grises, debería tener una paleta de
tonos grises. Esto le permite juzgar los colores y los
valores con mayor precisión Si su paleta y la superficie de pintura siempre tienen tonos diferentes,
tendrá que aprender a interpretar los colores. Si está
pintando sobre un lienzo gris mientras su paleta está
dominada por tonos naranjas, le resultará muy difícil
juzgar los colores con exactitud. Verá los colores en
un contexto y luego deberá establecer relaciones
sutiles entre ellos en otro. Pocas cosas son más difíciles que hacer esta interpretación mentalmente; es un
error potencial completamente evitable.

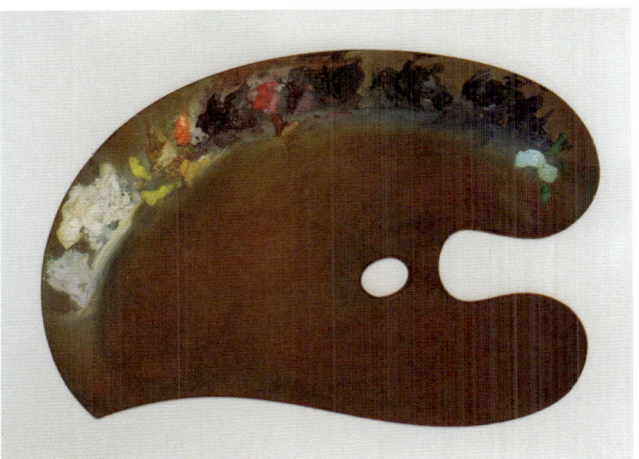

La mayoría de las paletas de papel vienen en
tonos grises o blancos para facilitar esta decisión.
Si usa una paleta de vidrio, puede colocar debajo
un trozo de cartón o papel de color para darle el tono
adecuado. Si prefiere usar una paleta de madera,
puede patinarla lentamente: aplique un par de capas
finas de pintura al óleo y luego barnice o dé una
capa de goma laca sobre este color.

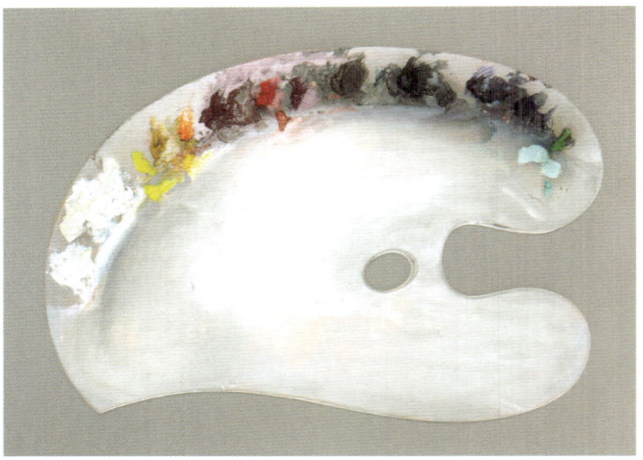

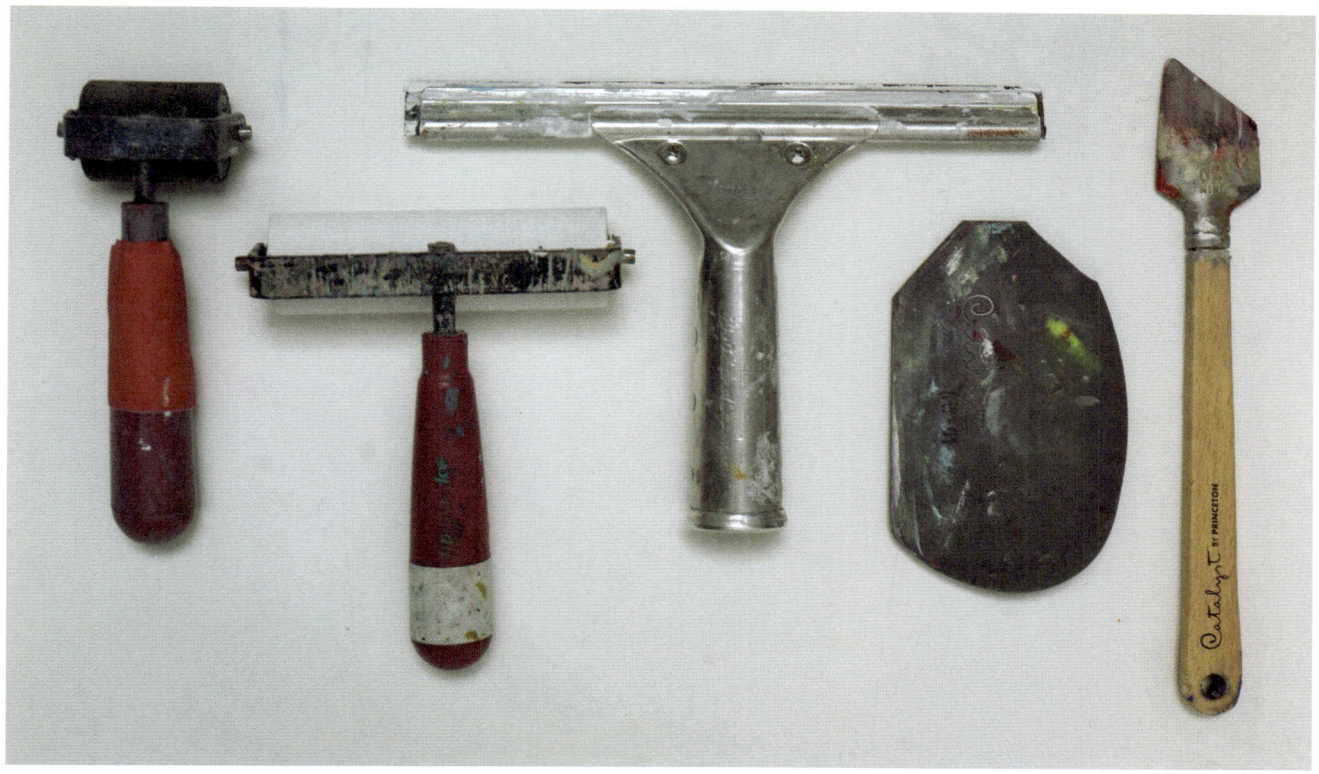

RASQUETAS

Con los años, me he convertido en un experto en el uso de rasquetas. Utilizo distintos tipos de aplicadores de pintura, incluido el rodillo.

Las rasquetas, por su parte, pueden tener varias funciones, como la de ser una forma fantástica de aplicar una capa de gesso fresca y limpia sobre un lienzo o tabla. A diferencia de los pinceles, que dejan trazos, la rasqueta permite aplicar una capa de pintura fina y uniforme que penetra en las grietas de la superficie. También se puede utilizar para crear líneas rectas en paisajes o para representar un elemento arquitectónico. Personalmente, uso las rasquetas sobre todo para generar una variedad inesperada en la superficie pintada, a menudo combinándolas con una espátula. La rasqueta, al extender una capa de pintura más fina, facilita en cierto modo la mezcla del color, cosa que a veces no ocurre con la espátula, que suele aplicar el material en capas más gruesas Las espátulas también pueden aportar ese toque de alteración o variedad que no se consigue si se emplean únicamente pinceles. En definitiva, las rasquetas son una herramienta más para introducir una textura diferente e invitar a la serendipia a la superficie de su cuadro.

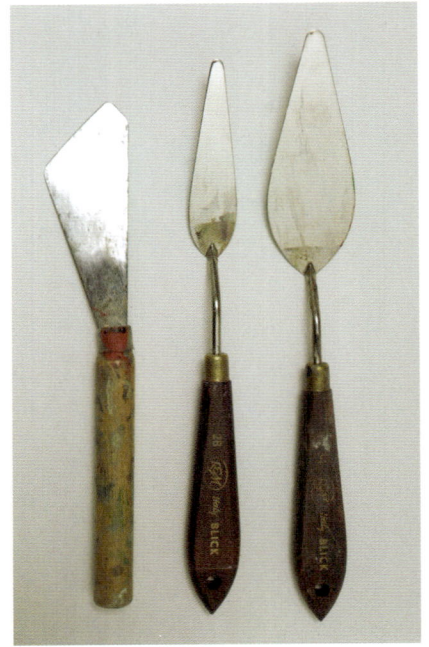
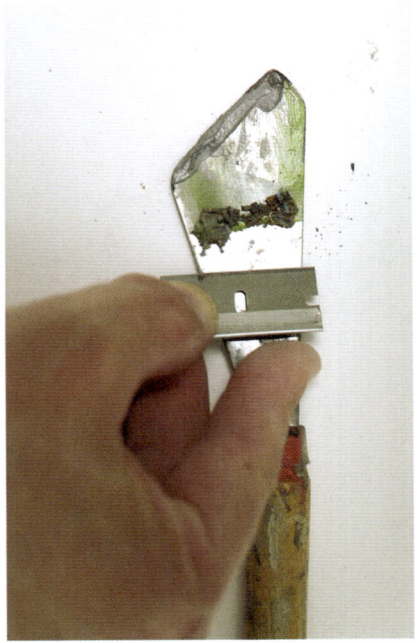
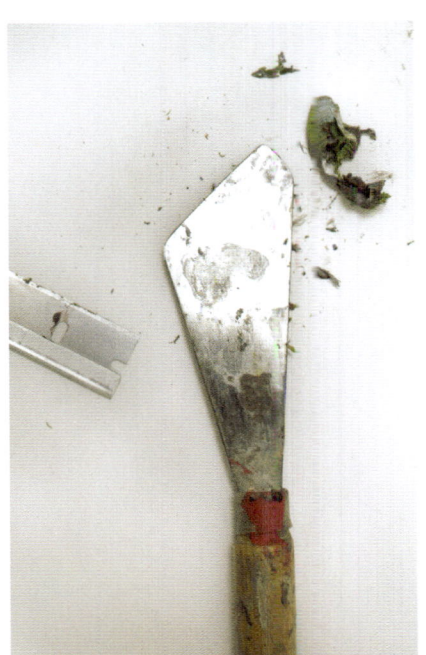

ESPÁTULAS

Las espátulas son una de las herramientas más importantes. La mayoría de los artistas las utilizan para mezclar la pintura, ya que permiten trabajar con grandes cantidades de color sin ensuciar los pinceles. También sirven para pintar; permiten crear bordes bien definidos y texturas.

La pintura seca y endurecida disminuye la eficacia de las espátulas, por lo que debe mantenerlas limpias. Cuando la pintura se seque, puede usar una cuchilla afilada para rasparla.

FIJADOR

Para las técnicas principales que describimos en este libro, es esencial sellar el dibujo antes de pintar sobre él. El objetivo es evitar que el carboncillo se manche y se mezcle accidentalmente con la pintura, lo que podría afectar la pureza del color. Personalmente, prefiero usar fijadores que no se disuelvan con aguarrás mineral. Esto es por si quiero aplicar una aguada de color con este disolvente sobre mi dibujo, ya que la mayoría de los retoques, barnices y otros tipos de fijadores se eliminarían. El fijador más fácil de conseguir es la goma laca transparente, pero para que sea eficaz, debe pulverizarse una capa tan fina como sea posible. Aplicar una capa demasiado gruesa de goma laca puede afectar la adherencia de la pintura. La mejor opción es SpectraFix Degas Spray Fixative, un fijador totalmente natural elaborado a partir de caseína, una proteína de la leche. Por lo general, se necesitan entre tres y cuatro capas de este producto para sellar el dibujo. Si rocía el SpectraFix a poca distancia del dibujo, podría estropearlo con salpicaduras Para usarlo correctamente, asegúrese de mantener una distancia de unos 60 centímetros y aplíquelo en varias capas finas y ligeras.

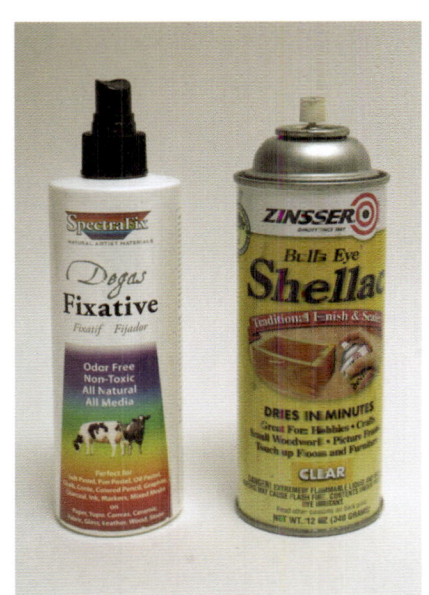

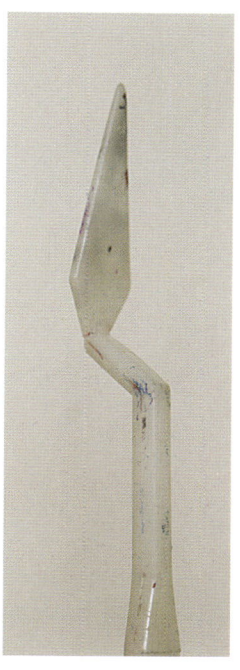 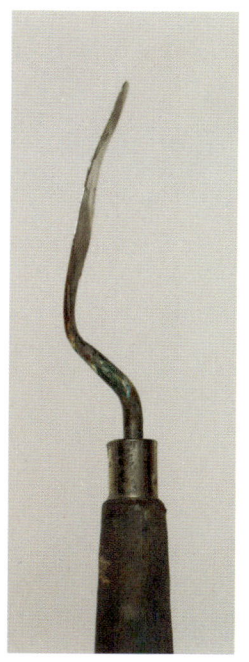 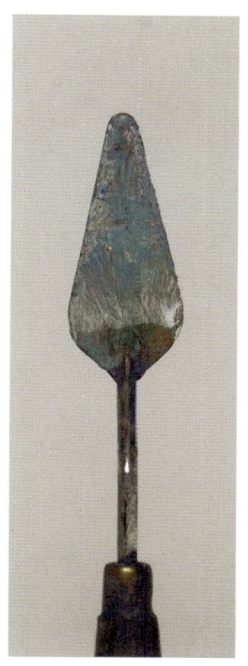 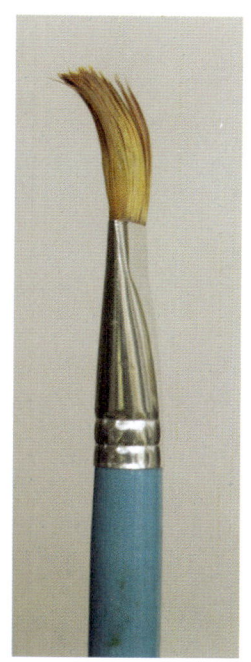 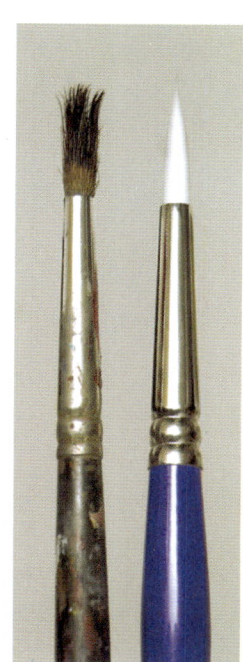

MATERIAL EN MAL ESTADO

Ahora, dediquemos un momento a ver cómo el uso de material en mal estado puede afectar negativamente el proceso de pintura. Las espátulas de plástico, las dobladas o con pistura incrustada son ejemplos de herramientas que no cumplen su función. Con los pinceles sucede lo mismo, lo que suele ser señal de que no se ha seguido un buen proceso de limpieza. Los pinceles doblados y con las cerdas abiertas no nos sirven a menos que nuestro objetivo sea crear textura. Contar con materiales limpios y apropiados nos facilita el proceso, al igual que usar pintura de buena calidad y superficies adecuadas para pintar. No es necesario que sean los materiales más caros, pero tampoco conviene comprar los más baratos. Es preferible disponer de una buena cantidad de materiales nuevos y de calidad decente que tener unos pocos caros y deteriorados por falta de cuidado. En la última imagen se aprecia el contraste entre un pincel en mal estado y uno nuevo. Resulta evidente que la experiencia de pintar con uno y con otro será completamente distinta. Por ejemplo, al intentar un detalle delicado, un pincel en mal estado hará precisamente lo opuesto a lo que necesitamos.

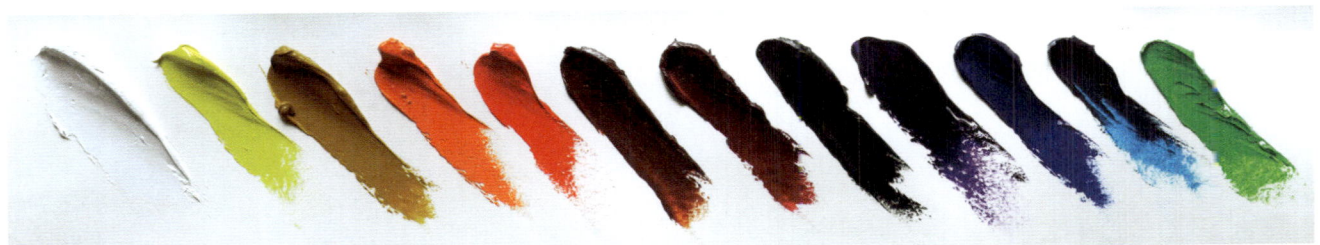

MIS ELECCIONES DE COLOR

Después de muchos años probando distintas paletas y combinaciones, he llegado a este resultado con estos pigmentos y no creo que mi elección cambie mucho en el futuro. Es una mezcla de colores tierra y colores prismáticos y, ocasionalmente, hacia el final de una pintura, añado algunos colores neón para dar un brillo adicional a la imagen mediante veladuras. Considero que esta combinación crea una gama muy dinámica: los colores tierra suavizan los prismáticos, pero estos, a su vez, me dan el impulso que necesito cuando siento que la obra se vuelve demasiado gris. La disposición de los colores siguiendo la secuencia del arcoíris —amarillo, naranja, rojo, púrpura, azul y verde— es una de mis preferidas, ya que me permite incorporar la luz y la oscuridad.

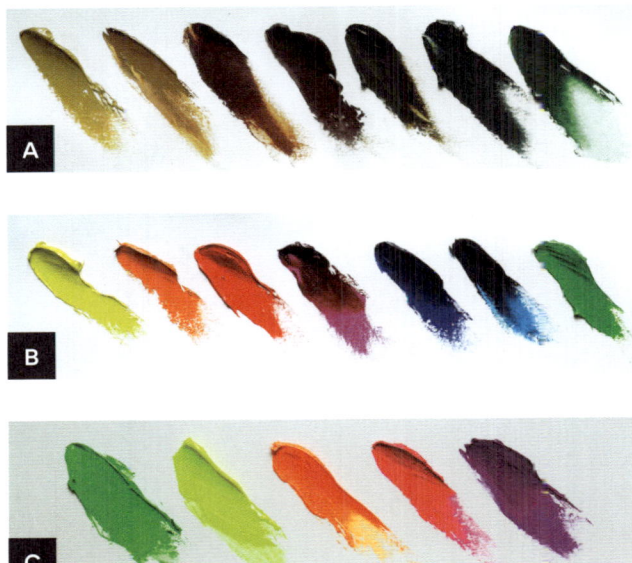

Colores tierra. (A) En términos generales, los colores tierra son pigmentos elaborados a partir de minerales naturales. Suelen ser versiones más suaves y agrisadas de los diferentes tonos de color y se inclinan hacia un espectro más cálido, en la gama de los naranjas, amarillos y marrones. También existen tonos más fríos, como el ocre azul o el verde tierra, que pueden ser muy útiles para suavizar el tono de la piel. De hecho, en muchos casos a lo largo de la historia del arte, el verde tierra se utilizaba como color de fondo para que los tonos de piel brillaran a través de él. Aunque estos colores pueden crearse mezclando pigmentos prismáticos con gris, resulta muy práctico tener algunos de ellos en la paleta para lograr una desaturación rápida y precisa.

Colores prismáticos. (B) Los colores prismáticos suelen estar representados por pigmentos cromáticos intensos, como los cadmios, los ftalos y muchos colores basados en tintes con nombres exóticos, como el magenta quinacridona y el carmesí alizarina. Son colores muy fuertes y no pueden mezclarse con ninguna otra combinación de colores. En cierto modo, se consideran puros y primarios, y sin ellos, el mundo sería un lugar mucho más gris. Aunque prefiera la sutileza de los tonos grises, necesitará una mínima cantidad de estos colores prismáticos para darles matices sutiles aquí y allá. Esto le proporcionará una mayor variedad y control sobre sus grises.

Colores neón. (C) He incorporado los colores neón a mi paleta recientemente. Son pigmentos de consistencia diluida y con poco cuerpo, ideales para aplicar veladuras que intensifiquen otros tonos. A medida que la tecnología es más omnipresente y nos acostumbramos a los colores vibrantes de los medios digitales, surge la necesidad de que los pintores logremos esos matices cromáticos que forman parte cada vez más de nuestra vida cotidiana. Al mirar una imagen en una pantalla, el color se percibe muy vivo e intenso. Los colores neón le ayudan a alcanzar notas cromáticas que serían imposibles de lograr de otra forma, aunque quizás sean demasiado llamativos para usarlos como colores principales en una pintura. Son colores fuertes y hermosos, pero no hay que abusar de ellos, ya que su intensidad puede atenuarse con el tiempo.

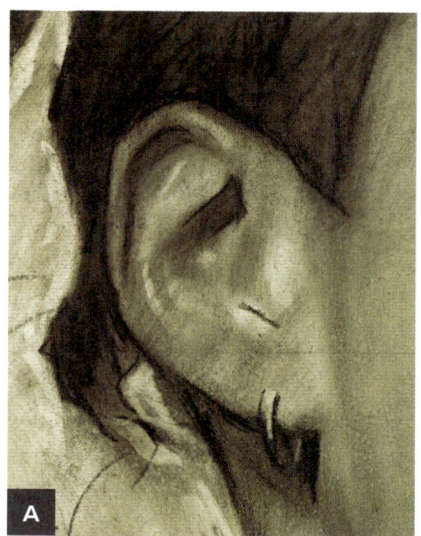
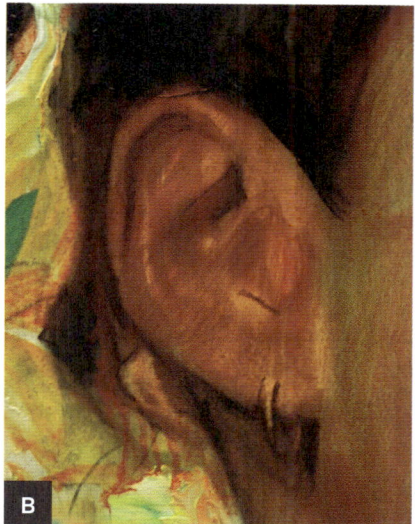
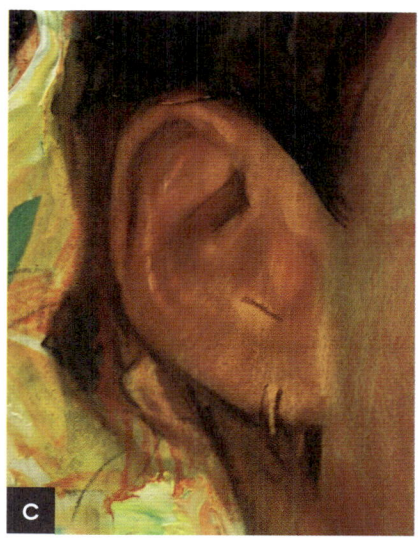

USO TRANSPARENTE Y OPACO DEL COLOR

El primer paso para pintar sobre el dibujo preliminar es utilizar una paleta con colores transparentes. Cuando se usan colores transparentes sobre un dibujo a grises, estos deben ser muy intensos para conseguir el tono adecuado y permitir que el boceto subyacente se transparente. Aunque es algo difícil de entender, y también de explicar, si el color que buscamos para, por ejemplo, la oreja, es un naranja más grisáceo **(A)**, entonces deberá aplicar una veladura intensa de naranja, de forma transparente, sobre el dibujo a grises para conseguir el efecto deseado. Si se aplica una veladura con el color final que se busca, este quedará demasiado grisáceo y débil, ya que se extenderá de forma muy fina sobre el dibujo subyacente. Para obtener el color correcto, es necesario utilizar un tono más fuerte, ya que se verá atenuado por la base de grises.

La imagen del medio **(B)** muestra la intensidad del color de la veladura. La tercera imagen **(C)** muestra cómo esta veladura se extiende de forma más fina y se convierte en el color general adecuado para la oreja, a medida que interactúa con el dibujo preliminar.

Cuando se trabaja con capas finas sobre un boceto a grises, a menudo es necesario experimentar mucho e improvisar mezclas mediante lavados de color, para ver cómo reaccionan con el dibujo preliminar. Para esta etapa, evito las mezclas elaboradas, ya que prefiero trabajar con una paleta húmeda y transparente. Una vez finalizada esta fase, la limpio para preparar las mezclas sutiles y detalladas que usaré en la segunda capa.

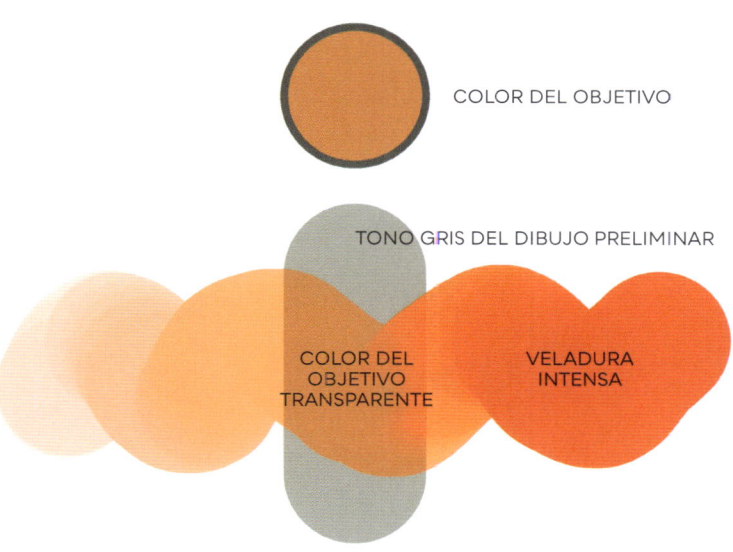

COLOR DEL OBJETIVO

TONO GRIS DEL DIBUJO PRELIMINAR

COLOR DEL OBJETIVO TRANSPARENTE

VELADURA INTENSA

ÉBAUCHE: TRANSICIÓN DEL DIBUJO A LA PINTURA

En el arte, pocas técnicas están tan rígidamente codificadas como para repetirse siempre de la misma manera en que fueron concebidas. Por eso, cuando hablo de la «técnica del ébauche», mi definición puede diferir de la de otros. Para mí, un ébauche es una capa de color muy fina y transparente que se aplica sobre un dibujo sellado, y en la que el color del boceto dirige indirectamente el efecto final. A menudo, el uso de esta pintura transparente dificulta la obtención del color perfecto, ya que buscamos mantener la calidad del dibujo mientras trabajamos el color hasta conseguir el acabado deseado. Nos enfrentamos, pues, a un problema dinámico: no queremos perder el dibujo, pero también queremos que el color quede lo más parecido posible al original.

La solución consiste en utilizar la pintura al óleo casi como si fuera acuarela. En la acuarela no se emplea pintura blanca, por lo que los colores deben aplicarse de manera transparente para lograr el efecto deseado, y nada se pinta de forma opaca y sólida hasta el final. Por el contrario, el óleo se utiliza normalmente de manera bastante sólida y es muy fácil de mezclar, quizás demasiado. Para lograr que la pintura al óleo se comporte como la acuarela, es necesario aplicarla de forma transparente. A primera vista puede parecer sencillo, pero en realidad hay muchas formas de que salga mal. Por lo general, recomiendo dos maneras de lograr esta transparencia sobre el dibujo: una es utilizar aguarrás mineral inodoro y colores más fuertes para crear un lavado que seque rápidamente, y la otra es frotar el color sobre el dibujo con el dedo y un guante de látex, sin usar aguarrás mineral.

Cuando utilizo aguarrás mineral para aplicar el ébauche, lo llamo la «técnica húmeda y salvaje». Suele crear un efecto espontáneo de pintura agrietada y goteante, que puede añadir mucho interés visual y hacer que la obra resulte audaz y espontánea. No obstante, es difícil controlar el aguarrás mineral, y puede gotear por todo el lienzo hasta el punto de que sea muy complicado mantener los colores separados y limpios. Con práctica, esta técnica puede convertirse en una experiencia fresca y estimulante para lograr un retrato más pictórico. Es el método que utilicé en la imagen de la derecha. Durante mucho tiempo, evité usar aguarrás mineral para esta forma de pintar porque no dejaba que la pintura se asentara después del lavado de color con aguarrás mineral. Si comienzas a pintar inmediatamente sobre un lavado con aguarrás mineral, la pintura no se adhiere y se levantará con cada pincelada. Después de aplicar un lavado de color con aguarrás mineral y modificar los colores mientras aún está húmedo, conviene dejarlo reposar entre diez y quince minutos para que se asiente y no esté demasiado acuoso ni fluido cuando comience una segunda pasada más opaca. Mientras el ébauche con aguarrás mineral se va asentando, suelo aprovechar para preparar mi paleta o trazar algunos de los contornos de las partes más importantes del retrato.

Por supuesto, con esta técnica, el dibujo debe estar correctamente sellado. Existe una línea muy fina entre no aplicar suficiente sellador y excederse con él. Si el dibujo no está suficientemente fijado cuando aplica la capa líquida del ébauche, el grafito y el carboncillo se moverán, y pondrán en riesgo su obra, lo cual le arruinaría el boceto y le generaría dudas sobre la eficacia de toda la técnica. En cambio, si se aplica demasiado sellador y se forma una capa gruesa y vidriosa, la pintura no se adherirá correctamente y podría desprenderse con el tiempo. No importa la superficie sobre la que pinte, si es demasiado vidriosa, la pintura no se adherirá, y si está demasiado seca, tampoco se mezclará bien. Pero esto lo explicaremos con más detalle más adelante.

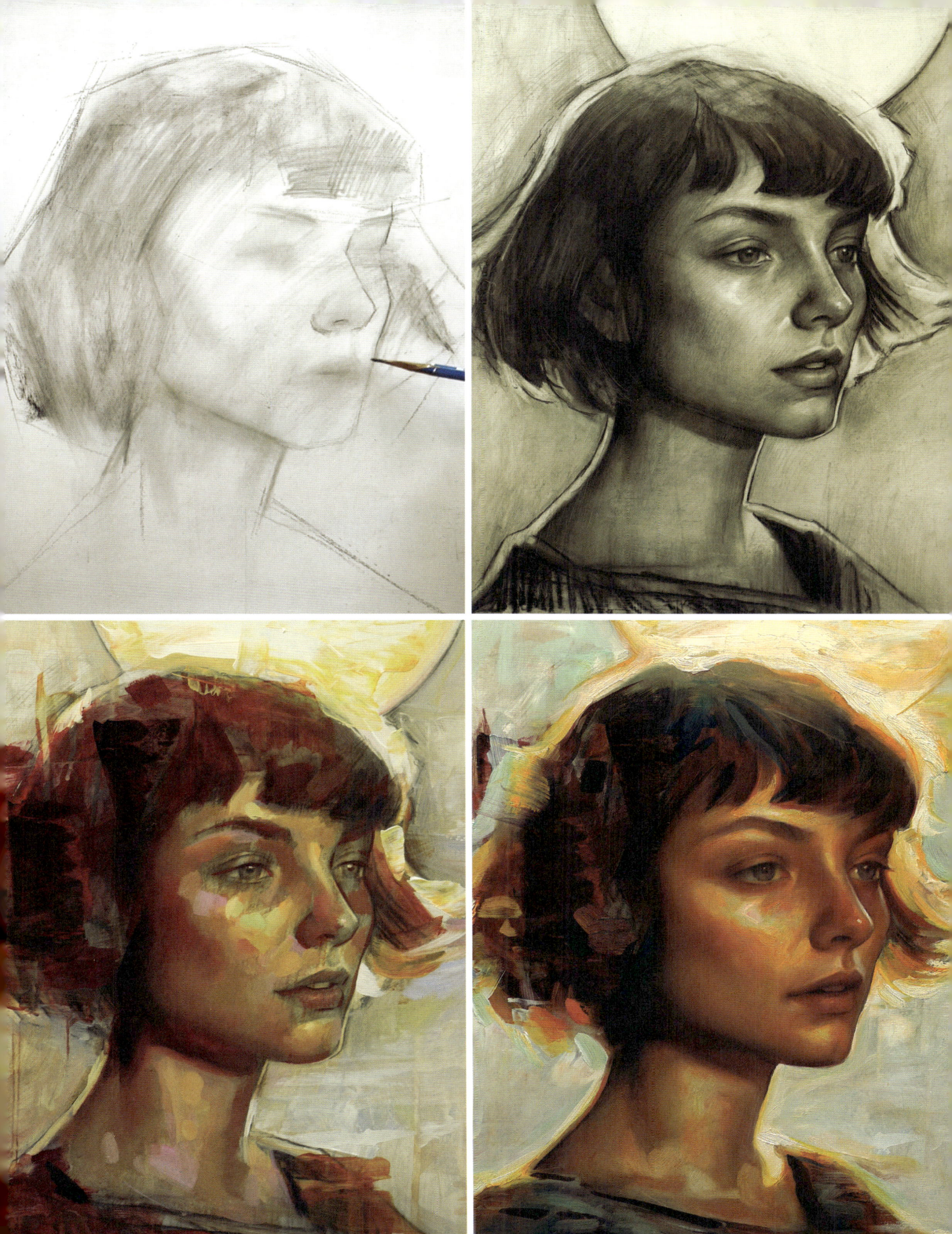

5 | VISUALIZACIÓN DE LOS CONCEPTOS DEL COLOR

SISTEMA DE COLOR MUNSELL

Al igual que el orden de las notas musicales en un piano o las coordenadas en un mapa, necesitamos límites que definan dónde empieza y termina algo. Estos límites nos ayudan a entender dónde nos encontramos y hacia dónde nos dirigimos. Por ejemplo, la notación musical estándar nos permite expresar y comunicar ideas musicales sin necesidad de escucharlas directamente. Además, gracias a sus notas específicas, podemos evaluar si un sonido está afinado correctamente.

Si aplicamos esta misma lógica al mundo del color, surgen preguntas como: «¿Cuándo deja el amarillo de ser amarillo para convertirse en naranja?», o «¿Cómo se describe un amarillo muy oscuro?». Cada persona tendrá una idea diferente de esto si no se formaliza, por lo que necesitamos poder concretar el color mediante sistemas de color, como el que utilizaremos en este libro: el sistema de color Munsell.

En la época de la Revolución Industrial, muchos científicos, inventores y artistas intentaban encontrar una manera sistemática de analizar y hablar sobre el color. Inventado originalmente para clasificar diferentes colores y tipos de suelo, el sistema de color Munsell es considerado hoy en día uno de los modelos más exitosos del siglo XIX. Desde entonces, se ha convertido en un modelo ampliamente utilizado por los coloristas para visualizar y comprender la dinámica del espacio cromático en un modelo tridimensional.

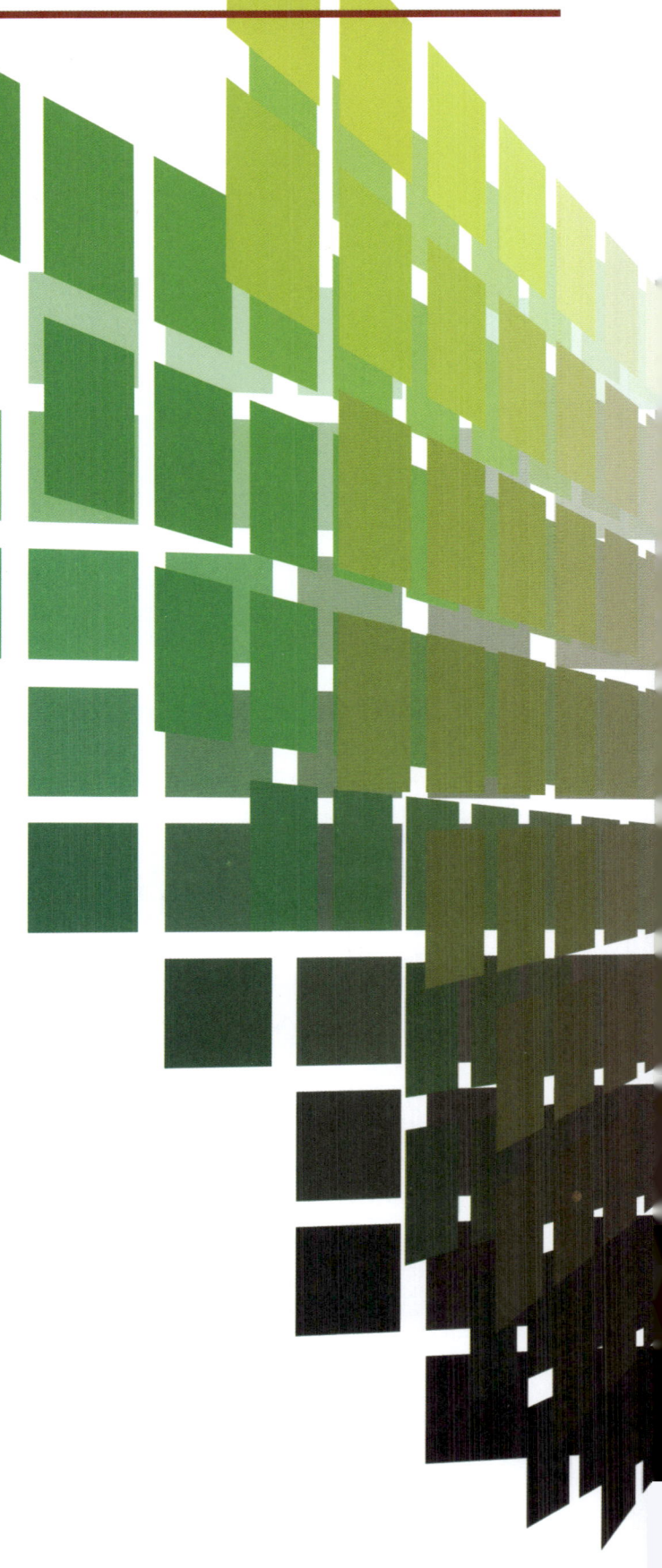

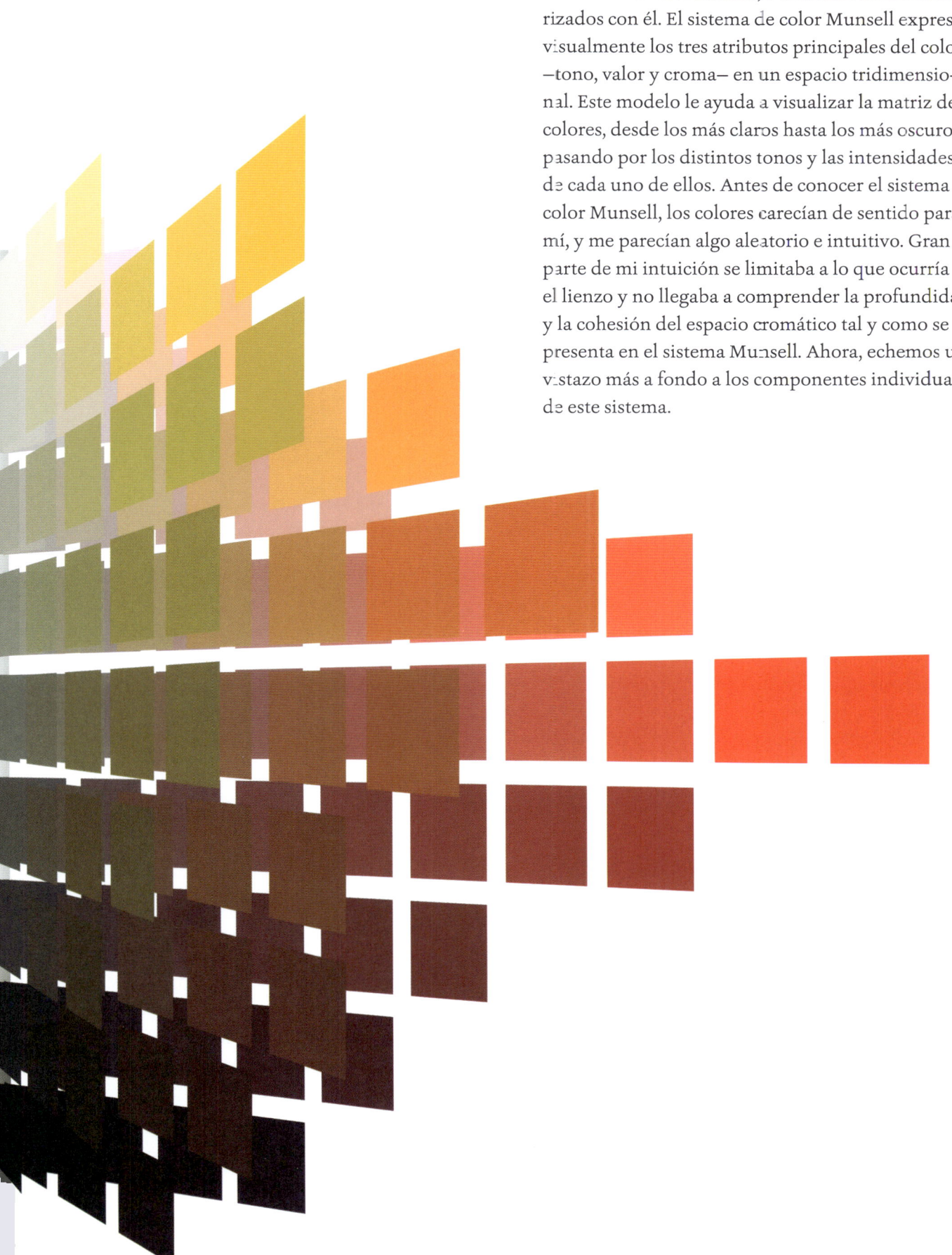

De hecho, muchos de los mejores pintores realistas utilizan este sistema, o al menos están familiarizados con él. El sistema de color Munsell expresa visualmente los tres atributos principales del color —tono, valor y croma— en un espacio tridimensional. Este modelo le ayuda a visualizar la matriz de colores, desde los más claros hasta los más oscuros, pasando por los distintos tonos y las intensidades de cada uno de ellos. Antes de conocer el sistema de color Munsell, los colores carecían de sentido para mí, y me parecían algo aleatorio e intuitivo. Gran parte de mi intuición se limitaba a lo que ocurría en el lienzo y no llegaba a comprender la profundidad y la cohesión del espacio cromático tal y como se presenta en el sistema Munsell. Ahora, echemos un vistazo más a fondo a los componentes individuales de este sistema.

TONO, VALOR Y CROMA

TONO

El atributo «tono» hace referencia al color real. Los seis tonos principales son el rojo, el naranja, el amarillo, el verde, el azul y el violeta. El tono es una decisión puramente cromática y puede describir más que estos seis colores primarios, que son ideas creadas por el ser humano. También puede referirse a un rojo anaranjado o un azul verdoso, ayudando a rellenar el espacio entre estas grandes diferencias. Esto es muy útil al describir pigmentos, ya que la mayoría no encajan en la categoría de un tono puro. Los pigmentos se encuentran principalmente en el espacio intermedio entre estas categorías principales. Algunos colores, como el blanco, el negro y el gris, no tienen tono, por lo que se consideran neutros. A veces, en un tubo de pintura rosa, el pigmento puede llamarse, por ejemplo, «tono de rojo cadmio». En este caso, el término «tono de rojo cadmio» no se refiere a la profundidad del color, sino a que se han mezclado otros pigmentos para aproximarse al rojo cadmio, aunque este no esté presente en la pintura.

VALOR

El atributo «valor» es puramente un concepto de luz y oscuridad. Incluye el blanco, el negro y todos los tonos de gris intermedios. No obstante, los tonos de gris no son solo una mezcla de blanco y negro, ya que eso crearía un gris «frío». Tampoco son mezclas de marrón y blanco, ya que eso crearía un gris «cálido». Son grises perfectamente neutros, es decir, que no son ni cálidos ni fríos. Uno de los problemas con el valor es que rara vez se presenta de forma pura en esta escala de blanco y negro, sino que también se aplica a los propios colores. El rojo tiene un valor, y el azul tiene un valor que suele ser más oscuro que el del rojo. Por lo tanto, aislar el valor puede parecer esotérico, ya que en la práctica estamos definiendo los atributos en un vacío y no en un contexto real.

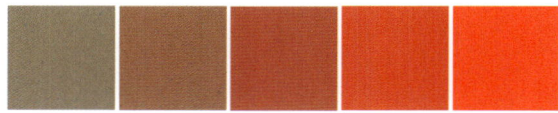

CROMA

Para entender el «croma», el atributo que define la intensidad del color, observe la imagen de arriba no como un tono o valor cambiante, sino como un color que pierde su viveza (un rojo que pierde su «rojicidad» hacia el neutro). El croma es el atributo más difícil de entender y controlar en la paleta, y a menudo los estudiantes lo confunden con un cambio de valor. Si no se maneja bien, es fácil que la imagen resulte demasiado colorida o, por el contrario, quede apagada y grisácea. Si no se maneja bien, es fácil que la imagen resulte demasiado colorida o, por el contrario, quede apagada y grisácea. Eso significa que debe ser capaz de intensificar el color con pigmentos potentes, pero también de neutralizarlos en un instante y encontrar todos los matices intermedios. Debo insistir: los famosos grises de color son, sin duda, el mayor desafío en la mezcla de colores.

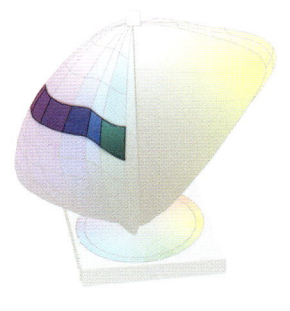

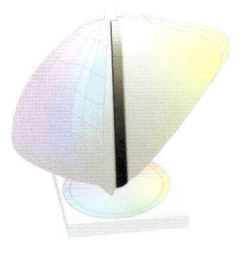

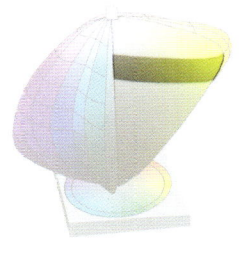

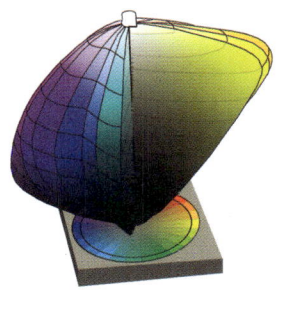

TONO　　　　　　VALOR　　　　　　CROMA　　　ESPACIO DE COLOR MUNSELL

EL COLOR TIENE FORMA

Los atributos de tono, valor y croma se suman para crear un modelo que produce un espacio X, Y y Z, lo que significa que el color tiene una forma. Como sistema, es útil verlo como una figura, llamada espacio de color Munsell, de modo que se pueda visualizar la totalidad del color del mundo dentro de ella. En las imágenes anteriores, se pueden ver los atributos de forma aislada gracias a las superposiciones que bloquean las otras opciones, lo que ayuda a explicar cómo funcionan los tres.

Existe un espectro enorme que parte de un neutro en el centro, con un eje vertical que va del negro en la parte inferior al blanco en la superior, y se extiende radialmente hacia los bordes con los colores más vivos, aquellos de mayor croma. También notará que el amarillo se extiende más en los valores más claros, y que el azul y el violeta resaltan en los valores más oscuros. Esto demuestra claramente que ciertos colores alcanzan su máximo esplendor en determinados rangos de valores.

USO DEL SISTEMA MUNSELL

El uso del sistema de color Munsell de forma tradicional puede resultar a veces engorroso, por lo que a continuación presento una versión simplificada: cada tono tiene una combinación de letras, cada valor un número del 1 al 10, y el croma un rango del 1 al 5. Un cero en la escala de croma representaría el neutro perfecto.

El cuadro de color de la izquierda es mi interpretación de un pigmento concreto, y tiene un tono, un valor y un nivel de croma. ¿Cuál es su tono? ¿Su valor? ¿Su nivel de croma? Cada color que vemos responde a estas tres preguntas. Sin embargo, obtener una respuesta perfecta en cada mezcla es casi imposible. Por ello, lo recomendable es probar varias combinaciones y dejar que sus ojos determinen el color adecuado, en lugar de buscar la mezcla perfecta en el primer intento. Dicho esto, intentar lograr esa «mezcla» ideal sigue siendo un ejercicio excelente. Yo diría que este color es un amarillo anaranjado, con un valor de cuatro y una cromaticidad de tres. La mejor manera de entender este sistema es aplicarlo de forma repetida a muchos de los colores que observe. Siempre que necesite reducir el croma de un color, intente utilizar un gris neutro que tenga el mismo valor que ese color.

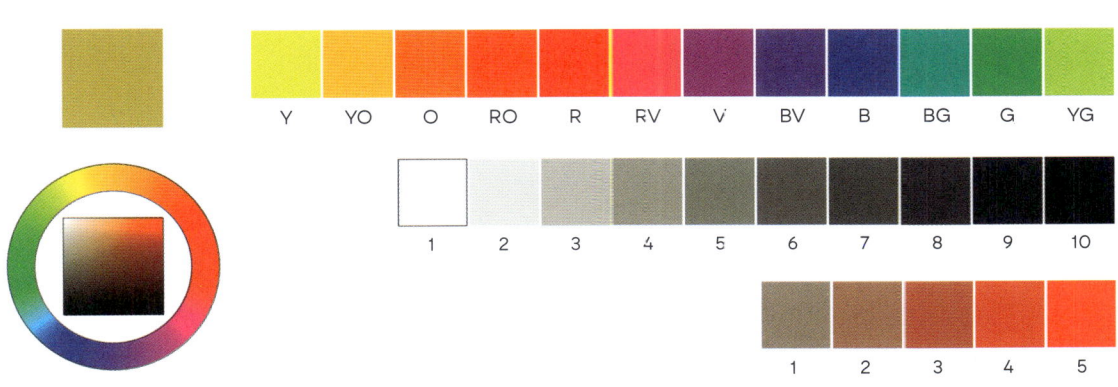

EL TONO EN RELACIÓN CON LOS PIGMENTOS Y LOS COLORES CÁLIDOS/FRÍOS

Determinar qué pigmentos comprar y cómo se relacionan con el sistema de color Munsell requiere un poco de esfuerzo y experiencia por parte del artista. Un tubo de pintura llamado «amarillo cadmio», por ejemplo, puede tener un subtono anaranjado, o un verde como el viridiano puede ser tan frío y fuerte que le impida conseguir el verde cálido que necesita para pintar un árbol al atardecer. Comprender que cada pigmento tiene un lugar en el espectro de tonos y que, en realidad, existe un espectro de rojos o de verdes con sutiles variaciones de tono, resulta muy esclarecedor y le ayudará a utilizar los pigmentos de la forma más eficaz.

Una de las maneras de simplificar el lenguaje en pintura es referirse a los colores como cálidos o fríos. Si bien a veces esta distinción puede ser difícil de entender, básicamente, los colores cálidos tienden hacia el naranja, mientras que los fríos tienden hacia el azul. Tomemos como ejemplo el tono rojo: hay muchos rojos distintos, pero una forma de pensar en el rojo cadmio claro es que es un rojo anaranjado o un rojo cálido, mientras que el carmín alizarina es un rojo violáceo o un rojo frío. En la mayoría de los casos, un pigmento no será perfectamente rojo o azul, sino que tendrá una pequeña variación hacia otro tono adyacente.

Conocer esto tiene numerosas aplicaciones; tenemos un ejemplo claro al mezclar un violeta con rojo y azul. Si utiliza un rojo anaranjado y un azul verdoso, el violeta resultante será amarronado. Esto se debe a que los dos colores usados no son formas puras de rojo y azul, sino que están algo alterados, lo que limita el croma que puede alcanzar su violeta. De hecho, el amarillo presente en el rojo neutraliza el violeta que se está creando.

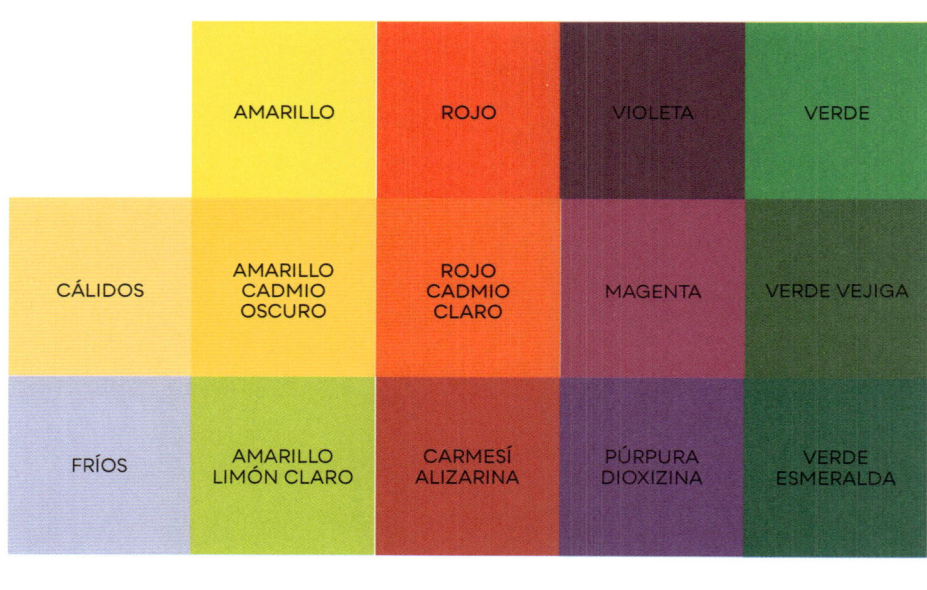

Espectro de tonos

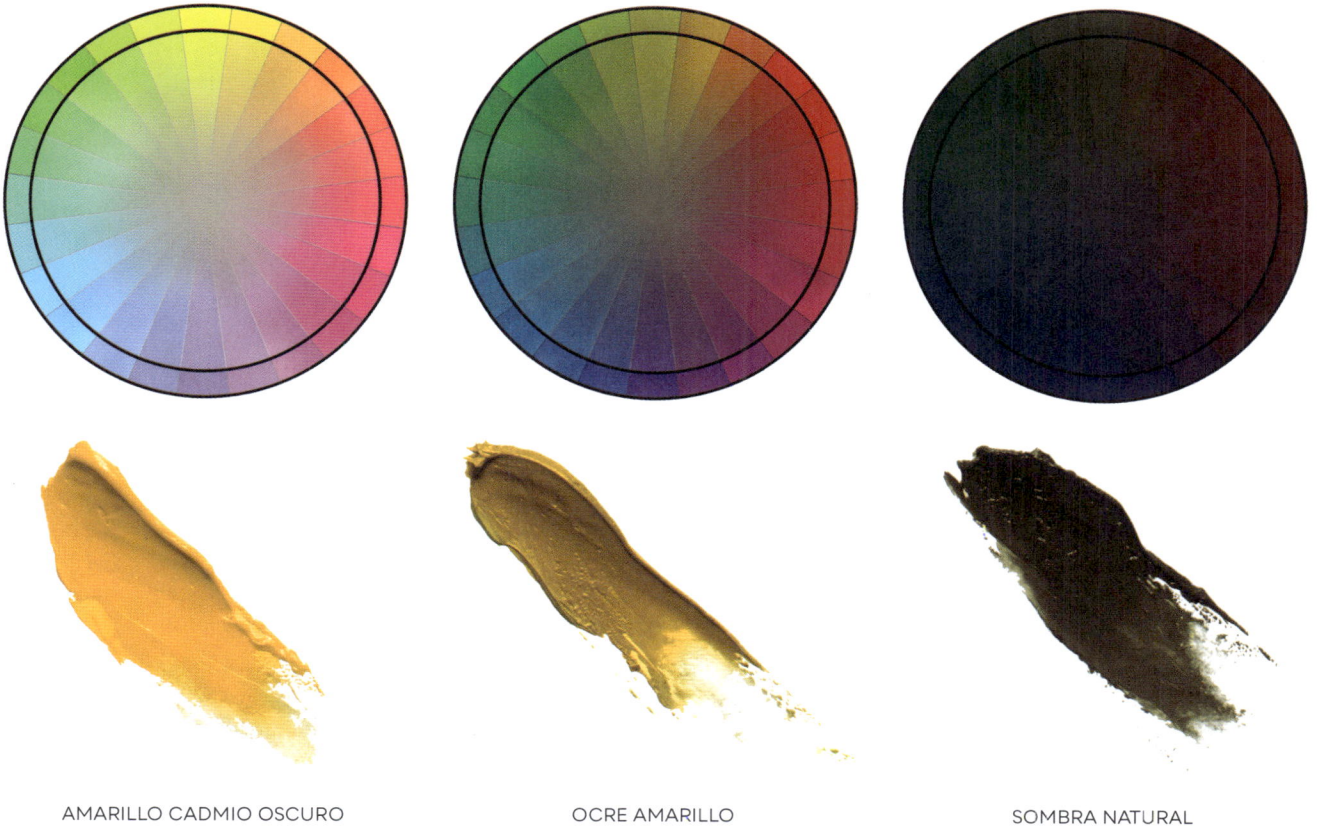

AMARILLO CADMIO OSCURO   OCRE AMARILLO   SOMBRA NATURAL

PIGMENTOS Y SU PUNTO DE MÁXIMA EXPRESIÓN

Una de las cosas más interesantes que revela el sistema de color Munsell es que los diferentes tonos alcanzan su máximo croma en distintos rangos de valor. Así, un amarillo anaranjado es más cromático cuando es más claro en valor (por ejemplo, un amarillo cadmio intenso).

Por el contrario, en los rangos oscuros, el espectro cromático se vuelve mucho más limitado. Esta es la razón por la que es tan difícil percibir un amarillo muy oscuro, porque no hay casi nada con lo que trabajar en esa zona. Visto así, se puede entender que un color como el ámbar crudo se pueda utilizar como un amarillo oscuro en lugar de considerarlo simplemente otro marrón. También se podría ver el ocre amarillo como una de las versiones más cromáticas de amarillo en el rango de valores medios.

Uno de los desafíos de muchos pigmentos es que su verdadero color no se puede ver hasta que se les añade un toque de blanco, como ocurre con el carmín alizarina o el azul ultramar. Esto se debe a que, a medida que los colores se oscurecen, su gama cromática desaparece, por lo que es necesario aumentar su valor para poder ver todas sus posibilidades.

Esto también explica por qué necesitamos tener colores más fuertes en los tonos oscuros de nuestra paleta. Así evitaremos crear un efecto turbio en las zonas de sombra, tendremos más opciones de claridad de color y no tendremos que recurrir siempre a los tonos umbra y al negro para solucionar nuestros problemas en las sombras.

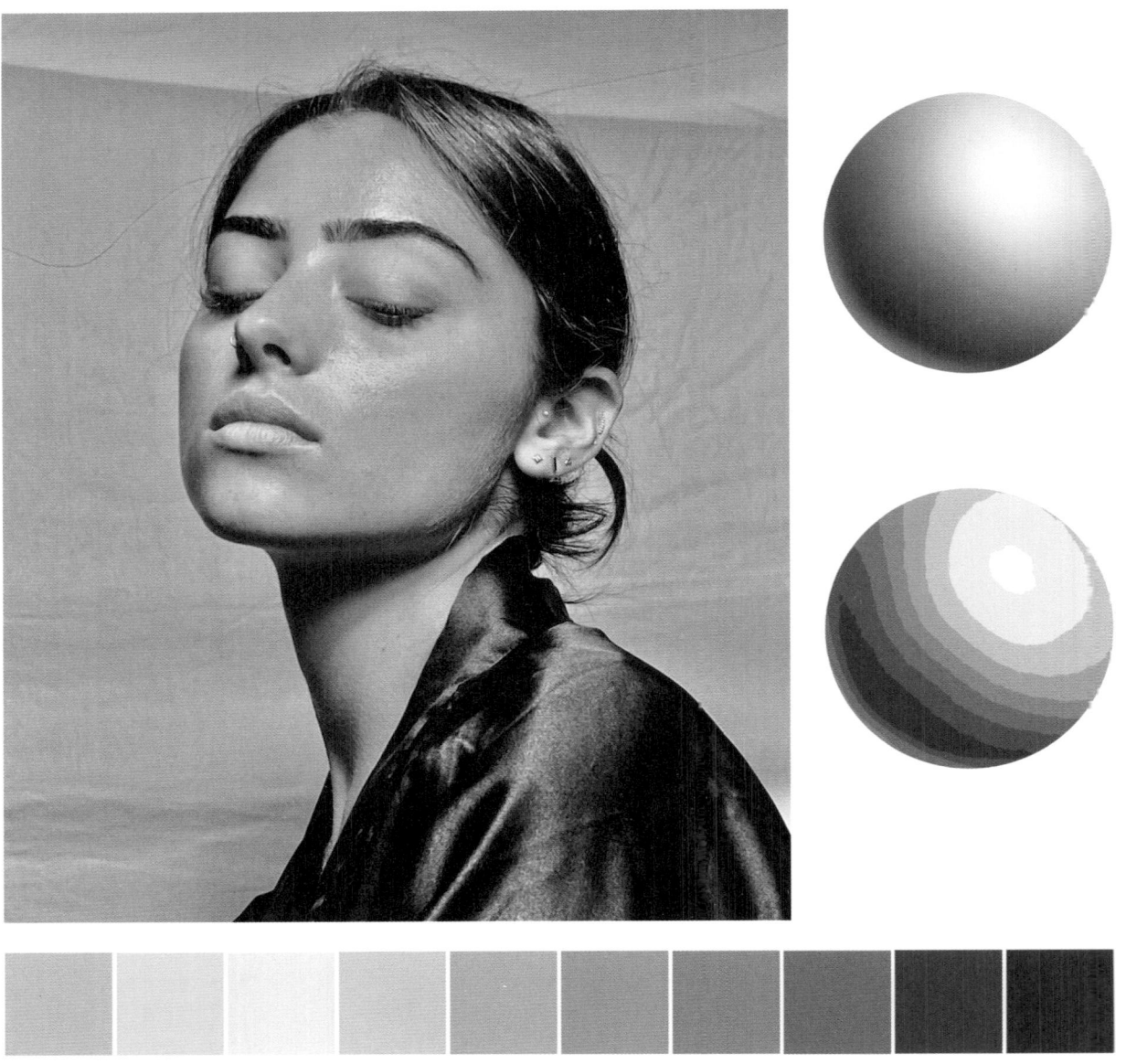

EL VALOR EN RELACIÓN CON LA FORMA

Cuando estudiaba arte, una de las peores cosas que te podían decir era que tu pintura era «plana». En cierto sentido, resultaba incluso divertido. Era una forma muy académica de criticar a alguien, pero al mismo tiempo era difícil entender qué querían decir o cómo solucionarlo, aunque el concepto fuera sencillo. A menudo, al pintar a partir de una fotografía, la imagen podía carecer de la exposición adecuada. O, al pintar un modelo en vivo, si la iluminación era plana, la falta de habilidad podía hacer que el resultado fuera aún más plano.

Aunque la cámara represente la luz de una manera fiel, la imagen puede carecer de dimensión por diversos factores: la lente interpreta lo que vemos y no ofrece una representación perfecta del sujeto; a veces, los tonos oscuros son demasiado oscuros, la luz se ve desvaída o los detalles se traducen con más intensidad de la que tienen en realidad. A veces, simplemente la iluminación es plana y carece del dramatismo necesario para mostrar las cualidades tridimensionales del modelo. Sin embargo, los artistas no debemos conformarnos y aceptar el resultado de la fotografía. Podemos ajustar la iluminación al tomar la foto para crear una mayor sensación de dimensión.

Creo que uno de los secretos para hacer que algo parezca redondo es oscurecer al máximo las zonas de sombra, con el fin de que los tonos medios más oscuros resalten la luz. En la fotografía de al lado, puede ver que las sombras se han vuelto más oscuras que en la imagen anterior, lo que me ha permitido retocarla y oscurecer

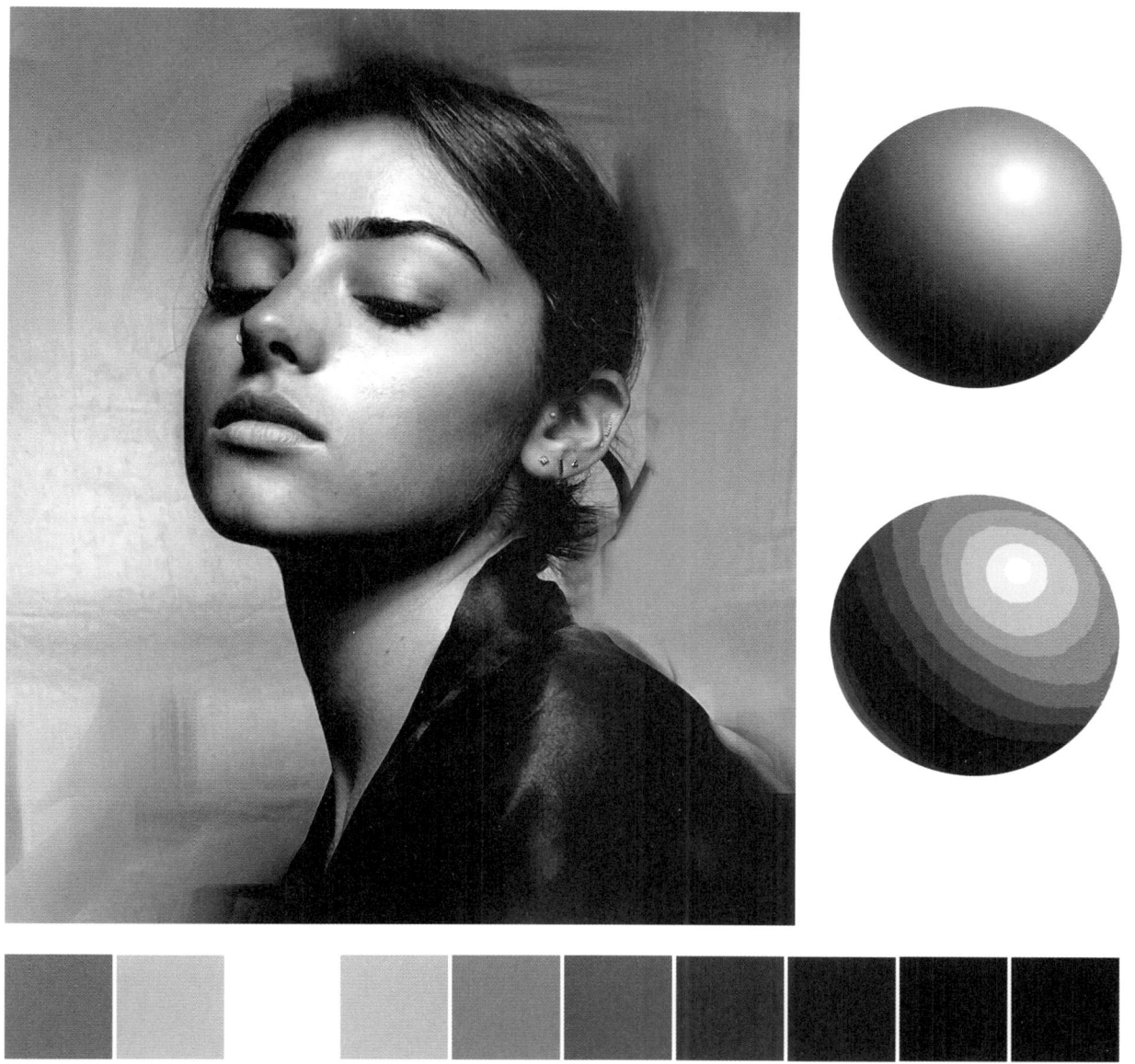

los tonos medios para crear más forma. Los tonos medios son básicamente todos aquellos que se encuentran entre las luces y las sombras principales.

Este aumento de la forma es especialmente notable en los párpados, donde se logra una sensación de un punto de luz enfocado que resalta más. Este efecto también es más evidente en la luz de la nariz y en la mejilla, en comparación con el plano lateral del rostro, así como en el rango de valores entre el punto de luz de la mejilla izquierda y el plano lateral. El lado izquierdo de su rostro, junto a la oreja, tiene mucha más profundidad que en la fotografía anterior.

Cuando oscurece los tonos oscuros, amplía el rango entre la oscuridad y la luz, lo que le permite disponer de un espectro más amplio de tonos para describir las cualidades tridimensionales del rostro. Así, si las sombras no son lo suficientemente oscuras, usted tendrá menos opciones para trabajar entre estas dos áreas. Como profesor, a menudo tengo que decir a mis alumnos que necesitan oscurecer más y añadir más color para conseguir una mayor profundidad en el rostro. No tenga miedo a la oscuridad, porque sin ella, la luz no brilla.

Forma, dimensión, redondez y tridimensionalidad son sinónimos de lo que se explica aquí. Para concluir, es importante subrayar que este concepto a menudo se pasa por alto a la hora de abordar problemas relacionados con el dibujo, el color y la técnica pictórica. En esta ilustración se muestra en blanco y negro para evitar confusiones con la adición de color.

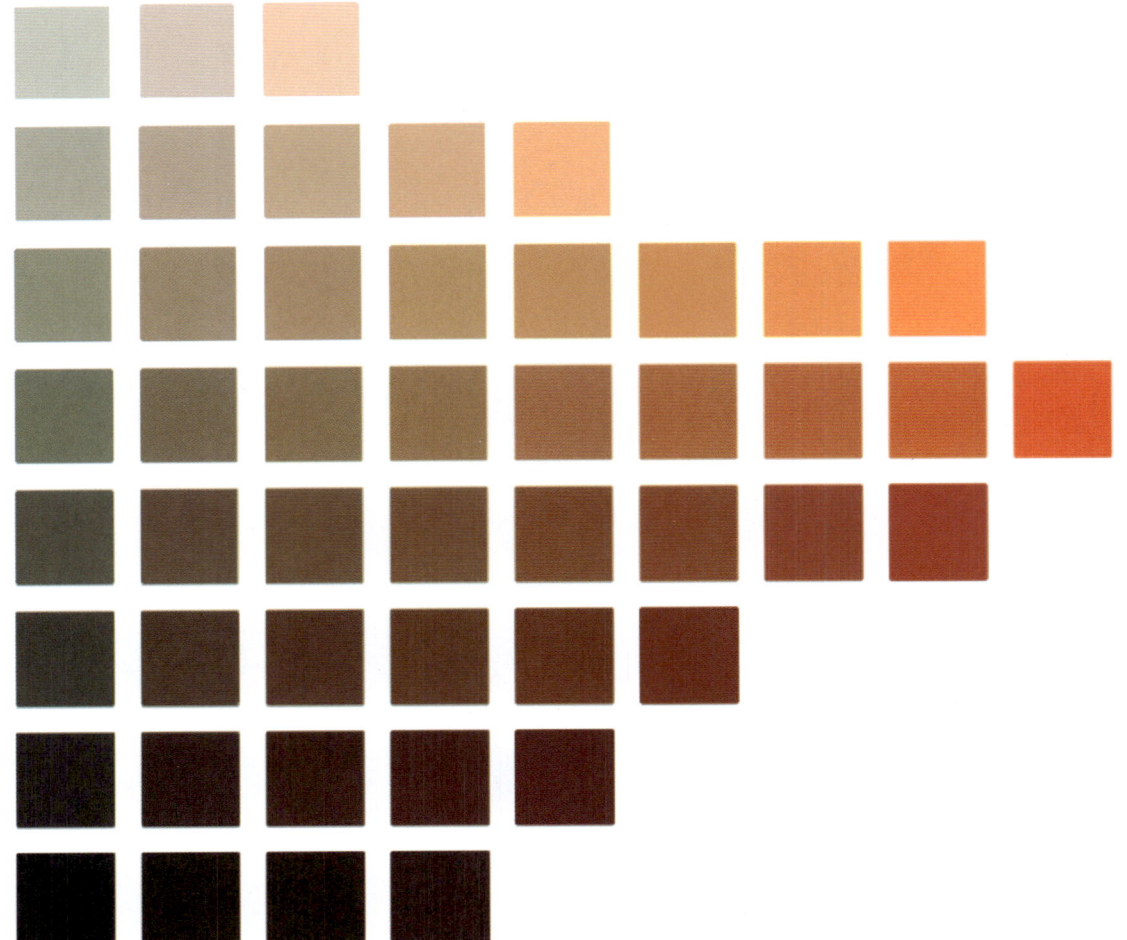

CROMÁTICO Y NEUTRO (CÁLIDO Y FRÍO)

Una de las formas más básicas de entender el tono de la piel es percibirlo en una escala de intensidad de color: de lo más cromático a lo más neutro.

Al ver el tono de la piel a través de este prisma, deja de ser un color único y se convierte en un espectro de croma. Para empezar, es recomendable pintar las zonas del rostro que tienen un color más intenso, ya que son las más fáciles de identificar. Por lo general, los labios, las orejas, los párpados, la nariz y las mejillas tienen un mayor croma, al igual que algunas sombras que reciben luz reflejada. A continuación, puede observar y empezar a definir las zonas menos cromáticas de la piel, que tienden a ser más frías. Suelen encontrarse en las partes óseas del rostro, en el blanco de los ojos, en los dientes, en la piel alrededor de los labios y en los tonos medios más oscuros. Aunque la piel siempre presenta una variedad de factores, estos son buenos puntos de partida para su exploración.

Una vez que tenga los tonos más cromáticos (los más cálidos) y los más neutros (los más fríos), le será más sencillo encontrar el punto medio, que probablemente sea el tono general de la piel entre esos dos extremos.

Al observar los tonos de piel desde la perspectiva de lo cromático y lo neutro, el objetivo principal es comprender que la piel constituye un espectro de croma, y no un único tipo de croma. Este enfoque es muy útil, sobre todo a la hora de pintar a partir de una fotografía, ya que las fotos a menudo tienen un efecto homogeneizador que oculta la realidad de la diversidad de colores que veríamos si pintáramos del natural.

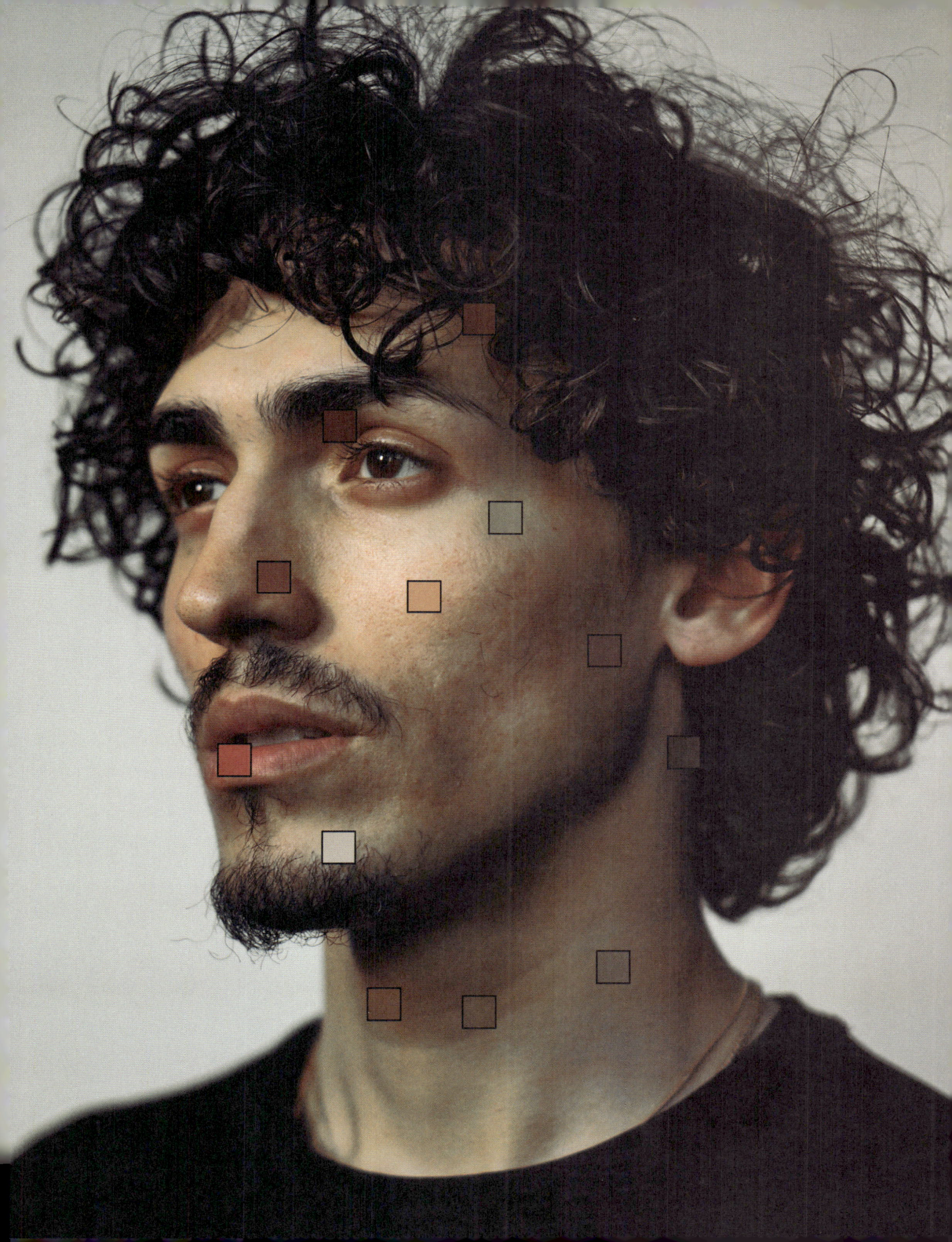

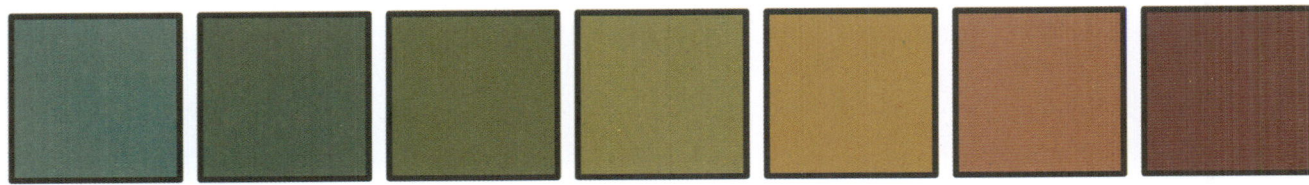

Mi forma preferida de abordar el tono de la piel es utilizando el concepto de crear diversidad de colores a partir de un tono primario. Así que, si tomamos el tono de piel promedio general de este modelo, llamado «color base» y representado en el gran cuadrado del centro de la figura **(A)**, y creamos variaciones de ese tono con todos los colores del arcoíris, representados por los colores que rodean este cuadrado, esto indica la diversidad de los tonos de piel.

Para crear esto en la paleta, prepare una porción de un tono de piel que simplemente no pueda dejar de usar, es decir, el color que lo une todo. Este color base puede no ser el más interesante, pero sin él, todo parecería aleatorio. A partir de aquí, busque una versión más rojiza y otra más gris. A veces, el tono gris puede parecer verdoso, azulado, o incluso un amarillo grisáceo, y suele ser el color más difícil de mezclar. Si se excede al prepararlo, añada un poco del color base para que vuelva a ser armonioso. Estos tonos inesperados, por frustrantes que sean, merecen la pena y pueden elevar la pintura a un nivel superior.

Crear variedad en el color de la piel aporta una unidad y una vivacidad que expresan plenamente lo que este puede llegar a ser. El objetivo secreto no es solo encontrar el color de piel adecuado. Lo que quiero es encontrar todos los tonos de piel posibles, porque transmiten una viveza y frescura que, quizá, sea la razón por la que se inventó la pintura al óleo.

Si empieza a buscar esa diversidad, la encontrará. La mayoría de las personas solo buscan el tono de piel que creen que les permitirá terminar la obra, pero las variaciones son necesarias, ya que, de lo contrario, el color carece de vitalidad. Si se concentra en buscar todos los colores que conforman el tono de la piel, empezará a ver las variaciones naturales del rostro y a controlarlas mejor en su obra.

A menudo, el cuello tiene un matiz más amarillento, o los tonos medios más oscuros alrededor de

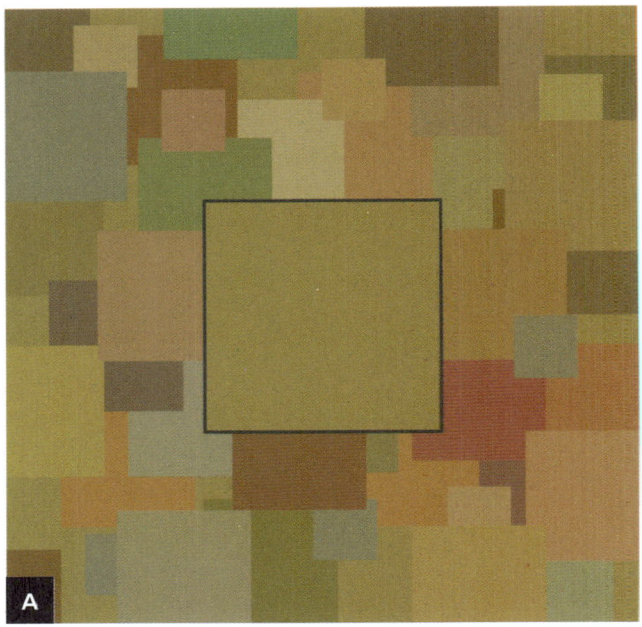

A

la mandíbula pueden ser de un gris, verde o azul más frío. El color púrpura, por ejemplo, se encuentra con frecuencia alrededor de los ojos. Y, en ocasiones, el color de la luz o el de la atmósfera también puede influir, haciendo que estos colores se transformen ligeramente en una versión distinta de sí mismos, creando así diversidad cromática. Esto lo veremos más adelante.

Para apreciar realmente la calidad de la diversidad de la piel, le invito a que observe a artistas de renombre que la consiguen en sus obras, como Bouguereau, Aleah Chapin, Lucian Freud, Stephen Assael y Odd Nerdrum. También lo vemos en varias obras de este libro. Puede que este efecto no se aprecie en fotografías en Internet, pero al ver estas pinturas en persona se despierta la sensibilidad hacia el color y todo lo que la pintura puede ofrecer.

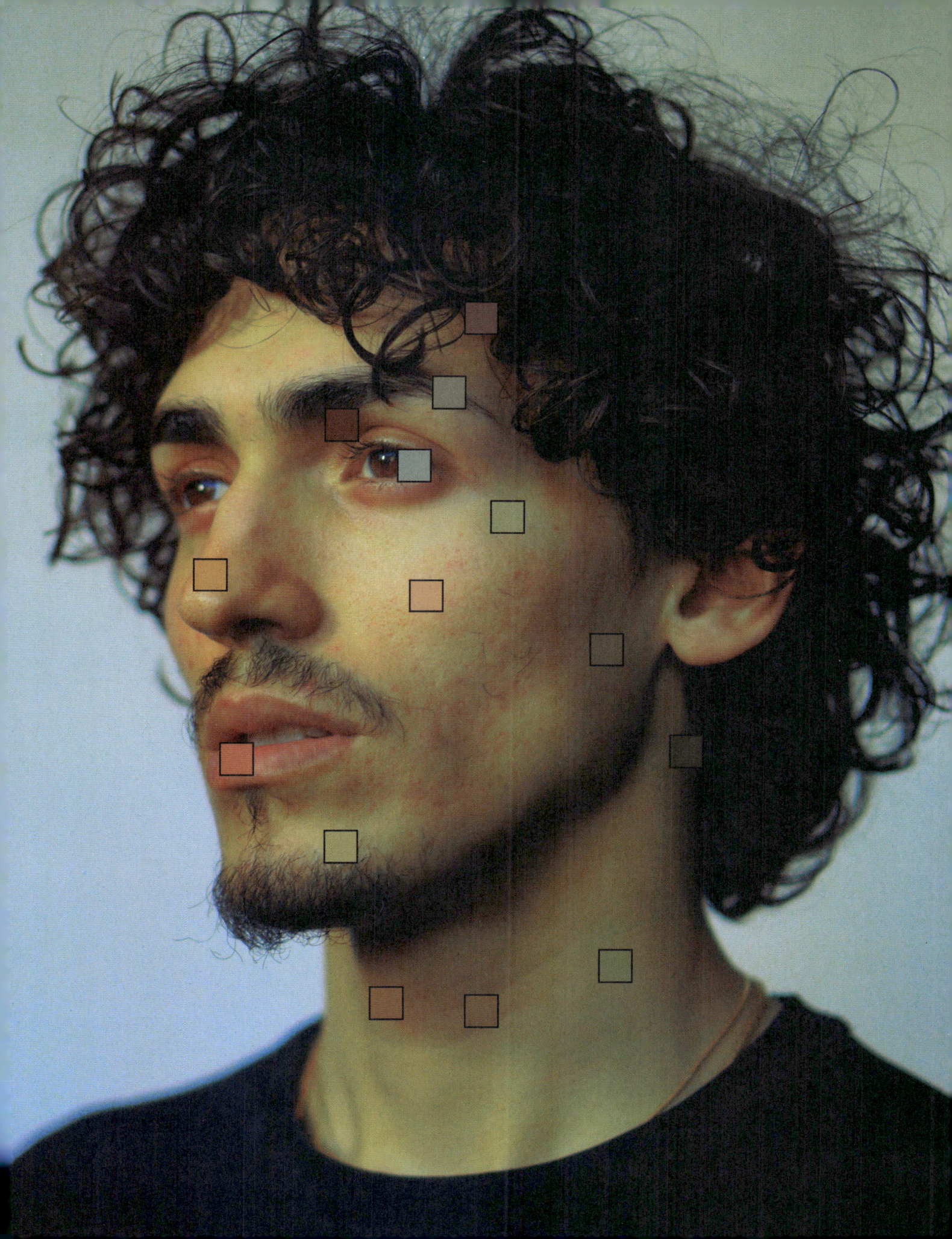

AMPLIAR LA INFORMACIÓN DEL COLOR PARA REFLEJAR LA DIVERSIDAD

Puede que el uso de tantos ejemplos parezca redundante, pero al tratar un tema tan complejo como el de pintar tonos de piel, merece la pena detenerse a explicar y comentar los problemas que surgen.

A menudo, la pregunta que más me hacen es: «¿Cómo consigues ver todos esos colores en el tono de la piel?». Este tema en particular probablemente sea la habilidad más solicitada entre mis estudiantes de pintura de retrato: el concepto de ampliar la diversidad de color. Sin embargo, muchos de estos conceptos son más fáciles de explicar que de aplicar. Esto es especialmente cierto si el material de referencia tiene información de color limitada. Como profesor, a menudo me veo obligado a ampliar la información de color de una fotografía para que mis alumnos puedan avanzar hacia una representación más viva.

Como ya hemos visto en la página 98, la forma más sencilla de entender los tonos de piel es preguntarse: «¿Es un color cromático o más bien neutro?». Es decir, «¿el tono de la piel es más rojizo o más grisáceo?». Crear variedad de croma con este método es una excelente base para pintar la piel, y muchos artistas se mantienen dentro de este concepto durante años, con un éxito enorme.

Intentar crear diversidad en el color de la piel es bastante difícil, a pesar de que se quiera algo bastante sutil, como en la figura **(A)**. He descubierto que los alumnos necesitan ver una figura como la **(B)** para poder pintar algo como la figura **(C)**. Algunos artistas con mucha práctica pueden simplemente seleccionar un color en el rostro de alguien y amplificarlo enormemente para dar vida a estos conceptos.

Otros necesitan ayuda. Por ejemplo, se puede importar la foto a un programa de edición y aumentar varias veces el nivel de vibración, o jugar con los ajustes de exposición para obtener la mayor cantidad posible de información de color. Cuanto mejor sea la foto, más probable es que contenga información de color que pueda amplificarse. Lo más importante al hacerlo en un programa de edición es evitar que todo se vuelva anaranjado. A veces, al aumentar la vibración, la saturación o la exposición, el tono de la piel adquiere un tinte naranja, por lo que puede que tenga que jugar con los ajustes de balance de color para enfatizar los tonos opuestos. Esto podría significar aumentar ligeramente los azules y verdes para crear esa sensación de diversidad ampliada.

En mi opinión, este es uno de los conceptos más difíciles de dominar como pintor, y el motivo principal es que cuando pintamos, a menudo mezclamos colores y valores hasta suavizarlos y lograr un aspecto acabado. Mezclar no es algo malo, pero para potenciar el color en nuestra obra, a veces es necesario pintar con tonos un poco más fuertes, o utilizar una referencia con colores más intensos. Esto nos ayudará a escapar de esa «neblina gris-marrón» de la que son víctimas tantos retratos. En el pasado he pintado demasiados cuadros tristes, oscuros y marrones, y ahora me encanta potenciar la luminosidad y la diversidad cromática al pintar tonos de piel.

Así que, espero haberle convencido de que amplifique cualquier información de color que tenga en su referencia hasta un nivel mucho más extremo, de modo que pueda ver las variaciones de temperatura y tono que existen en la foto. Independientemente del resultado, si logra una pintura cromática, habrá aprendido algo valioso que le permitirá perfeccionar esta habilidad con más control en el futuro.

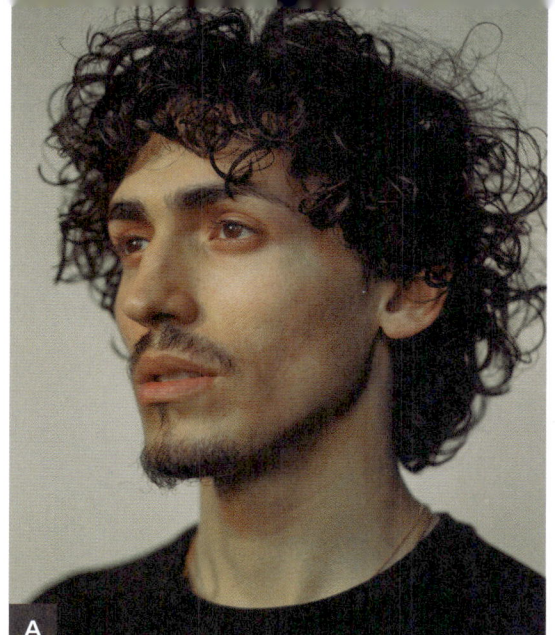

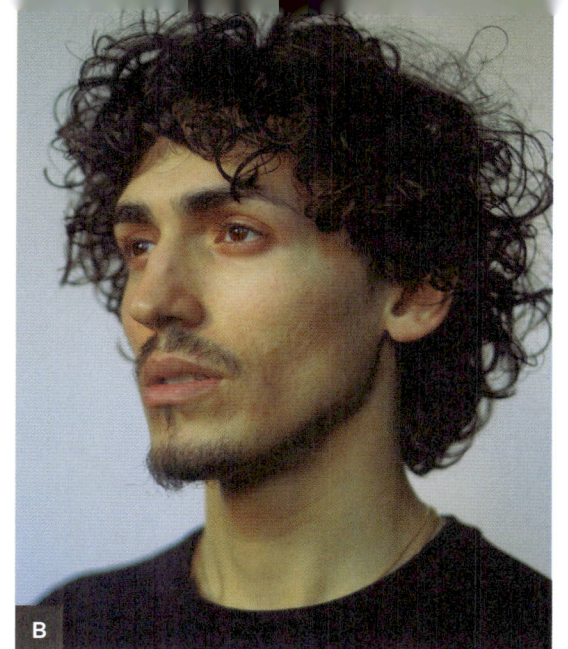

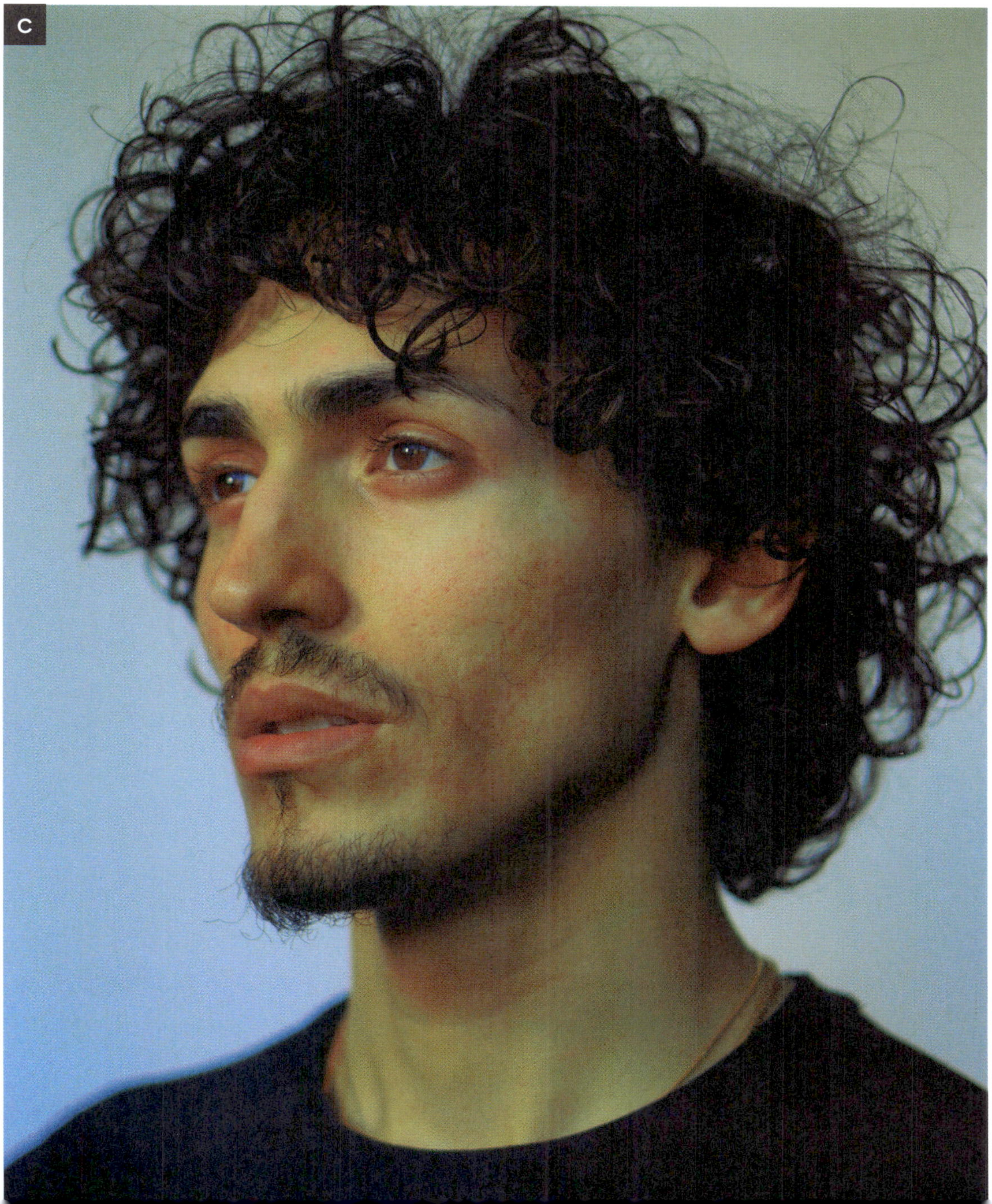

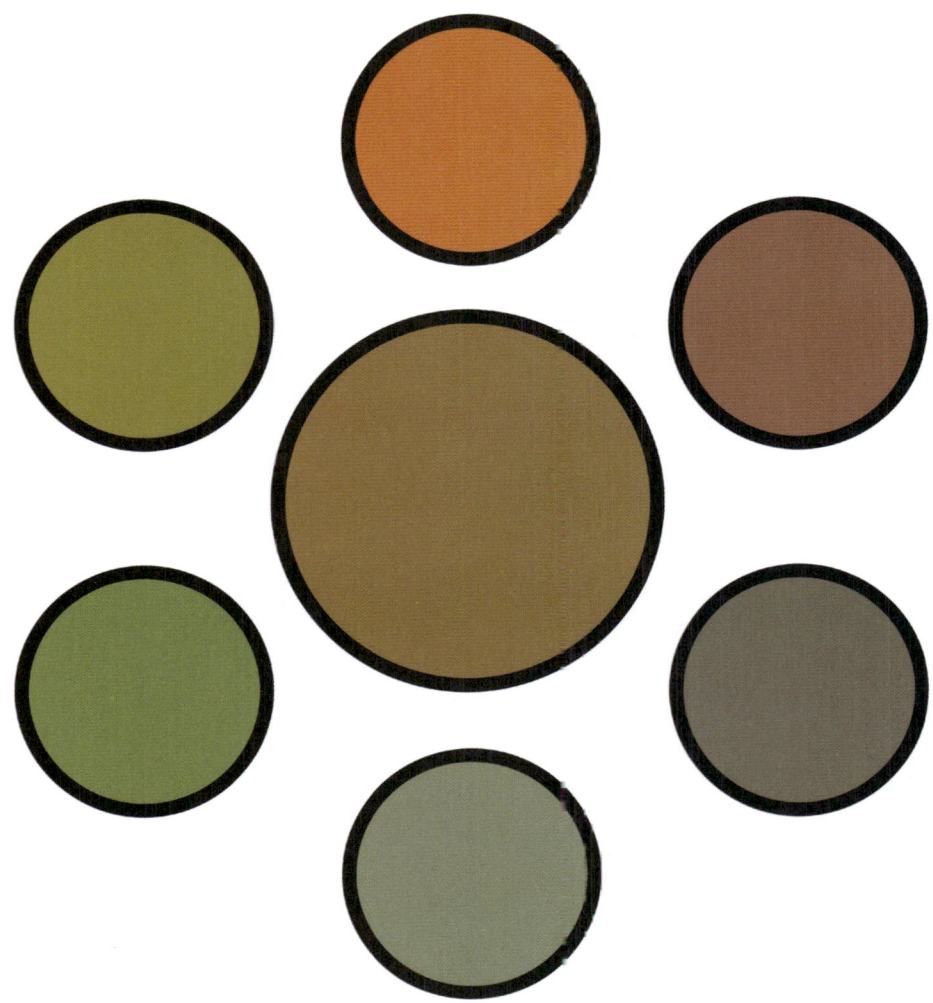

UN ENFOQUE PARA CREAR DIVERSIDAD DE COLOR EN LA PALETA

Hemos dedicado tiempo a la diversidad del color y a los conceptos relacionados con la percepción del modelo. Ahora, es momento de pasar a la práctica y ver lo que ocurre al crear diversidad de colores en su espacio de color y en la paleta. Los diagramas de la página 105, que incluyen la rueda de colores y el cuadrado cromático, le ayudarán a visualizar y a conectar el sistema de Munsell con la diversidad de tonos de piel. Muchos pintores digitales o personas familiarizadas con el selector de color de Photoshop se sentirán cómodos con estas herramientas, ya que ofrecen una forma intuitiva y práctica de mezclar colores de forma digital.

Este es mi concepto de paleta favorito para crear diversidad a partir de un color local o color base. Es un recurso muy útil, especialmente cuando el material de referencia no es muy colorido o le cuesta encontrar el color adecuado para su modelo.

DIVERSIDAD A TRAVÉS DEL CAMBIO DE CROMA

Para crear variedad a partir de un color base, la forma más sencilla es modificar su croma. Si tiene de color base un naranja grisáceo, puede añadir un naranja más cromático para obtener una versión más intensa, o un neutro del mismo valor para conseguir un tono menos intenso y desaturado que se acerque al azul.

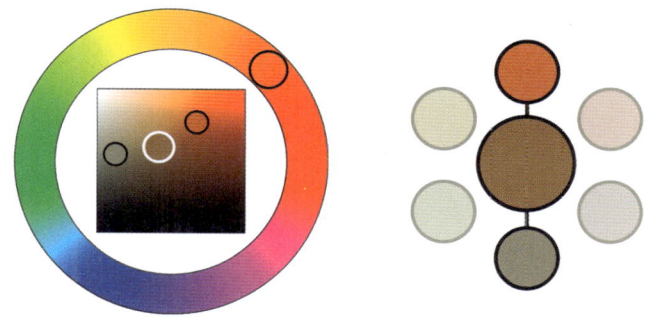

DIVERSIDAD A TRAVÉS DEL CAMBIO DE TONO

Otra forma de crear diversidad es cambiar el tono. De nuevo, parta del color base y muévalo hacia el rojo sin aumentar demasiado la saturación. Luego, para un segundo color, muévalo hacia el amarillo.

La mayoría de los tonos de piel son generalmente naranjas, más claros o más oscuros, pero a veces pueden tender hacia el rojo, el naranja o el naranja amarillento. Por eso, este mismo método le servirá para crear una variedad de matices.

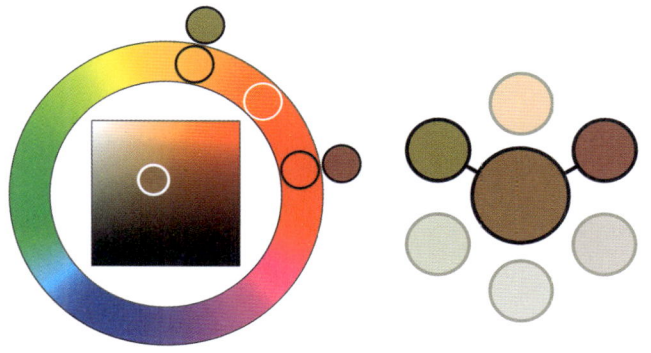

DIVERSIDAD A TRAVÉS DEL CAMBIO DE TONO Y CROMA

La forma más compleja de crear diversidad de colores es combinar un cambio de tono y croma. Los cambios sutiles en los tonos de piel son los más difíciles de detectar. Si la mayoría de los tonos de piel son cálidos (rojizos o anaranjados), los morados y verdes actúan como complementos sutiles, por lo que no deben estar demasiado saturados. Me encanta la idea de que todos los colores del arcoíris se puedan encontrar en algún lugar de los tonos de piel. Lo importante es que algunos de estos colores deben ser tan sutiles que sean apenas identificables, casi imperceptibles, como los verdes o los morados. A veces, es más el contexto lo que los define que el hecho de que sean perfecta- mente reconocibles. Por ejemplo, el morado puede parecer morado junto a todos los demás colores, pero en realidad podría ser solo un rojo muy grisáceo.

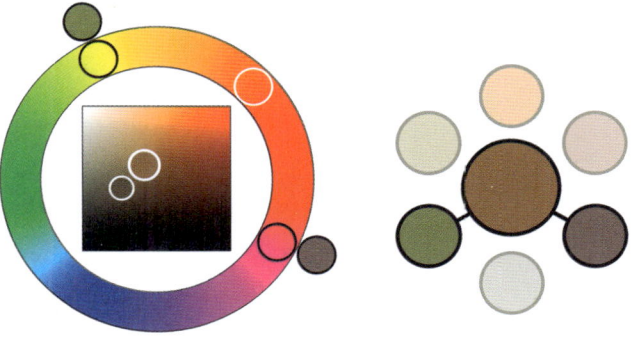

LOGRAR UN RANGO DINÁMICO

Sin duda, hablar de la diversidad del color aislando un tono es probablemente la forma más sencilla de introducir el concepto, pero existe la difícil cuestión de conseguir que este concepto se vincule a una estructura de valores más amplia para nuestra pintura. Como profesor, he observado que la diversidad de colores suele entenderse primero en los tonos claros y medios del retrato, pero luego los tonos oscuros se descuidan y no se tienen realmente en cuenta en la gama más amplia de valores de la pintura. Considero que el espectro completo de la luz en una pintura tiene un rango dinámico de valores. Esto significa tonos oscuros, tonos claros y tonos medios coloridos. No quiere decir que no existan colores adicionales en las luces o en las sombras, sino que hay un sentido dinámico de contraste en los valores en su conjunto. No se engañe con la gama oscura: asegúrese de que esos tonos sean coloridos y vibrantes.

Para conseguir negros oscuros que tengan sentido cromático, hay que utilizar más medio en los tonos más oscuros. Los tonos más oscuros suelen secarse con un gris más claro si se utilizan directamente del tubo. Si parecen muy secos al sacarlos del tubo, suelen quedar más apagados a pesar de pintarlos húmedos. Por lo tanto, añadir un poco de medio a los tonos oscuros sin duda ayuda, pero tener una gama de colores prismáticos para usar en los tonos oscuros también permite conseguir ese rango dinámico.

Para lograr dicho rango también hay que asegurarse de que los blancos sean lo suficientemente densos y limpios como para proyectar una sensación de luminosidad. A menudo, eso significa que hay que pintarlos con capas gruesas (impasto) y que tengan colores prismáticos más puros, por lo que hay que mantener el gris alejado de la luz. Si no hay rango dinámico en una pintura, a menudo la pintura puede parecer polvorienta, lo cual es el resultado de no tener suficiente oscuridad y croma en las zonas oscuras. O que la pintura parezca turbia, con los tonos claros insuficientemente claros y los tonos oscuros insuficientemente oscuros. Al no existir contraste, los tonos se funden entre sí y los colores adquieren un matiz homogéneo.

HACER QUE COBRE VIDA

Si primero consigue esta dinámica de valores, lo siguiente es introducir diversidad de color en todos los rangos para que la pintura tenga movimiento y vitalidad. Esto refuerza la idea de que, aunque nos fascina el color y su diversidad, una vez establecida la estructura de valores más amplia, la diversidad cromática resulta mucho más fácil de manejar y se convierte en una manera de finalizar la pintura.

Los valores sientan las bases, y la diversidad de colores aporta la belleza que solo el color puede transmitir. Es lo que añade la chispa de vida a la imagen. Sin embargo, si se intenta lograr la diversidad de colores antes de consolidar la estructura de valores, a menudo se pierde al corregir los valores adecuados. Es mucho más fácil modificar el color de un determinado valor que cambiar el valor de un

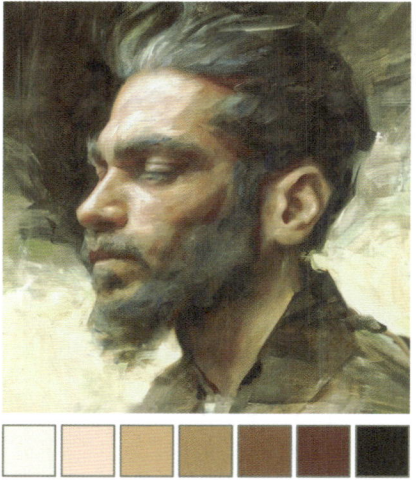

Yesoso

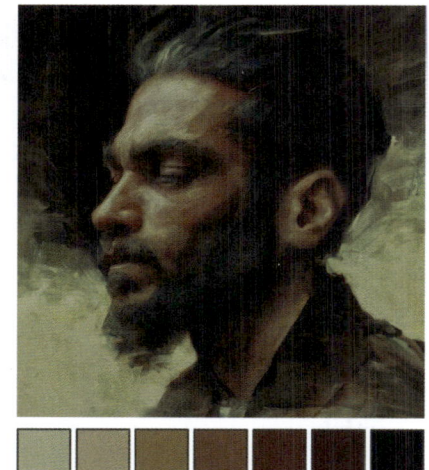

Turbio

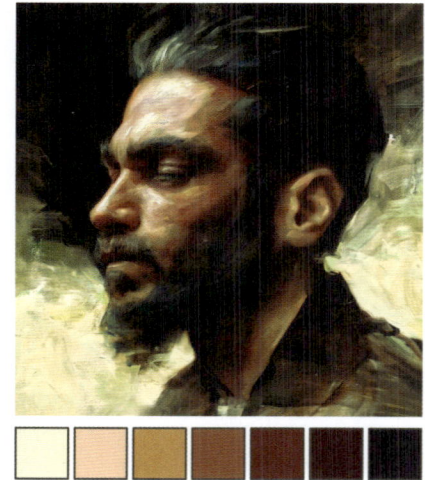

Rango dinámico

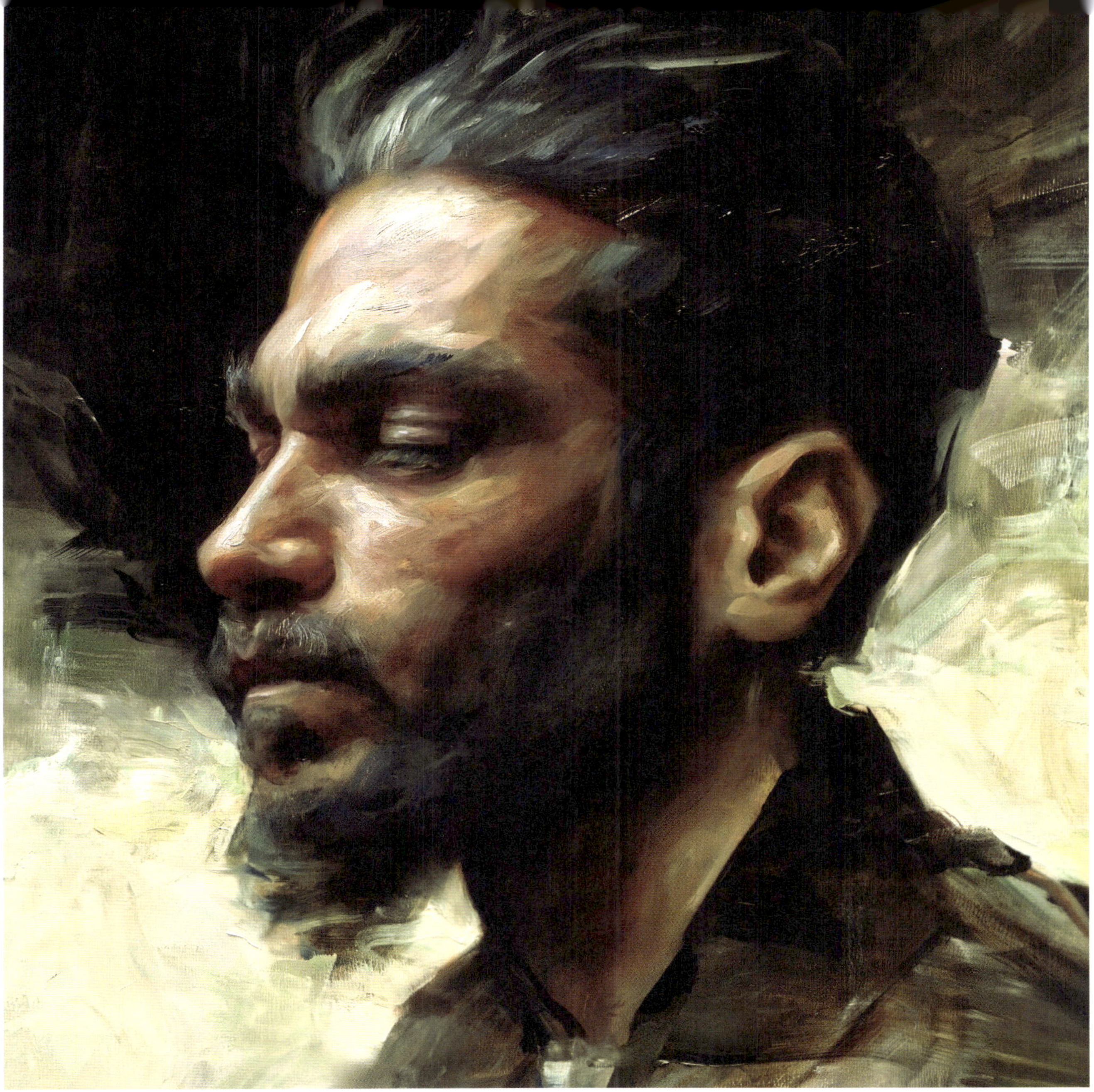

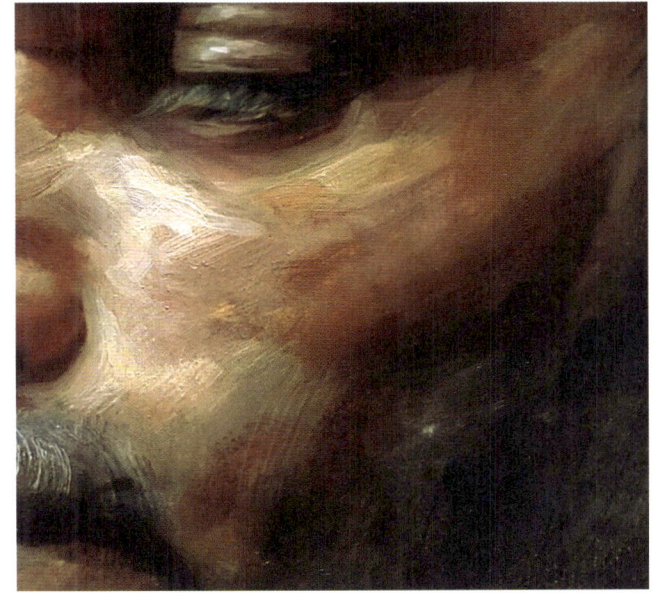

color específico. Puede parecer una cuestión semántica, pero es cierto: alterar el valor de un color suele generar un efecto grisáceo.

Por ello, establecer primero un rango dinámico y una estructura de valores amplia permite libertad y experimentación, creando una danza de colores que se integra dentro de un esquema mayor y mantiene la coherencia visual.

Steve Forster, *Ivan*, óleo en aluminio,
35,6 cm × 45,7 cm

COLOR ROTO CON UN PINCEL DE CERDAS

Cuando pinte pieles más envejecidas, que tengan más textura y variedad, pruebe a hacerlo directamente con un pincel de cerdas gruesas. Permita que las variaciones de color se mezclen entre sí con trazos más espontáneos, tal y como se ve en la pintura de al lado. La frescura y la franqueza de este enfoque son estimulantes y emocionantes de aplicar, pero se debe tener cuidado. Esta técnica requiere un mantenimiento continuo de la paleta para que los colores se mantengan frescos y lo suficientemente sutiles para usarlos en el rostro. El mantenimiento de la paleta consiste en añadir y modificar continuamente los colores que ya ha mezclado, para que no se uniformicen ni se vuelvan grises con el uso. Si se concibe la paleta como un banco del que únicamente se realizan retiros, se perderá la diversidad cromática. Por ello, su mantenimiento requiere continuar mezclando y reponiendo colores frescos.

En el ejemplo de la derecha, observará que los pequeños trazos de pincel no se han mezclado por completo. Se fusionan parcialmente entre sí, simplemente por el hecho de que todas las notas de color se pintan unas encima de otras. No debe subestimar esta idea. Aquellos a quienes les gusta una superficie pintada más viva, a menudo necesitan romper con la adicción a mezclar en exceso, y una forma excelente de conseguirlo es ¡no mezclar nunca! En su lugar, pinte siempre un color sobre otro y, con un pincel de cerdas, «mezcle» esos tonos a medida que los va colocando uno junto al otro. Los colores no necesitan su ayuda. De hecho, la razón por la que mezclamos los tonos en primer lugar es, a menudo, porque son del color equivocado, por lo que, para compensar, los mezclamos sobre la paleta. Si centra su atención en aplicar el color y el valor correctos desde el principio y sigue aplicando capas, la mezcla a menudo se hará sola y ya no será el objetivo principal de su trabajo.

COLOR ROTO CON VELADURAS

En un rostro más suave, como el que aparece en la pintura de la página 110, es mucho más sencillo lograr diversidad cromática o color roto con la técnica de las veladuras. Para conseguir una superficie más suave, es necesario difuminar y crear transiciones fluidas. Si pinta directamente húmedo sobre húmedo, estas sutiles variaciones se pierden y se «evaporan» durante el proceso de mezcla. Esto puede ser frustrante porque, por mucho que se esfuerce en aplicar todos esos colores individuales, si los mezcla para crear una cara suave, todos sus hermosos colores se uniformizarán.

Una forma de evitarlo es no centrarse en el color al principio, sino en el dibujo de los valores para pintar un rostro bien estructurado. Luego, una vez que la base se seque, puede crear diversidad de colores con pequeños toques de veladura que se difuminan de manera uniforme en la superficie del rostro en sesiones separadas.

Puede retocar y modificar el color del rostro con estas pequeñas veladuras durante varias sesiones. Esta es, de hecho, una excelente manera de seguir trabajando en una pintura después de que la mayor parte ya esté bien resuelta.

No solo puede hacer pequeños ajustes en los tonos medios, sino también iluminar las luces utilizando un blanco más transparente (como el blanco de plomo) y realzar las sombras con colores más profundos para dar más forma.

▸ Steve Forster, *Nick*, óleo y carboncillo en aluminio, 35,6 cm × 45,7 cm

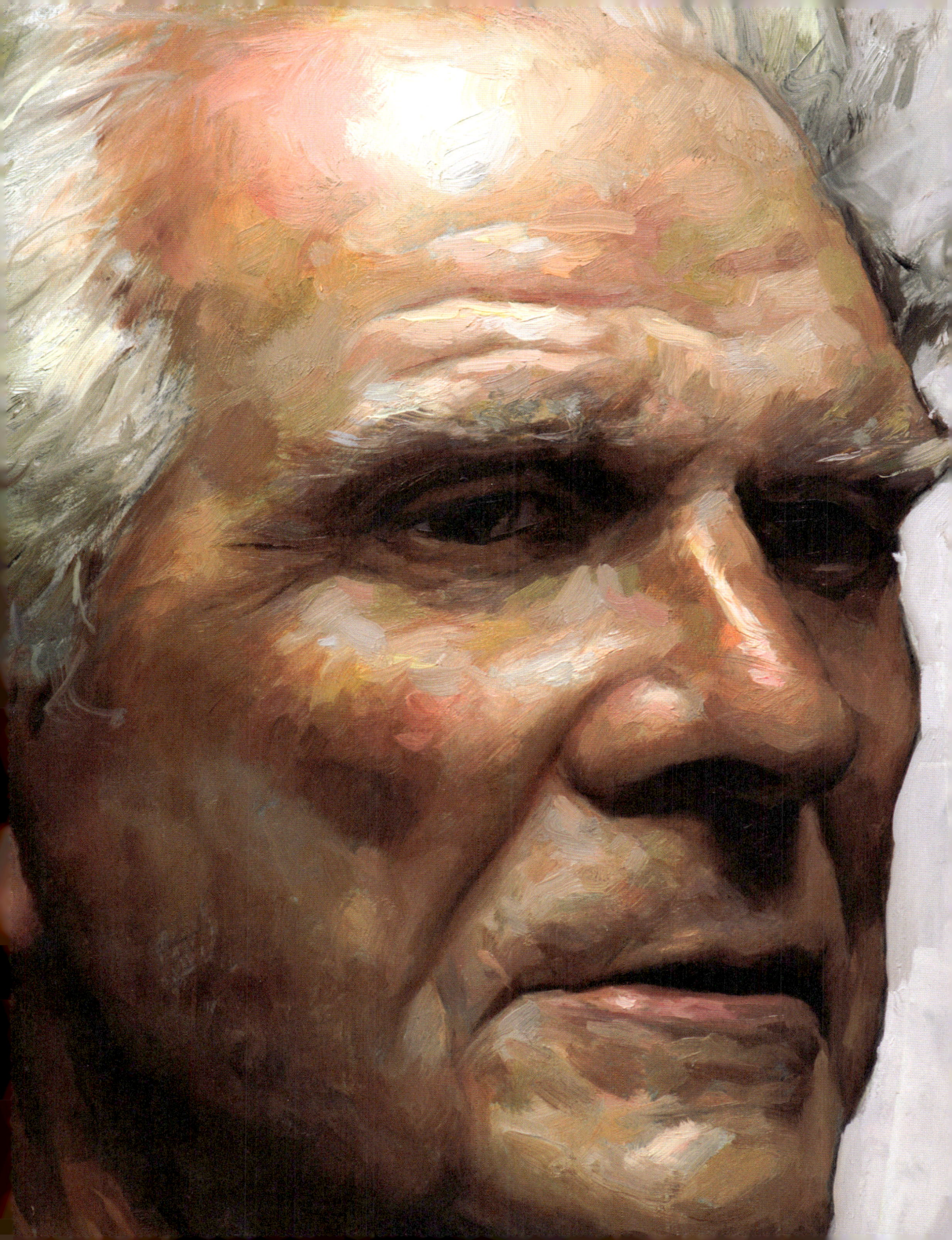

CREAR UNA MATRIZ DE COLORES DE PIEL

La idea central de mezcla de tonos de piel en este libro es familiarizarse con el proceso de construir una matriz de color para su tono de piel: una paleta que se va volviendo progresivamente más compleja y matizada a medida que avanza. Consolidará su aprendizaje sobre cómo comenzar con la escala básica de colores, que luego influye y ayuda a controlar la variedad y diversidad que surge del núcleo central de tonos. No conozco ninguna otra forma más eficaz de conseguir una gama completa de valores y un hermoso conjunto de colores diversos, todos basados en un tono de tez central, o color base.

LA ESCALA PRINCIPAL

El primer y más importante paso para crear su matriz de colores es empezar con una secuencia simple de tonos, que va del más claro al más oscuro, y que define el color de la luz, el color base y el color más oscuro. El color base es el tono de piel intermedio; no es ni el más claro ni el más oscuro, y debe ser el tono central en el que se centre. Preparar una buena cantidad de color base y dedicar tiempo a su elaboración influirá en todas sus decisiones posteriores. El color de la luz no es necesariamente el color base más blanco. Intente ver si hay otro matiz hacia el que pueda inclinarse para hacerlo más interesante. El tono más oscuro, por su parte, no es necesariamente negro. Intente encontrar un color que influya en ese oscuro, como rojo cadmio con negro, o carmín alizarina con azul ultramar.

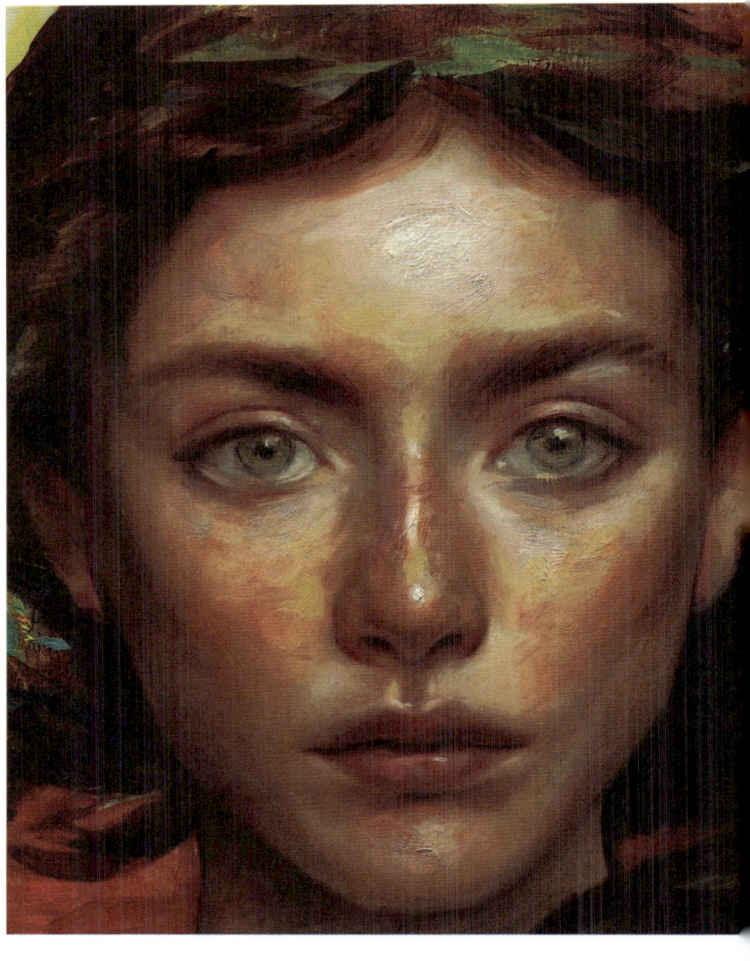

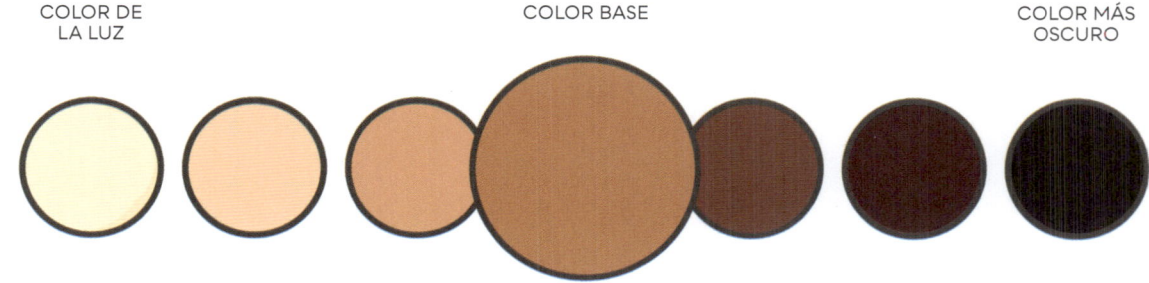

COLOR DE LA LUZ   COLOR BASE   COLOR MÁS OSCURO

LAS VARIACIONES

Una vez que la escala principal esté establecida, construya variaciones a los lados. Por lo general, se puede afirmar que la mayoría de los tonos de piel pertenecen a la familia del naranja, ya sea en una versión más clara o más oscura. Así que, lo más probable es que una de las primeras variaciones vaya hacia los tonos rojizos, y la otra hacia los tonos gris-amarillentos. Digo «rojizo» porque a veces este tono puede ser rojo anaranjado, rojo o incluso rojo violáceo. Digo «amarillento» porque puede significar amarillo anaranjado, amarillo o, en ocasiones, incluso amarillo verdoso.

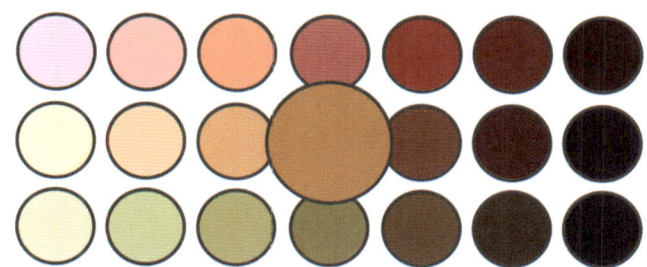

AMPLIACIÓN DE LA MATRIZ

Habitualmente, con la cadena principal y las ramificaciones preliminares se logra la variación necesaria; no obstante, en determinadas ocasiones resulta conveniente ampliar la paleta del tono de piel para incorporar variaciones adicionales. Por ejemplo, un color de fondo que comience a influir en el tono de la piel, o alguna otra circunstancia especial en la que el tono de la piel sea muy colorido o, incluso, contenga un poco de todos los colores del arcoíris. Configurar la paleta de esta manera le inspirará a ver colores que quizás no había percibido antes. Esta estructura, aunque parezca complicada, le proporciona un marco excelente para aprender a percibir los colores con más sensibilidad.

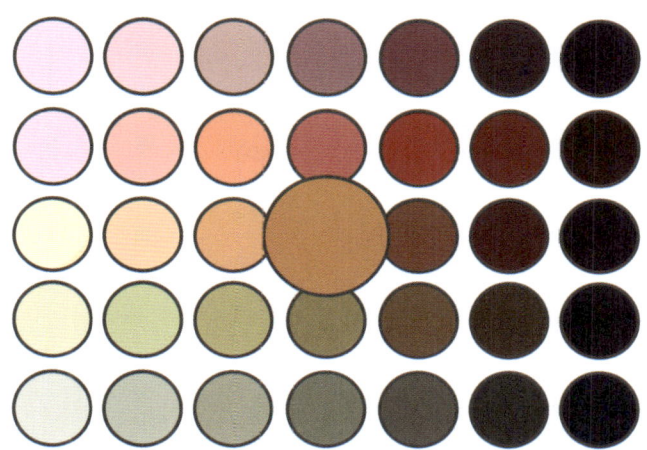

LAS PALETAS SON DESORDENADAS

Después de tanta planificación y de hablar sobre todas las variaciones del tono de piel que salen de la cadena principal de color, seamos sinceros: la paleta casi siempre acaba siendo un caos organizado, como la que se ve a la derecha. Esta es la pinta que suele tener mi paleta al pintar: nada de perfecta ni pulcra. Las ilustraciones de la matriz de colores no buscan que acomode cada tono de manera ideal, sino que tenga una guía a la que apuntar, aunque el proceso sea algo caótico.

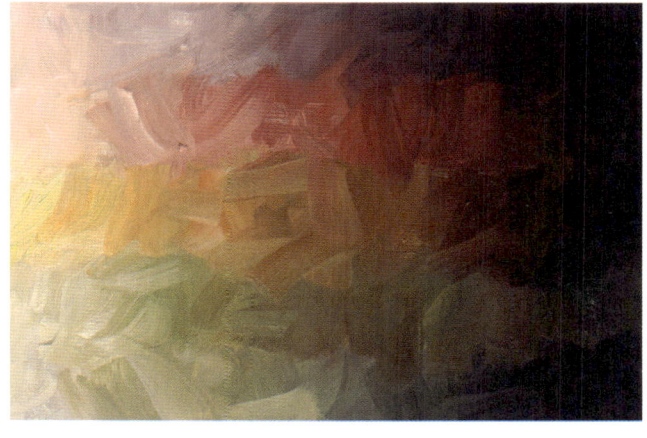

VARIACIONES SITUACIONALES EN LA MATRIZ DE LA PALETA DE COLORES CARNE

La matriz de la paleta de colores carne cuenta con numerosas variaciones situacionales, incluyendo los diferentes tonos de piel que se pueden pintar. Paremos aquí un momento para demostrar cómo el concepto general de matriz de paleta puede aplicarse a diversas circunstancias, incluidas las múltiples condiciones

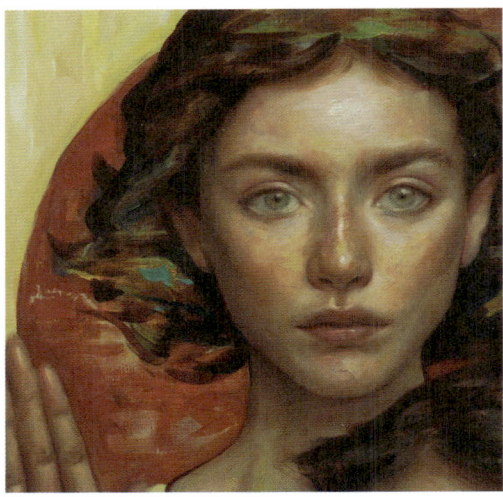 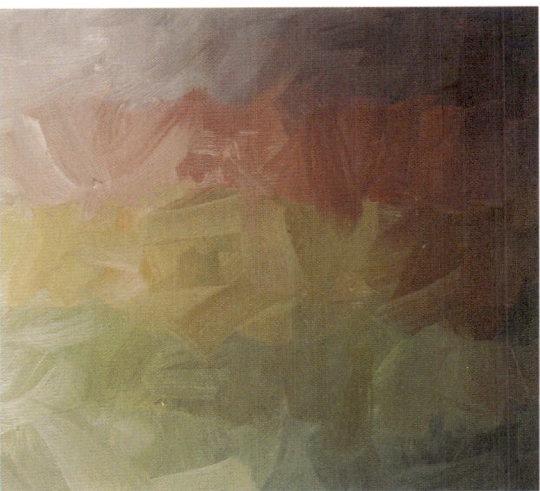

PÁLIDO

En esta variación, fíjese en que los tonos generales son mucho más grises y hay una limitación en la claridad de las luces y la oscuridad de las sombras. A pesar de ello, las variaciones en el tono de la piel persisten. Los rojos, morados, verdes y amarillos aún se pueden ver a través de esta lente un poco más empolvada.

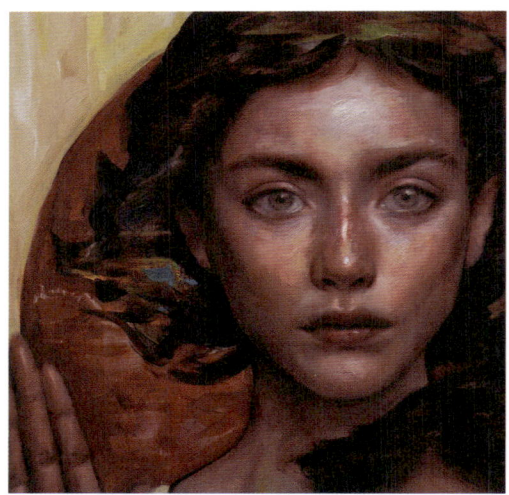 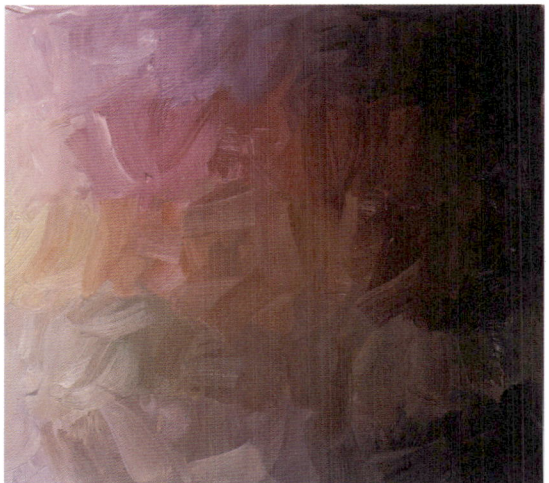

OSCURO

Esta versión más oscura y morada de la imagen aún conserva los tonos verdes, rojos, amarillos y morados. Si su imagen tiene una iluminación similar a esta, puede que pintar una veladura global sobre toda la obra le permita establecer este tono más oscuro y, luego, pintar los matices y la diversidad encima de él.

de iluminación con filtros cromáticos y versiones de colores más saturadas que los habituales. Su referencia puede tener características y cambios de estado de ánimo distintos según el entorno. A menudo, estas situaciones pueden desconcertar, ya que imponen su voluntad sobre el tono de la piel y lo convierten en algo inesperado. El mensaje principal aquí es que la diversidad persiste, incluso en entornos tan definidos.

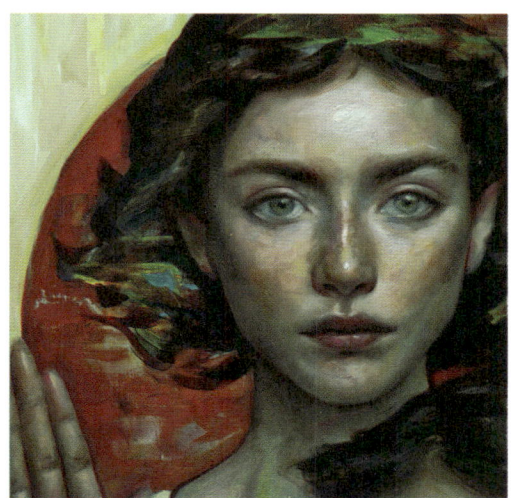 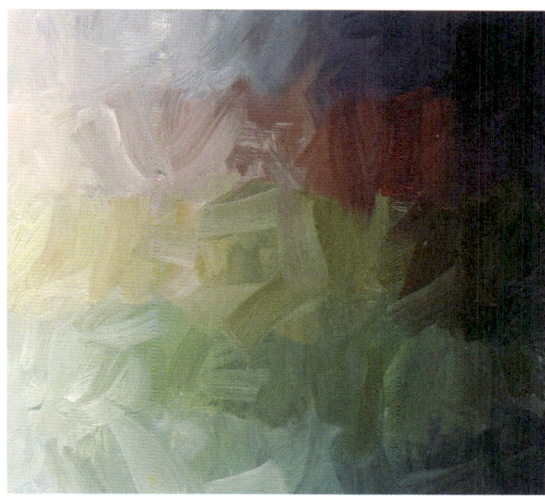

FRÍO

El color base de esta imagen podría no ser lo que consideramos un tono de piel normal. Es un gris verdoso amarillento sombrío. Lo que evita que imágenes como esta carezcan de vida es la variedad de los demás tonos de piel, a pesar de la iluminación fría.

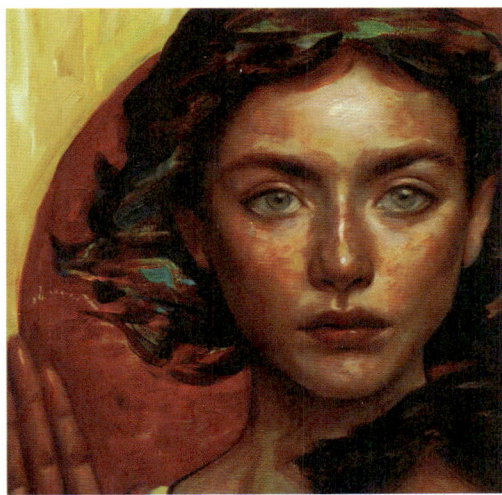 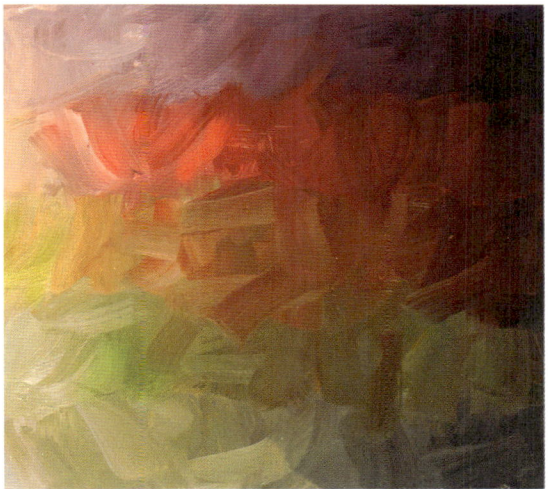

SATURADOS

Aunque los tonos se abren y se vuelven mucho más distintivos y vibrantes, sigue habiendo una diversidad que hace que los tonos de piel «bailen» y tengan variedad. Sin esos verdes, morados y grises sutiles, el rostro se convertiría fácilmente en algo anaranjado y el retrato no saldría bien.

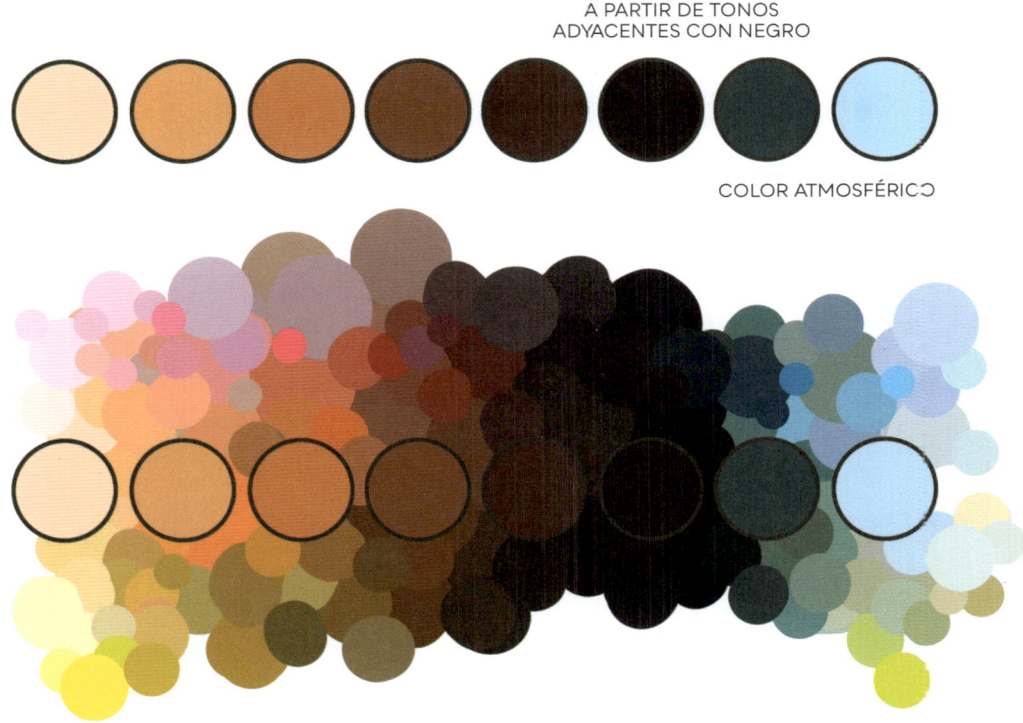

OSCURO FORMADO
A PARTIR DE TONOS
ADYACENTES CON NEGRO

COLOR ATMOSFÉRICO

ADICIÓN DE TONOS DE FONDO

A pesar de explicar que una matriz de paleta de tonos de piel es algo complejo y de mostrarle la variedad de tonos que contiene, tengo que admitir que aún puede volverse más compleja y tener otras variaciones que la amplíen. Por ejemplo, me gusta incluir un poco del tono de fondo (atmosférico). Es una forma de equilibrar la escala principal del tono de la piel. Primero, mezclo los colores de la escala principal para los tonos de la piel. A continuación, incluyo dos pasos más allá del tono de piel oscuro para mostrar el tono de fondo, y luego creo una versión un poco más oscura de ese color atmosférico que puedo integrar y fusionar con el tono de la piel. Esto da una sensación de equilibrio a los colores y una percepción general del entorno. Puedo crear un nuevo tono oscuro mezclando ese tono ambiental más oscuro con el tono de sombra más oscuro de la piel. De esta manera, mi tono oscuro más oscuro puede formarse a partir de elementos del entorno y de la piel, en lugar de solo mezclar un color negro arbitrario, lo que aporta un color consecuente a los tonos oscuros que se conecta con el resto de la obra de una manera unificadora.

CREAR UNA FIESTA DE COLORES PARA LA PIEL

Cuando hablo de «fiesta de colores para la piel», me refiero a que cualquier color es válido, pero siempre hay un método detrás del aparente caos. Estos colores se organizan alrededor de la escala tonal principal, que incorpora el color atmosférico opuesto. Configurar la paleta en torno a esa escala tonal principal proporciona cierta organización al caos de color que podría aparecer en una pintura. Me gusta mostrar todos estos puntos y variaciones para que vea lo desordenada y variada que puede llegar a ser la paleta cuando se mezclan los colores. A veces los valores son demasiado oscuros, demasiado saturados o demasiado grises, y es perfectamente aceptable. Esto hace que sea más divertido descubrir colores adicionales que quizá no estén en su referencia. Si dispone de tiempo para mezclar estos colores, es una manera fantástica de inspirarse antes de pintar. Imagine empezar el día mezclando de manera rápida y efectiva su propia «fiesta de colores para la piel». Imagínese lo inspirador que sería para sus pinturas: poder tener tanta libertad con los colores, pero sin perder el control ni el orden.

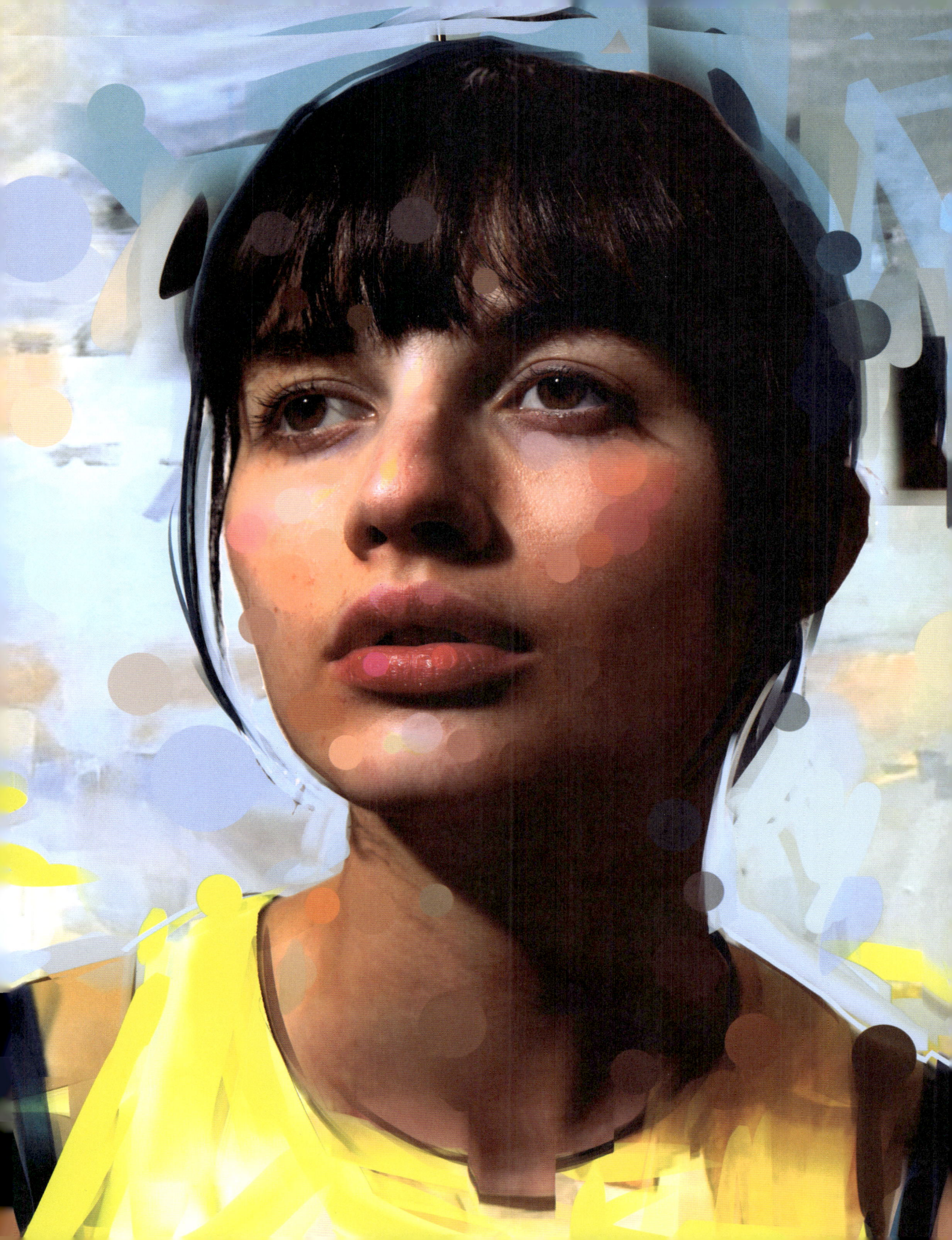

FLORES DE COLOR

Ahora que hemos visto la diversidad de colores en una escala simple con un solo color y también la diversidad con la matriz de la paleta, pensaremos en una pintura en términos de zonas que tienen su propio color base con diversidad de colores, a lo que yo llamo «flores de color». La pintura que se muestra se puede dividir en cuatro zonas principales: el cabello y la sombra, el tono de la piel, el verdor y el tono verde azulado más claro que ilumina el cielo y la camisa.

Antes de entrar en la diversidad de estas zonas, considere que diseñar una pintura con tres, cuatro o cinco formas coherentes (zonas) es un buen principio de diseño que ayuda a organizar una obra con claridad gráfica, a pesar de que hay mucho solapamiento y mezcla, por lo que las zonas pueden no ser evidentes a primera vista. No obstante, tenga en cuenta las zonas para que su pintura no resulte confusa por falta de organización de los valores. Una forma excelente de practicar esto es hacer bocetos con Notan o rotuladores para plasmar sus ideas de diseño y comprender dónde se encuentran las principales formas y zonas de valor en su pintura.

Si su obra se ha diseñado para tener estas zonas, entonces asignar un color base a cada zona le permite explorar la diversidad de colores dentro de ese valor dado del color base. Por ejemplo, si solo tuviéramos un tono para encajar el cabello, probablemente sería un gris muy oscuro. Pero entonces habría todos estos acentos y desviaciones dentro de ese gris oscuro, incluyendo negro, granate, azul oscuro e incluso verde. Así, crear una zona a partir de este pelo oscuro me permite tomar prestados otros colores de otras áreas del cuadro y unificar todo. Si hay un verde en otra parte, también puedo representar ese verde dentro de la zona oscura del pelo, siempre y cuando no reciba demasiada luz. O si hay un azul en otro lugar, puedo tomar ese azul y representarlo también dentro de la zona oscura del cabello. Puedo ser creativo con el color del cabello, siempre y cuando no lo aclare hasta el punto en que deje de ser oscuro. Lo mismo puede decirse de la piel. En general, hay una calidez, pero también se pueden encontrar tonos más fríos, tonos amarillos e incluso algunos verdes que se cuelan aquí y allá.

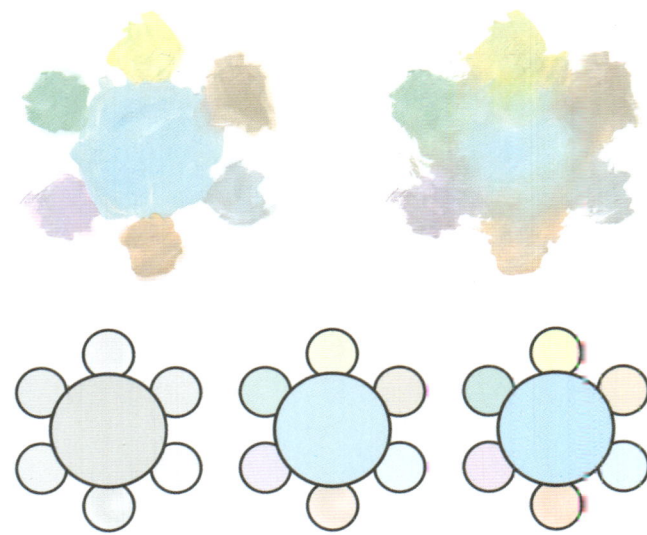

En la paleta, en lugar de tener una matriz organizativa tan limpia como la matriz de colores de la piel, utilizamos estas flores de color para encajar en estas zonas principales y crear variaciones del tono principal de la zona. Esta estrategia de paleta no solo le permite pintar la piel, sino también concebir las otras formas principales de la pintura.

En lugar de obsesionarse con el tono de la piel, las flores de color aportan diversidad a todas las áreas del cuadro de forma organizada. Me parece una forma útil de pensar siempre en el valor en relación con el color. Como se puede observar en todas las flores de color, el valor que he elegido no se aleja demasiado del tono principal de la paleta de colores. Ese es parte del código secreto para crear un color iridiscente, fresco y vibrante: no intente añadir demasiada textura de luces y sombras en sus flores de color; muestre únicamente lo que solo el color puede expresar.

▸ Steve Forster, *Detail of Chyna (Pass Through Light)* *(Detalle de Chyna [el paso de la luz]),* óleo y carboncillo en aluminio, 61 cm × 61 cm

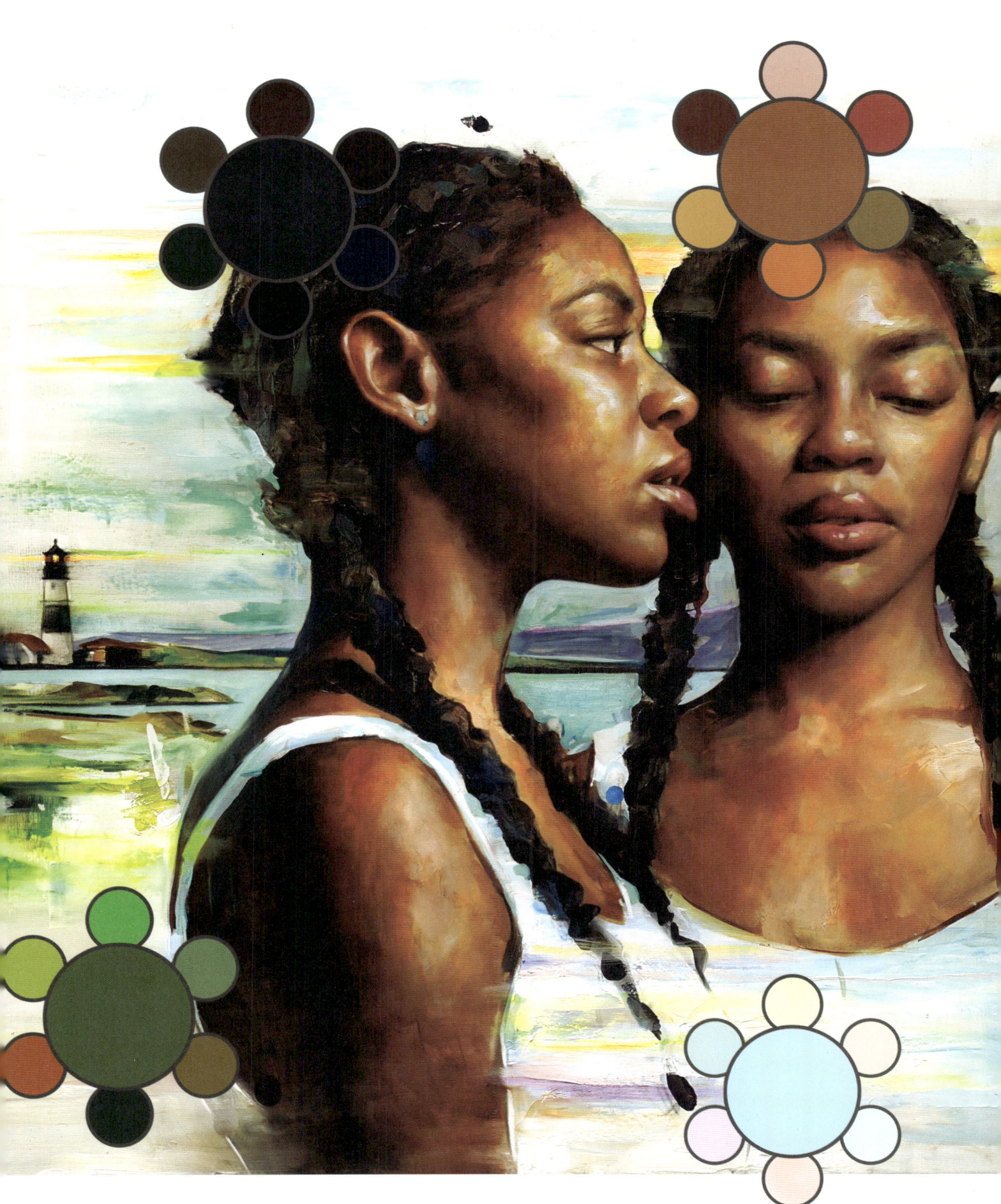

7 | TÉCNICAS ALTERNATIVAS PARA PINTAR

TÉCNICA DE IMPRIMACIÓN

Como se ha dicho anteriormente, la técnica principal propuesta en este libro consiste en crear un dibujo sólido, sellarlo, aplicar un ébauche y luego pintar el cuadro. Sin embargo, todos los caminos conducen a Roma, y dado que hay tantas formas de pintar, necesitamos representar al menos algunas de ellas, ya que cada una nos enseña algo único y valioso sobre la pintura.

Dado que la mayor parte de este libro está enfocada al color y la luminosidad, no dedicaremos mucho tiempo a la técnica de imprimación que se muestra a continuación, que en realidad es solo una variación de la técnica del dibujo preliminar que he mostrado anteriormente.

El primer paso es frotar un tono sobre el lienzo o el panel, preferiblemente con una pequeña cantidad de medio o aguarrás mineral, pero le recomiendo no usar demasiado **(A)**. Existe una línea muy delgada entre aplicar la cantidad justa de pintura y usar demasiado medio. Yo, por lo general, tengo un trozo pequeño de tela o un trapo, lo mojo un poco en el medio, luego en la pintura y froto la mezcla por toda la superficie. Debe utilizar un tono medio general que le resulte interesante y útil para la apariencia global de la pintura. Comúnmente se utiliza un marrón o un gris, como en la técnica de la grisalla, pero se pueden usar muchos colores diferentes, incluido el verde. Aquí he elegido un tono gris violáceo.

El siguiente paso es pintar aproximadamente los ángulos principales de la cabeza con un pincel pequeño **(B)**. Intente hacerlo con líneas rectas, yendo de un punto a otro desde los ángulos principales del retrato. Intento pensar primero en líneas, y luego el tono comienza a rellenar los límites que he creado con ellas. Luego, voy y vengo entre ambos para dibujar el resto del rostro. En la figura **(C)**, fíjese en las nuevas líneas en los diferentes puntos importantes de las facciones, y a continuación, borramos los tonos claros con un trapo en lugar de usar pintura. Esta técnica también se conoce como «frottage».

La última etapa consiste en repetir estos pasos una y otra vez con mayor claridad, de modo que sigan apareciendo nuevas líneas para las rastas y nuevas áreas de luz para los reflejos, seguidas de luces y sombras más extremas, pero sin usar pintura blanca **(D)**. Para conseguir un ligero acento sin usar blanco, a veces utilizo un bastoncillo de algodón humedecido en aguarrás mineral. La razón por la que no quiero usar pintura blanca en este momento es que, si se quiere pasar al color el primer día, el blanco húmedo empieza a mezclarse con los colores. Si, en cambio, se utiliza aguarrás mineral para eliminar el tono de color del lienzo, este comienza a fijarse y secarse, de modo que aún puede trabajar en la pintura el primer día. Si planea separar estas dos capas y solo hacer una imprimación por ahora, entonces realmente no importa.

Cuando no se utiliza blanco en un frottage, se conoce como grisalla abierta, y si se empieza a utilizar blanco, se llama grisalla cerrada. La ventaja de una grisalla abierta es que se puede pasar fácilmente al color el mismo día. La ventaja de una grisalla cerrada es que le da más control dentro de esta expresión monocromática del rostro, ya que puede resultar difícil controlar la luz sobre el rostro cuando lo único que se puede hacer es borrar.

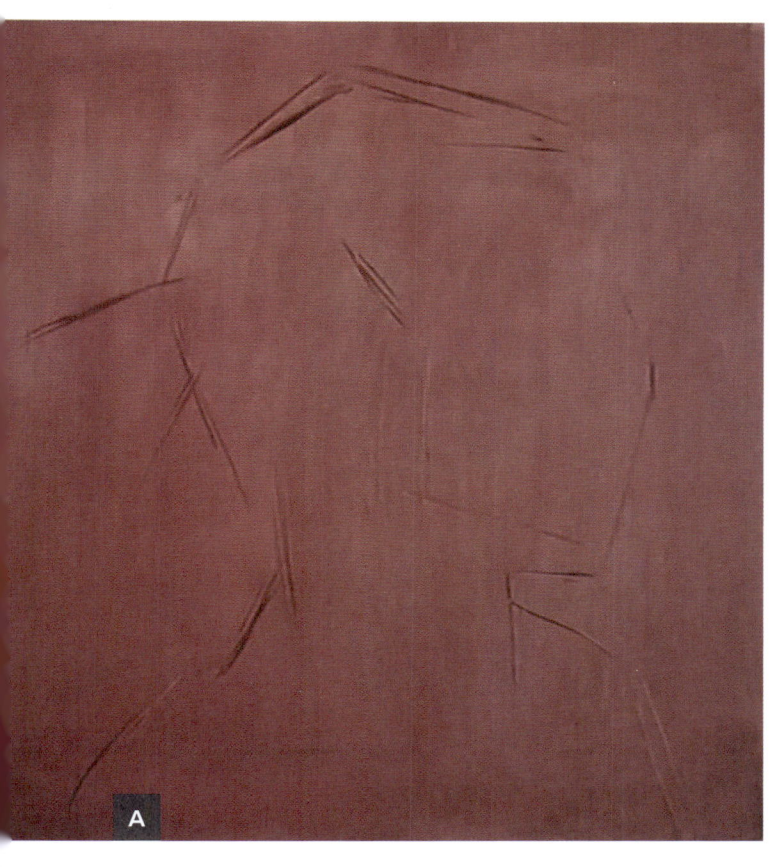

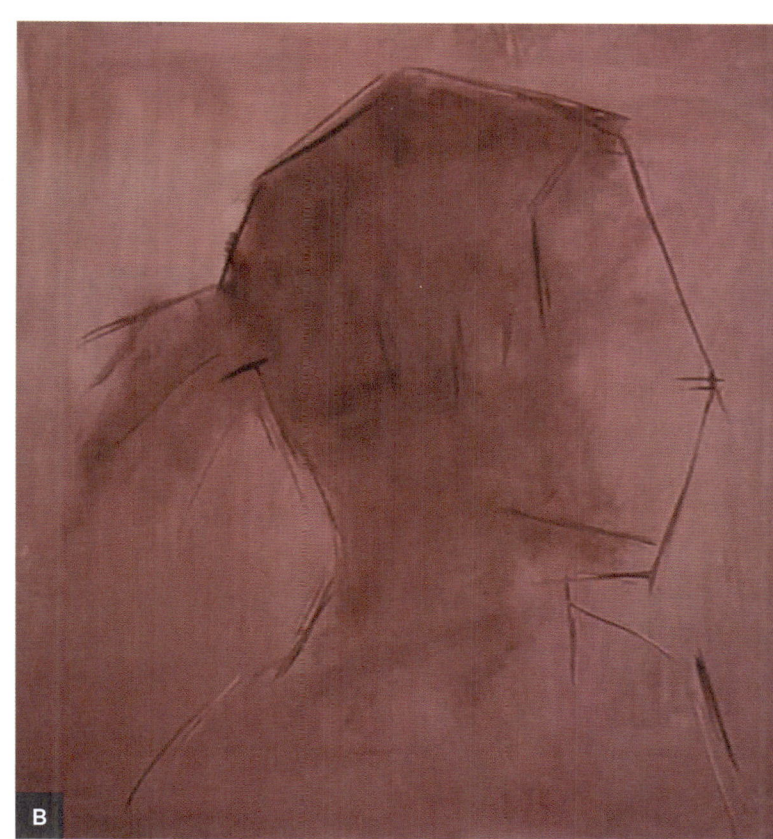

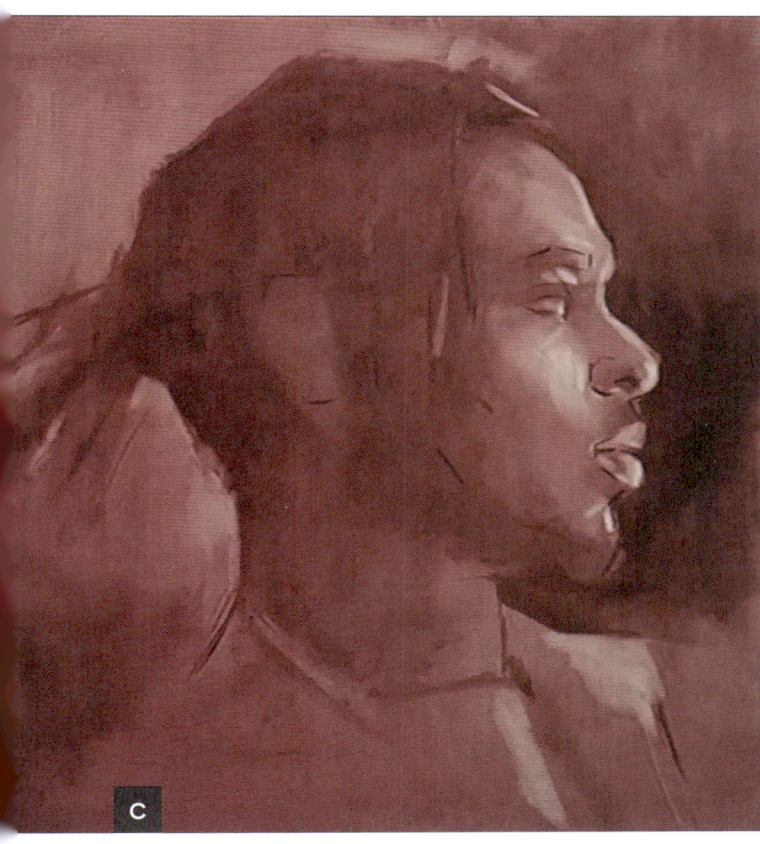

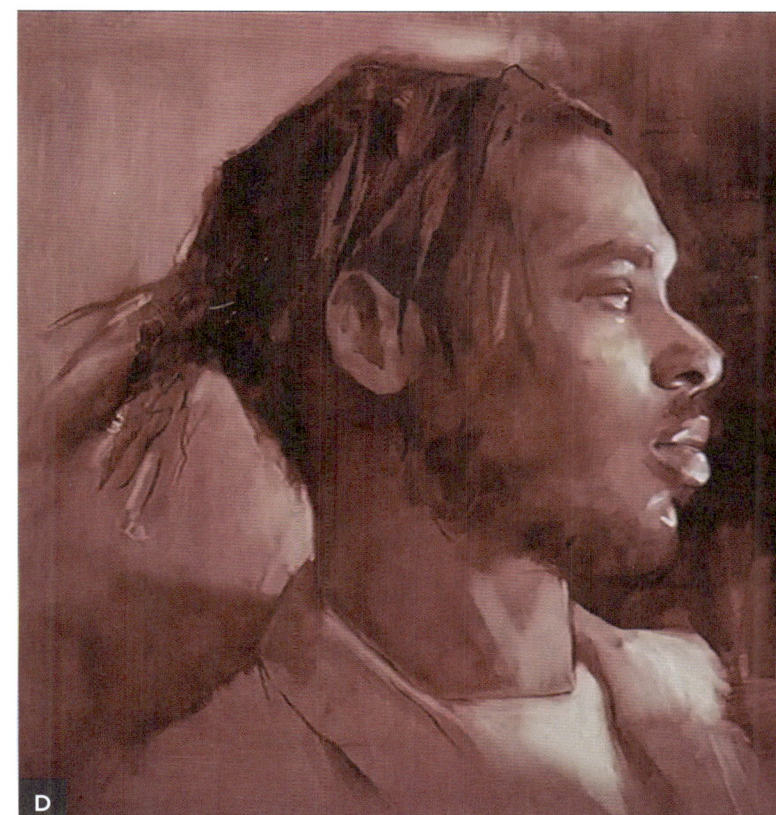

DEMOSTRACIÓN:
PINTAR A BASE DE MANCHAS DE COLOR

En los quince años que llevo dando clases, a menudo me han preguntado: «¿Cómo puedo mejorar en la mezcla de colores?». Probablemente, este sea el mejor ejercicio que he creado para enseñar a mezclar colores y valores en pintura. En este proyecto casi no hay que mezclar. La mezcla o el difuminado a menudo dificultan nuestro progreso para encontrar los tonos adecuados; por lo tanto, intentar hacer una pintura sin mezclar en absoluto nos ayudará a no evadir el problema de hallar el color apropiado en la relación correcta con los colores que lo rodean.

LA ESCALA PRINCIPAL

Empezando con la escala principal, partimos de un color base, pero luego, al desplazarnos hacia el color de la luz, encontramos muchas variaciones de matices. Esto se debe a que el modelo está junto a una ventana y una luz amarilla incide en los planos inferiores del rostro, mientras que una luz azul violácea que proviene del cielo ilumina la frente. A partir de ahí, descendemos a un tono más oscuro y rojizo para la sombra del rostro, y luego a través del cabello oscuro, a la camisa azulada y, finalmente, a la atmósfera. Observar los numerosos cambios sutiles de tono hará que la pintura resulte más rica en color y única.

VARIACIONES EN LA ESCALA PRINCIPAL

Una vez que la escala principal está establecida, la creación de variaciones menores da lugar a otros colores, lo que le permite ver opciones y diversidades basadas en sus ideas preconcebidas. Si no ha acertado con los tonos adecuados en la escala principal, empezará a «bailar» a su alrededor y a conseguir otros que podrían ser más apropiados. Cuantas más opciones desarrolle, más probable será que las vea en su sujeto.

CUANDO SE COMPLICA

Aunque es bueno empezar con la estructura de la escala principal, la pintura se complicará a medida que trabaja con estos colores y crea nuevas mezclas. No vea su paleta como un lugar perfecto, sino como un espacio donde el caos tiene su orden.

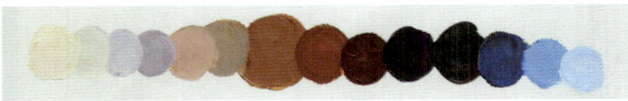

Escala principal

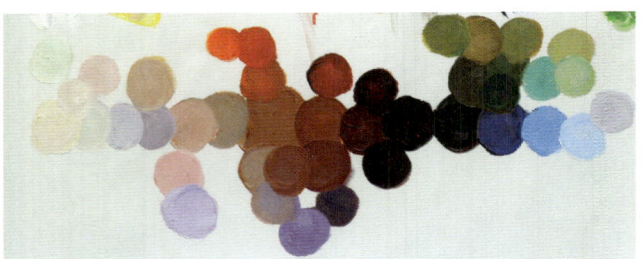

Variaciones en la escala principal

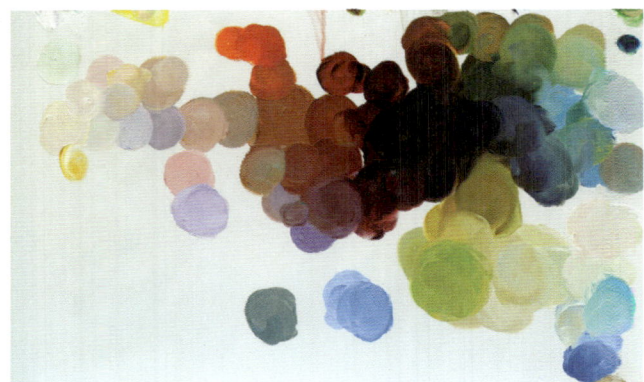

Cuando se complica

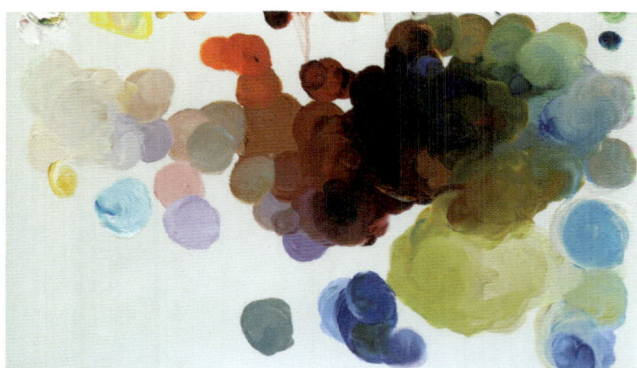

Cuando se complica todavía más

▶ Steve Forster, *Fradin*, óleo en aluminio, 15,2 cm × 15,2 cm

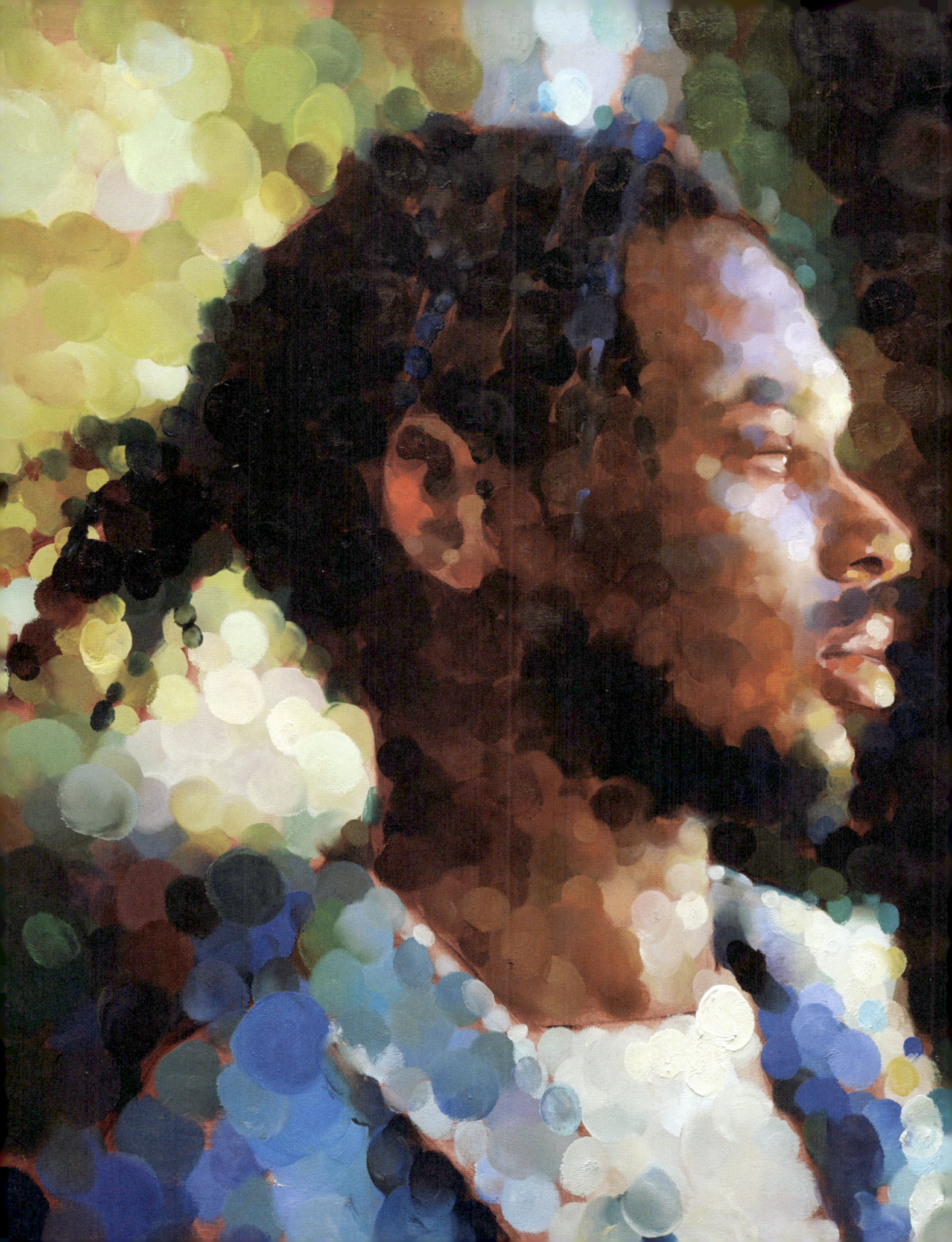

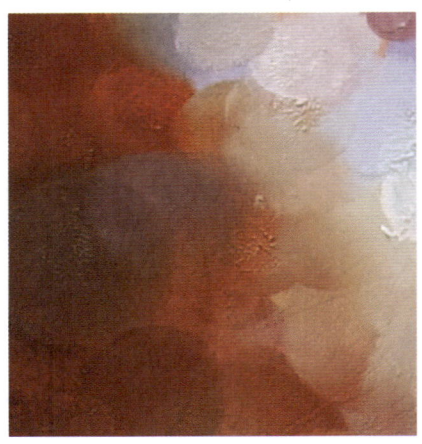 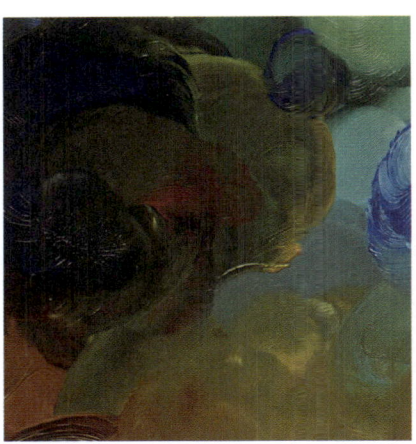 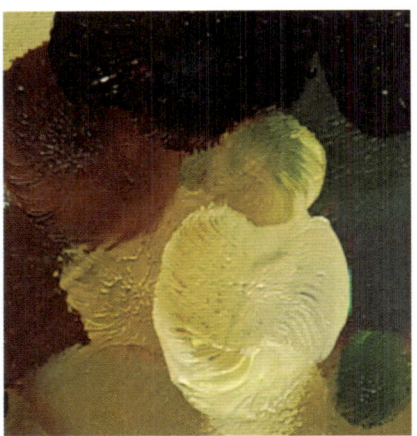

MARMOLEAR EL COLOR

Este ejercicio de pintura con puntos se puede llevar a un nivel superior en el que se empieza a marmolear la pintura. Este es el término que se utiliza para describir lo que ocurre cuando se tienen capas y capas de pintura húmeda y comienza a aparecer un remolino de colores vivos sin mezclar. Si observa la serie de imágenes de abajo, verá que cada nueva pincelada de color no solo se «mezcla» con la anterior, sino que también deja su propio rastro de color sin mezclar (más evidente en el extremo derecho). Este efecto se conoce como «marmolado» porque en una sola pincelada hay muchos colores. Esto es algo curioso en la pintura, especialmente en la pintura ilusionista, donde intentamos capturar una sensación de realidad. Por lo general, cuando intentamos crear esta ilusión, hay mucha mezcla y nunca se producen pinceladas como esta. Hagamos una pausa para analizar las ventajas de mantener los colores sin mezclar durante el proceso pictórico. Si prueba este ejercicio de los puntos de color, llegará un momento en el que se sentirá tentado a mezclarlo todo. Solo tiene que seguir superponiendo nuevos puntos sobre los anteriores para crear un interés visual y una textura de color. En varios de estos puntos del rostro, se puede empezar a apreciar el efecto de marmolear en capas de las imágenes superiores.

Aunque se trate de una ilusión, esta técnica se puede aplicar en numerosas situaciones. Artistas como Nicolai Fechin y pintores digitales como Mike Hernandez son verdaderos maestros de esta técnica El término «marmolado» resulta especialmente valioso para los pintores al óleo, ya que a menudo nos enfrentamos al problema de la sobremezcla y carecemos de una terminología adecuada para describir trazos frescos y sin fusionar. Existen muchas formas de marmolear el color, pero la característica principal de esta técnica es evitar mezclarlo. Requiere que siga tomando nuevas decisiones y pintando en el caos de su obra al óleo sin dejarse influir por sus decisiones anteriores.

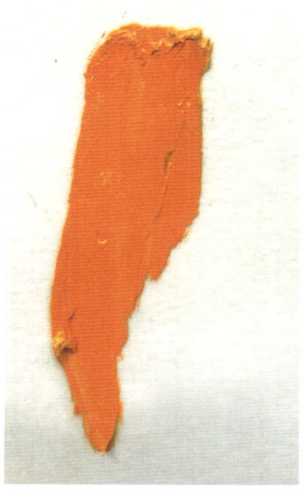 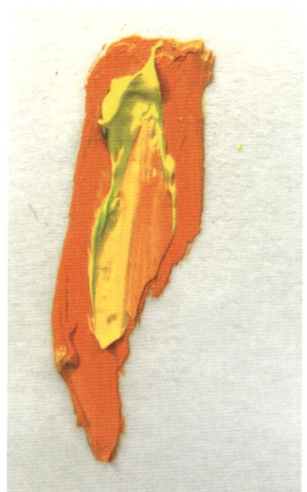 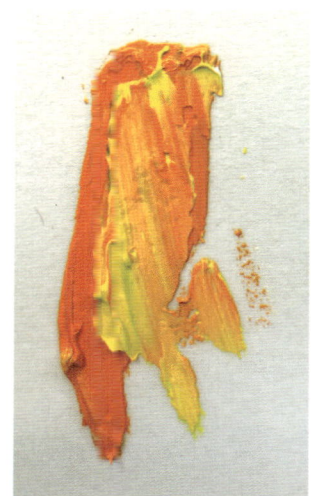 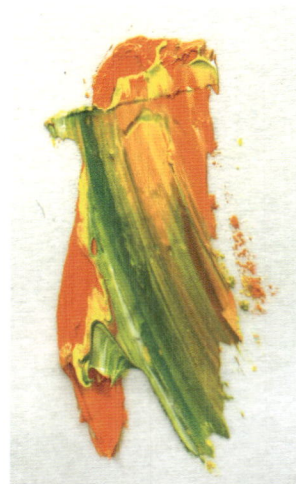

DIFERENCIAS ENTRE MARMOLEAR Y MEZCLAR

Por mucho que defienda la idea de los puntos de color y de no mezclarlos, y aunque creo que es una de las prácticas más beneficiosas para los pintores, llegará un momento en el que se mezclará. Esa suavidad puede ser la cualidad estética que más aprecia un pintor, por lo que no quiero desanimar a nadie a dejar de mezclar por completo. Hay un equilibrio entre suavizar —hacer que algo parezca natural, bello y fluido— y mezclar demasiado, hasta que la pintura pierda vitalidad. Aunque su objetivo sea lograr un difuminado tan hermoso como el de la *Mona Lisa*, si le apasiona el color, no está de más realizar este ejercicio de puntos de color para comprender mejor los tonos individuales del rostro.

Una forma de pensar en la mezcla y cómo se cruza con los puntos de color es que puede añadir puntos por todas partes, luego mezclar algo, volver a poner puntos y volver a mezclar. Trabajar en este ciclo le permite ser sensible, pero también fomenta la toma de nuevas decisiones, que es uno de los mayores problemas de mezclar. Una vez que queda uniforme, parece terminado y no queremos volver a tocarlo. Interrumpir zonas trabajadas para introducir un nuevo color o corregir un error puede costar. Sin embargo, si se acostumbra al ritmo de puntear y difuminar, llegará a anticipar este proceso y podrá crear piezas con más carácter y coherencia.

La imagen de la página 107 y la de la derecha son una representación digital del flujo de trabajo de puntear, suavizar, puntear y suavizar.

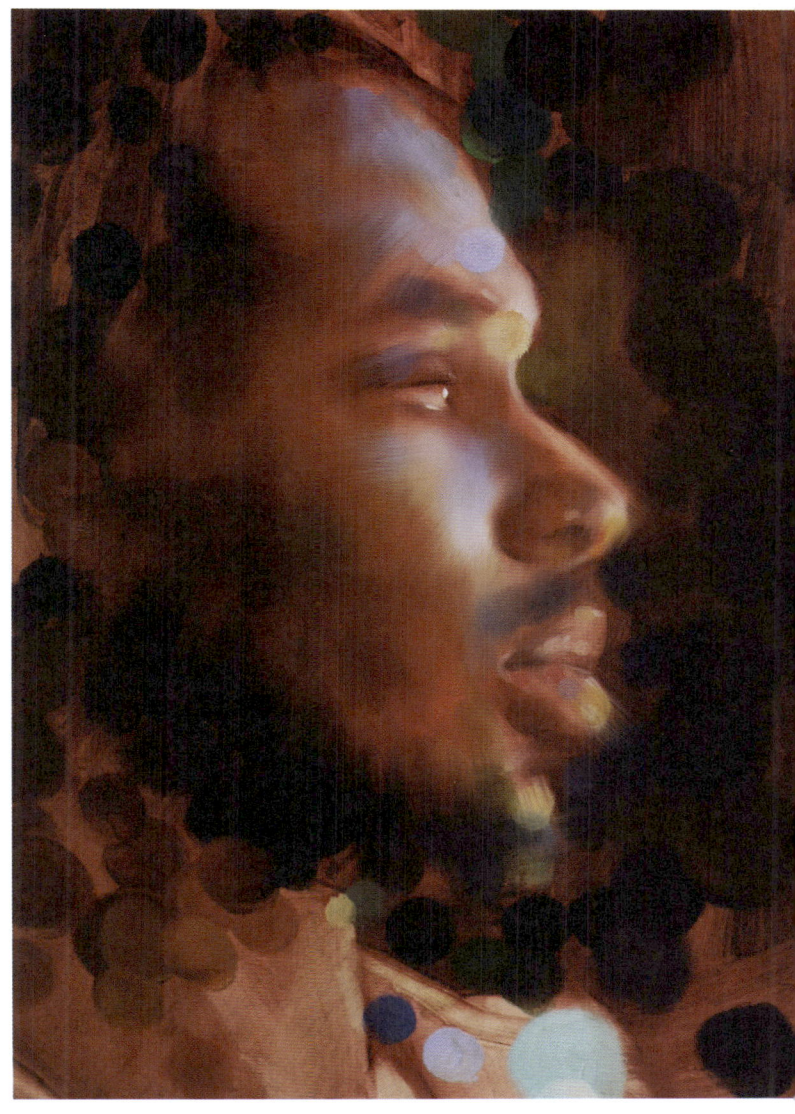

MEZCLAR: DE LA AGONÍA AL ÉXTASIS

Para desglosar aún más esta idea de puntear, suavizar, puntear y suavizar, le presento otro ejemplo o variación sobre este tema. Preparé esto para una clase en línea pare el programa Art School Live de Eric Rhoads El tema era «Mezclar: de la agonía al éxtasis», una alusión irónica a una situación en la que la mayoría de los pintores se han encontrado en algún momento de su trayectoria. Es un hecho que la mezcla puede reducir significativamente la vitalidad de una pintura, pero parece ser un impulso inevitable para los artistas.

Con este ejemplo, quise mostrar que se puede empezar de forma muy básica y desordenada –con manchas hechas con los dedos y sin un dibujo definido– pero aun así mantener los colores y valores correctos aproximadamente en la ubicación de los rasgos. Estos tonos incluso pueden estar un poco exagerados para que la pintura resulte interesante y no repetitiva. A continuación, con un pincel largo de cerdas suaves, mezclé delicadamente estos tonos. «Mezclar» es una de esas palabras que puede significar muchas cosas. Es un término comodín que se usa para describir cuando algunas cosas se mezclan y se vuelven más suaves. Pero lo que quiero que observe sobre cómo mezclé estos tonos en las imágenes de la página 125 es que, en realidad, dibujo mientras mezclo. Me encanta transmitir este concepto como profesor: mezclar no significa solo suavizar, difuminar o desenfocar, sino que también puede ser una forma de dibujar. En la figura (A), la nariz y la boca no se han dibujado. Son solo manchas abstractas de pintura. Mediante la mezcla, los he convertido en una versión suave, desenfocada y con mucho contraste de la nariz y la boca. Esto suele seguir así durante todo el proceso de pintura cada vez que mezclo. A veces, muevo la nariz hacia arriba o la boca hacia abajo utilizando la mezcla para hacerlo. Cuando dibujamos y prácticamente delineamos los rasgos, no hay posibilidad de que estos se muevan. Pero si estamos constantemente moviendo y ajustando mediante la mezcla, ganaremos flexibilidad y no nos dará miedo cuestionarnos si algo está bien colocado. Esta flexibilidad le permite perseguir la posición del modelo y obtener un mejor parecido al no comprometerse demasiado pronto.

Esta fase, que John Singer Sargent llamaba «cabeza de maniquí», forma parte del proceso de encaje de la pintura. Consiste en pintar los rasgos dentro del rostro y el rostro dentro del fondo, de modo que nada quede definido con precisión, sino suavemente difuminado e integrado en las áreas circundantes. Así, las facciones emergen de una impresión blanda, manteniéndose flexibles y cambiantes, sin contornos rígidos ni formas fijas. Esta es una forma estupenda de encajar una imagen, ya que le permite mantenerse en un punto intermedio, sin comprometerse, y seguir haciendo cambios mientras se hace una idea del sujeto.

Esta es una fase excelente sobre la que pintar y desarrollar los detalles del color. Lo ideal es trabajar los matices y detalles mientras el encaje aún está húmedo; por eso, aunque no sea necesario que quede perfecto, sí debe ejecutarse con rapidez, de modo que aún húmedo pueda añadir las sutilezas, acentos y detalles que en un principio no están presentes. Así, la figura (B) muestra que hemos punteado, luego hemos suavizado y, a continuación, hemos dibujado los rasgos principales con poco contraste y un aspecto menos definido.

Luego, en la figura (C), estamos punteando la diversidad de colores y valores que realmente comienzan a resaltar los matices de la base de la «cabeza de maniquí». De una manera divertida, este paso es como repetir el número uno, pero en versión más pequeña y precisa, con un pincel fino. Si tuviera un dedo meñique lo bastante diminuto como para marcar esos puntos de color, lo usaría –porque me encanta pintar con los dedos–, pero como no es así, recurro a un pincel pequeño para trabajar los matices.

Luego, en la figura (D), cambiamos «mezcla» por «deslizamiento» en el color para crear una mezcla direccional. Esto le da movimiento a nuestra pintura y, en lugar de una mancha suave genérica, cada pincelada lleva la luz a algún lugar o empuja la oscuridad a otro. Así, en lugar de puntos de color, se convierten en trazos de color que crean textura y movimiento.

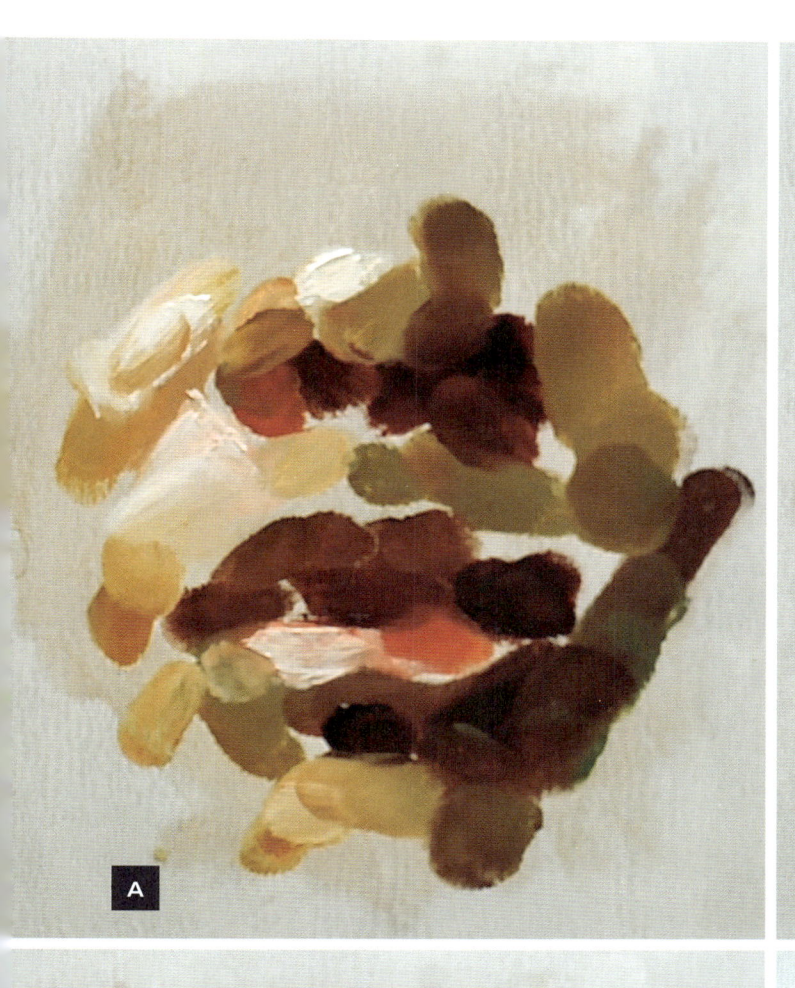

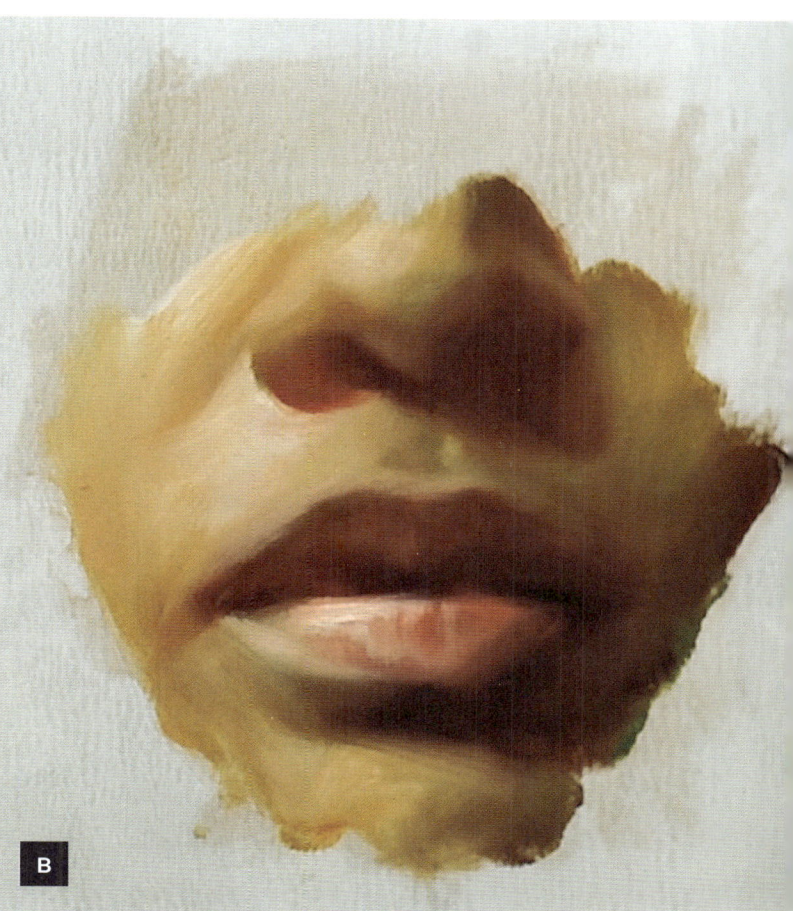

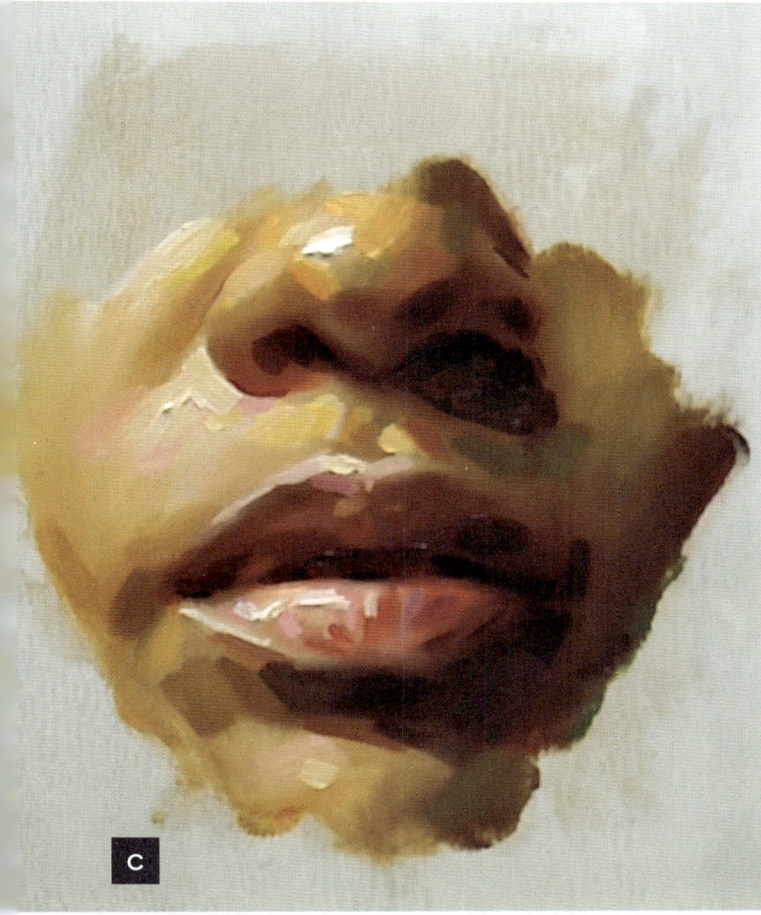

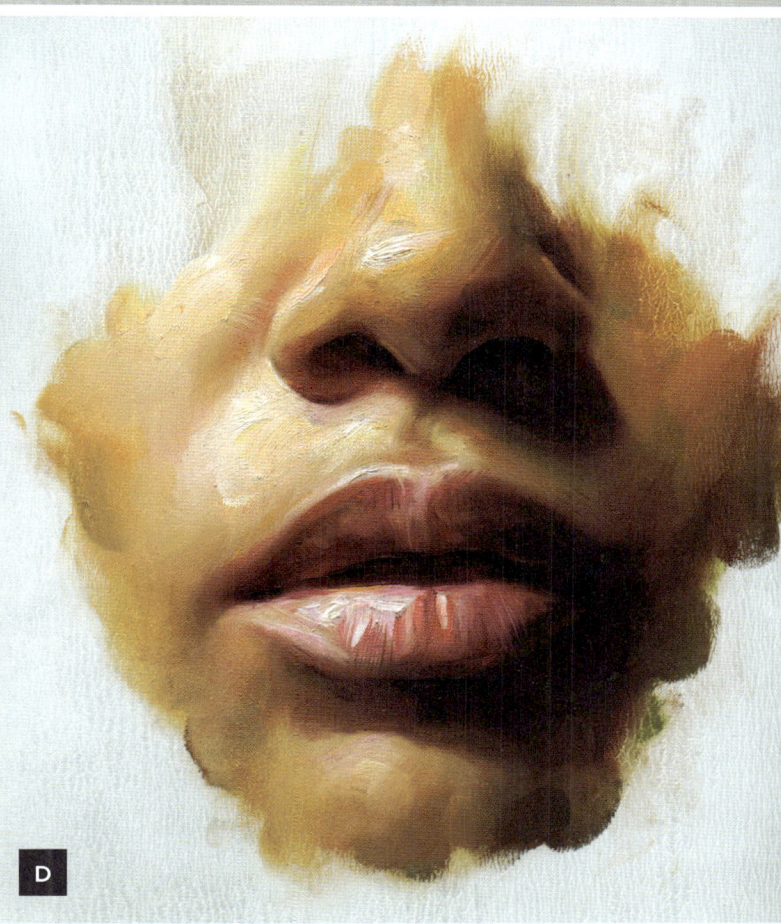

DEMOSTRACIÓN:
ALLA PRIMA

DEJAR QUE EL MEJOR DIBUJO APAREZCA AL FINAL

En contraste con la técnica presentada al inicio de este libro —basada en un dibujo preliminar y en un método meticuloso para conservarlo a lo largo de todo el proceso pictórico—, la demostración de las páginas siguientes propone un enfoque más virtuoso, que exige cierta experiencia y que, por lo general, suele dejar el dibujo más logrado para el final. Ese mejor dibujo surge de manera orgánica gracias a un enfoque más suelto y gestual, que da prioridad primero al color y al valor. En realidad, no es muy diferente al enfoque de la primera parte del libro, salvo que no hay un dibujo inicial. Se salta todo eso y pasa directamente al proceso de ébauche, y el dibujo se desarrolla a partir de ahí. Esto puede ser muy liberador y le ayudará a aprender a ser más flexible e inventivo, pero requiere mucha experiencia si quiere capturar el parecido y tener un mayor grado de realismo.

Normalmente no aconsejo esta técnica si no se tiene bastante experiencia en dibujo. La técnica principal de pintura que se propone en este libro realmente le permite trabajar sus habilidades de dibujo y luego transferirlas a la pintura de una manera formal. Desarrollar esa práctica es crucial para ganar confianza en la pintura. Cuando ya domine estas habilidades, es divertido desafiarse con este enfoque, lo que le permitirá relajarse y encontrar su propio equilibrio entre el dibujo preciso y la pintura más suelta.

He descubierto que todas mis diferentes experiencias pictóricas —ya sea haciendo imprimaciones marrones, dibujos preliminares, veladuras, pintura alla prima, etc.— han aumentado mis conocimientos sobre la pintura y me han ayudado a convertirme en un pintor más completo. Si quiere probar algo divertido y desafiante, esta técnica es perfecta para usted.

▶ Steve Forster, *Alina*, óleo en aluminio, 35,6 cm × 45,7 cm

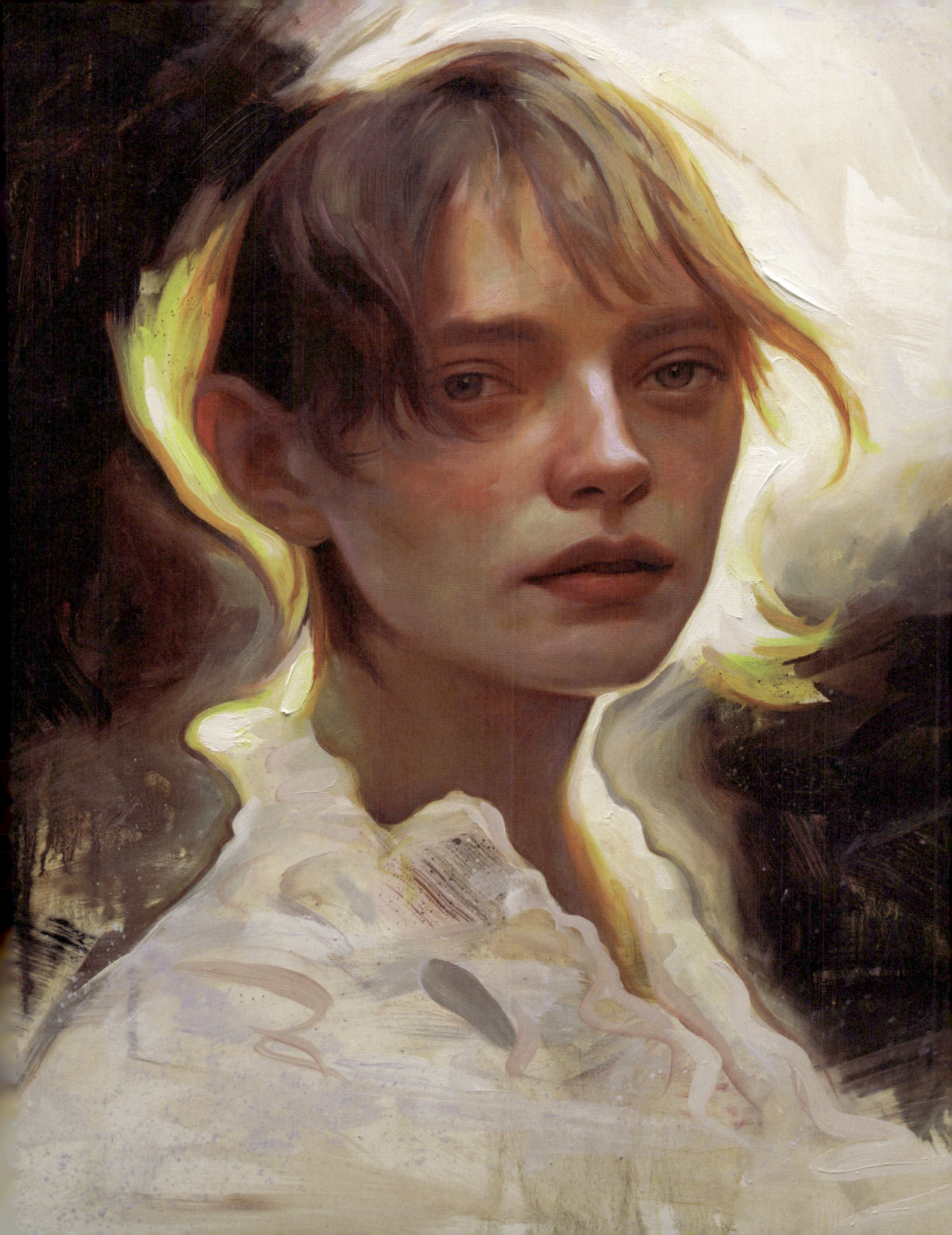

EL LAVADO PARA ELIMINAR EL BLANCO

Puede ser todo un reto trabajar sobre un lienzo en blanco y desarrollar una pintura terminada en una sola sesión, pero algo que siempre me ha ayudado es empezar con un lavado de Gamsol del color base en las áreas principales. Para la cara, se aplica un lavado general de siena tostada con un toque de rojo; el fondo recibe un lavado de rojo con algo de violeta, y se añaden algunos toques de amarillo alrededor del contorno del cabello. Todo se hace en capas finas y con Gamsol limpio y fresco. El Gamsol se evapora, fijando la pintura y creando una capa de imprimación semiseca que permite aplicar una segunda capa más sólida y que cubre mejor. Si no deja que el Gamsol se seque bien, pintará sobre una capa húmeda y resbaladiza, y la pintura no se adherirá correctamente.

Las zonas muy claras de la pintura se dejan tal cual, para que la claridad del lienzo ayude a crear la luminosidad y el brillo que requiere esta imagen. Usar este lavado puede despertar de manera subliminal su percepción sobre las distintas reacciones químicas que puede tener la pintura. A menudo, disfruto muy especialmente cuando parte de ese lavado sigue visible en la obra final, aportando un efecto moteado y ligeramente fragmentado.

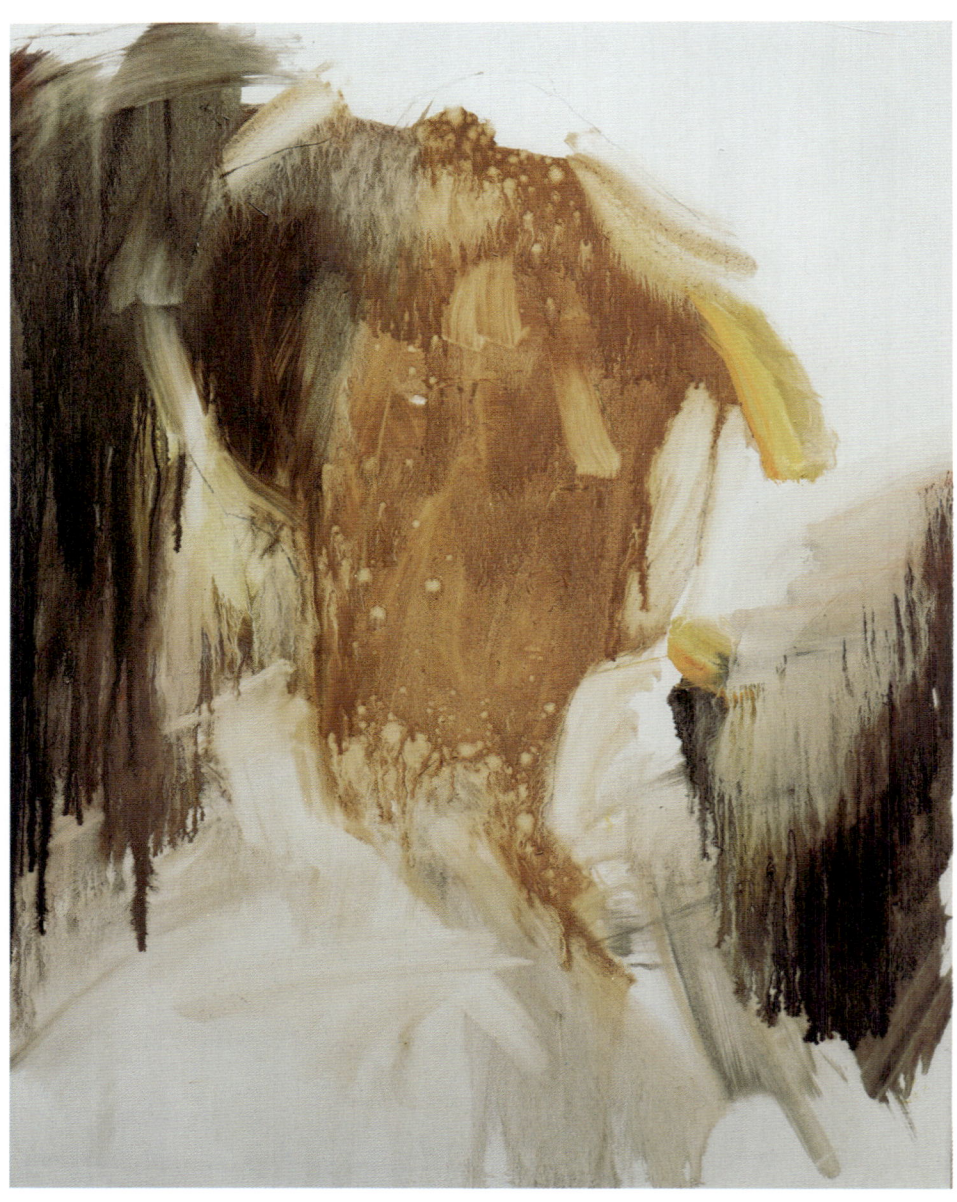

MOSAICOS DE COLOR

La siguiente etapa, tras dejar secar los lavados de color, consiste en trabajar la paleta con pintura más sólida y aplicar amplias áreas de color para establecer una idea general de la cabeza. En la fase anterior usamos pintura húmeda y diluida, lo que posiblemente ensució la paleta. Por ello, es importante limpiarla después del lavado; mientras se seca, tendrá tiempo para mezclar con calma todos los colores necesarios; no hay prisa por comenzar. Debe esperar al menos quince minutos para que el Gamsol se asiente correctamente. Si mezcla todos esos colores, aplicar los mosaicos sobre este lavado aún húmedo resulta mucho más divertido, ya que tendrá variedad y opciones para empezar a crear diversidad cromática. Solo tenga cuidado de no escatimar en la cantidad de pintura que mezcla, porque uno de los problemas más comunes al terminar un cuadro sobre un lienzo blanco en un solo día es no usar suficiente pintura.

Observe también que los labios están encajados con un solo tono, la nariz está encajada con un tono de sombra y los ojos, a pesar de no ser oscuros, se han simplificado y hecho gráficos para poder colocarlos. La proporción y la cuadrícula facial siguen utilizándose. Sin embargo, considero que se trata de un borrador, ya que gran parte de él cambiará a medida que se vaya perfeccionando.

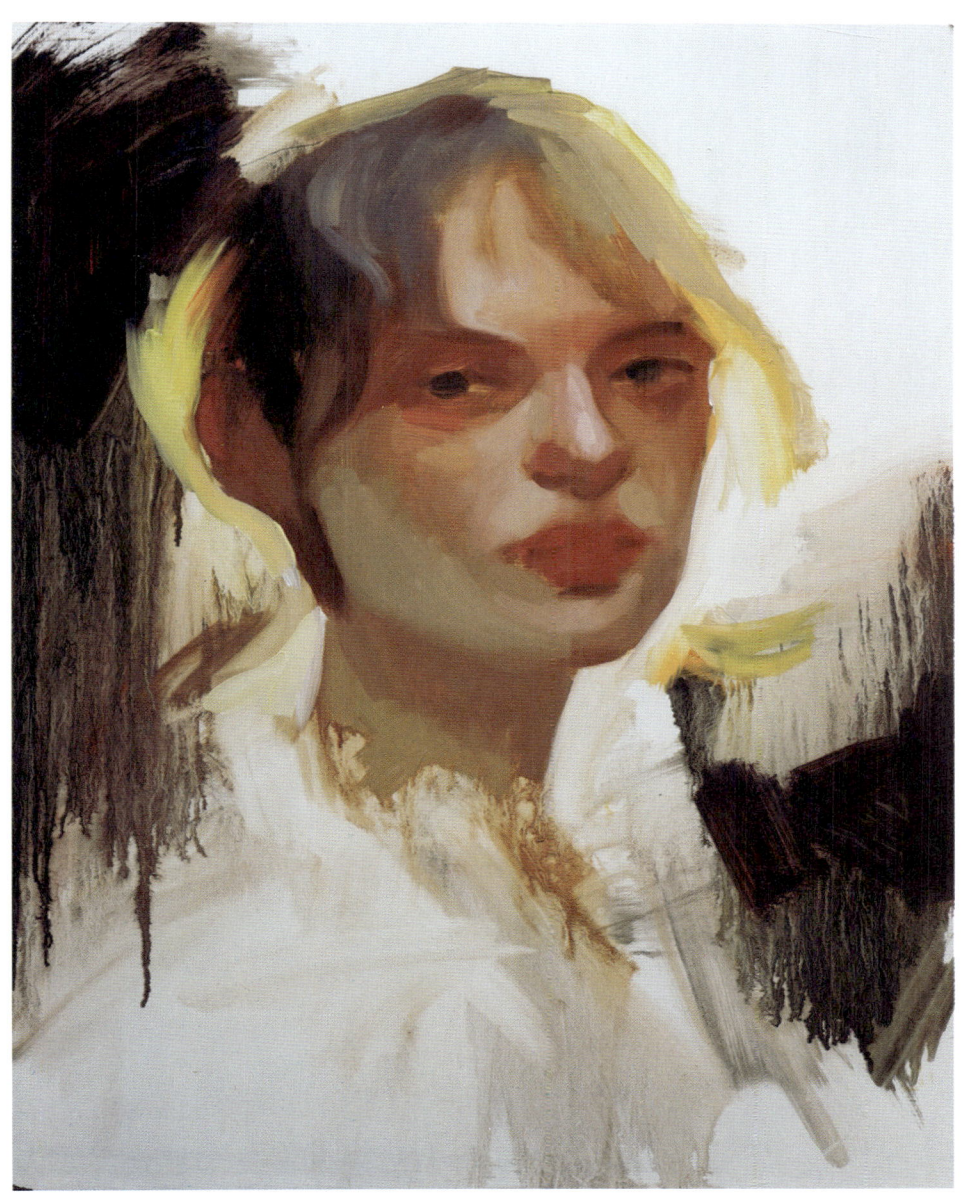

DESARROLLO DEL DIBUJO

Aunque pudimos aplicar un lavado sobre el lienzo como imprimación y empezar a trabajar los colores más densamente con la segunda capa, la pintura aún puede quedar bastante húmeda y difícil de manejar. En este momento, a menudo hago una pausa en la pintura, saco un pincel redondo algo más pequeño y empiezo a dibujar los rasgos y a trabajar los detalles y los bordes con claridad.

He descubierto que esto es importante por varias razones. Una de ellas es que los rasgos solo necesitan estar definidos con suficiente claridad para desarrollarlos, y esto suele funcionar mejor cuando se pinta sobre la pintura húmeda circundante, de manera que los rasgos no se vean recortados. Además, tomarse su tiempo para reducir la velocidad y dibujar permite que el resto de la pintura tenga más tiempo para asentarse, secarse y adherirse mejor al lienzo. Por lo tanto, si la pintura empieza a volverse pastosa y difícil de manejar, deténgase y comience a dibujar. He comprobado que casi todas las veces que no termino una pintura, el problema no es que falte pintura, sino que el dibujo no está completo.

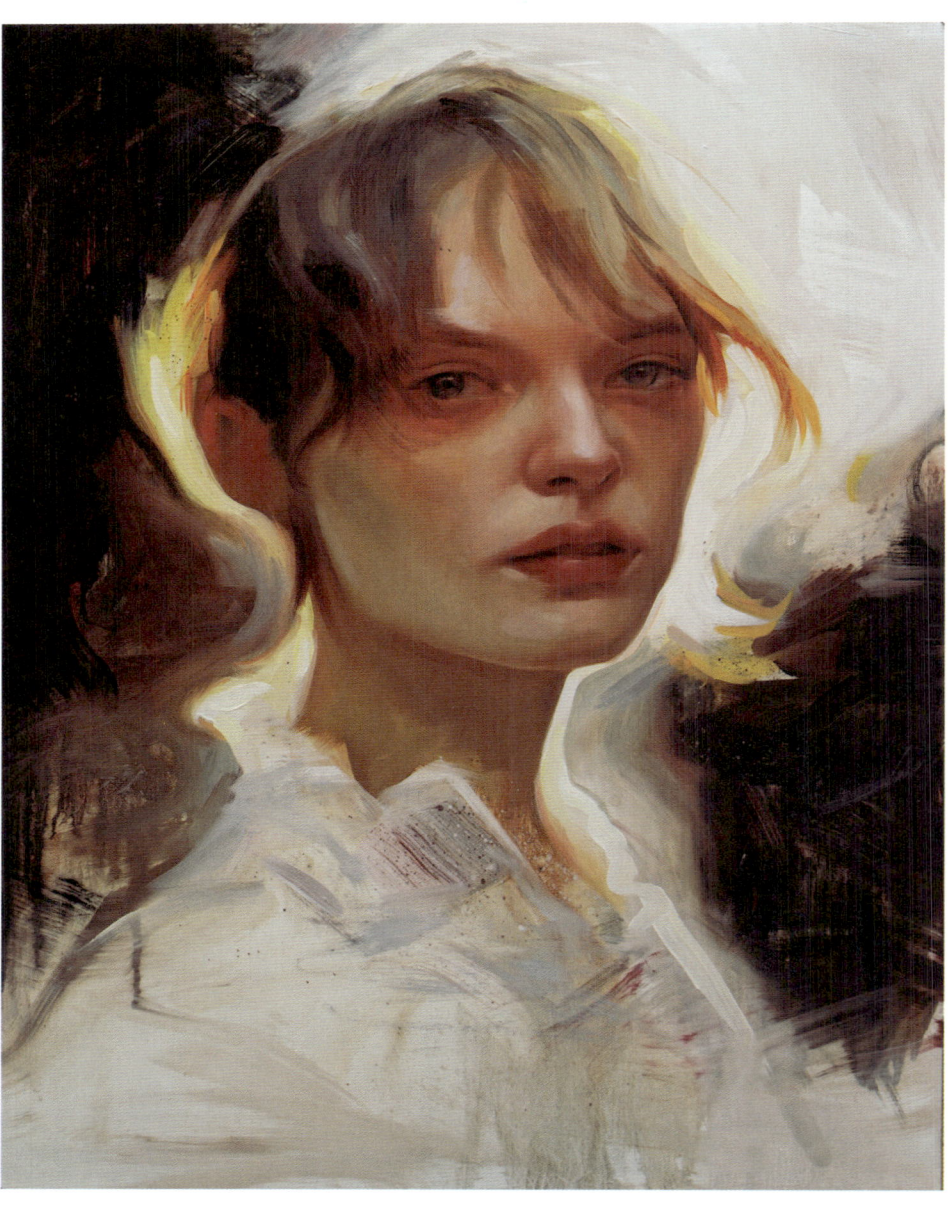

LOS ÚLTIMOS DETALLES

En muchos aspectos, terminar una pintura consiste simplemente en dedicar más tiempo a los detalles de lo que creemos necesario. Pero una de las cosas que quizás note al pasar de la etapa tres a la etapa cuatro es que el color ha cambiado. A menudo, cuando estoy pintando, me voy acostumbrando poco a poco a los colores que estoy usando, así como a sus valores. Lo que suelo hacer es alejarme del cuadro un rato, tomar un café, y al volver, mis ojos están más descansados y puedo notar de repente que falta un color o un valor oscuro que, al integrarlo en el retrato, lo mejora.

Quiero que se fije en cómo la última etapa tiene más presencia de violeta en el tono de la piel y eso ha añadido diversidad a los tonos principales establecidos al principio. Fíjese también en que se han añadido algunos de los tonos medios más oscuros que realmente hacen que la luz resalte en el rostro, por lo que se ha producido un oscurecimiento y un cambio en el color que crea una sutil variedad en el tono de la piel que realmente empieza a dar unidad al conjunto. También hay algo más de contorno y estilo, y se ha prestado más atención a los detalles para terminar este estudio alla prima.

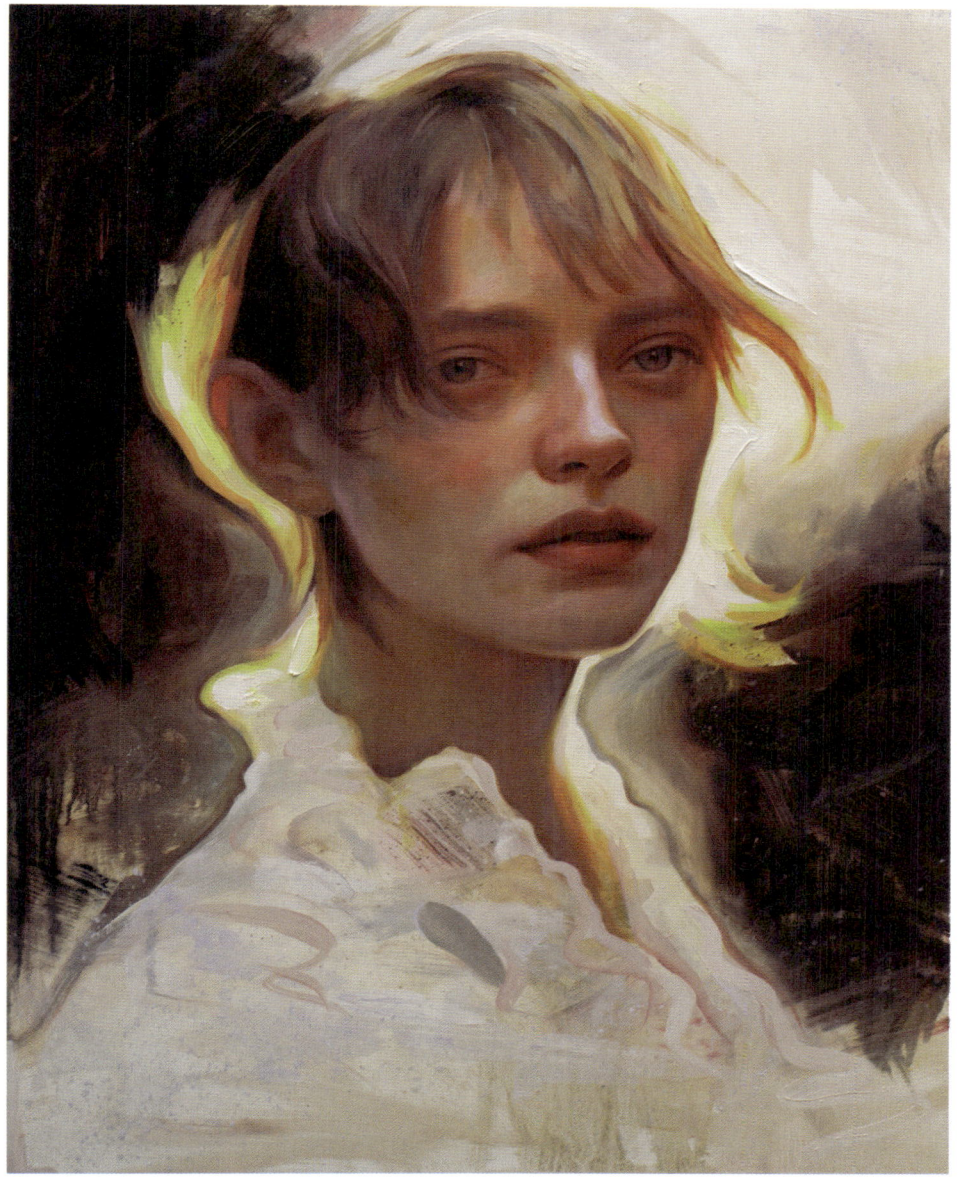

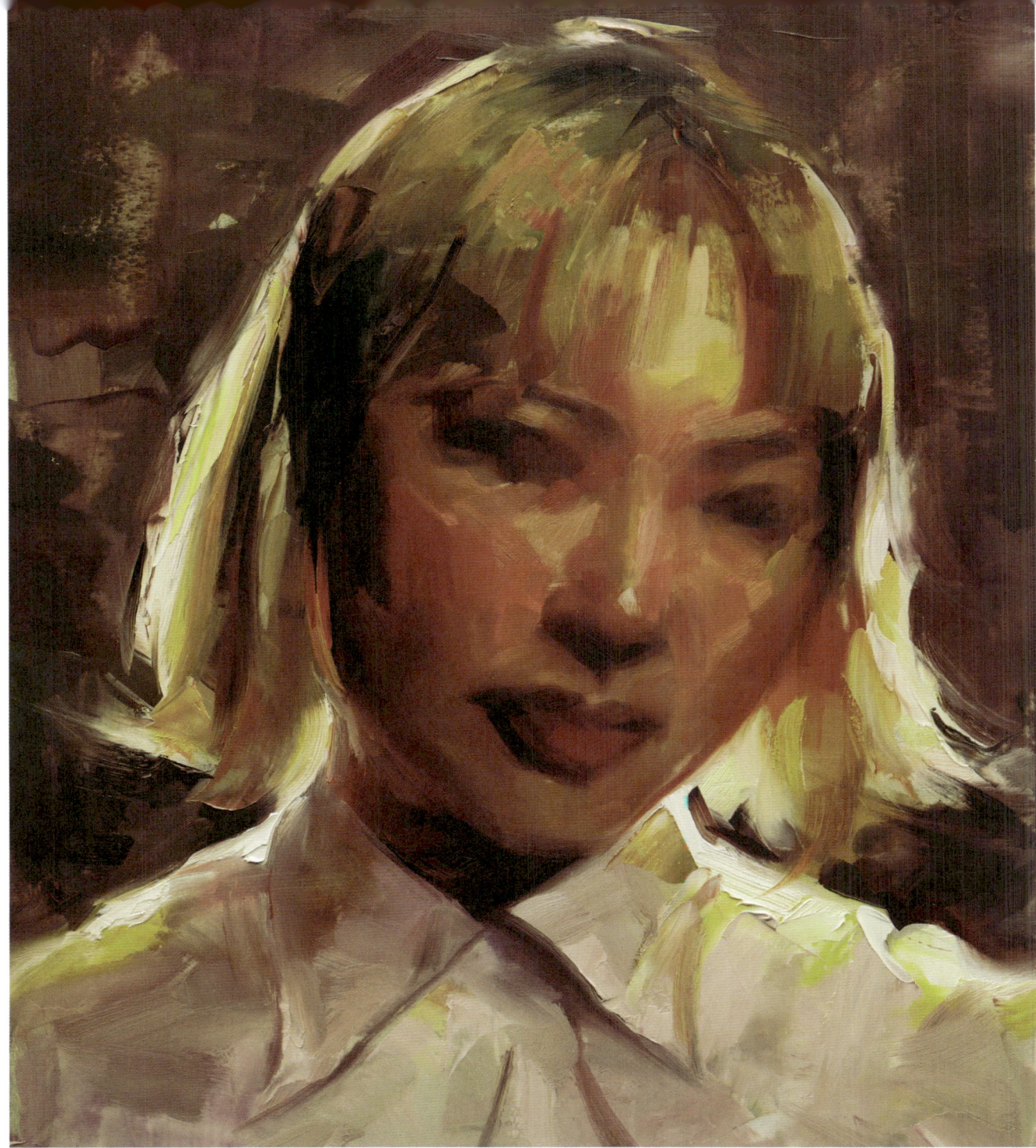

INICIO ABSTRACTO

Una ligera variación del enfoque anterior consiste en intentar captar verdaderamente las cualidades pictóricas abstractas del rostro al encajarlas y reservar lo mejor del dibujo para el final. En esta etapa busco definir el encaje general de la cabeza con proporciones y valores correctos, pero todavía no me comprometo del todo con el dibujo. Creo que, si los pintores realmente quieren abrazar sus cualidades artísticas y aman la pintura alla prima, deberían considerar las posibilidades hermosas que pueden explorar sin la presión de un dibujo perfecto. Ciertamente, me ha llevado muchos años poder adoptar un enfoque pictórico, donde el dibujo se parezca algo al modelo, pero de lo que realmente hablo es de mantener los rasgos vagos, simples y flexibles, para no obsesionarnos con ellos. Esto nos permite alejarnos y pensar en las cualidades abstractas más amplias

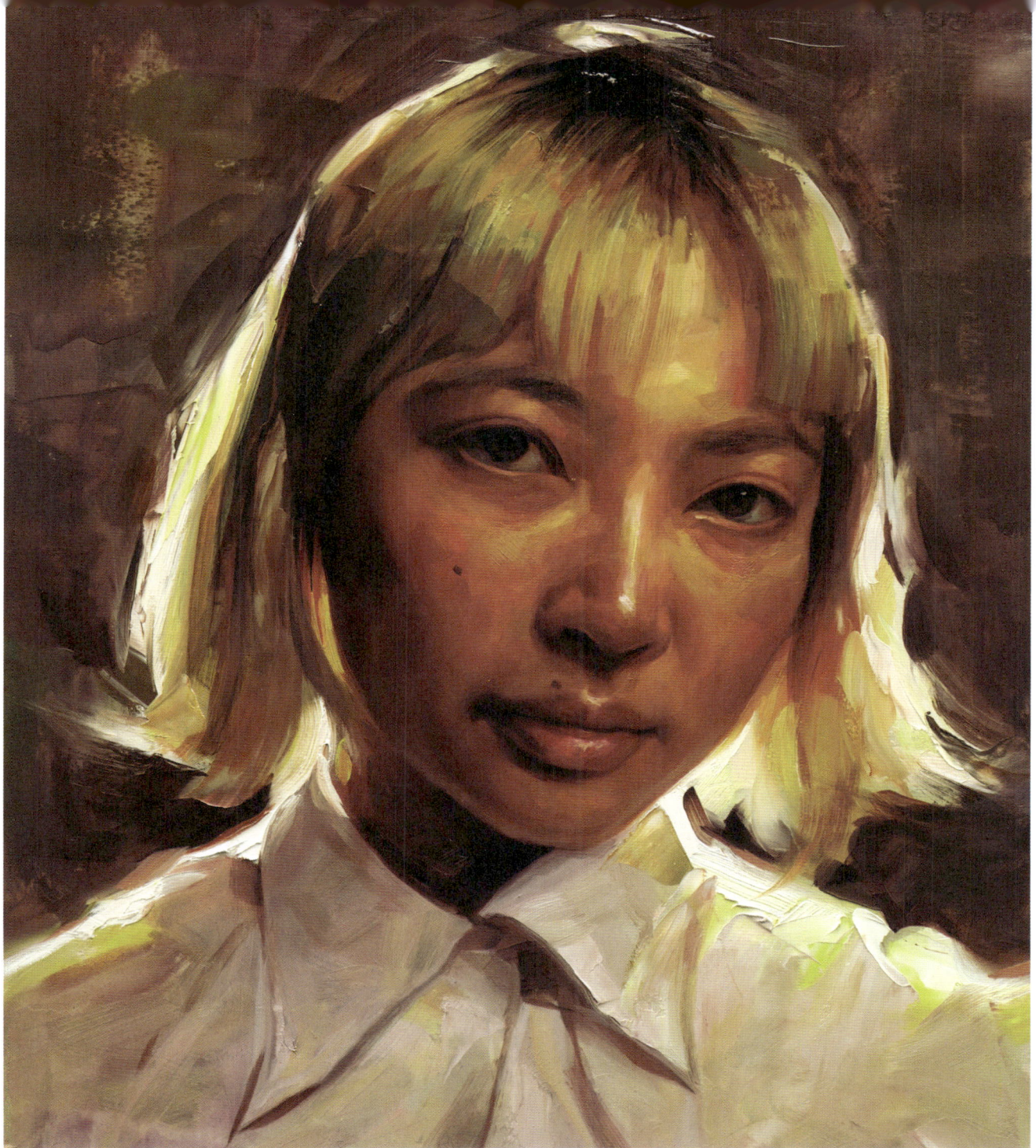

y grandes de la cabeza y explorarlas a fondo con mayor atención. Para mí, esto significa que, a pesar de que quiero marcas abstractas y diversidad de pinceladas, sigo buscando buenos valores y una intensidad en mi toma de decisiones que genere interés visual en lugar de resolver el dibujo demasiado rápido.

Este inicio abstracto me permite pintar toda la cabeza en general y tener tiempo suficiente para hacer un trabajo decente sin dispersarme demasiado. Esto es especialmente útil si tenemos poco tiempo para pintar la cabeza y encajarla, y pensamos volver a ella más tarde. Hice este encaje en aproximadamente una hora y media para una clase de Zoom que imparto los sábados, y luego hubo dos sesiones más de hora y media para terminar algunos detalles y aplicar algunos cambios sutiles.

Steve Forster, *Junyi*, óleo en aluminio, 35,6 cm × 45,7 cm

LA LIBERTAD DE LO ABSTRACTO

Quizá haya dedicado demasiado tiempo a la pintura clásica, pero una parte de mí valora profundamente los detalles más abstractos en mis obras actuales. Cuando pintamos a partir de una fotografía y comparamos constantemente nuestra obra con esa referencia inmutable, puede surgir una rigidez y una obsesión por crear una ilusión de la realidad, en lugar de la libertad en la expresión de la pintura. Creo que pintar del natural permite mayor expresividad y riqueza de matices, ya que se trata de una realidad en constante cambio, no de una fotografía sin vida.

Como han descubierto muchos pintores, al principio solemos pintar de forma libre y espontánea, creando pinceladas audaces y momentos interesantes en la pintura. Con el tiempo, al suavizar y refinar, esas obras van perdiendo parte de su frescura inicial.

Dé prioridad a crear ciertas áreas en sus pinturas que parezcan interesantes solo desde una perspectiva pictórica, y no solo ilusoria. En un retrato, no creo que todo pueda hacerse de esta manera; de lo contrario, dejaría de ser reconocible como una persona concreta, que para mí constituye la esencia misma del retrato. Pero eso no significa que no podamos dejarnos llevar un poco cuando pintamos, siempre buscando variedad y riqueza. Una idea práctica para intentar lograr esto por nosotros mismos es usar al menos cuatro tipos de pinceladas diferentes, cada una con su propia personalidad, y alternarlas para evitar la homogeneidad. Podemos combinar un pincel fino pequeño, uno plano, una espátula y un pincel suave. Contar con estas distintas «voces» permite una mayor variedad de trazos y le ayuda a abrazar plenamente el lenguaje de la pintura y todo su potencial expresivo.

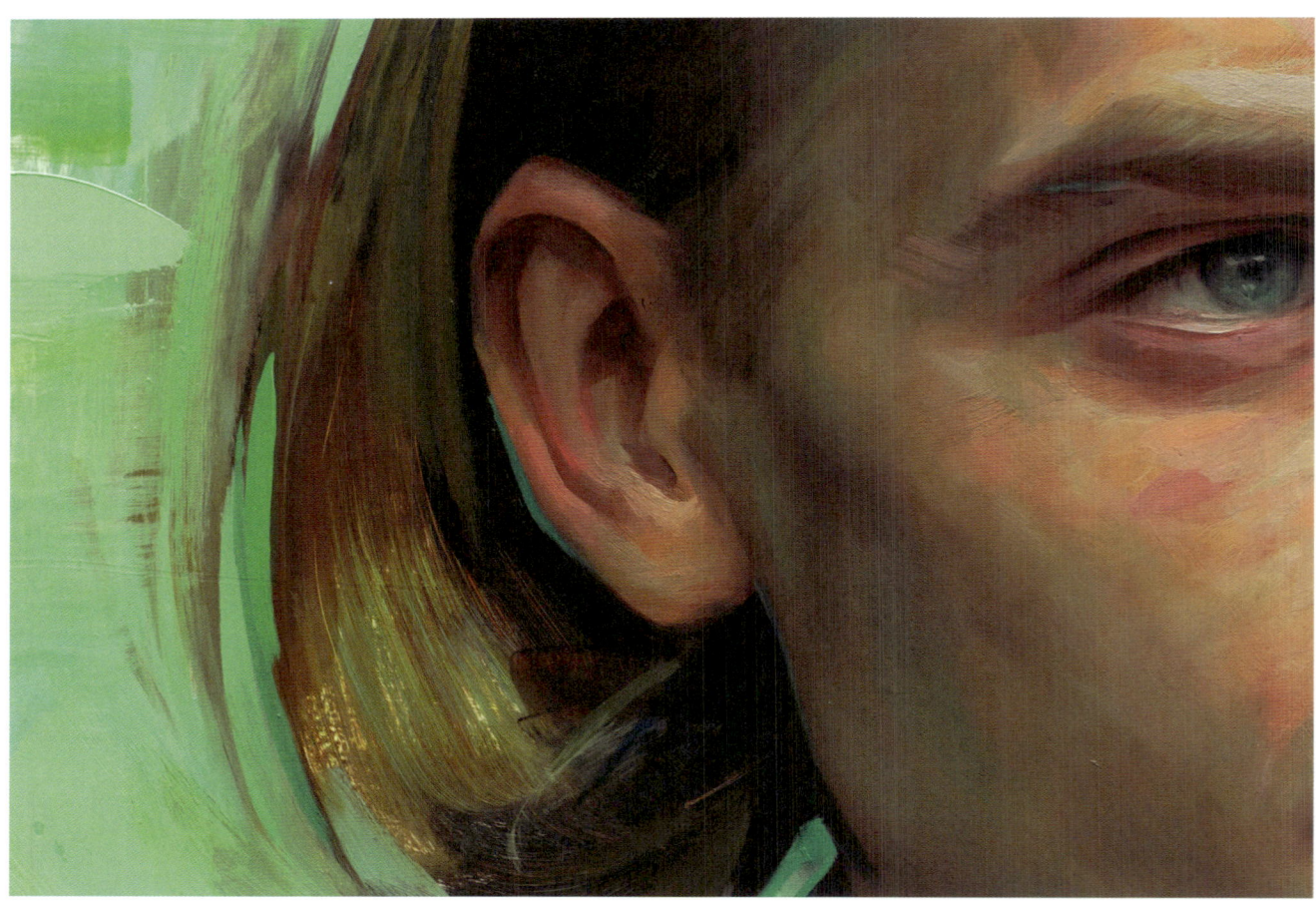

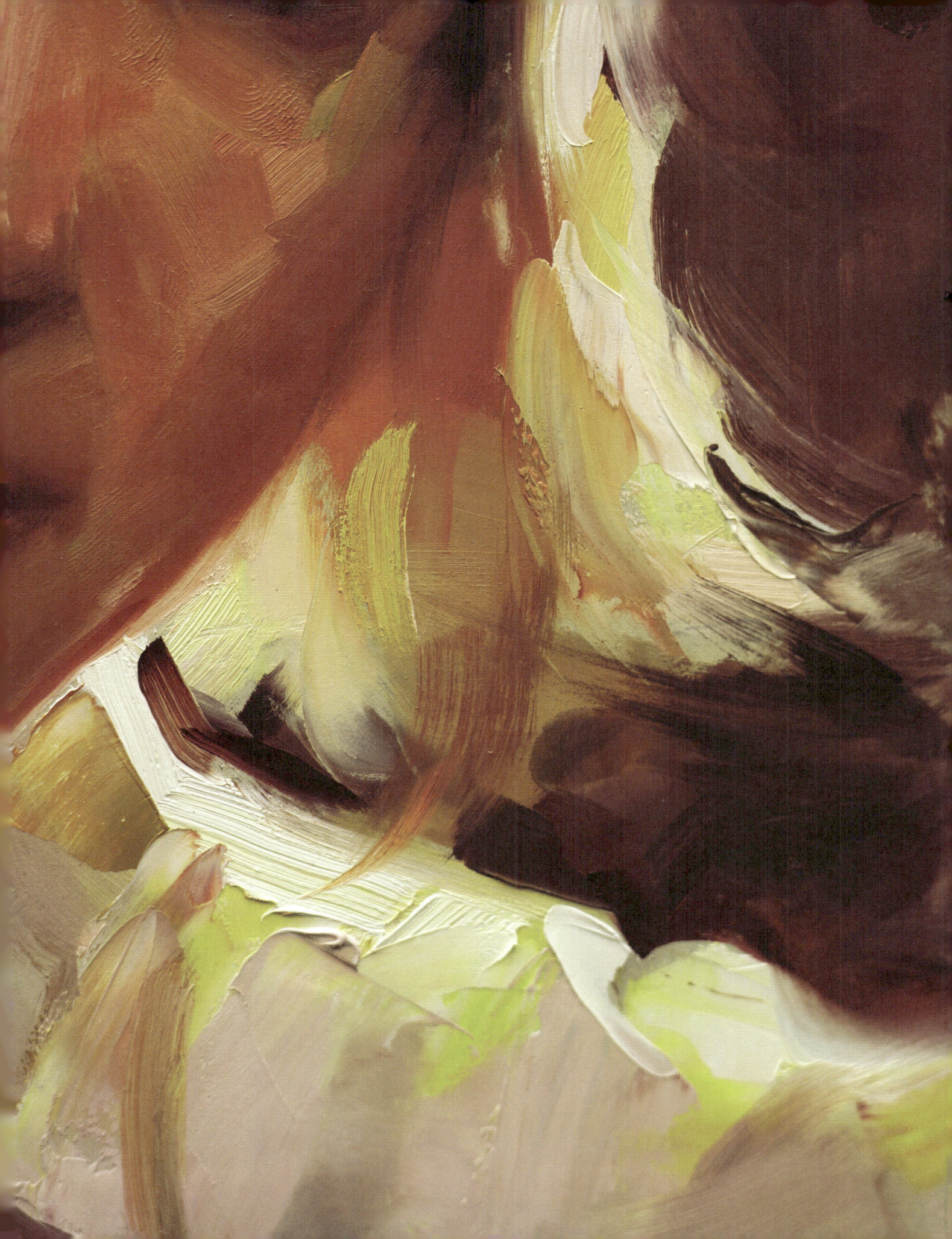

VARIEDAD DE PINCELADAS

En esta pintura, por el contrario, se mezcla el efecto del realismo con pinceladas de una cualidad más digital y moderna. Creo que a mucha gente le interesa este estilo, que podría asociarse con una sensación de «realismo disruptivo». Al adentrarse en lo desconocido, como la interpretación, probablemente lo más útil sea establecer un conjunto de reglas que le proporcionen cierta guía para su propio modo de interpretar. Lo digo porque a veces la gente me pregunta cómo hago estas marcas o qué tipo de pincelada es esa, y realmente es una evolución de un conjunto de reglas que me impuse a mí mismo y que crearon esas marcas.

Es cierto que al principio todo es experimentación, y cuantos más trazos y vocabulario diferentes pueda desarrollar para crear variedad, mejor. A menudo, cuando alguien descubre una espátula por primera vez, se obsesiona e intenta descubrir todas las cosas diferentes que puede hacer, y el resultado es un desastre pastoso. Considerar esto como una experiencia más de la que podemos aprender e integrar luego en otras pinceladas que ya dominamos es la manera de desarrollar y enriquecer nuestra variedad de pinceladas. Podemos pasarnos de la raya con una nueva herramienta, pero si somos inteligentes, aprendemos a interactuar con otras marcas y otros recursos que ya tenemos.

Me gusta tener estas marcas mezcladas de forma paralela, casi como una especie de tapiz de diferentes pinceladas. En la imagen que aparece a continuación, verá líneas que ayudan a dar forma a algunas marcas caóticas. Verá áreas suaves que evitan que todas las marcas sean nítidas. Verá marcas de espátula que aportan un toque de caos y desorden. Y verá una zona muy pulida que contrasta con las abstracciones.

▸ Steve Forster, *Junyi*, óleo en aluminio, 15,2 cm × 15,2 cm

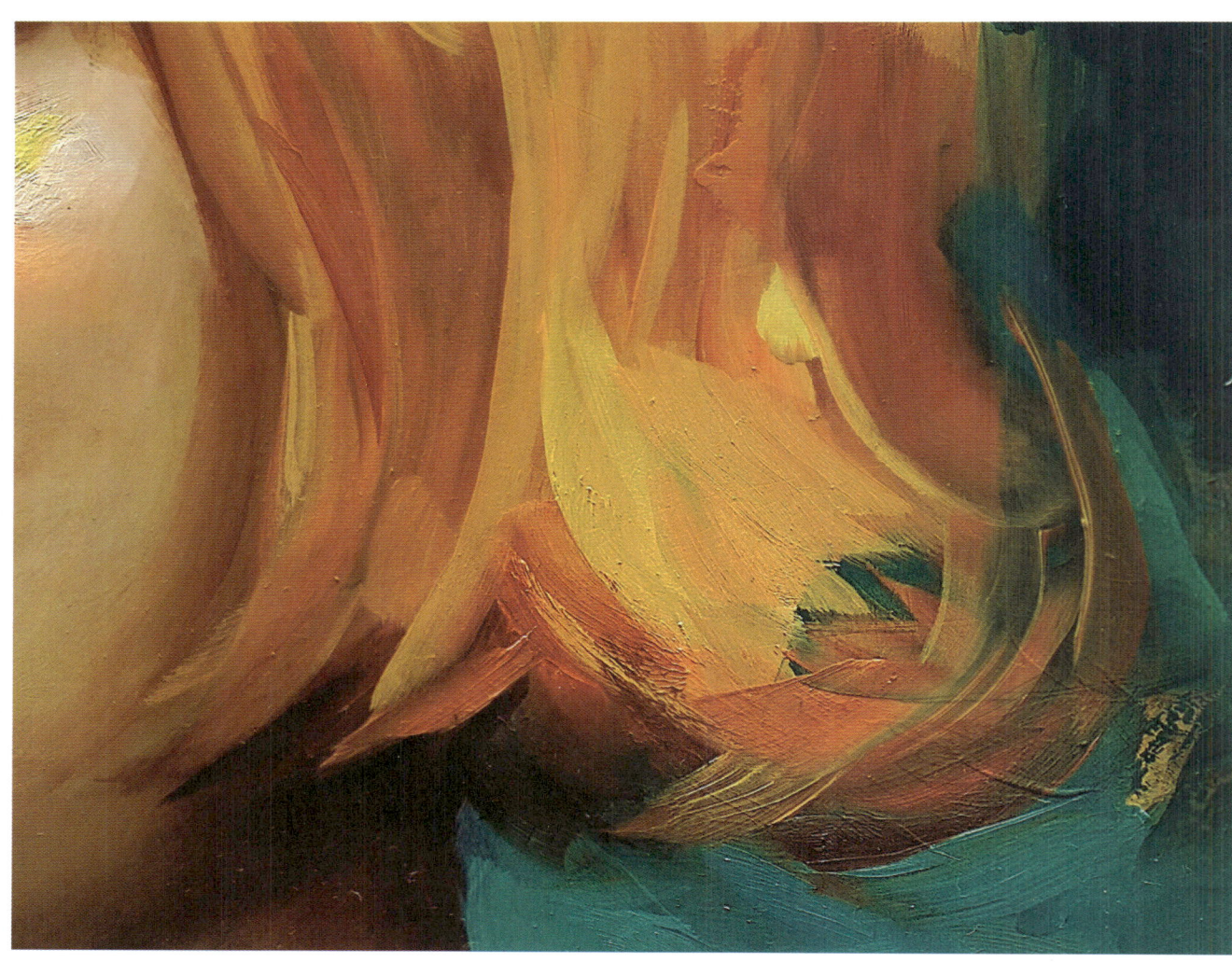

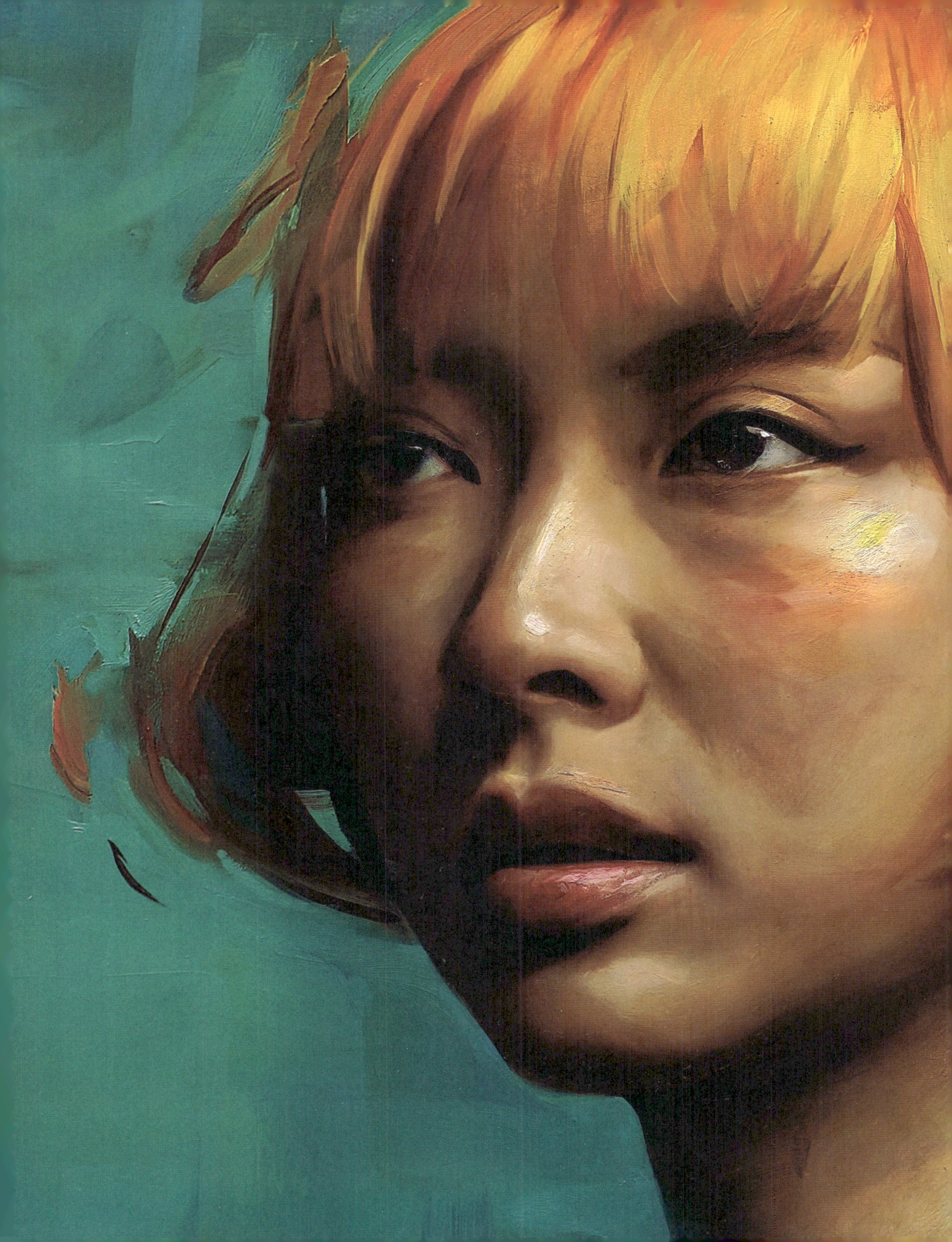

8 | CONCEPTOS AVANZADOS DEL COLOR

MODELO CLÁSICO DE LA PIEL

«La carne fue la razón por la que se inventó la pintura al óleo».

WILLEM DE KOONING

El color de la piel es uno de esos misterios seductores de la pintura que nos impulsa a querer aprender. En cierto sentido, pintar tiene algo mágico: transformar una superficie plana en un ser humano usando solo pigmento, pasta y pelos sujetos a un mango de madera. Quien lo consigue, queda atrapado para siempre.

Sin embargo, también puede ser una de las cosas más frustrantes de pintar porque cambia constantemente. Hay que dominar la forma, la tez o la etnia, y la aplicación práctica de la pintura sobre el lienzo.

En la pintura del siglo XVII, comienza a surgir la noción de lo que es el color de la piel hermosa. A través de una combinación de observaciones y estética, llegamos a lo que yo denomino el «modelo clásico de la piel». Por supuesto, no todas las pinturas figurativas de esa época se ajustan necesariamente a esta teoría, pero la gran mayoría de las obras clásicas tradicionales sí lo hacen. Los mejores ejemplos son Jacques-Louis David, Rembrandt y Rubens, entre otros.

¿Cómo se desarrolló el modelo clásico de la piel? Uno de los principales contribuyentes a esta idea fue Peter Paul Rubens, quien escribió un libro sobre el color que no ha llegado a nuestros días. Me imagino que en ese libro describía este proceso, y que probablemente lo utilizaban como manual sus numerosos ayudantes, quienes pintaban gran parte de su obra. El libro debía ilustrar cómo se podía transcribir la anatomía de la luz al color a partir de uno de sus dibujos sin tener un modelo vivo o una foto como referencia. Esta codificación por colores de la anatomía de la luz se habría explicado de una manera fácil de entender, lo que habría sido una herramienta increíblemente útil para mantener la coherencia en un lienzo enorme con múltiples figuras.

He oído varias versiones diferentes de esta metodología. Algunas han sido útiles, y otras han sido más confusas que útiles. Pero, básicamente, mi conclusión es que el modelo clásico de la piel es una masa de luz con un giro neutro frío y una sombra cálida.

Este modelo funciona porque, en general, la gente quiere ver la piel cálida bajo una luz cálida, ya que parece saludable. Además, la luz reflejada suele ser cálida de todos modos. Es lo que se ve cuando la piel está bien iluminada en un entorno que la realza.

Existen muchas aplicaciones del modelo clásico de la piel, pero en general sigue este patrón cálido-frío-cálido. Podría darse el caso de una luz fría, y entonces el modelo sería frío-cálido-frío. En algunas aplicaciones modernas del color, esto resulta especialmente valioso, aunque rara vez se emplea en la pintura clásica.

Todo esto puede parecer confuso, pero el color de la piel es complicado. Si se aferra al modelo clásico de la piel y trata de entenderlo, le dará una idea de cómo usar el color para la piel, a pesar de que tal vez no lo vea en una referencia. Lo ideal es que, con la ayuda de estas páginas, cuando haya combinado y dominado todos los conceptos en la práctica, sea capaz de dar color a una fotografía en blanco y negro de una figura sin necesidad de ver su versión coloreada como referencia.

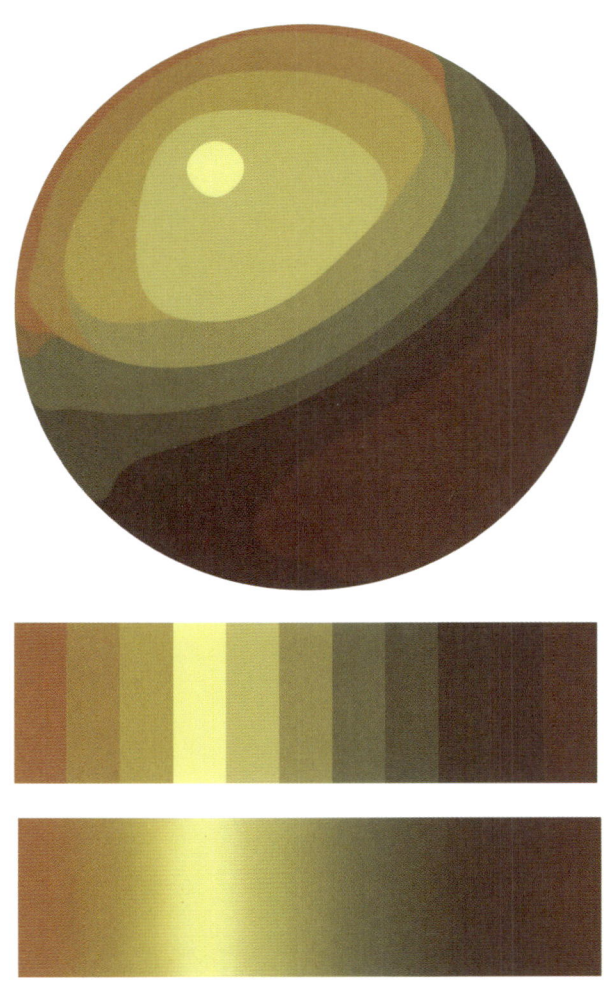

En el siguiente diagrama, vemos el modelo clásico de la piel, que puede ser más exagerado o más sutil en color que este diagrama. Todos los componentes se correlacionan con la anatomía de la luz, que es la descomposición de las diferentes identificaciones de la luz y la sombra que se desplazan sobre una forma, como una esfera. En términos generales, tenemos una masa iluminada cálida que presenta un cromatismo más cálido hacia la luz, un tono frío que se adentra en la sombra, una sombra oscura neutra (el terminador) y una luz reflejada cálida.

El primer componente es el giro cálido exterior, al que yo llamo «giro hacia la luz» Es un tono cálido. Luego, aparece la luz cálida central. Recuerde que, en el modelo clásico de la piel, casi siempre es una luz cálida. A continuación, viene el giro neutro o frío, seguido de una sombra central neutra y oscura y, finalmente, una luz cálida reflejada en la sombra.

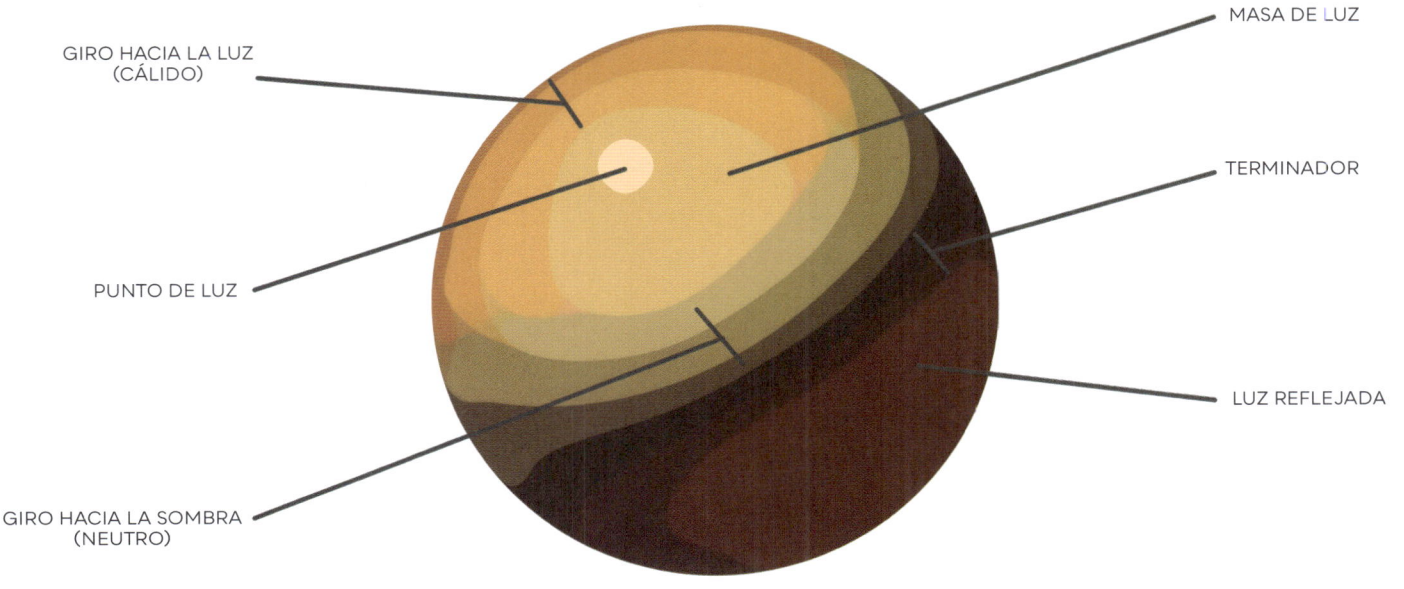

GIRO HACIA LA LUZ (CÁLIDO)

MASA DE LUZ

PUNTO DE LUZ

TERMINADOR

LUZ REFLEJADA

GIRO HACIA LA SOMBRA (NEUTRO)

ETNICIDAD Y EL MODELO CLÁSICO DE PIEL

Pensé que valdría la pena intentar examinar las variedades de tonos de piel y ofrecer un punto de partida para que los principiantes comprendan las diferencias entre los distintos tipos de paletas de colores étnicos y complexiones. El modelo clásico de la piel sigue siendo válido para todas las tonalidades de la misma. Simplemente tiende a favorecer tonos ligeramente diferentes dependiendo de la complexión del modelo. La piel más oscura a menudo puede ser naranja y violeta, a veces con un poco de azul más frío. El tono medio de la piel puede tener un matiz más anaranjado y oliva que se equilibra con él. La piel muy pálida suele tener un tono rosáceo con matices gris verdosos, así como amarillos para mantener la calidez.

Obviamente, en el canon del arte occidental europeo, muchas pinturas tienden a favorecer la tez caucásica. Sin embargo, existen grandes ejemplos de distintos tipos de piel en obras de Rubens, Rembrandt y muchos otros artistas. Incluso en pieles caucásicas, se puede utilizar una gran variedad de colores, dependiendo de si la persona trabaja al aire libre y tiene una tez más rubicunda o si es una persona de interior con una palidez más fría. Dada la gran variedad que existe incluso dentro de una misma etnia, he elaborado una media que veo constantemente cuando pinto del natural.

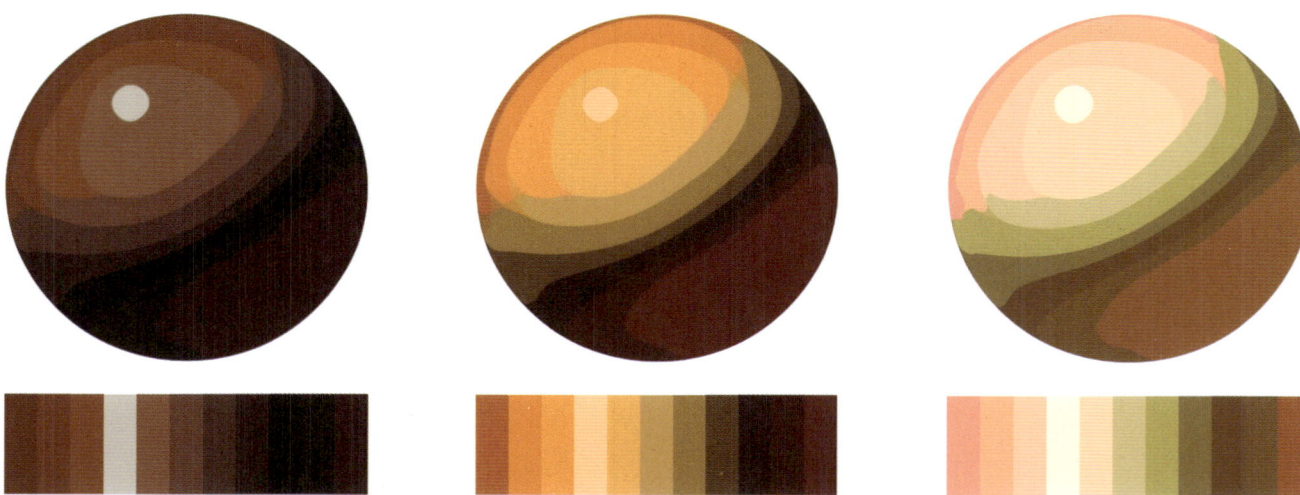

ETNIA Y TONO DE PIEL

A menudo me preguntan: «¿Cuál es la diferencia entre pintar a alguien con la piel más oscura y pintar a alguien con la piel más clara?». Es verdad que puede haber muchas diferencias, como ya hemos visto en el modelo clásico de la piel. Sin embargo, suele haber más tonos que se superponen que tonos diferentes. Como vemos en el siguiente diagrama, estos dos tonos de piel diferentes se podrían pintar con la misma paleta. Hay diferencias en la intensidad de las sombras y quizás en la de los tonos medios, pero en general los colores son los mismos. Es la estructura de valores lo que es diferente.

He notado, al pintar modelos de diferentes etnias, que podemos tener los colores correctos, pero a veces es una sutil variación en los valores, más que en los colores en sí, lo que crea el efecto de etnicidad, especialmente si estamos intentando que la piel tenga un aspecto más saludable, colorido y cálido. Es fácil encontrarse con dos modelos muy diferentes que utilizan exactamente la misma paleta de colores, y las señales visuales que cambiarían su etnia van más allá del color. Esto solo demuestra lo importantes que son los valores y el dibujo, y que obsesionarse con los diferentes tonos y variaciones de tez no siempre es la respuesta correcta.

Por cierto, me gusta pensar en cuánto podemos acercarnos y compartir más entre nosotros, en lugar de estar tan distantes. Por supuesto, alguien puede tener una tez más pálida que tienda al rosa, mientras que otra persona presenta un tono más oliva, pero fíjese en lo frecuente que los tonos de piel son más parecidos que distintos.

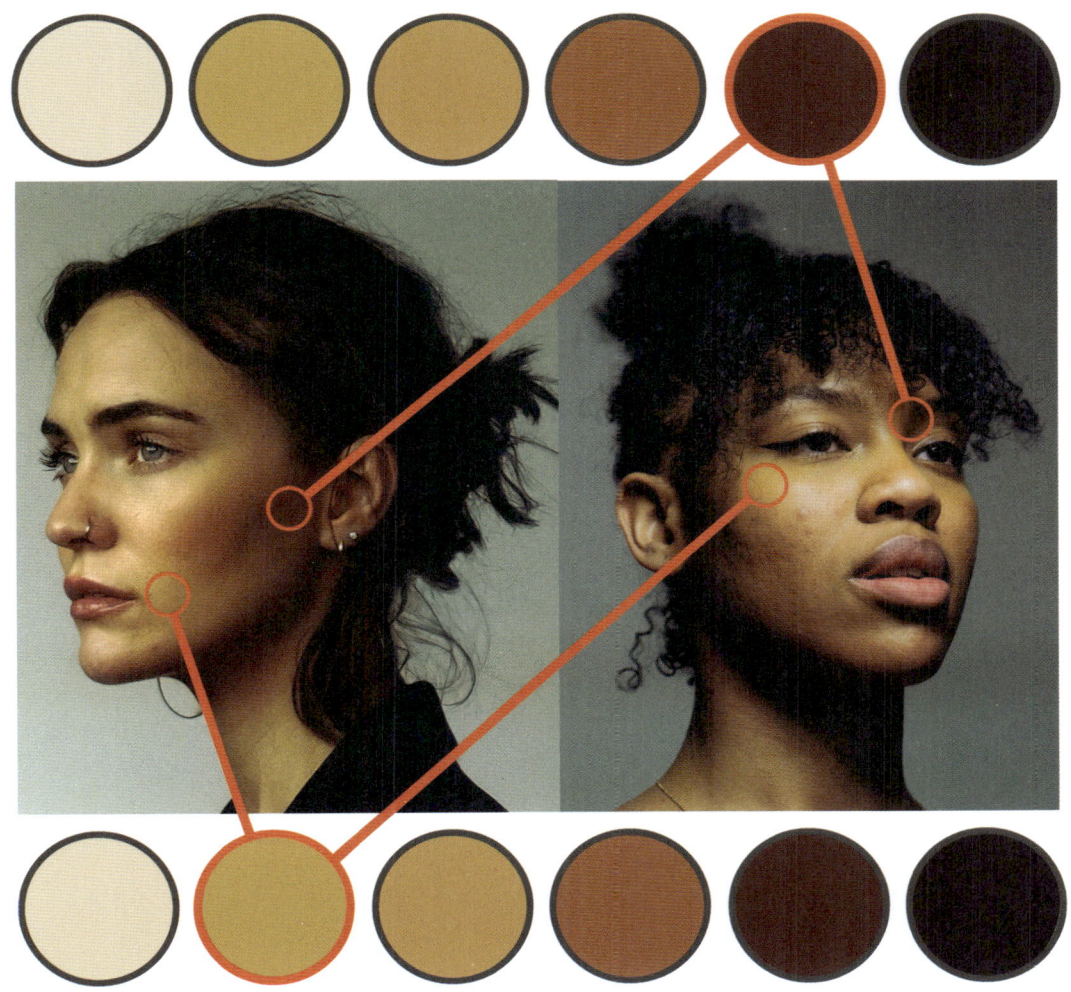

TONO MEDIO DE LA TEZ

Uno de los conceptos principales que se plantean en este libro es la creación de una matriz de paleta de tonos de piel a partir de un color base, o lo que es lo mismo, un tono de piel medio. Detectar este color base con cualquier iluminación o situación atmosférica en la que se encuentre es el primer paso para construir la paleta. Es una lucha constante ajustar su paleta para que se centre en esta nota.

En las imágenes de la derecha, vemos tres tonos medios de complexión muy diferentes: uno que favorece un tono oliva **(A)**, otro que favorece un tono naranja saturado **(B)** y otro que favorece más un tono rosado y pálido **(C)**. Todos ellos están relacionados de alguna manera con la etnia y la complexión. Dadas las diferentes situaciones de iluminación, esto está sujeto a cambios, y, a pesar de los ajustes de la cámara, el balance de color y la forma en que percibimos el tono de piel de nuestro modelo pueden variar considerablemente. Cuando fotografío a un o una modelo, busco equilibrar el color para poder ver un espectro completo, de modo que no parezca que hay un filtro naranja o azul sobre todo, etc. ¿Cómo saber si la imagen tiene todo el espectro de colores? En las imágenes, fíjese en que el hombre de la figura **(C)** no solo tiene un tono de piel rosáceo, sino que también tiene el pelo amarillento, el fondo un tinte verdoso y su camisa es azul. Esto me indica que puedo confiar en que el tono de la piel es realmente rosáceo y no solo se ha aplicado un filtro rojo o rosado a toda la imagen, ya que, de lo contrario, esas otras zonas de color no se percibirían como realmente se ven. Lo mismo ocurre con los demás modelos representados.

Percibir este tono medio de la tez puede parecer fácil en estas imágenes, pero a veces la relatividad de muchos factores puede hacer que sea difícil de plasmar en el lienzo, y puede requerir varios intentos. Por eso es importante mezclar la pintura cada día para poder abordar el lienzo de una forma nueva y no intentar siempre igualar lo que ha pintado

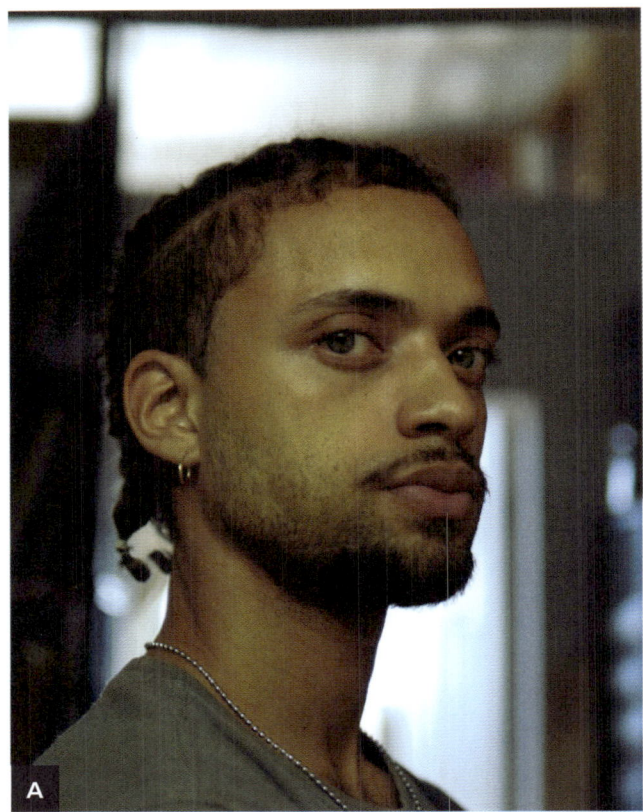

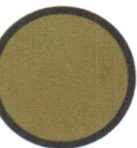

anteriormente. Siempre que trabajo varios días en la misma pintura, comienzo mezclando la paleta a partir de este tono medio complejo y me procuro mantenerla siempre enfocada en él. Sin embargo, no es una pérdida de tiempo ni un desperdicio; a veces, mis errores anteriores añaden algo de variedad y emoción a la imagen. Por ejemplo, si empiezo a pintar al hombre de la figura **(A)** con un tono demasiado anaranjado al principio y, de repente, me doy cuenta de que tiene un tono más oliva, puedo dejar que se vea un poco ese «error» anaranjado. Ese naranja se aprecia en el rostro, en la parte posterior del cuello, así como en la sien y otras áreas. No olvide aceitar la pintura para poder frotar o mezclar más fácilmente el trabajo de hoy con el del día

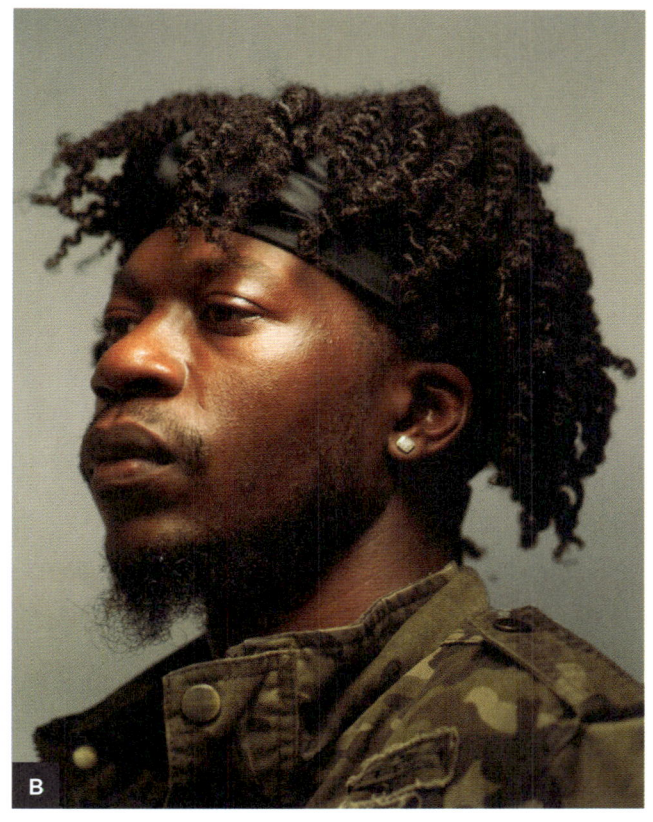

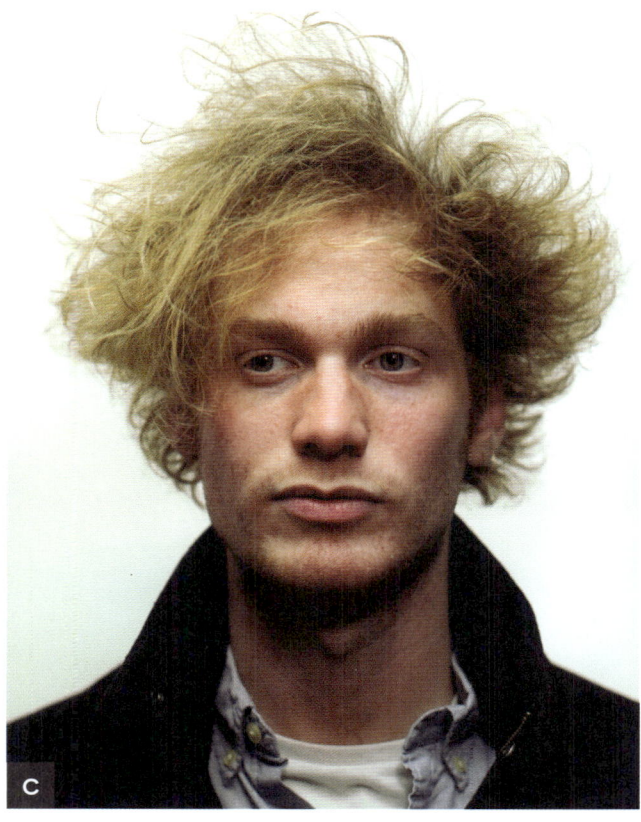

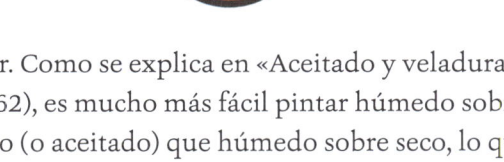

anterior. Como se explica en «Aceitado y veladuras» (pág. 162), es mucho más fácil pintar húmedo sobre húmedo (o aceitado) que húmedo sobre seco, lo que suele obligar a repintar toda la imagen.

Una ligera variación de esto es que si de repente se da cuenta de que ha hecho el sujeto demasiado gris, puede velar con este tono medio de la tez de forma transparente sobre toda la superficie de la pintura para calentarla y acercarla al tono medio.

Conseguir el tono medio de la tez o el color base es una prioridad, pero la variación sutil que comienza a desviarse de este tono será precisamente lo que añada emoción a la imagen. Recuerde que el color base es un punto central que le ayuda a organizar su paleta y evaluar sus colores, pero no es el objetivo final. Por muy útil que sea detectar el «color adecuado» para la tez, si esto es todo lo que obtenemos en nuestra paleta, nuestra pintura tendrá un aspecto monótono y aburrido que, en realidad, no captará la esencia de los tonos de la piel.

MODELO CLÁSICO DE LA PIEL CON DIVERSIDAD DE COLOR Y ANATOMÍA DE LA LUZ

BOUGUEREAU

William-Adolphe Bouguereau es, quizás, el colorista más influyente para mí en lo que respecta al tono de la piel. Por supuesto, su contenido y estilo no son del agrado de todos, pero él es, sin duda, el primero y el mejor en combinar de forma magistral el modelo clásico de la piel con la diversidad de color. Algunos artistas utilizan la diversidad de colores de una forma salvaje y descabellada, lo que, en el peor de los casos, puede parecer una enfermedad de la piel o hacer que el rostro de alguien parezca una fruta magullada. Bouguereau logró integrar todos estos colores, manteniendo la suavidad de la piel y respetando la sensibilidad clásica de maestros como Jacques-Louis David o Peter Paul Rubens, pioneros del modelo clásico de la piel».

Como vemos en su cuadro *Portrait de Gabrielle Cot* (Retrato de Gabrielle Cot), de alguna manera, todos estos tonos se organizan en un contexto más amplio, la «anatomía de la luz», donde la luz es amarillenta, la masa luminosa tiene un tono rosado, el giro es mucho más grisáceo y la sombra tiene un efecto rojizo y cálido que, a su vez, también tiene un reflejo amarillo. Para lograr algo así, se requiere un control extraordinario del color y un profundo entendimiento de su concepto, tanto en cómo varía a través de las diferentes zonas de luz (la anatomía de la luz) como en las distintas áreas de la propia piel del rostro. Algo así no sucede por casualidad ni por tener suerte con un modelo particularmente colorido. Es un método conceptual de pintar y ver el color de la piel y sus posibilidades más bellas.

Eche un vistazo a la esfera del modelo clásico de la piel **(A)**, en la que nos damos cuenta de cómo el color de la luz y el color de la atmósfera interactúan con el color base de la piel. A través de cada zona de luz, cambia mucho de color, y se convierte en una experiencia mucho más rica que solo tener una esfera naranja que va de claro a oscuro con blanco y negro. Tener cambios sutiles de color en las zonas de luz siempre hará que el color de la piel sea más interesante. Aunque no sea estrictamente necesario, ofrece una perspectiva elevada del mundo clásico del tono de piel y demuestra que comprender lo clásico no tiene por qué ser monótono o aburrido, sino que puede resultar técnicamente enriquecedor y elevar nuestras sensibilidades a un nivel mucho más alto.

En la figura **(B)**, fíjese en la variedad de la diversidad que se coloca en estas diferentes zonas, sin alejarse demasiado del tono general en el que se encuentran. Todos estos colores son acentos que se desvían un poco del tono medio en función de las diferentes cualidades de la piel. Quizá se pregunte por qué hay un tono morado inesperado en la esfera; observe debajo del ojo y verá cómo la piel se transforma gradualmente hacia un matiz más violeta. O cómo en los labios y las mejillas se aprecia un toque más rosado, alejándose ligeramente del modelo clásico de la piel de tono uniforme. También puede notar los fragmentos en los que Bouguereau enfría ligeramente el tono de la piel, no tanto por fidelidad, sino para generar un contraste que intensifica la viveza de los colores. Lo mismo ocurre alrededor de las cejas, donde se percibe una sensación de frescura, así como a lo largo de la línea de la mandíbula, justo antes de que comience la sombra.

Así que, para mí, combinar dos conceptos complejos —el modelo clásico de la piel y la diversidad de colores con la unidad— junto con las múltiples razones por las que la piel varía según la zona del rostro, constituye probablemente la mejor interpretación del tono de piel. Esta superposición de conceptos aporta sofisticación, en lugar de recurrir a un enfoque único que resulta excesivamente simplista.

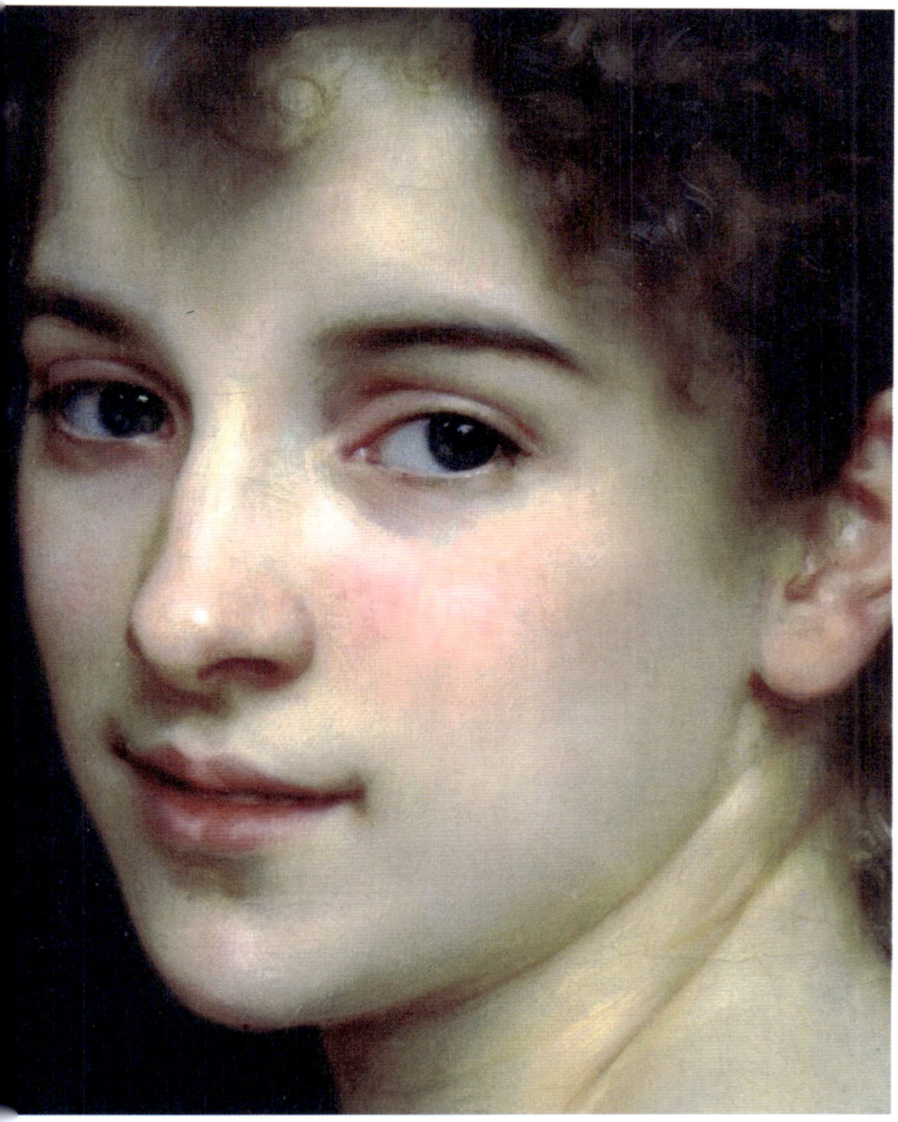

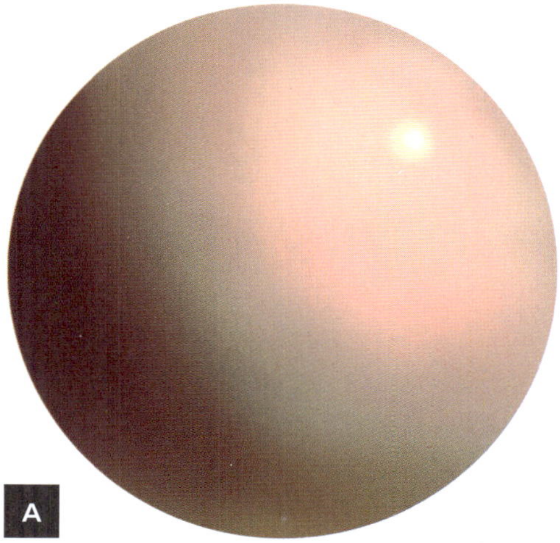

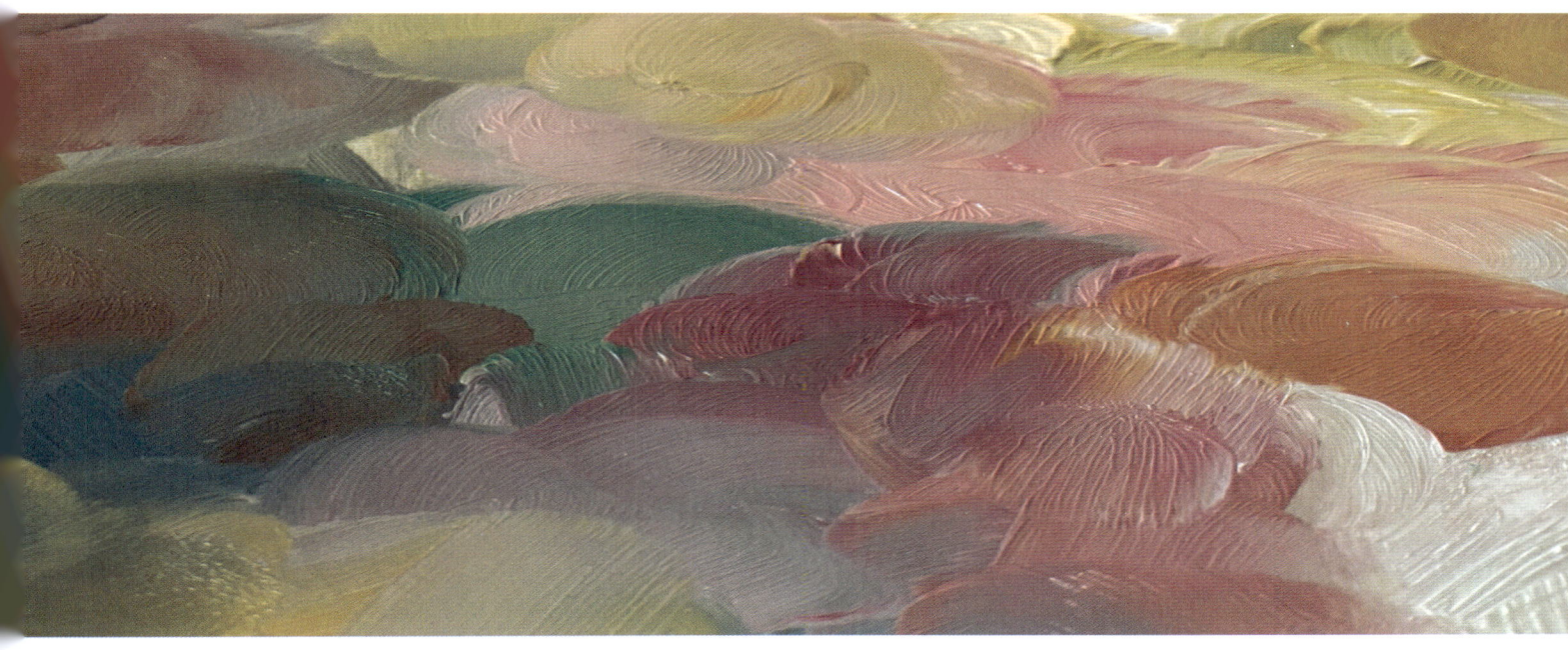

A

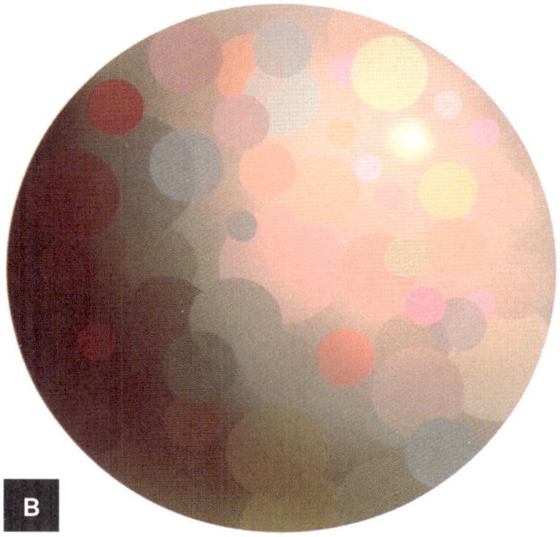

B

INTERPRETACIÓN DEL COLOR Y ESTÉTICA

A medida que me he ido familiarizando con los conceptos del color y los diferentes pintores que me gustan, así como con los que se encuentran en la naturaleza, he tratado de incorporarlos a mi propio trabajo y pintar más desde una sensación estética interna del color, en lugar de basarme únicamente en lo que veo. Esto es especialmente útil cuando trabajo a partir de fotografías, que tienen un alcance muy limitado en cuanto a la diversidad cromática.

La cámara tiende a uniformar los tonos de color, pero la naturaleza no siempre coincide con lo que nos resulta estéticamente resonante. La labor del artista suele consistir en realzar o presentar el motivo de una forma desfamiliarizada, de modo que podamos apreciarlo bajo una nueva luz y no lo pasemos por alto como una experiencia cotidiana. Esa desfamiliarización abre un espacio para la interpretación.

Pintar un motivo desde una perspectiva distinta, empleando colores y pinceladas diversas para evocar el estado de ánimo o la emoción que transmite lo que uno siente hacia él, forma una parte esencial del acto de interpretar. Sin duda, esta idea transformó por completo mi concepción del arte como pintor «realista». Existe la escuela de la naturaleza, en la que buscamos aprender de lo que observamos y mantenernos anclados en la realidad, pero también interviene la dimensión de la interpretación y de los sentimientos, que igualmente tratamos de plasmar.

Creo que lo más acertado es familiarizarse a fondo y estudiar el vocabulario visual de los grandes maestros antes de intentar convertirse en intérprete. Al fin y al cabo, hay que dominar un idioma antes de poder escribir poesía. Este idioma puede proceder de artistas históricos, de la naturaleza o de maestros contemporáneos.

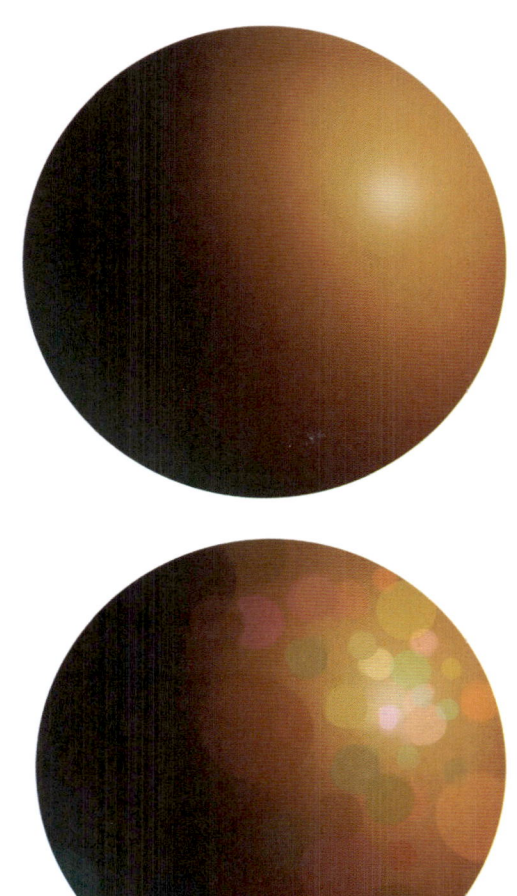

En estas imágenes se aprecia una de mis interpretaciones de un tema, en la que integro ciertas ideas tomadas del arte clásico junto con aportaciones propias: el modelo clásico de la piel, la diversidad cromática de esta, las flores de color e incluso el concepto del arcoíris comprimido, que exploraremos en la siguiente sección.

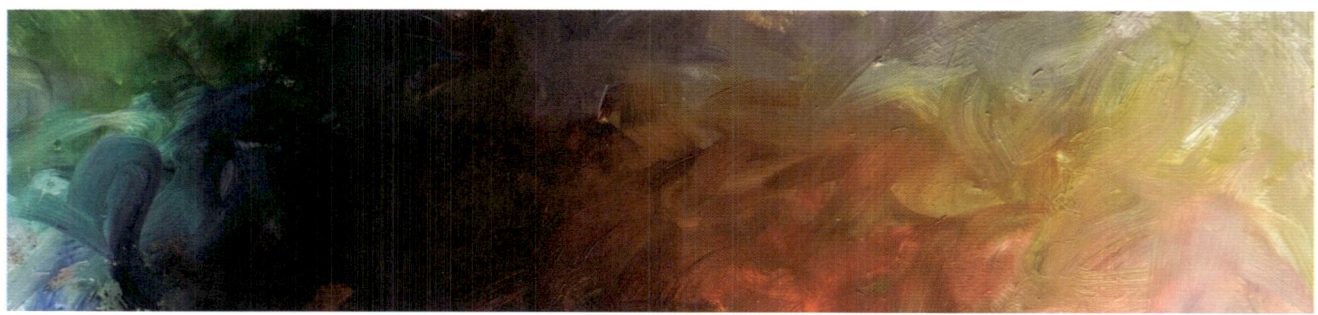

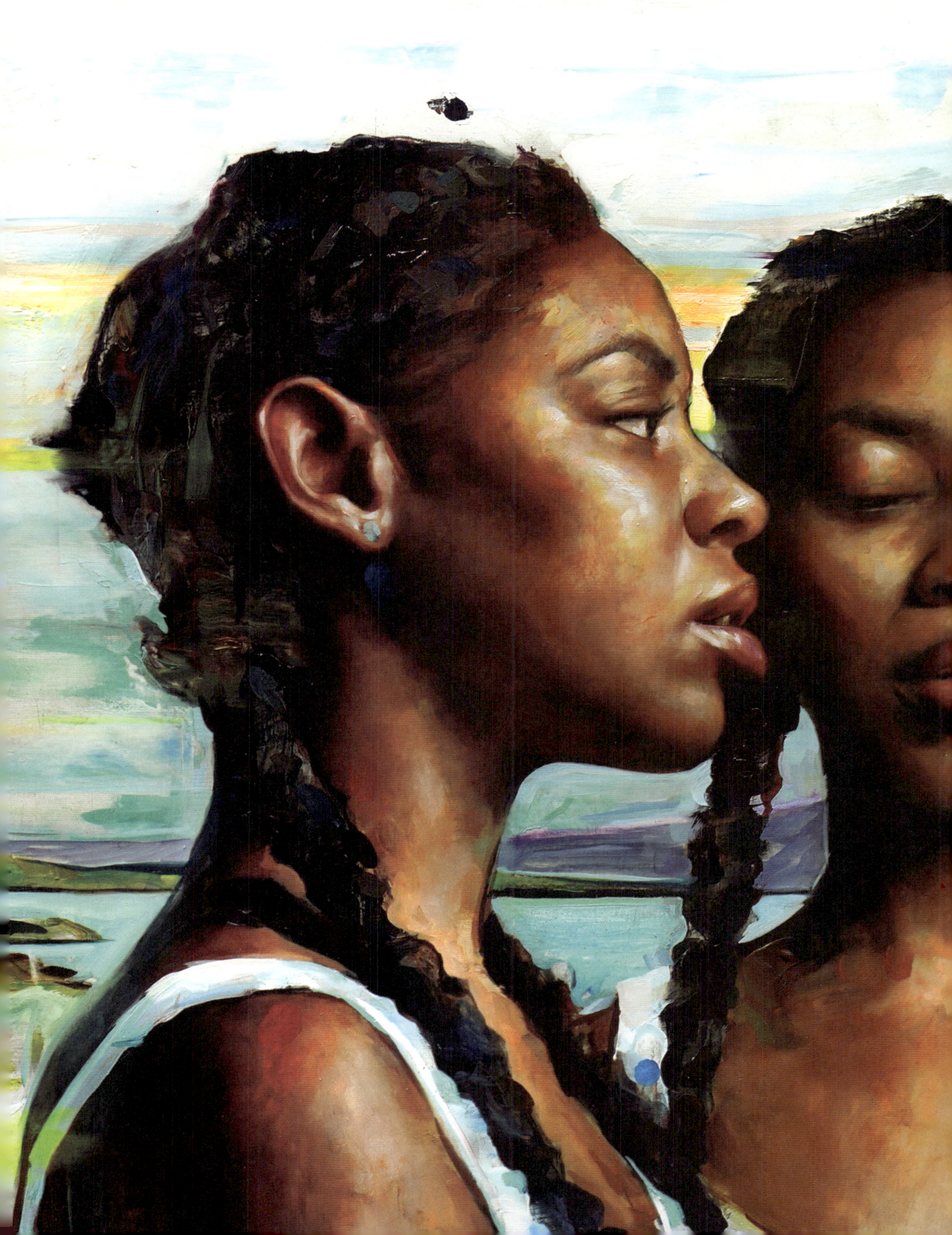

9 | COMPRENDER EL COLOR Y LA LUZ

EL ARCOÍRIS COMPRIMIDO

El arcoíris comprimido es un concepto que descubrí mientras observaba las armonías cromáticas naturales que encontraba al pintar paisajes. Cuanto más se busca, más aparece en la naturaleza: en la luz de una vela, en una puesta de sol, en la manera en que la luz fresca de una ventana se derrama suavemente sobre los cálidos suelos de madera. Es una herramienta especialmente eficaz para tener en su «caja de herramientas» para pintar, ya que formaliza la noción de que, a medida que las cosas se oscurecen, cambian de tono y temperatura, además de valor. En términos más sencillos, cuando una luz amarilla incide sobre un objeto y se oscurece lentamente, pasa por el naranja, el rojo y el violeta hasta llegar a un gris o azul más oscuro, como se ve en el diagrama de al lado.

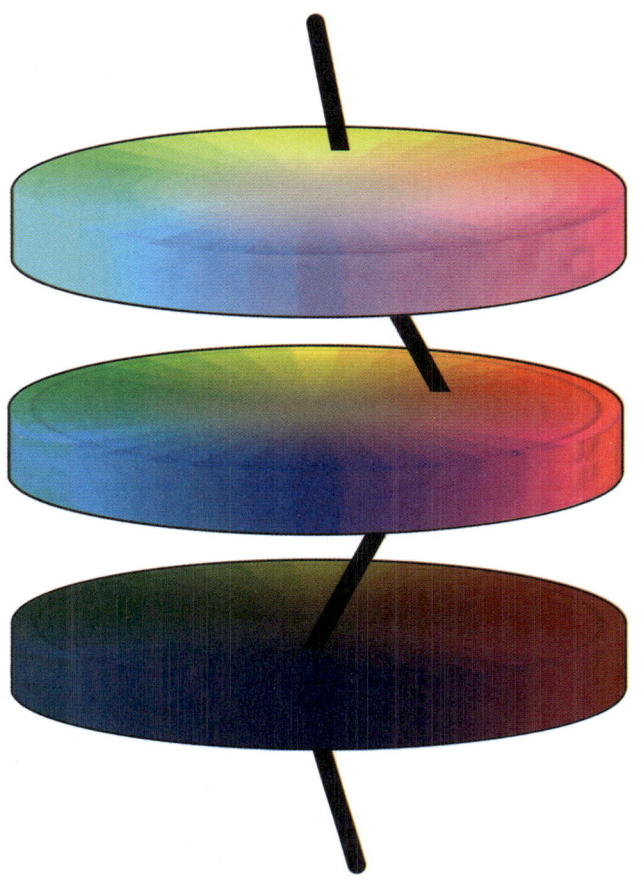

Lo llamo arcoíris comprimido porque no es un arcoíris real, en el sentido de que los colores no están totalmente saturados. Este flujo de tonos se atenúa al reducirse, lo que los armoniza de una manera suave y evita que resulten desagradables a la vista. A veces, esta acentuación se produce con mayor intensidad en diferentes áreas de la progresión. Normalmente, las partes oscuras son las más grises del arcoíris comprimido, donde los colores pueden no ser tan cromáticamente azules como parecen. El contexto de todos los colores en paralelo puede engañarnos y hacernos pensar que están más saturados de lo que realmente están.

A menudo, veo el arcoíris comprimido en los tonos de piel cuando hay múltiples fuentes de luz, lo que generalmente complica aún más el confuso tema de pintar tonos de piel. Por eso hay una sección en este libro que trata este concepto, para que podamos pintar tonos de piel como lo hacía Joaquín Sorolla, no solo con una fuente de luz única, sino también teniendo en cuenta las condiciones atmosféricas que nos rodean.

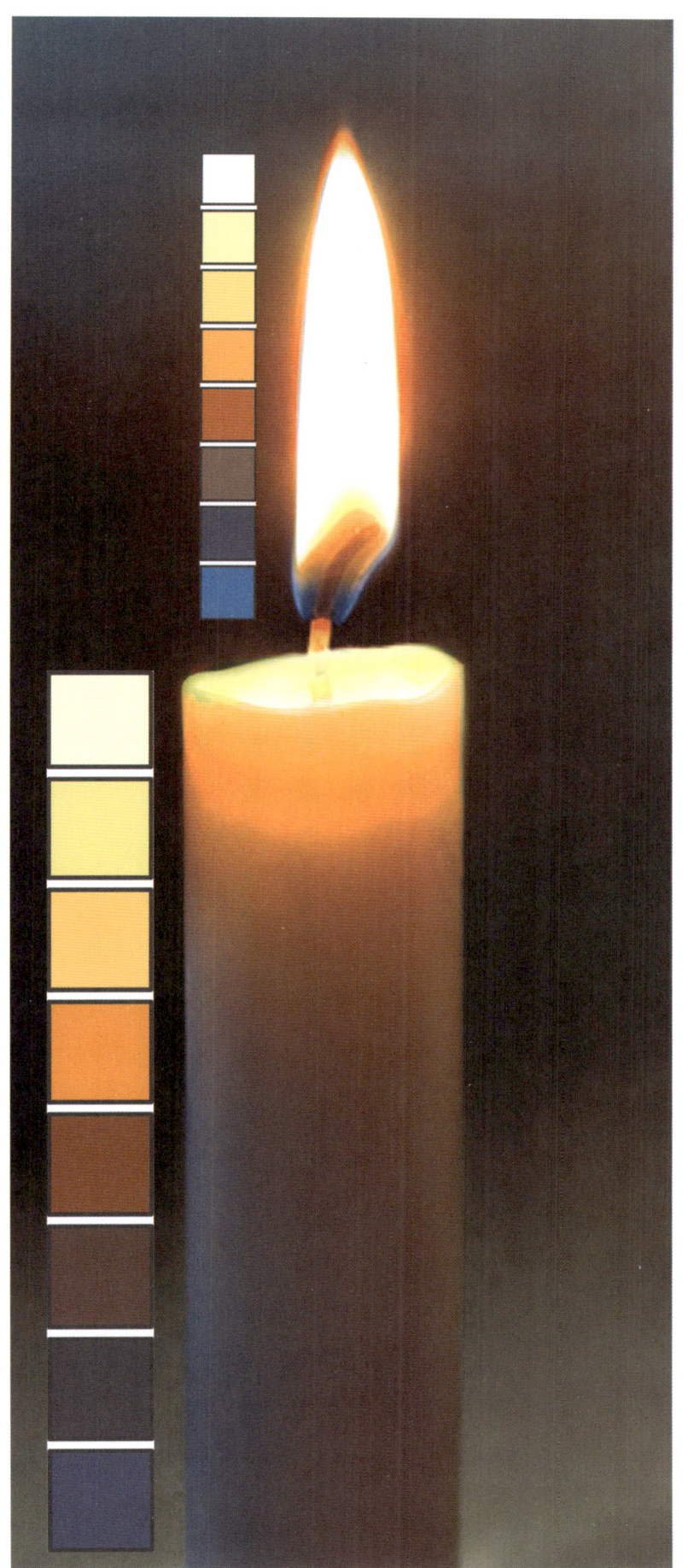

CONDICIONES ATMOSFÉRICAS

Como he mencionado antes, descubrí este concepto mientras pintaba un paisaje. Parte de la idea de que existe una luz cálida principal («el sol») y una luz fría secundaria («el cielo») que condicionan la manera en que percibimos el motivo. El resultado es algo muy bello, y por eso muchos pintores de paisajes salen al amanecer o al atardecer para capturar los colores de estas fuerzas en plena acción. A mediodía, el sol se eleva y contrarresta el azul del cielo, y el azul contrarresta el calor del sol, haciendo que la mayoría de las cosas se vean grises y borrosas. Si alguna vez ha pintado paisajes al aire libre, sabrá que este es el peor momento para salir a pintar y captar los efectos de la luz. Pero las condiciones del amanecer y el atardecer son el momento óptimo para ver la magia del color en la naturaleza.

En el diagrama de la derecha, hay una esfera de color piel que muestra las fuerzas del sol y el cielo actuando sobre ella. Si lo piensa bien, el color base o tono de esta esfera es en realidad bastante gris anaranjado, como se ve en el centro. La situación se vuelve más interesante cuando nos fijamos en lo que el sol le hace a este naranja grisáceo al incidir sobre la esfera: se obtiene un amarillo maravillosamente cromático, que se desvanece en un rojo anaranjado y se obtiene un toque de violeta en la parte superior a medida que estos colores comienzan a mezclarse con el color del cielo. El cielo también tiene su color azul reflejado en la parte superior de la esfera. Si consideramos que el cielo es muy claro y azul, cuanto más subimos, observamos que el azul claro en realidad no se encuentra en la esfera de piel. Ese azul claro inclina el color de la piel hacia sí mismo, pero no lo supera. El azul cielo toma el color de la piel en la esfera y lo lleva hacia el violeta y quizás lo aclara un poco, pero no tanto como para tomar solo el color del cielo y pintarlo sobre la esfera. Primero hay que mezclar el azul cielo con el tono de la piel, y quizás haya que añadir algo más de violeta a la mezcla para crear este efecto arcoíris que vemos aquí en la esfera.

Veamos la sombra en la parte inferior de la esfera, que he dejado bastante neutra y oscura. Imagine que esta esfera de piel se halla sobre hierba verde: el tono verdoso se reflejaría en la sombra y el color se proyectaría sobre la esfera de piel desde todas partes.

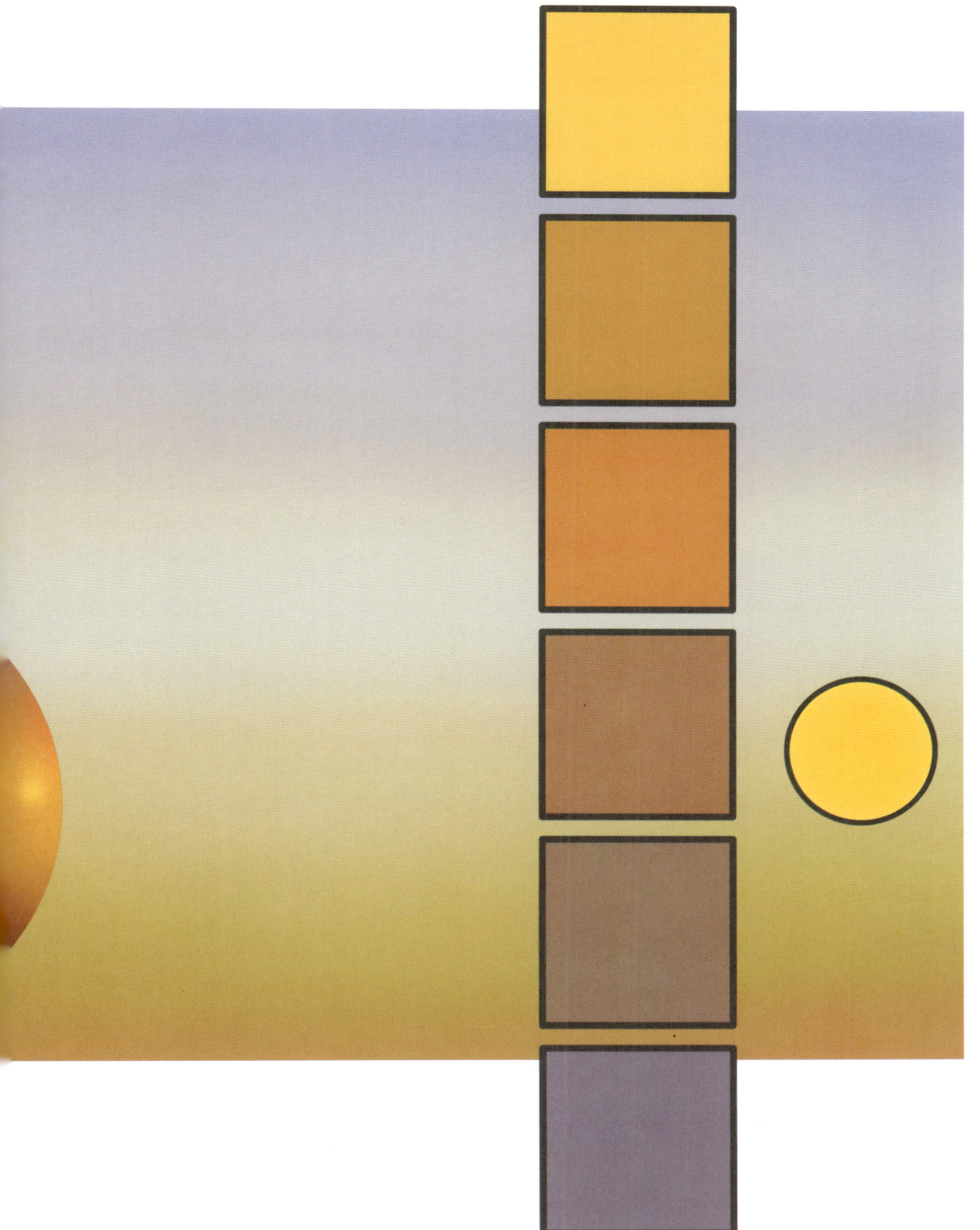

ARCOÍRIS COMPRIMIDO CON UN MODELO

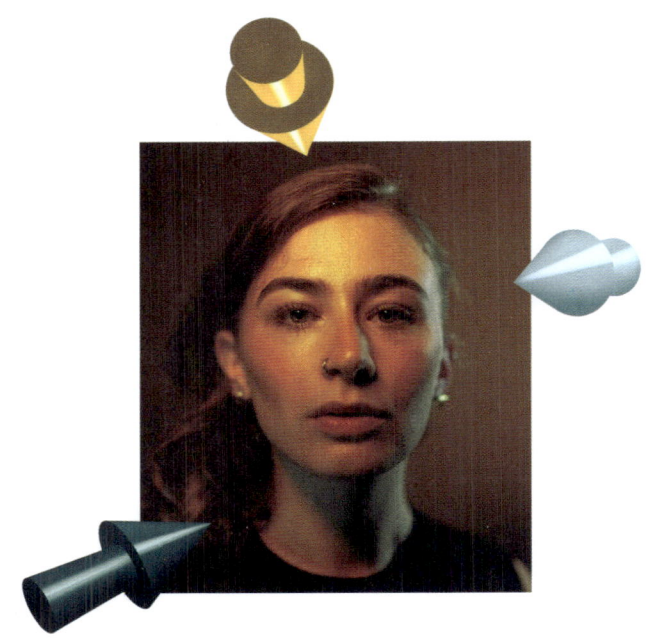

Ahora que entendemos qué es el «arcoíris comprimido» y tenemos una idea de cómo puede aparecer en la naturaleza, pasemos a un modelo con múltiples fuentes de luz. Esta imagen es, sin duda, una versión extrema en cuanto a color, pero considero que, para asimilar estos conceptos, es útil comenzar con ejemplos extremos. Luego se puede añadir sutileza según se considere necesario. Estéticamente, es posible que no desee que la cara sea tan amarilla o naranja, pero gracias a esta versión extrema se puede ver fácilmente el arcoíris comprimido. Si prefiere matizar estos tonos hacia grises para evitar una saturación excesiva de naranja en la piel, eso queda a criterio de la decisión estética personal.

El arcoíris comprimido se aprecia en toda la frente, pero si observa la nariz y otras zonas del rostro, verá que se extiende mucho más allá de la frente, y, de hecho, cuando se da esta situación, suele haber muchos rangos de valores diferentes y ligeras variaciones de esta misma progresión de tonos. Esto significa que a veces el arcoíris comprimido se encuentra en un rango más claro, otras veces pasa a un rango más oscuro, a veces está algo más saturado, otras veces es más sutil, y así sucesivamente.

La imagen más pequeña de arriba muestra la dirección desde la que incide la luz sobre el rostro. He usado flechas tridimensionales para resaltar la

profundidad y los ángulos desde los que estas luces inciden sobre el rostro. En la fotografía profesional de retratos, esto se conoce como sistema de «iluminación de tres puntos»: luz de contorno (flecha azul claro), luz principal (flecha amarilla) y luz de relleno (flecha verde oscuro). En esta imagen, la luz principal amarilla se considera la luz principal para iluminar el rostro. La luz de relleno suele estar relacionada con la luz de contorno y tal vez represente la luz de contorno que rebota en otra superficie para iluminar ligeramente las sombras, de modo que no sean negras. Esta sensación de iluminación es dinámica y realmente resalta las cualidades tridimensionales del rostro.

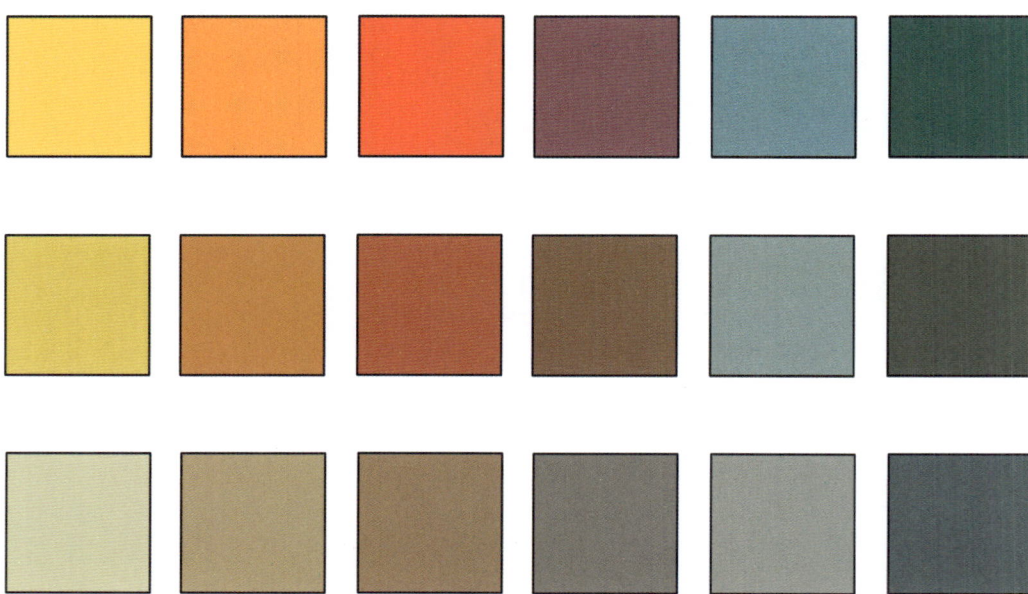

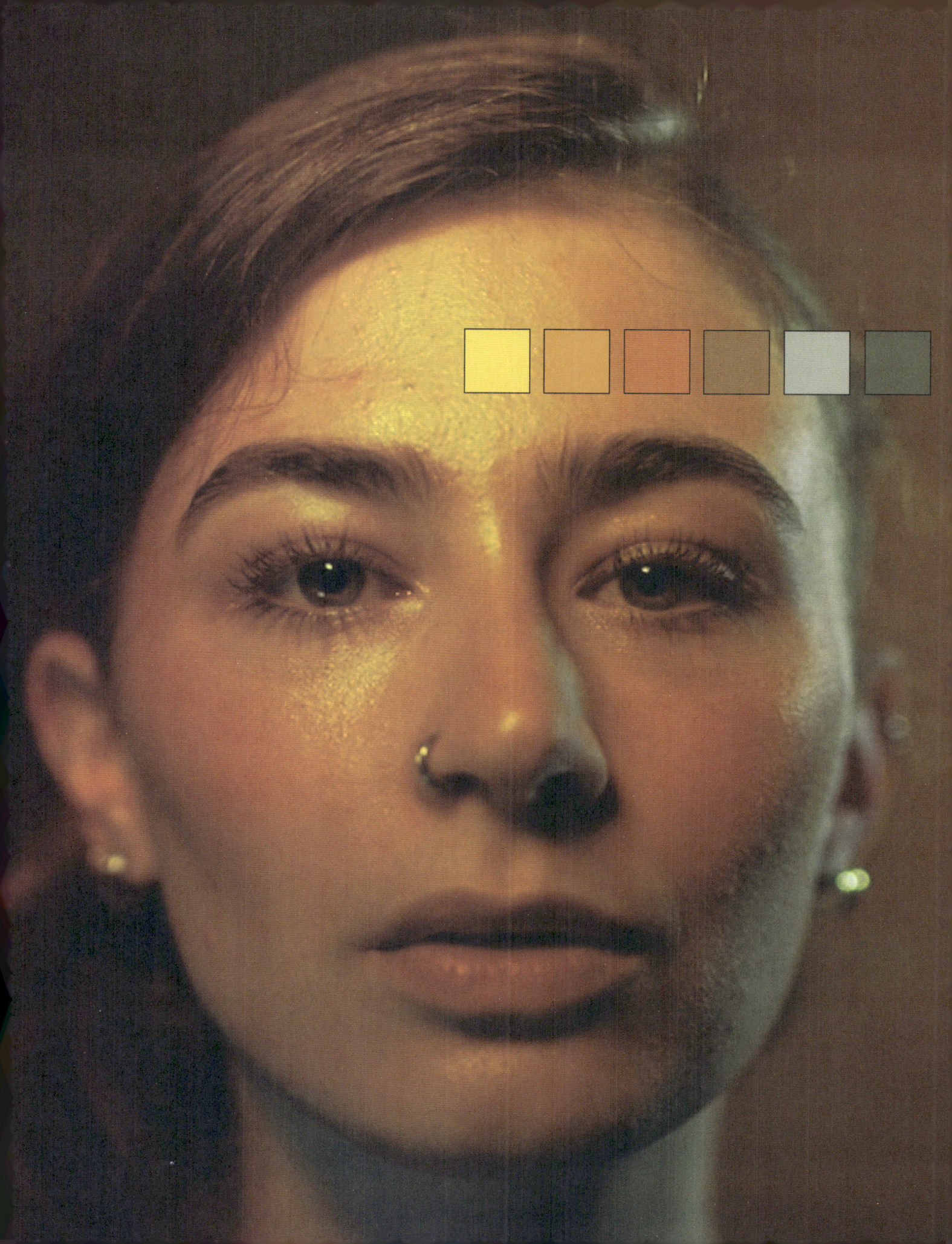

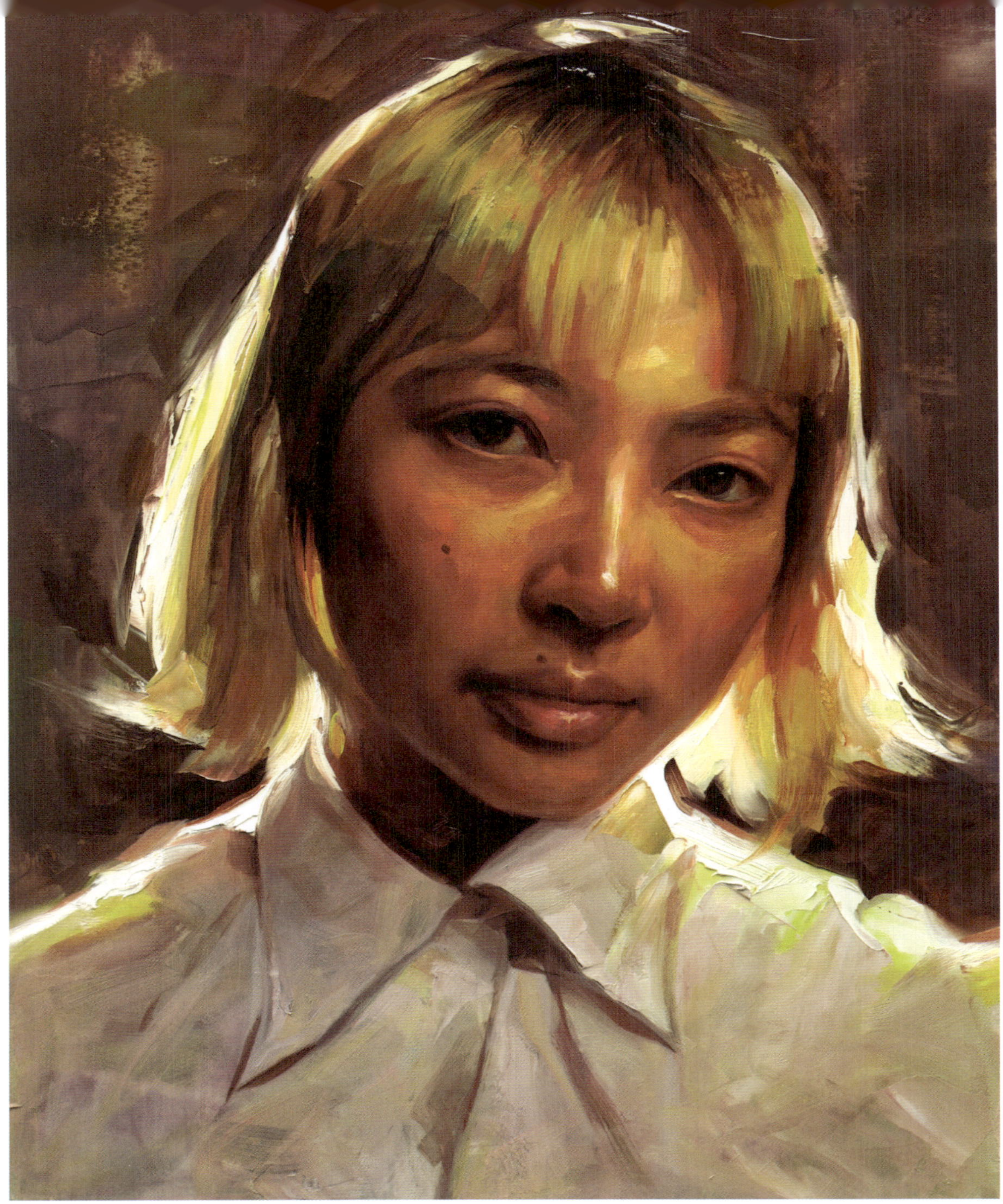

 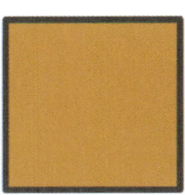 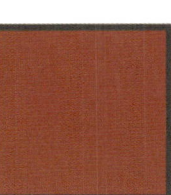 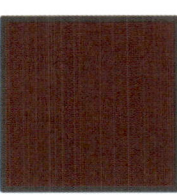 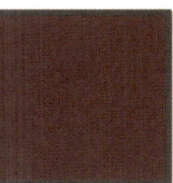 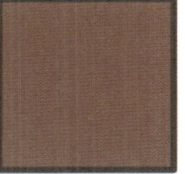

La imagen de arriba representa el arcoíris comprimido en una pintura, en la que también se reflejan algunas de mis decisiones artísticas. De nuevo, hay una situación de iluminación complicada con luz de fondo, pero no deje que eso lo confunda. La luz principal es cálida. Está en la parte de delante de la cara. Entonces, los tonos sombríos y atmosféricos del fondo son más violáceos, por lo que se obtiene esta hermosa cualidad de amarillo que se desvanece a rojo, a un rojo violáceo y luego a un violeta grisáceo. También se podrían imaginar tonos azules en esta imagen, y de hecho algunos se perciben en la camisa blanca, pero el efecto del arcoíris comprimido se mantiene incluso en ausencia de azul.

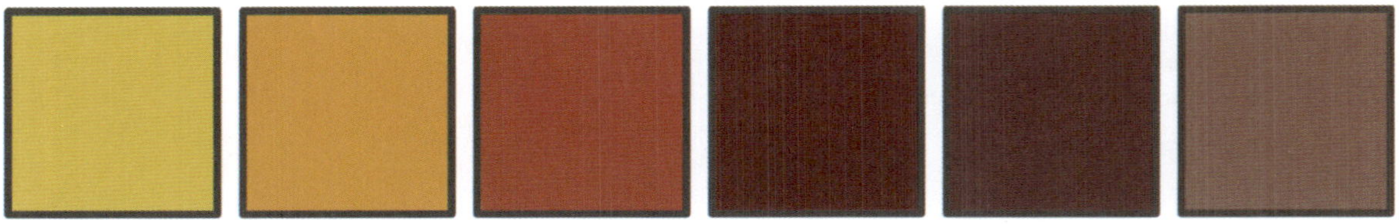

DE FRÍO A CÁLIDO

En la mayoría de las pinturas y paisajes tradicionales, la luz principal es cálida. Dado que el sol no puede ser frío, los efectos de un arcoíris comprimido siempre van de cálidos a fríos. Sin embargo, como vemos en la imagen siguiente, se produce una inversión de este orden. La luz principal es en realidad el cielo a través de una ventana. Probablemente, esta foto se hizo al mediodía en una habitación oscura junto a una ventana. ¿Cuál cree que es la fuente de luz secundaria? ¿Es otra luz en la habitación? ¿Es el sol? No, en realidad, también es el cielo. El cielo se refleja en el abrigo amarillo anaranjado, creando una luz reflejada que calienta la sombra y actúa como una luz secundaria. Es secundaria porque es una fuente de luz menos intensa que la luz que entra directamente por la ventana. Como puede observar, la luz sobre el rostro está sobreexpuesta y es mucho más

fría en la frente y la mejilla, pero la sombra tiene un tonc cálido debido a esta luz reflejada y es un poco más suave.

Al intentar experimentar con estos patrones, ya sea en fotografía o pintura, resulta muy útil dar prioridad a una fuente de luz como principal, haciéndola más intensa que la fuente secundaria. Por supuesto, es posible igualar la intensidad de la luz principal y la secundaria, creando así dos luces predominantes, pero esto suele generar una imagen más cargada, que no resulta tan natural ni tan armoniosa. Este efecto se forma principalmente en la naturaleza por el reflejo de la luz en otra superficie o por una luz de relleno más tenue. Dos colores primarios raramente se encuentran juntos en la naturaleza. Le recomiendo respetar estas normas naturales, porque al intentar recrear efectos de luz en el estudio, es fácil excederse.

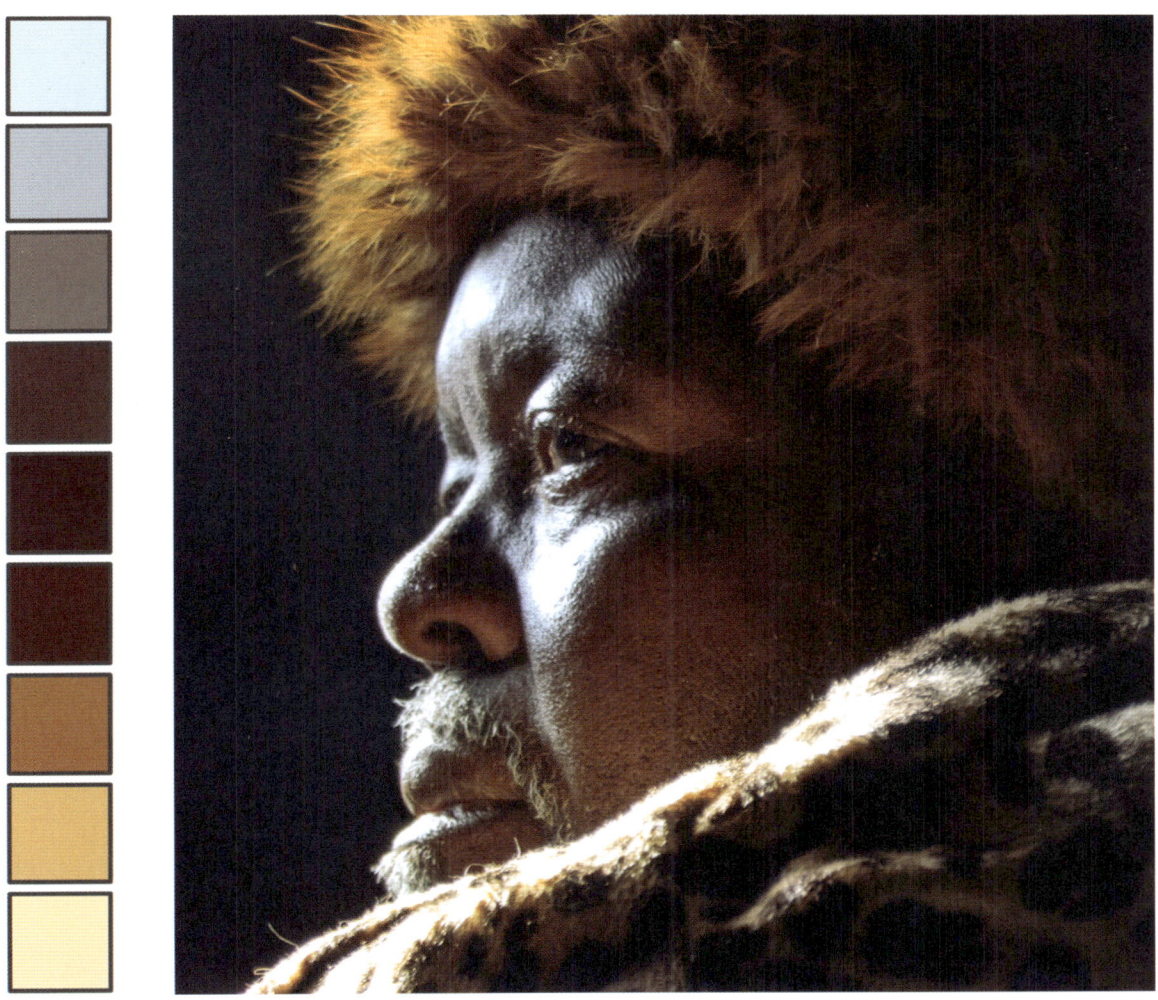

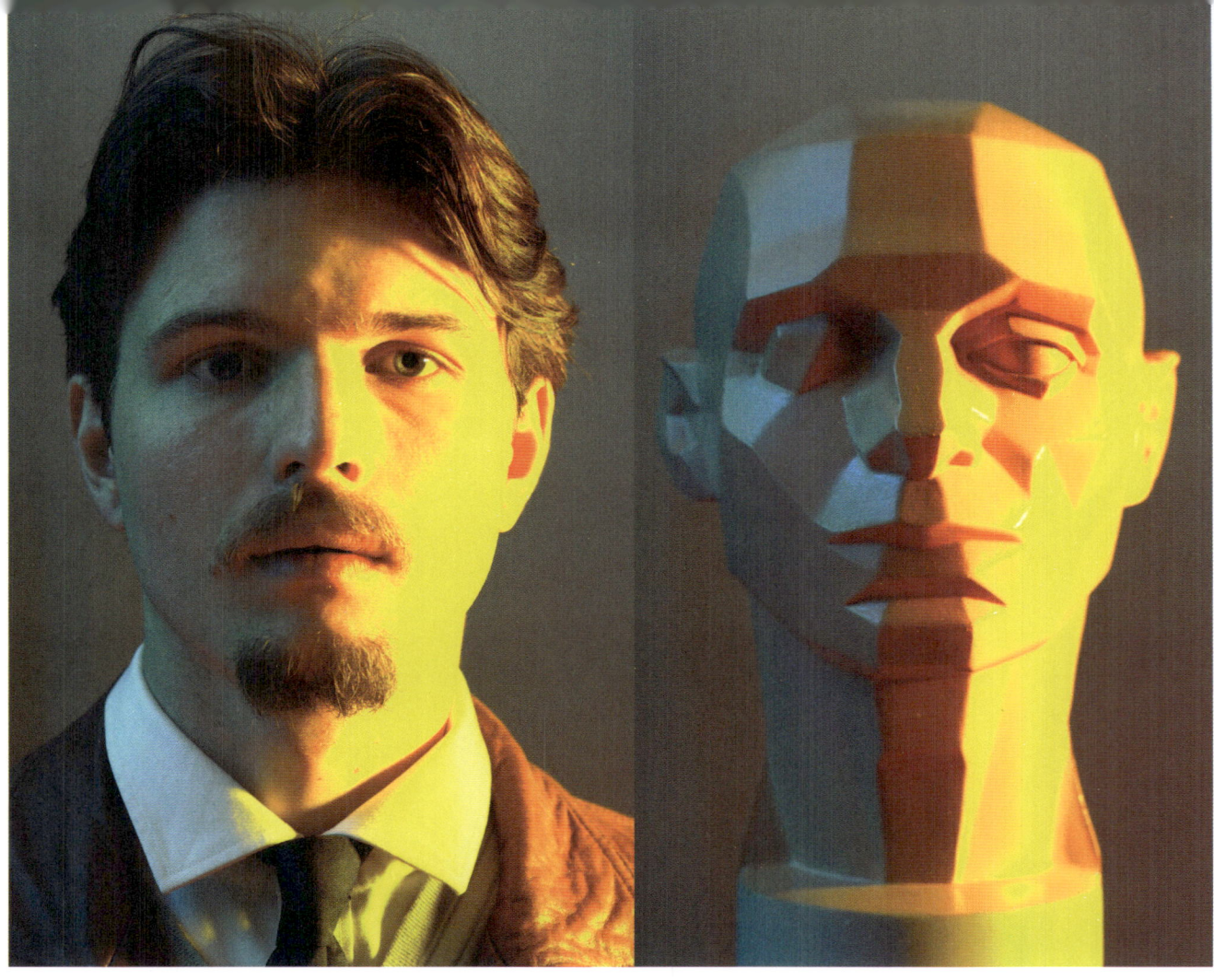

PLANOS DE COLOR DE LA CABEZA

Cuando era estudiante, solía escuchar hablar de los planos de la cabeza, y me costaba entender para qué servían al pintar un retrato. ¿Por qué querría que mi pintura se convirtiera en una especie de declaración robótica del ser humano que observo, en lugar de plasmar simplemente lo que veo, de manera mucho más suave y natural? No soy el único: al compartir la imagen anterior en redes sociales, recibí numerosos comentarios cuestionando que el puente de la nariz no coincidía con el modelo y señalando que mi escultura plana parecía tener dos bocas.

El famoso modelo de planos de la cabeza que estoy utilizando fue creado por John Asaro como una forma de ver cómo la luz incide en la cabeza desde todos los ángulos y estudiar la dimensionalidad de una manera genérica. No hizo la escultura para que

coincidiera perfectamente con mi modelo. Por eso, evidentemente, no es una comparación perfecta, pero nos ayuda a ver lo que se ha hecho mucho más sutil en el modelo. De hecho, algunos de los planos de color de la cabeza de Asaro son más interesantes y tienden a resaltar algunos efectos de iluminación sutiles que se producen en el modelo, como la luz azul y cómo incide en la piel sobre la boca, los pómulos y la frente.

Esto me permite pintar al sujeto de manera más dinámica y audaz, y también percibir cómo esa luz fría curva efectivamente el tono de la piel hacia sí misma. Como ejercicio de estudio, me permite pensar en el rostro en términos dimensionales. Me ayuda a percibir la estructura de la cabeza al eliminar la redondez o suavidad del rostro. Además, elimina elementos como el vello facial, los ojos e incluso las

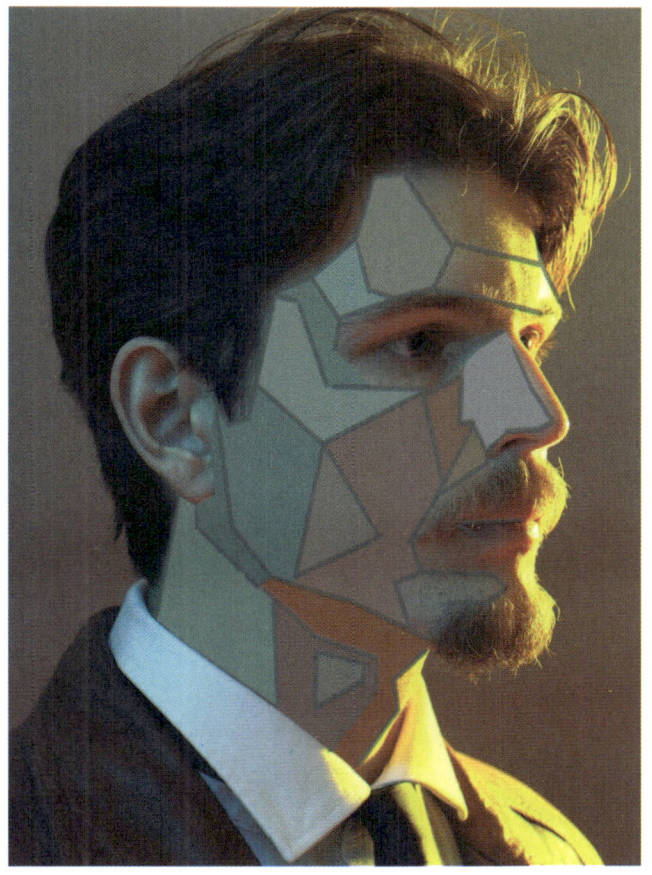

cejas, que podrían distraer de cómo la luz y el color se reflejan sobre la piel.

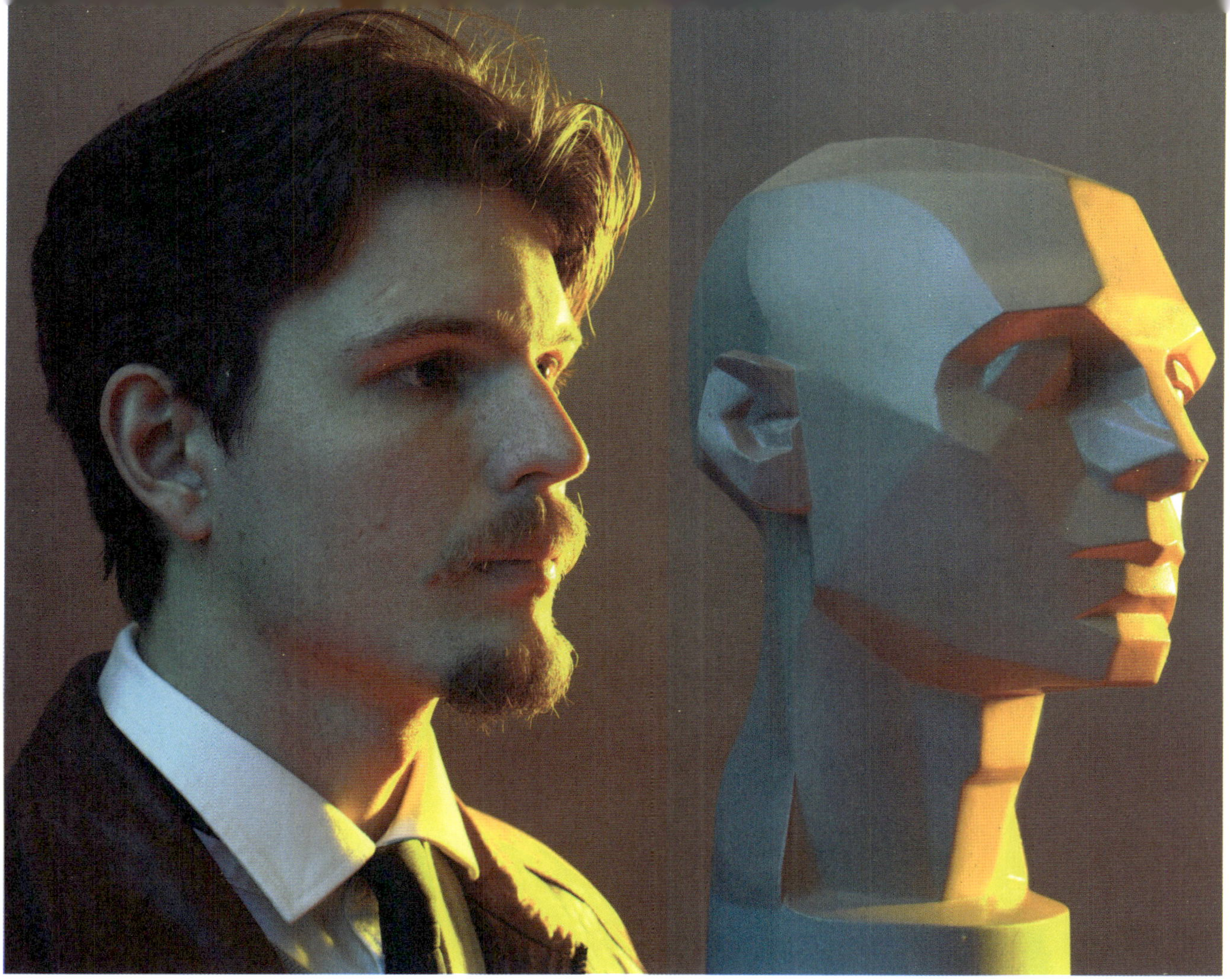

He hecho una pequeña modificación en mi cabeza de Asaro. He pintado la cabeza con un tono de piel cálido genérico, para que cuando fotografíe la cabeza y a mi modelo con la misma luz, se vean bastante parecidos. Esto se podría hacer con muchos tonos de piel diferentes, pero intenté que se pareciera lo máximo posible.

He utilizado tres fuentes de luz diferentes en este caso. Estaba observando algunos fotogramas de películas que presentaban efectos de color preciosos en los retratos, y quería lograr esos mismos matices cromáticos. En esta situación de iluminación, hay una luz perimetral amarillo-naranja, una luz ambiental fría y una luz inferior reflejada en rojo. La luz inferior confiere a esta pintura un extraño aspecto sobrenatural, muy habitual en el cine.

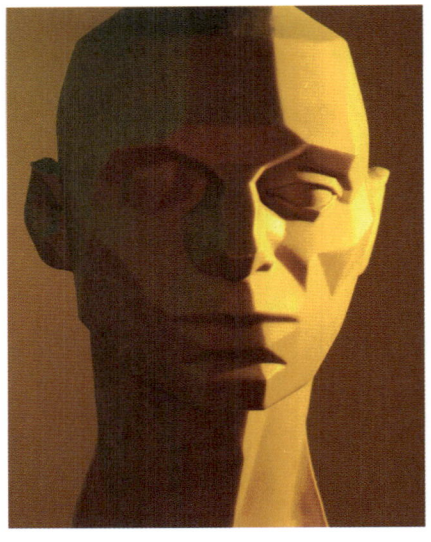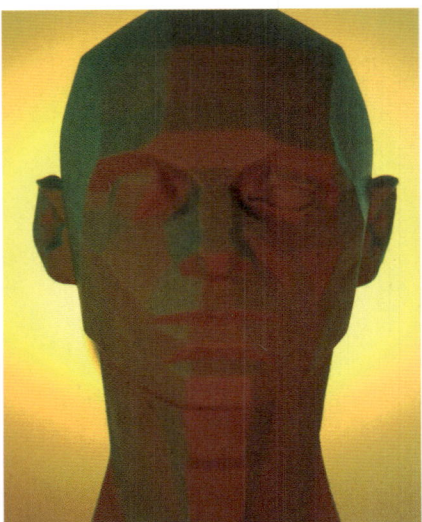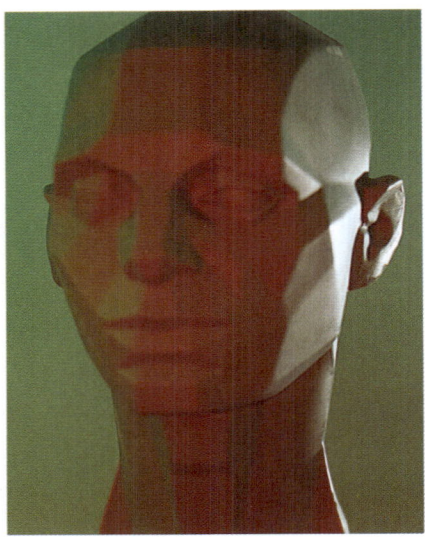

ILUMINACIÓN CINEMATOGRÁFICA PARA GENERAR ATMÓSFERA

Parte de explorar los planos de color de la cabeza y cómo crean dimensión en un retrato también tiene la capacidad de afectar al estado de ánimo. El estado de ánimo de una imagen puede verse drásticamente afectado por la elección del color y la iluminación. Dado que su tiempo es valioso y, por lo general, costoso, antes de realizar una sesión con su modelo en el estudio conviene planificar cómo incidirá la luz sobre su rostro antes de su llegada. Explorar las opciones de color y de iluminación con una cabeza de Asaro es útil para intentar articular su visión antes de que el modelo llegue en persona. Normalmente tengo esta cabeza en un trípode y puedo colocarla a la altura del modelo.

El sistema de iluminación de tres puntos, compuesto por luz principal, luz de contorno y luz de relleno (pág. 152), puede resultar bastante complicado de combinar de forma inteligible. No queremos que entren en conflicto entre sí, pero necesitamos maximizar la dimensión que puede crear iluminando la cabeza. La iluminación de tres puntos resulta algo incómoda al principio y requiere experimentación. Recomendaría empezar solo con luces cálidas y frías, que pueden ser muy efectivas, y no intentar poner todos los colores del arcoíris. Pruebe una luz más cálida, amarilla o anaranjada, combinada con una luz más fría y grisácea, y experimente con las intensidades y los ángulos en los que las ha colocado.

Lo diré de nuevo: es mucho más económico y esclarecedor experimentar en el estudio con los ángulos y posiciones de las luces antes de que llegue el modelo. Otro consejo es conseguir luces de vídeo regulables que le permitan controlar qué luz es primaria y cuál es secundaria. A menudo, estas luces también incluyen una función para cambiar la temperatura de cálida a fría.

A la hora de experimentar con la luz, hay que conseguir uno o dos juegos de filtros de gel de color para poder modificar realmente el color. Los filtros de gel pueden derretirse o quemarse cerca de bombillas calientes, pero si usamos luces LED para vídeo podemos experimentar libremente con ellos, sujetándolos a las luces con pinzas tipo bulldog.

Obviamente, si está haciendo un retrato por encargo, es posible que no quiera crear un entorno de iluminación que resulte aterrador o que provoque ansiedad, por lo que a menudo se prefieren tonos suaves o más naturales, entre cálidos y fríos, pero si quiere crear más dramatismo y experimentar con el color, esta puede ser una forma divertida de aprovechar su tiempo. Esto puede resultarle especialmente útil para una pintura narrativa más grande, ya que le permite situar a su modelo en un entorno en el que realmente interactúa con la atmósfera, y los colores que rodean al sujeto se pueden ajustar para que se adapten a su narrativa.

Este conocimiento no solo resulta útil para lograr efectos creativos en su esquema de color y luz, sino que también transforma la percepción, permitiéndole ver la cabeza en un espacio tridimensional mejor que

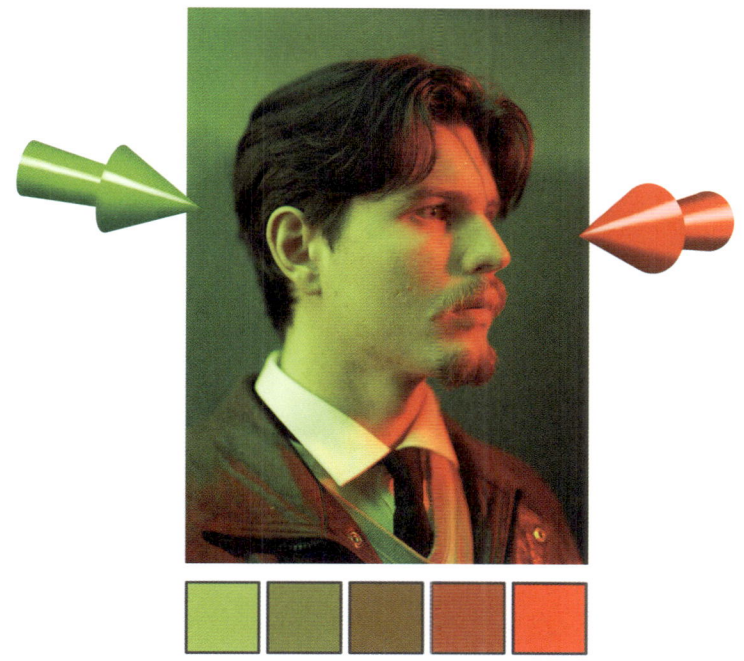

casi cualquier otra técnica. Normalmente, como pintores, pensamos en la cabeza de una manera plana, en 2D, porque la pintamos en una superficie 2D. Nos obsesionan la silueta, los rasgos y los detalles. No tenemos una idea clara de la dimensión de la cabeza. He estado rodeado de escultores que comprenden realmente los planos y cómo la cabeza ocupa el espacio tridimensional, mientras que los pintores solemos obsesionarnos con las formas de las sombras y la apariencia del modelo en dos dimensiones. La práctica interdisciplinaria y dedicar tiempo a aprender a iluminar una cabeza al estilo cinematográfico le permite comprender su dimensión de una forma que probablemente nunca había imaginado.

NO TODO SON ARCOÍRIS

A veces, al iluminar la cabeza de manera cinematográfica, y especialmente si utilizamos tonos opuestos como en la imagen de arriba, no se logrará el efecto del arcoíris comprimido. Este concepto de iluminación inquietante, que podría aparecer fácilmente en el momento culminante de una película, no genera el arcoíris (como se muestra en la franja de color). Quizá por eso resulta tan inquietante, porque no ocurre de manera natural. El sol no es rojo y, por lo general, no nos gusta cómo nos vemos bajo la luz verde. Esta imagen va en contra de la «armonía cromática» natural que se encuentra en la naturaleza y que suele producir un arcoíris comprimido. Cuando

veo el efecto de luz de un arcoíris comprimido, a menudo me pregunto: ¿qué hace que esos colores sean tan armoniosos y agradables a la vista? ¿Es solo mi prejuicio hacia lo que es natural y fácil de procesar? Si viviera en Marte y normalmente tuviéramos luces verdes en el interior, ¿me parecería natural? ¿Y la forma en que vemos las cosas en la Tierra nos parecería extraña? Independientemente de lo que consideremos natural, hay un «elemento psicológico» en la forma en que los colores se reflejan en el rostro, y es importante ser consciente del efecto que esto produce al iluminar al sujeto.

En mi opinión, esta imagen también resulta un poco inquietante porque tiene dos fuentes de luz principales y ninguna de ellas predomina. Es un detalle sutil que se pasa por alto fácilmente en el diseño de iluminación, ya que a veces es emocionante jugar con las luces y ver qué sucede con el rostro. Sin embargo, tener una sola fuente principal de luz, una vez más, se alinea con lo que vemos en la naturaleza y, por lo tanto, tiende a ser más agradable.

En conjunto, estas cualidades impactantes pueden generar un efecto dramático; por eso se utilizan en el cine y, en ocasiones, en la pintura narrativa. Quizá esto conecte con su estética, y entonces podría ser la dirección que decida tomar. Pero si no es así, sea cauteloso respecto a los efectos psicológicos inesperados que puede provocar nuestra iluminación.

10 | LAS REALIDADES FÍSICAS DE LA PINTURA

LA PINTURA ESPESA TIENE UN PODER ÚNICO

De las muchas realidades físicas de la pintura, que son dinámicas y merecen mencionarse en un libro sobre retrato, una de las más fascinantes y hermosas es que la pintura espesa tiene un poder único. Por un lado, cuando usamos la pintura de forma diluida, no se revela del todo. Si se utiliza un color naranja y se extiende en una capa fina, queda comprometido por lo que haya debajo, que suele reducirlo a un tono gris o lo oscurece. Cuando un color se coloca sobre el lienzo con una capa gruesa, su tono y color son 100 % auténticos. A menos que solo quiera hacer un dibujo en color, es importante tener en cuenta las características de la pintura espesa cuando intenta crear un rostro con pintura.

La pintura espesa va de la mano del concepto de «impasto», como se puede apreciar en la imagen detallada de la página opuesta. «Impasto» es una palabra italiana que significa pintura espesa e interpretativa, y se utiliza normalmente para describir la luz. Esto significa que las partes más espesas de una pintura suelen representarse como las partes más claras de la misma. No es una regla estricta; está hecha para romperse. He observado muchas zonas oscuras más densas en los cuadros de Rembrandt, por ejemplo. Sin embargo, por lo general, el impasto se emplea para representar la luz y puede ser especialmente eficaz para describir la textura sobre la que incide la luz. Por ejemplo, podría apreciar la textura de la piel en el rostro de este hombre bajo la luz, pero probablemente no la vería en la sombra, ya que las sombras son misteriosas y difusas, y hacen que los detalles se vuelvan más etéreos. Por eso existe este fenómeno natural de detalle y claridad en la luz, que a menudo se interpreta con pintura impasto más espesa.

▸ Steve Forster *Detail of Kevin* (Detalle de Kevin), óleo en aluminio, 15,2 cm × 15,2 cm

Cuando la pintura se aplica con espesor, se vuelve tridimensional y capta más luz de la habitación, lo que nos permite obtener una pintura que parece más brillante de lo que es en realidad. La pintura fina no capta tanto la luz de la habitación. La pintura espesa también puede ser una forma de mostrar esas pequeñas arrugas en la textura de la piel, creando una falsa sensación de detalle que llevaría muchas horas intentar describir, incluso con un pincel muy fino. Aunque pudiéramos, no tendría el mismo poder y entusiasmo que un trazo artístico y audaz de pintura espesa. La pintura espesa posee un gran poder y sin duda debería formar parte de las herramientas esenciales en su arsenal pictórico. Combínela con una pintura más fina para que haya un buen contraste y el resultado no sea excesivo.

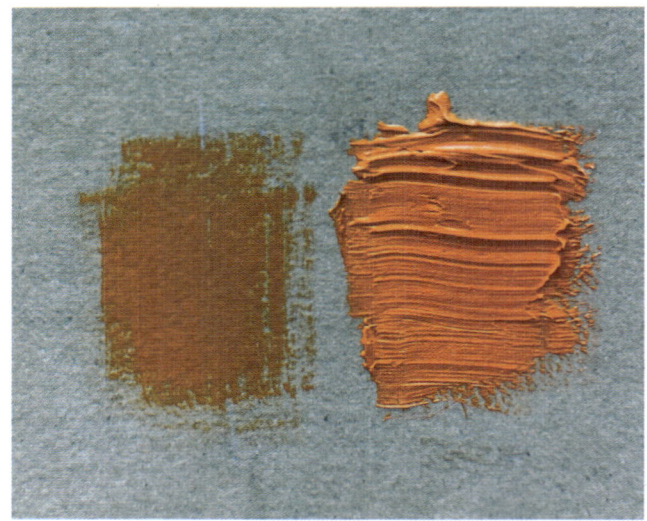

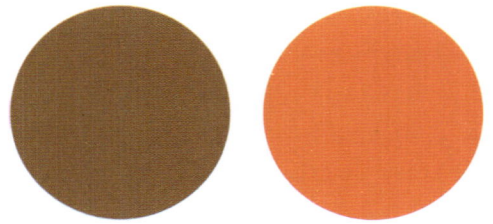

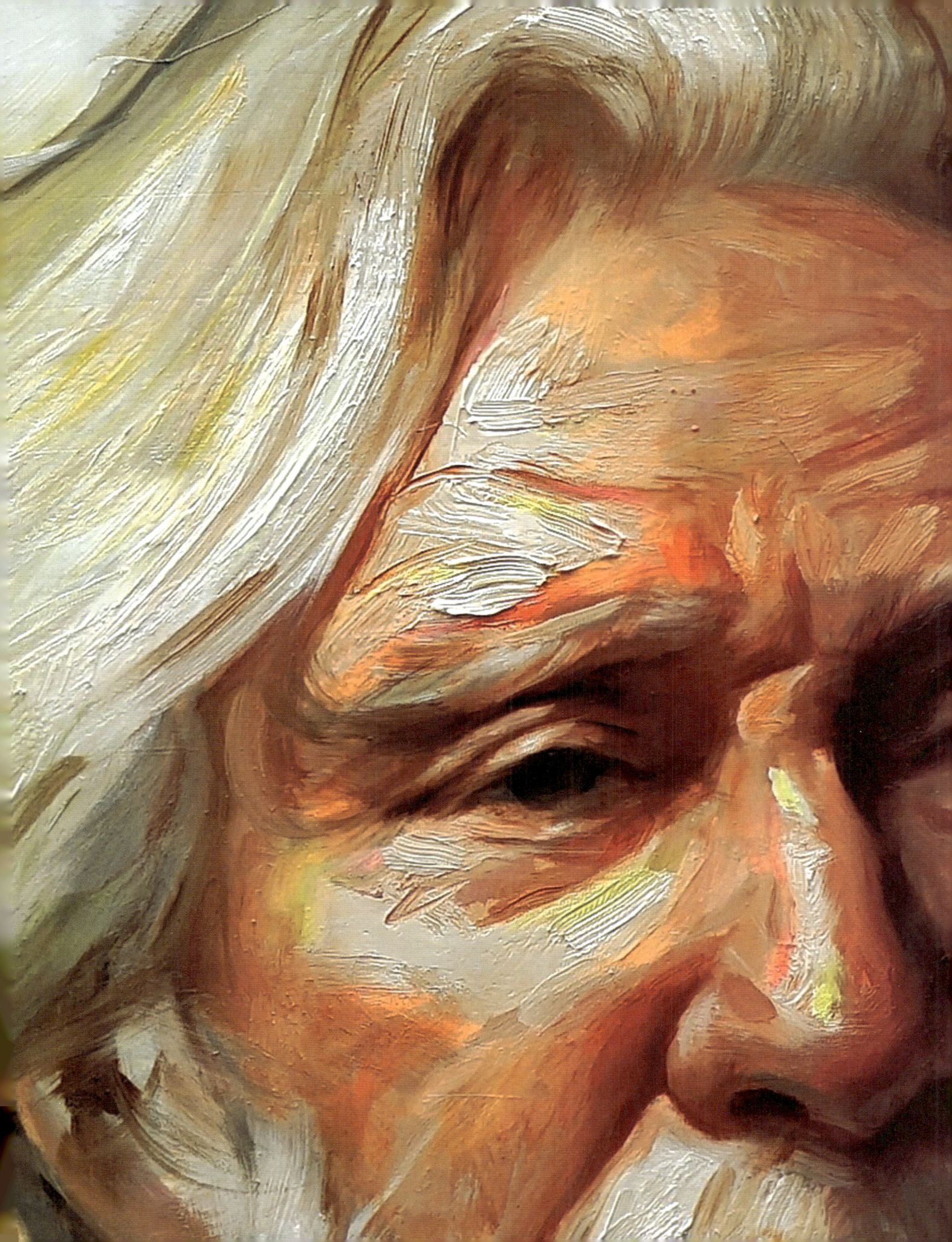

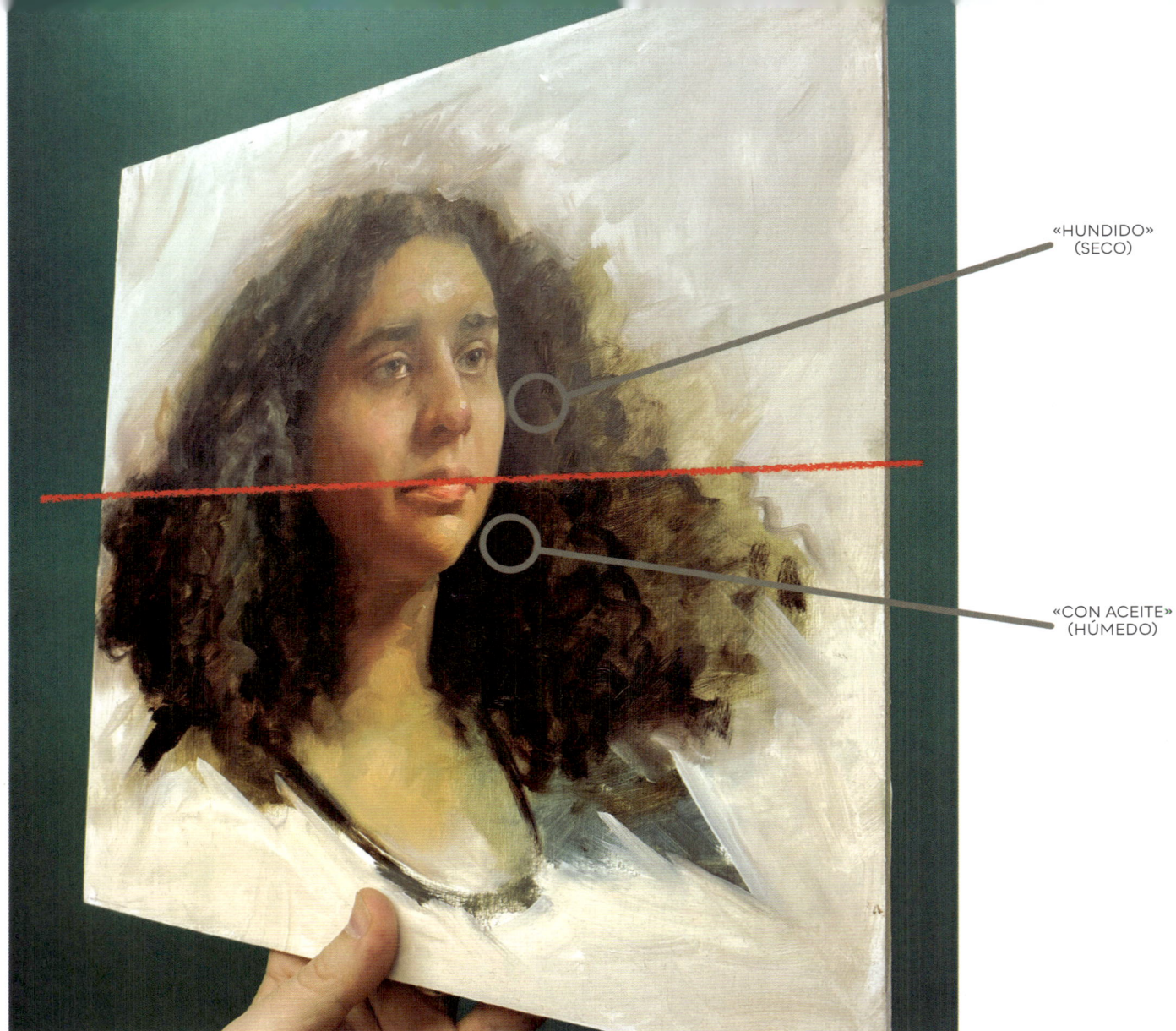

«HUNDIDO»
(SECO)

«CON ACEITE»
(HÚMEDO)

ACEITADO Y VELADURAS

Una de las tristes realidades de la pintura al óleo es que, una vez seca, suele quedar más apagada que cuando estaba húmeda. Hay una ligera desconexión entre las decisiones que tomamos cuando el cuadro estaba húmedo y lo que ocurre cuando volvemos al estudio al día siguiente, una vez que se ha secado.

Cuando la pintura al óleo se seca, los tonos oscuros se aclaran, los colores se vuelven más grises y los tonos claros suelen oscurecerse. Todo esto reduce el contraste y disminuye las decisiones que tomamos el día anterior. Una forma de contrarrestar algunos de estos problemas es «aceitar» una pintura seca. Para el «aceitado» se necesita algún tipo de medio, preferiblemente el que recomendé en la sección «Materiales de dibujo» (pág. 22). La mejor manera de hacerlo es frotar una fina capa del medio sobre la pintura con un trapo sin pelusa. No lo haga hasta que la pintura no esté completamente seca, ya que podría manchar toda la pintura que aún esté semihúmeda. El aceitado debería restaurar la intensidad de los tonos oscuros de la pintura, haciéndolos más oscuros, y hacer que los colores de los tonos medios sean más vibrantes. Es una forma fantástica de empezar una nueva sesión de pintura, ya que le muestra lo que realmente hay, en lugar de empezar con la impresión de que la pintura es más clara y grisácea, un error que arruinaría todas sus nuevas decisiones sobre el color. Esta técnica también humedece un poco la pintura, lo que es una forma mucho más agradable de trabajar. Casi siempre prefiero trabajar húmedo sobre húmedo en lugar de húmedo sobre seco.

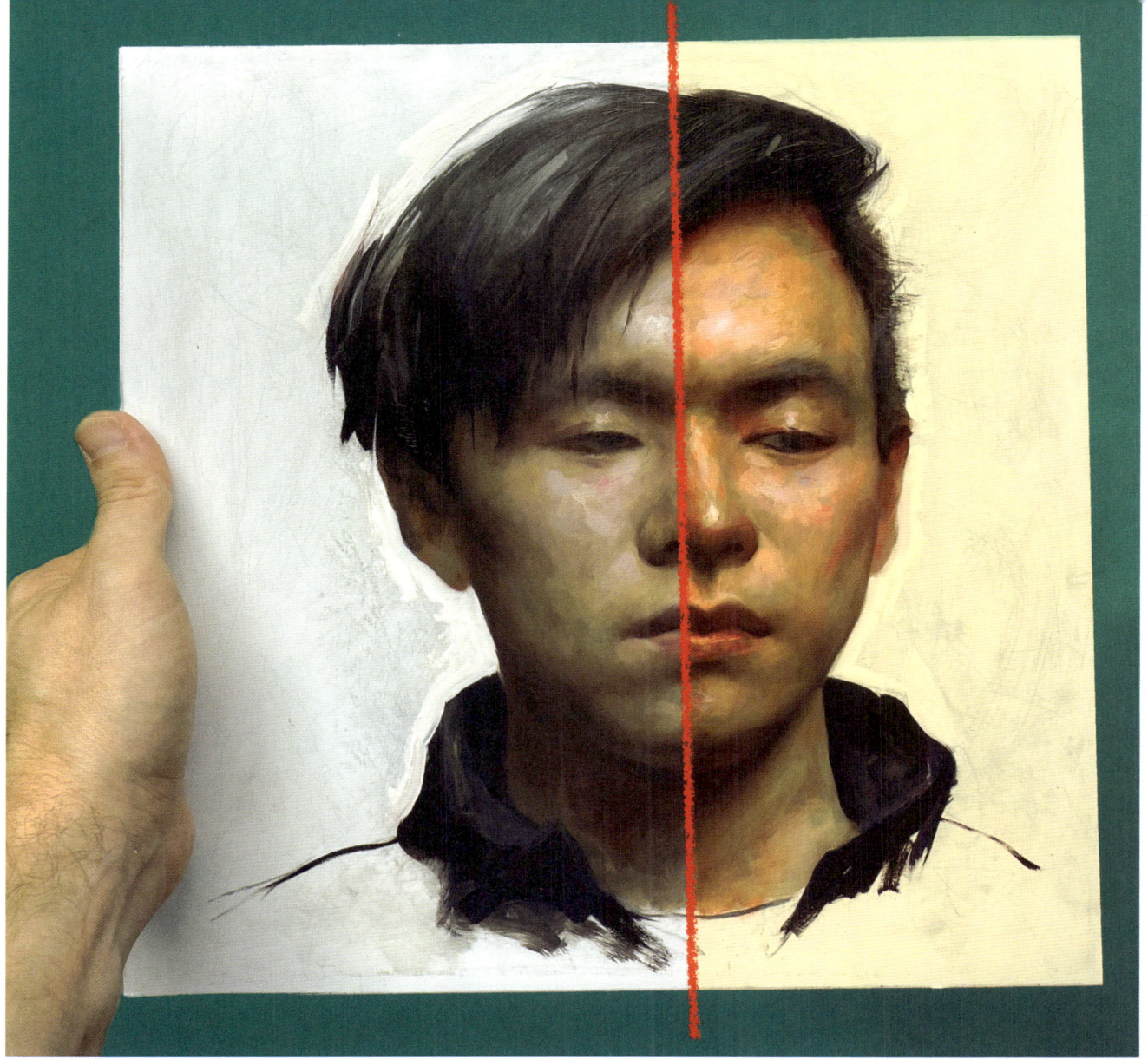

Otra variante de este método consiste en añadir veladuras. Es apropiado usarlo cuando, tras aplicar el aceite, los colores siguen fríos, blanquecinos y poco vibrantes, y la zona de sombra aún no alcanza la intensidad deseada. Una forma de aplicar veladuras consiste en frotar una capa fina de siena tostada u otro tono cálido sobre toda la sección del cuadro que se vaya a trabajar, lo que producirá un efecto de calidez general sobre la imagen (como se aprecia en el lado derecho de la imagen anterior). A continuación, en esa zona velada, aplique una veladura puntual en determinadas zonas del rostro que puedan recibir más rojo, más negro o más diversidad. Estos pequeños retoques cambiarán el aspecto general y el tono de color de la imagen.

Es fácil confundirse cuando intentamos detectar qué es lo que nos molesta de la imagen que estamos creando, pero a menudo la clave está en la elección de los colores y los valores. Podemos trabajar todo el día en un cuadro y acabar en el mismo punto en el que estábamos en la última sesión. La ventaja de aplicar capas de este modo es que podemos cambiar el color globalmente para conseguir el efecto que queremos de forma eficaz y, a continuación, tenemos libertad para seguir trabajando en el dibujo y terminar el cuadro. Sin recurrir a veladuras, podríamos sentir la necesidad de repintarlo todo, lo que nos llevaría a atascarnos y desanimarnos.

UNA PRUEBA DE CROMA

Cada pigmento se comporta de manera diferente. Podría pensarse que la mayoría de los pigmentos comparten propiedades similares, al ser todos pinturas al óleo, pero una de las realidades de la pintura es que algunos colores, que parecen muy vivos al añadirles blanco, en realidad no lo son tanto. Esto suele ocurrir con el pigmento azul cobalto. Parece un azul maravilloso, pero se debilita con la adición de otros colores **(A)**. Por otro lado, el azul ftalo parece oscuro y es difícil ver cuál será su color. Cuando se le añade blanco, es bastante cromático y quizás sea la mejor opción para pintar algo como un cielo o ropa azul colorida **(B)**.

LA PINTURA DE COLORES CLAROS SE SECA MÁS OSCURA

Entre las muchas frustraciones que surgen al intentar crear una gran pintura, esta ocupa un lugar destacado: quizá no sepa que la pintura húmeda se seca más oscura. En la figura **(C)**, vemos pintura seca, y que tiene un cierto valor de oscuridad. Cuando tomo exactamente el mismo color del tubo y pongo una gota fresca de ese color sobre su compañero seco, el problema queda claro **(D)**. La figura **(C)** y la figura **(D)** tienen exactamente el mismo pigmento, pero la figura **(D)** contiene una gota de pintura húmeda, que parece mucho más clara y brillante. ¿Por qué es importante? Porque si su pintura está seca y trata de igualar el color exactamente como se ve en seco, descubrirá al día siguiente que el color recién aplicado se ha secado más oscuro y ya no coinciden. En términos generales, el blanco de titanio es uno de los colores que más se ve afectado por este fenómeno.

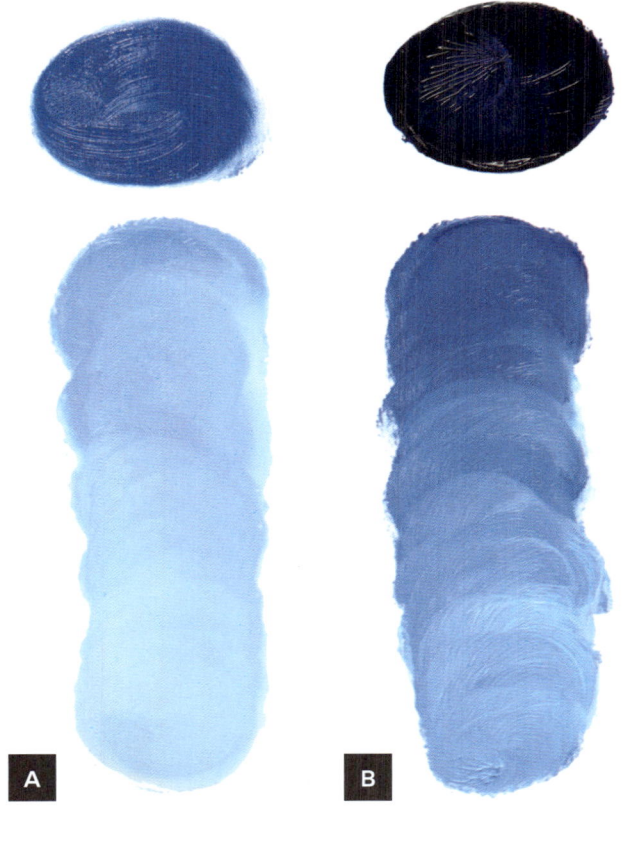

A

B

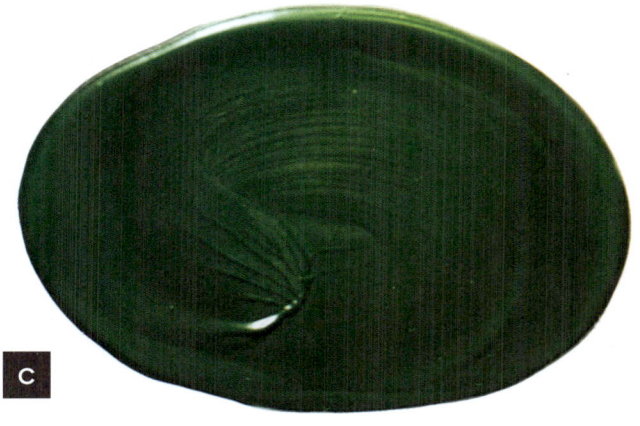

C

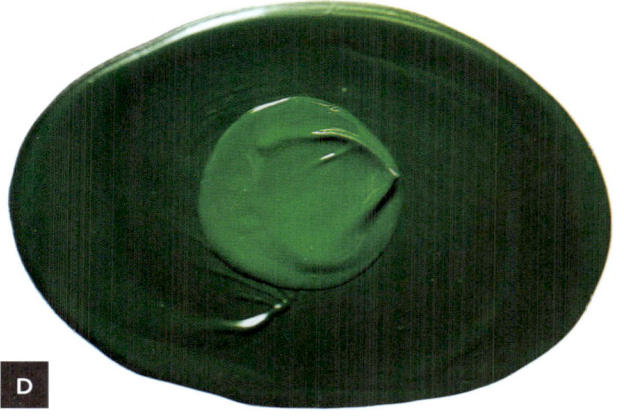

D

DIFERENCIAS ENTRE LA PINTURA DENSA Y LA PINTURA DILUIDA (PINTURA BARATA Y PINTURA CARA)

A diferencia de lo que ocurre con la pintura espesa, la pintura al óleo presenta una amplia gama de densidades. Algunos colores no son realmente opacos y densos, y dan la sensación de que contienen un líquido transparente que impide que cubran bien la superficie. Esto es especialmente cierto en el caso de la pintura al óleo barata, que contiene muchos «extensores» para llenar el tubo y tiene un menor contenido en pigmentos. Sin embargo, también es una propiedad de algunos pigmentos naturales, como el blanco plomo. En este caso, puede ser realmente beneficioso, ya que es un pigmento ideal para veladuras y para realizar ligeras modificaciones en los tonos más claros de un retrato mucho después de que se haya secado. La naturaleza ligera y aérea del pigmento más fino del blanco plomo le permite mezclarse con una pintura seca y no se oscurece tanto como el blanco titanio al secarse. Esto le ayuda a igualar los tonos e integrarlos en la superficie con mayor facilidad que el blanco titanio, que cubre con facilidad pero de manera más brusca.

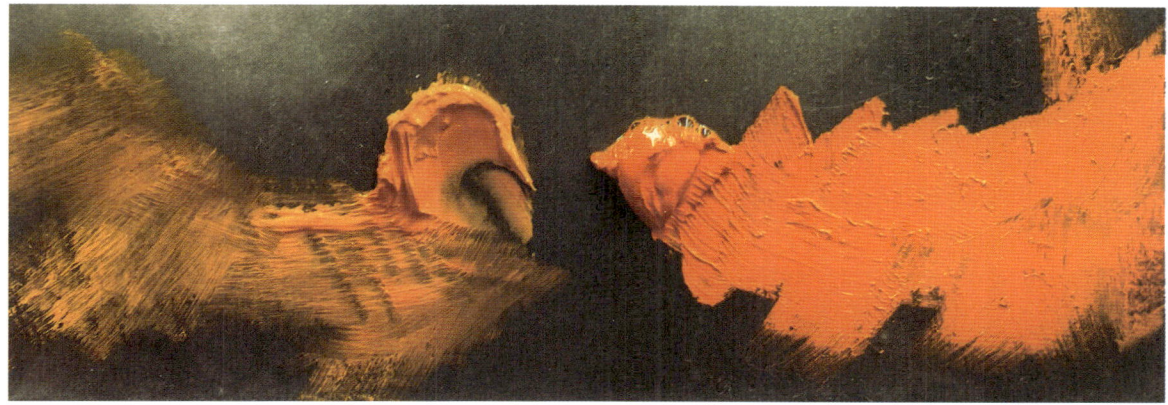

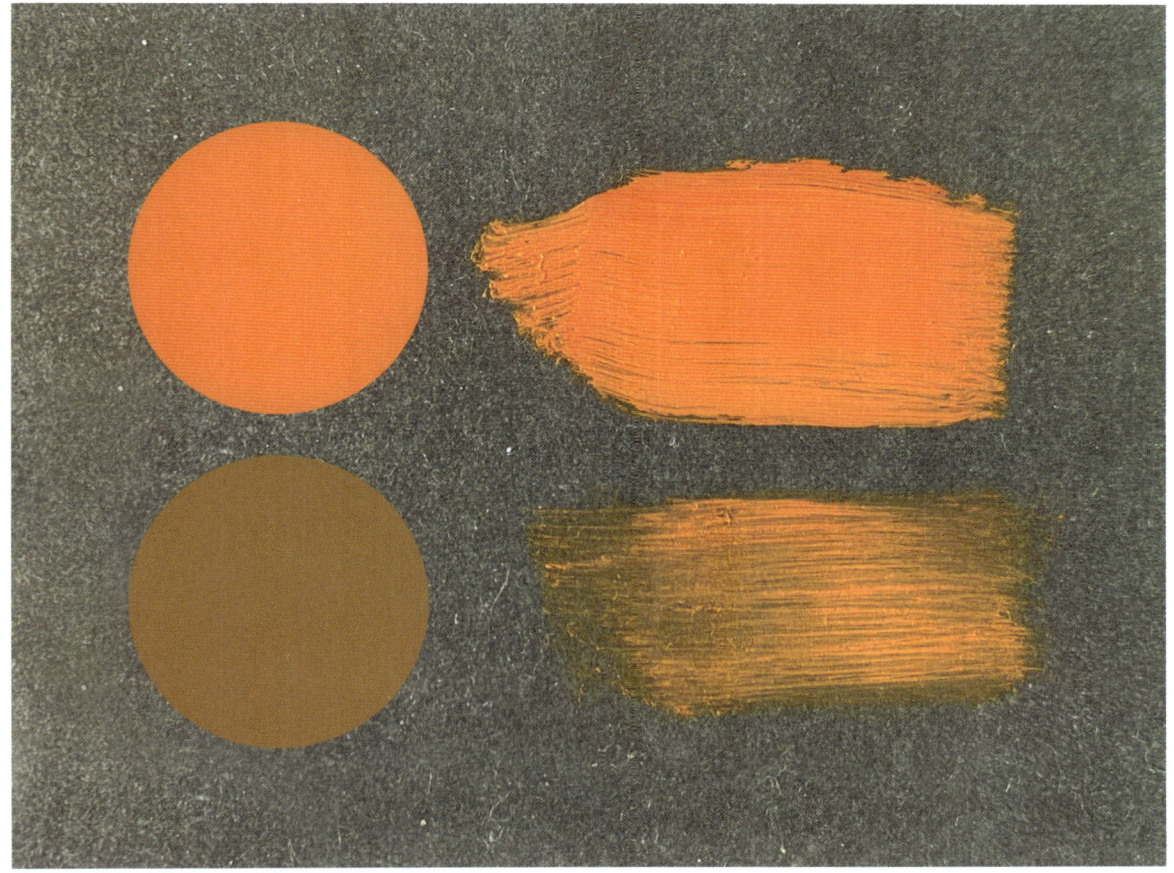

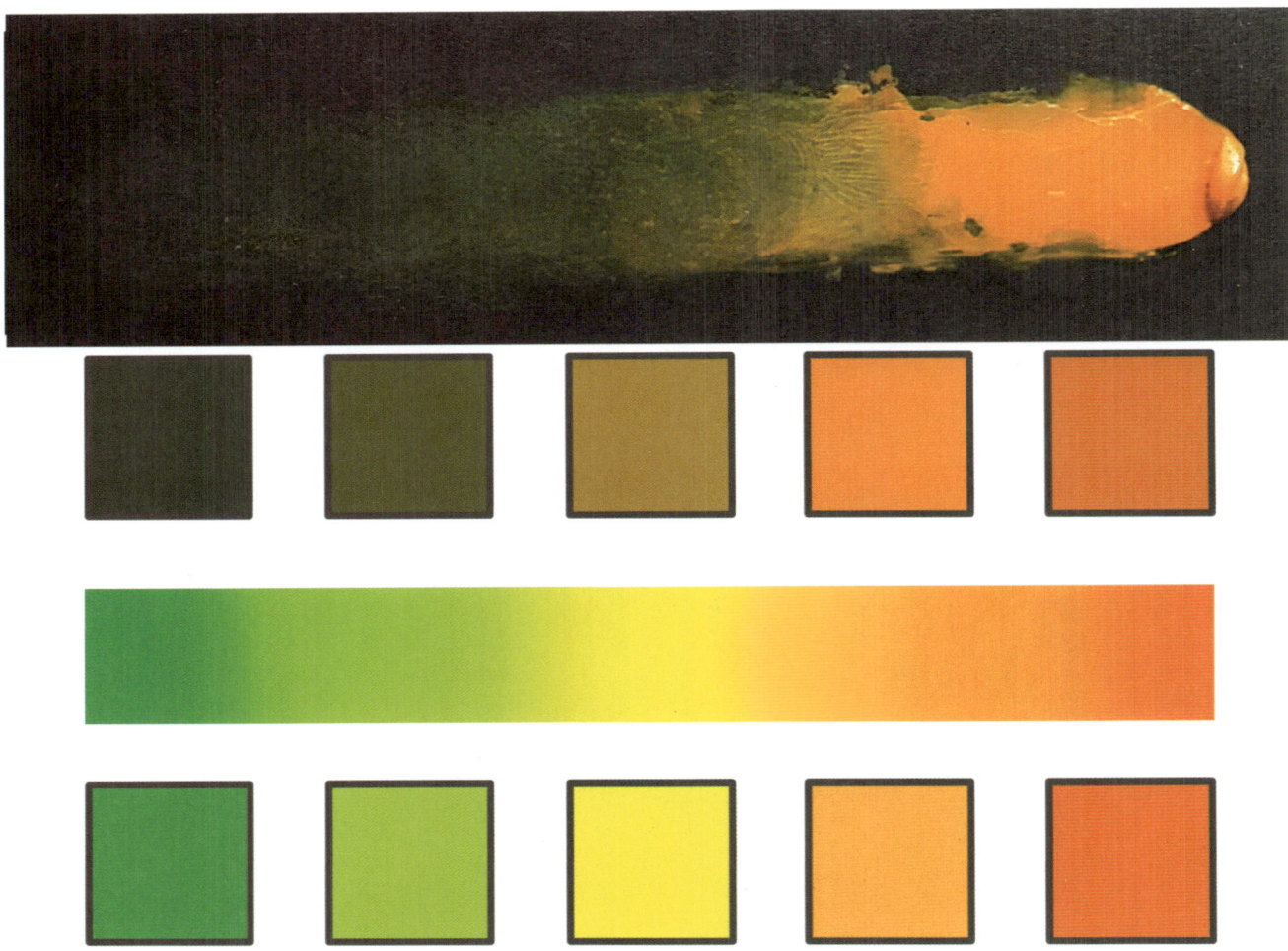

¿POR QUÉ ESE NARANJA PARECE VERDE... O AZUL?

La forma en que se utiliza la pintura afecta al resultado final del color. Si usa naranja sobre una superficie oscura y este se vuelve transparente, a veces aparece verdoso o incluso azul si lo mezcla con blanco. Esto demuestra que la transparencia cambia la naturaleza del color al mezclarse ópticamente con la superficie pintada. Así, el color de la superficie, o fondo, se mezcla ópticamente con el color del pincel. Esto se conoce como «difuminado seco». A veces, solo encaja en la categoría genérica de una veladura, pero es un fenómeno específico que, cuando se emplea un color claro sobre uno oscuro, si se diluye, adquiere un tono más frío. ¿Por qué es importante? Porque distorsiona el color de manera poco deseable al pintar tonos de piel.

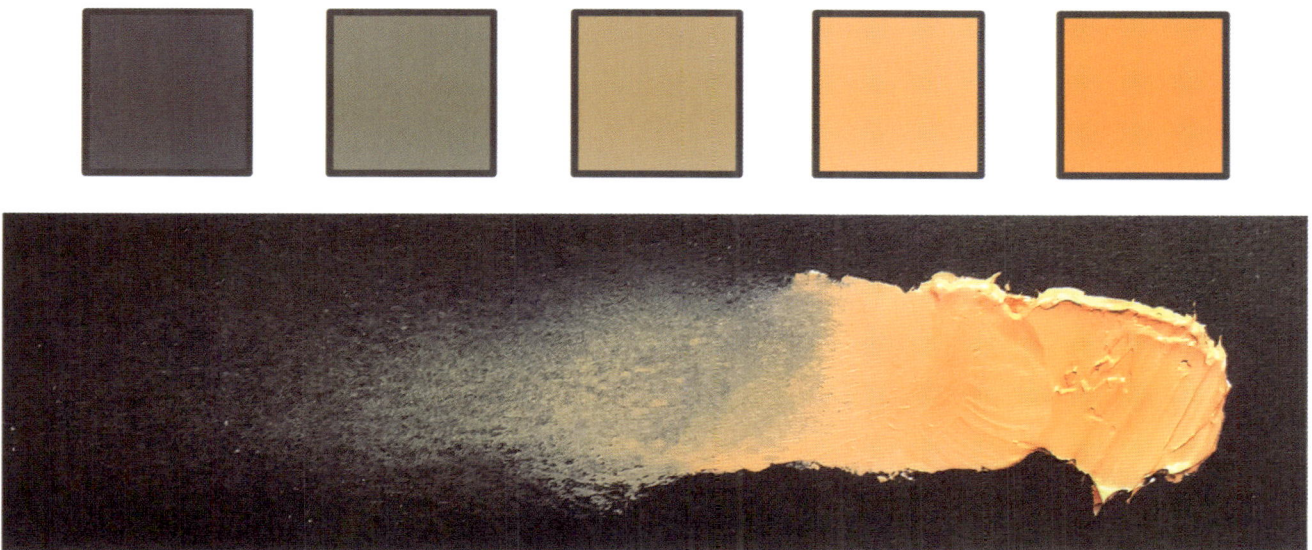

Esto se puede solucionar dejando que se seque y aplicando una veladura más cálida, o colocando pintura cromática y colorida en esas áreas más oscuras. Suele ser un problema cuando se mezclan mucho los colores y se extienden demasiado los reflejos sin pintar nuevos colores para mantener el tono cálido del rostro de la luz a la oscuridad. A veces, en cambio, esto es eficaz cuando se intenta crear el modelo clásico de la piel, haciendo un giro frío justo antes de la sombra, por lo que realmente depende de la situación.

Esto podría considerarse información esotérica; sin embargo, lo veo como un problema recurrente para quienes quieren conseguir tonos de piel ricos y vibrantes y terminan obteniendo colores que no cumplen con sus expectativas.

COMPETIR CON EL SENTIDO MODERNO DEL COLOR

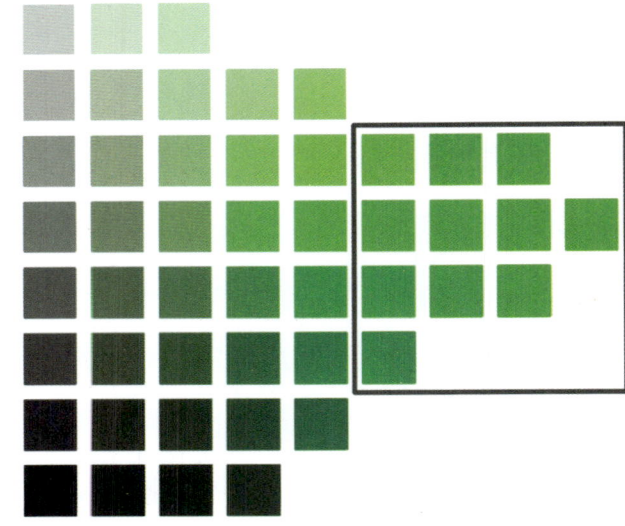

Probablemente, lo que más preocupa a muchos pintores es que los colores tienden a apagarse en los lugares donde más les gustaría que fueran cromáticos. Como se ve en el diagrama de la derecha, donde hay una gama de colores muy viva, a menudo nos conformamos con algo mucho más ligero y que se acerca más al centro. No creo que los antiguos maestros tuvieran realmente dudas o frustraciones al respecto, porque no vivían en un mundo tan profundamente colorido como el que experimentamos hoy en día, con películas, fotografías, diseño gráfico y medios de comunicación en los que los colores siempre parecen ricos y llenos.

Así que la presión que siente el pintor moderno para poder competir con los medios de comunicación es sin duda un reto para el pintor realista, porque a medida que mezclamos nuestras pinturas y estas se secan, el color se modifica y se vuelve más gris. E incluso cuando usamos algunos de los colores más intensos, a menudo no alcanzan la vivacidad de los tonos que percibimos en pantallas brillantes, como las de nuestros teléfonos o tabletas.

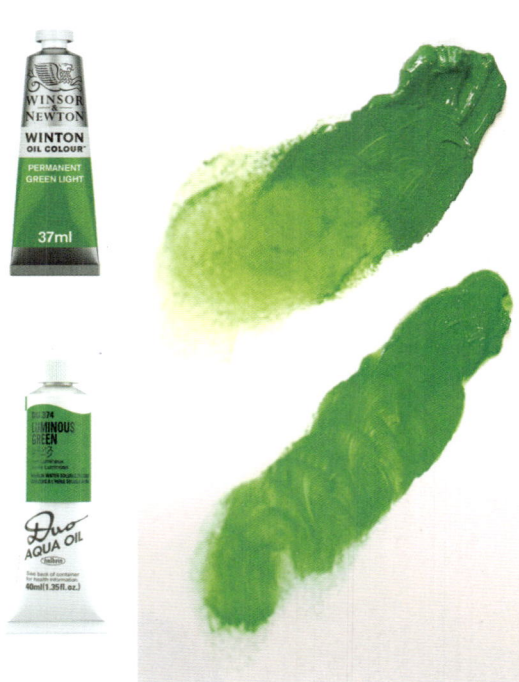

Una de las cosas que hago para competir con este sentido moderno del color es intentar sacar el máximo partido a los colores que tengo y pintar con cadmios y colores fuertes normales, como los ftalos y otros tonos prismáticos. Pero al final, cuando quiero alcanzar ese punto álgido de croma, añado algunos colores neón. Ese pequeño impulso de color y croma es sumamente eficaz y no debe subestimarse, sobre todo cuando se aplica a toda la pintura o en motivos como flores o la luz que brilla a través de la piel, generando un rojo anaranjado intenso y vibrante.

Con demasiada frecuencia veo pinturas realistas increíbles que carecen de luminosidad y colorido, y por eso son tan importantes las pequeñas veladuras de pigmentos increíblemente cromáticos al final de una pintura, porque realmente mantienen esa sensación de frescura del color. Las veladuras potencian el color de una forma que la mayoría de los demás métodos de aplicación de la pintura no pueden hacer.

Así que, si en realidad desea un color luminoso y fresco, esto aún se puede lograr incluso después de

haber terminado toda la pintura. Utilice la pintura de forma transparente y pigmentos extremadamente fuertes para crear esa sensación de cromatismo. Y a pesar de la llegada de los colores neón, los pintores flamencos que utilizaban esmaltes de colores fuertes sobre paneles blancos siguen teniendo colores luminosos hoy en día, 500 años después. Esta cualidad de las veladuras en colores intensos y brillantes es la respuesta perfecta para competir con el sentido moderno del color, y además disponemos de nuevas opciones que permiten que hoy en día sea aún más posible.

VALOR Y CROMA EN LAS SOMBRAS

Debido a que las posibilidades cromáticas tienden a reducirse en las zonas oscuras, según el modelo de Munsell que establece que la mayoría de los colores alcanzan su máximo en el rango medio, mantener el croma en los tonos oscuros puede ser un reto, especialmente cuando los colores se mezclan y se utilizan demasiados colores tierra. Así que, del mismo modo que es algo difícil conseguir que los colores alcancen su máximo esplendor, lo mismo puede decirse de los tonos oscuros, donde a menudo se vuelven turbios y homogéneos.

La mayoría de los colores prismáticos fuertes, como el carmín alizarina o el azul ultramar, suelen salir del tubo bastante oscuros. Para aclararlos y tener una idea de su pigmento, hay que añadir un poco de blanco. Si se añade demasiado blanco, dejan de ser tan oscuros. Por ello, se requiere un gran control para mantener la oscuridad del color sin perder la riqueza cromática en esa zona. Mi respuesta a esto es tener muchas opciones de colores oscuros para poder controlar los cambios de croma y tono en la oscuridad. Preferiría tener un azul ultramarino, un carmín alizarina, un púrpura dioxazina, un ámbar crudo y un siena tostado oscuro e intenso para poder cambiar y controlar de verdad estos tonos. Con demasiada frecuencia, dependemos del negro, el marfil y la siena cruda para manejar este rango de valores, y eso suele generar mucho barro cromático. Algunos profesores que he tenido en el pasado recomendaban utilizar azul ultramarino, carmín alizarina y siena tostada como «negro cromático», porque prefieren que haya una verdadera reflexión y elección en cuanto a los colores oscuros y las sombras, en lugar de recurrir a la respuesta obvia del negro marfil o el ámbar crudo. Creo que es una buena solución y la utilizo con frecuencia para navegar por el espacio de color en los tonos oscuros. Sigo usando el negro y lo considero un color absolutamente necesario, porque, a veces, al emplear este método, los colores pueden volverse un poco extravagantes, y el negro permite suavizar los tonos de manera rápida y eficaz.

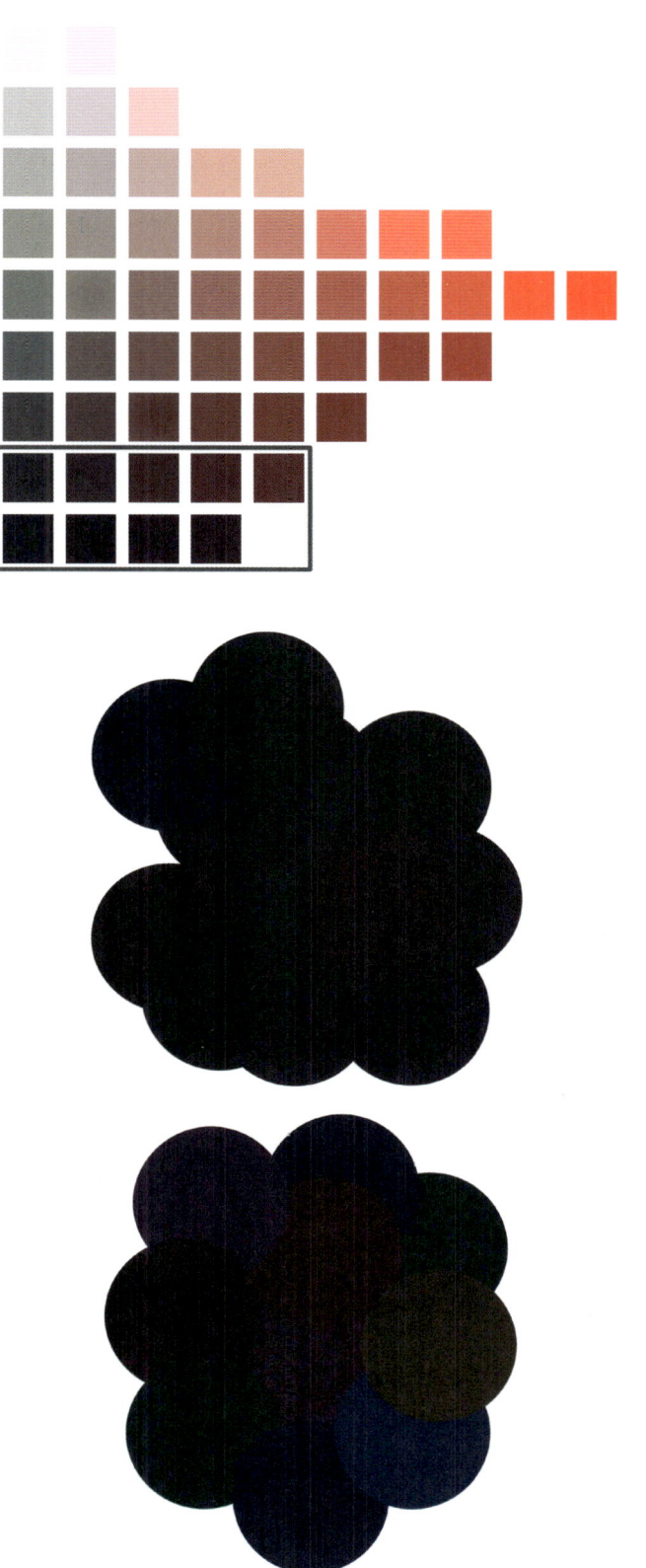

REFERENCIAS

LIBROS

Bauman, Stephen. *The Art of Portraiture*. Worcester, Reino Unido: 3DTotal Publishing, 2024.

Forster, Steve y 3DTotal. *Beginner's Guide to Creating Portraits: Learning the Essentials & Developing Your Own Style*. 3DTotal Publishing, 2024.

Fowkes, Nathan. *How to Draw Portraits in Charcoal*. Design Studio Press, 2016.

Gurney, James. *Color and Light: A Guide for the Realist Painter (Volume 2)*. Andrews McMeel Publishing, 2010.

Schmid, Richard. *Alla Prima II: Everything I Know about Painting*. 3a ed. Stove Prairie Press, 2013.

Sin, Oliver. *Drawing the Head for Artists*. Beverly, MA: Quarry Books, 2019.

Sin, Oliver. *Facial Expressions for Artists*. Beverly: Rockport Publishers, 2024.

Wu, Zhaoming. *Famous Classic Sketch Wu Zhaoming*. Guangxi Art Publishing House, 2016.

MAGAZINES

Artists Magazine
artistsnetwork.com

International Artist
internationalartist.com

Portrait Painter
artacademy.com

The Art of the Portrait Journal

APLICACIONES

Artstudio Pro

Head Study App

MUSEOS Y ORGANIZACIONES

National Portrait Gallery (Londres, Reino Unido)
npg.org.uk

National Portrait Gallery (Washington, D.C., EE. UU.)
npg.si.edu

Portrait Society of America
portraitsociety.org

The Royal Society of Portrait Painters
therp.co.uk

STEVE FORSTER

Para obtener información detallada sobre Steve Forster, su escuela y las clases que ofrece, tanto en línea como presenciales, visite:

steveforster.net

Instagram: @steveforsterpaintings

Long Island Academy of Fine Art: liafa.com

AGRADECIMIENTOS

En primer lugar, quiero expresar mi más profundo agradecimiento a mi esposa, Rebecca. Por encima de todo, me has brindado el tiempo, el apoyo y el amor necesarios para acompañar a un artista en su caótico y creativo camino. Gracias por tu enfoque sereno, constante y fiel ante la vida.

También estoy profundamente agradecido a mi mejor amigo, que además es un artista y profesor increíble, Stephen Bauman. Tu entusiasmo contagioso y tu mente maravillosamente curiosa me han inspirado durante muchos años, pero, por supuesto, nuestra amistad es lo que más valoro. Me alegro de haber compartido contigo tantos viajes artísticos y conversaciones hermosas.

Me gustaría dar las gracias a The Florence Academy of Art por proporcionarme las bases y la disciplina artística que han moldeado mis habilidades. Gracias a Daniel Graves, que nos ofreció a tantos de nosotros una escuela para aprender y crecer en las tradiciones del arte figurativo. Sin esta escuela,

nunca habría conocido a mi esposa, lo que ha sumado un matrimonio más a los muchos que se han forjado en un lugar tan extraordinario.

También estoy profundamente agradecido a la New York Academy of Art, donde tuve el privilegio de seguir mis estudios. Muchas de las ideas sobre el color de este libro nacen de mis experiencias allí, que son demasiado numerosas para mencionarlas. Un agradecimiento especial a Vincent Desiderio, David Kratz, Peter Drake, Mike Smith, John Cichowski y John Volk.

Además, quiero dar las gracias a la comunidad de la Long Island Academy of Fine Art. Por estas aulas de Long Island han pasado innumerables personas maravillosas, así como muchas otras que se han unido a nuestra comunidad en línea. Su apoyo ha sido constante, en especial el de las «Ladies of LIAFA», ellas ya saben exactamente a quiénes me refiero.

Gracias a todos por vuestras contribuciones a este proyecto y a mi desarrollo continuo como artista.

ÍNDICE ALFABÉTICO